Grundlagen des Investmentbanking

Heinz J. Hockmann und Friedrich Thießen (Hrsg.)

Grundlagen des Investmentbanking

Grundbegriffe – Beratung – Finanzierung

1. Auflage

Schäffer-Poeschel Verlag Stuttgart

Bibliografische Information der Deutschen Nationalbibliothek

Die Deutsche Nationalbibliothek verzeichnet diese Publikation in der Deutschen Nationalbibliografie; detaillierte bibliografische Daten sind im Internet über http://dnb.dnb.de/ abrufbar.

Print: ISBN 978-3-7910-4991-5 Bestell-Nr. 12015-0001
ePub: ISBN 978-3-7910-4994-6 Bestell-Nr. 12015-0100
ePDF: ISBN 978-3-7910-4995-3 Bestell-Nr. 12015-0150

Heinz-Josef Hockmann und Friedrich Thießen (Hrsg.)
Grundlagen des Investmentbanking
1. Auflage, November 2020

www.schaeffer-poeschel.de
service@schaeffer-poeschel.de

Bildnachweis (Cover): © ipopba, Adobe Stock

Produktmanagement: Kühn, Alexander
Lektorat: Fleischer, Adelheid

Schäffer-Poeschel Verlag Stuttgart
Ein Unternehmen der Haufe Group

Vorwort

Investmentbanking ist ein schillernder Begriff, der aus dem Bankgeschäft einerseits nicht mehr wegzudenken ist, andererseits nach wie vor polarisiert. Über Inhalt und Wesen des Investmentbanking gibt es unterschiedliche Vorstellungen. Häufig wird dieses allein mit Investmentbanken in Verbindung gebracht, obwohl es auch in Universalbanken stattfindet. Dann wieder wird Investmentbanking mit dem Kapitalmarktgeschäft insgesamt gleichgesetzt. Beide Ansichten haben etwas für sich.

Umfangreiche Literatur existiert zu einzelnen Bereichen des Investmentbanking. Aber Gesamtdarstellungen mit Lehrbuchcharakter fehlen. Wir möchten diese Lücke mit diesem Lehrbuch schließen. Das Autorenteam stellt mit dem Werk ein Lehrbuch vor, das die reale Welt des Investmentbanking in den Vordergrund rückt. Das Buch ist primär nach den Geschäftsarten im Investmentbanking gegliedert. Definitionen, methodische Fragestellungen, Produkte sowie theoretische, mathematische und rechtliche Grundlagen werden jeweils dort behandelt, wo sie für eine Geschäftsart wichtig sind. Um größere Überschneidungen und Mehrfachdarstellungen zu vermeiden, wurden einige Aspekte »vor die Klammer« gezogen und einführend zusammenhängend behandelt.

Von anderen Büchern unterscheidet sich dieses einführende Lehrbuch insbesondere dadurch, dass eine größere Zahl von Autoren aus Theorie und Praxis zu den weit gefächerten Themen des Investmentbanking aus ihrer jeweils spezialisierten Sicht beigetragen haben. Dennoch handelt es sich nicht um eine lose, unzusammenhängende Folge von Beiträgen wie in einem Sammelwerk. Vielmehr musste der Spagat gemacht werden zwischen möglichst großer Authentizität und Individualität in den spezialisierten Teildisziplinen und dem Zusammenhalt des Gesamtwerkes. Wir haben diesen Schritt gewagt, um möglichst nahe an die Realität des Investmentbanking heranzukommen.

Nachdem das Vorgängerwerk – Investmentbanking – in 3 Auflagen erschienen ist, haben wir nunmehr eine Aufteilung in ein Lehrbuch mit allgemeinen und übergreifenden Fragestellungen und ein darauf aufbauendes Fachbuch mit speziellen Geschäftsaktivitäten von Investmentbanken vorgenommen. Im vorliegenden Lehrbuch finden sich übergreifende Grundlagen des Investmentbanking, die sich nicht einzelnen Geschäftsarten zuordnen lassen. Es folgen Beratungs- und Finanzierungsgeschäfte, die auf klassischen Investmentbanking-Aktivitäten basieren. Abgeschlossen wird der erste Band durch finanzierungszentrierte Beratungsaktivitäten.

Aus dem früheren Werk sind einige Beiträge übernommen und umfassend überarbeitet worden. Einige Beiträge sind herausgenommen, andere sind zusätzlich aufgenommen worden. Dies diente allein der Aktualisierung und dem Heranführen an das tägliche Investmentbanking.

Dem Autorenteam ist bewusst, dass das Werk unvollkommen bleiben muss. Die Komplexität des Investmentbanking erlaubt es nicht, alle Geschäftsarten und alle Facetten mit der gleichen Tiefe zu behandeln. So wünscht sich der eine Leser eine intensivere mathematische Durchdringung der Probleme; ein anderer legt Wert auf die rechtlichen Grundlagen; der dritte erwartet eine stärkere theoretische Fundierung; der vierte Leser will verständlicherweise mehr über den Einsatz der IT wissen und der fünfte erhofft sich mehr Informationen über Usancen und Gewohnheiten an den hier nicht behandelten Segmenten der Wertpapiermärkte. All diese Wünsche sind berechtigt, können aber verständlicherweise nicht gleichermaßen berücksichtigt werden. Da das Investmentbanking ein dynamisches und lebendiges Geschäft ist, werden wir uns bemühen, diese Veränderungen gemeinsam mit dem Füllen von Lücken in weiteren Fassungen dieses Lehrbuches gerecht zu werden.

Bei einem solchen komplexen Werk ist einer Vielzahl von Beteiligten Dank auszusprechen. Neben dem Autorenteam, das bereits genannt wurde, ist insbesondere dem Verlag mit Alexander Kühn als verantwortlichem Produktmanager und Adelheid Fleischer für die didaktische Aufbereitung des Textes zu danken. Frau Uta Martin von der TU Chemnitz leistete unverzichtbare Koordinierungsarbeit.

Dr. Heinz J. Hockmann	Frankfurt, August 2020
Prof. Dr. Friedrich Thießen	Chemnitz, August 2020

Inhaltsverzeichnis

Abbildungsverzeichnis

I Einordnung des Investmentbankings

1 Grundbegriffe des Investmentbankings[1]

LERNZIELE

- Sie können die Begriffe Investmentbanking, Kapitalmarkt, Wertpapiermarkt, Kapital, Realkapital, Investor, Emittent, Kreditnehmer abgrenzen.
- Sie können Investmentbanken von kommerziellen Banken unterscheiden.
- Sie können den Finanzmarkt nach verschiedenen Kriterien in Teilmärkte untergliedern.
- Sie können Vorteile von Wertpapiermärkten relativ zu Kreditmärkten diskutieren.
- Sie können die spekulative Nutzung von Finanzinstrumenten in Beziehung zu den Gesetzmäßigkeiten der Wertpapiermärkte stellen.

1.1 Einordnung des Investmentbankings

Eine eindeutige Definition des Investmentbankings existiert leider nicht. Die Vielfalt und die ständigen Veränderungen der Tätigkeiten im Investmentbanking finden auch ihren Niederschlag in einem breiten Spektrum möglicher Definitionen. So trifft eine alte Charakterisierung wie »*investment banking is what investment banks do*« zwar den Kern dieser Problematik, ist dadurch aber auch wenig operabel. Diese Charakterisierung deutet darauf hin, wie schillernd dieser Bereich des Finanzgeschäftes sein kann, wie er ständigen Wandlungen unterliegt und wie schwierig es ist, ihn einzugrenzen.

Etwas weniger philosophisch ist die Aussage eines Bankers, der sagte: »*Investmentbanking ist doch nichts anderes als eine Verbindung von Corporate Finance mit Trade – Investmentbanking ist die Schnittmenge.*« Ganz in diesem Sinne fassen große Universalbanken wie die Deutsche Bank oder die BNP verschiedene Geschäftsbereiche wie Corporate Finance, Handelsabteilungen und Großkundenbetreuung, die man zum Investmentbanking zählen könnte, unter Begriffen wie »Corporate & Investment Bank« oder »Corporates and Markets« zusammen. Andere Häuser wie z. B. die UBS stellen das Geschäft weiterhin unter der Überschrift »Investment Bank« neben die anderen geschäftlichen Aktivitäten für Corporate Clients.

Es fehlt allerdings auch eine umfassende Theorie zur Existenz und zum Inhalt des Investmentbankings. Manche Lehrbücher verzichten vollständig auf eine Definition dieses Bereichs. Einige Definitionen beschreiben in einem *Negativansatz* diejenigen Aktivitäten als Investmentbanking, die nicht als kommerzielles Bankgeschäft beschrieben werden können (Iannotta, 2010, S. 1). Andere Definitionen ergänzen diese Sichtweise und sehen

1 Autoren: Heinz J. Hockmann und Friedrich Thießen.

Investmentbanken neben ihrer Funktion als Finanzintermediär auch in ihrer Rolle der Informationsgewinnung und Informationsweitergabe, um die Preisbildung insbesondere an den Wertpapiermärkten zu ermöglichen (Morrison/Wilhelm, 2007, S. 3). Die meisten Definitionen ergehen sich indessen in einer enumerativen Aufzählung verschiedener Aktivitäten, insbesondere an den Wertpapiermärkten, die dem *Praxisgebrauch* folgend zum Investmentbanking gezählt werden.

Eine interessante Vorgehensweise unterscheidet zwischen einer *institutionellen* Definition, die auf das amerikanische Trennbanksystem zurückgeht, wobei zwischen Instituten unterschieden wird, die ausschließlich Einlagen- und Kreditgeschäft betreiben (Commercial Bank, kommerzielle Bank), und denjenigen Instituten, die im Wertpapiergeschäft tätig sind (Investmentbank). In einer *funktionalen* Definition werden hingegen unter Investmentbanking verschiedene kapitalmarktorientierte Dienstleistungen verstanden, die im Gegensatz zum kommerziellen Bankgeschäft insbesondere Provisionserträge generieren (Wertschulte, 2001, S. 1158).

Dieser Ansatz lehnt sich an die Unterscheidung von *direkter* und *indirekter* Finanzintermediation an (z. B. Kidwell et. al., 1997, S. 593 sowie Mishkin, 2007, S. 24, 35). Im Rahmen der indirekten Finanzierung tritt ein Intermediär zwischen den Kapitalgeber (Einleger) und den Kapitalnehmer (Kreditnehmer), wobei der Charakter der dabei abgeschlossenen Finanzkontrakte verändert wird (»Transformationsleistung«). Wir sprechen hierbei vom Commercial Banking. Bei der direkten Finanzierung werden Kapitalüberlassungsverträge hingegen unmittelbar zwischen Kapitalgeber und Kapitalnehmer geschlossen. Dieser Weg führt regelmäßig über Finanzmärkte. Die Funktion der Finanzintermediäre, die diesen Prozess unterstützen, wird als Investmentbanking bezeichnet.

Etymologisch kreist der Begriff Investmentbanking um den Tatbestand des »Investments«. Darunter verstand man Ende des 19. Jahrhunderts den aufkommenden Trend, langfristige Vermögensanlageentscheidungen nach systematischen Regeln und Prinzipien zu treffen (Quittner, 1930; Quittner/Palyi, 1932). Man grenzte das prinzipienbasierte längerfristige »Investment« von der kurzfristigen rein meinungsbasierten »Speculation« ab. Es begann eine Suche nach Regeln für die langfristige Anlage.

Die ersten Institutionen, welche sich der systematischen langfristigen Vermögensanlage widmeten, waren Vermögensverwalter, die den Begriff des »Investments« aufgriffen und sich »Investment Trusts« nannten. Sie entstanden nach Vorläufern in Holland zuerst in England, später auch in den USA. Um diese, aber auch um die sich entwickelnden Wertpapiermärkte herum, bildete sich mehr und mehr eine Industrie von Dienstleistern, welche Leistungen erbrachten, die nötig sind, um Vermögen und Wertpapiere langfristig zu steuern. Dazu gehörten z. B. Brokerleistungen, die Besorgung von Wertpapieremissionen oder der Handel von Wertpapieren an Sekundärmärkten. Auch hier kam es üblicherweise zu einer direkten Beziehung zwischen Kapitalgebern und Kapitalnehmern.

Als Geburtsstunde von Investmentbanken gilt allgemein der Moment, in welchem Finanzintermediäre zum ersten Mal auf eigenes Risiko ganze Emissionen von Wertpapieren übernahmen, um sie mit Gewinn weiterzuverkaufen (s. u. Kapitel Geschichte des Investmentbankings). Die Investmentbanken agierten in dieser Rolle nicht wie der Trust als unmittelbarer Dienstleister für den Vermögensbesitzer, sondern erbrachten Leistungen auf eigene Rechnung und eigenes Risiko. In diesem Sinne kann man eine erste Definition versuchen:

Definition

Investmentbanken sind Unternehmen, welche auf eigene Rechnung und eigenes Risiko Finanzdienstleistungen am Finanzmarkt erbringen, soweit dazu handelbare Finanzinstrumente nötig sind.

Diese Kerntätigkeit der frühen Investmentbanken wurde bereits Ende des 19. Jahrhunderts ergänzt um neue Geschäftsbereiche wie Mergers & Acquisitions, Unternehmensrestrukturierungen und andere Corporate Finance-Aktivitäten, die keinen direkten Bezug zu den Finanzmärkten hatten. Teilweise erbringen Investmentbanken ihre Dienste als reine Beratungsleistungen, sodass ihr Kapitaleinsatz sehr begrenzt ist. In dieser Rolle ähneln Investmentbanken den Merchant Banks angelsächsischer Prägung, die aus Handelshäusern (Merchants) hervorgingen und neben der klassischen Handelsfinanzierung verschiedene Beratungs- und Finanzierungstätigkeiten wahrnahmen, die wir heute dem Investmentbanking zuordnen.

Die Beschränkung auf *handelbare* Finanzinstrumente in dieser Definition rechtfertigt sich auch aus dem Grund, dass sich Investmentbanken am Kredit- und Einlagenmarkt (den wichtigsten Märkten für nicht handelbare Finanzinstrumente) bereits historisch nicht engagiert haben. Hier dominiert das als Commercial Bank (oder kommerzielle Bank) bezeichnete traditionelle Einlage- und Kreditinstitut. Es nimmt Einlagen entgegen, betreibt das Zahlungsverkehrsgeschäft und leiht die Gelder in Kreditform wieder aus. Die Attraktion der Investmentbanken ist das Geschäft rund um handelbare Finanzinstrumente inklusive Beratungsleistungen. Eine wesentliche Rolle bei dieser Entwicklung spielten die Regulierungen in den USA, welche seit den 30er Jahren des letzten Jahrhunderts Investmentbanken das Einlagen- und Kreditgeschäft und Commercial Banks das Wertpapiergeschäft verboten (s. u. Kapitel Geschichte des Investmentbankings). Auf diese Weise wurde zwangsläufig das Geschäft mit handelbaren Finanzprodukten zum Kern der Geschäfte der Investmentbanken.

Die heutige Praxis wird unter anderem dadurch kompliziert, dass wir eine Vermischung vormals getrennter Bereiche vorfinden. Investmentbanking-Leistungen werden auch von anderen Marktteilnehmern, insbesondere großen internationalen kommerziellen Banken, erbracht. Es ist daher angebracht, zwischen Investmentbanking als Funktion und Investmentbanken als den Trägern dieser Dienstleistungen zu unterscheiden.

Während es im angelsächsischen Raum aufgrund des Trennbanksystems lange eine deutliche Trennung zwischen Investmentbanking und *Commercial Banking* gab, haben sich heute diese Grenzen praktisch aufgelöst. Fast alle Investmentbanken ergänzen ihre wertpapierbezogenen Aktivitäten mit Kreditgeschäften, durch die sich Synergien ergeben. Das Geschäft der Vermögensverwaltung (*Asset Management*) ist mittlerweile auch zu einem festen Bestandteil im Portfolio von Investmentbanken geworden; sie sind also in die Tätigkeit der früheren Investment Trusts eingedrungen. Für diese Erweiterungen in angrenzende Geschäftsfelder gibt es praktisch keine zusammenfassende Systematik oder Regel außer der, dass sich Synergien zum Kerngeschäft ergeben. Daraus resultiert auch der oben zitierte Satz »*investment banking is what investment banks do*«.

Gemeinsames Merkmal der meisten Investmentbanken ist, dass sie als Finanzintermediäre für Großkunden, Regierungen und andere Finanzintermediäre auftreten, wobei Letztere als Kunden gleichzeitig ihre Produkte vertreiben, üblicherweise nicht an den Retailmarkt gehen, sofern es sich nicht um Brokergeschäfte handelt.

Wir definieren deshalb folgendermaßen:

Definition

Investmentbanken sind Unternehmen, deren Tätigkeitsschwerpunkt die Erbringung von Finanzdienstleistungen am verbrieften Kapitalmarkt sowie Beratungsleistungen bei Finanzdienstleistungen für Großkunden, Regierungen und andere Finanzintermediäre ist.

Die Probleme der Abgrenzung des Investmentbankings in der Praxis haben auch etwas mit dem sich gewandelten *Erscheinungsbild* zu tun. Vor der Subprimekrise verfügte das Investmentbanking über ein hohes Ansehen. Investmentbanken waren durch ein großes Beziehungsgeflecht gekennzeichnet, durch mannigfaltige Relationship-Aktivitäten zum Wohle ihrer Kunden; sie galten als besonders agile, erfindungsreiche Institutionen, die für jedes Problem ihrer Kunden eine attraktive Lösung parat hatten. Viele Finanzdienstleister wandten den Begriff der Investmentbank auf sich selbst an und stellten ihre Zugehörigkeit zu diesem Banktyp bewusst heraus, selbst wenn ihr Leistungsspektrum dem nicht unbedingt entsprach. Mittlerweile werden die reinen Investmentbanking-Leistungen nicht mehr als solche in den Vordergrund gestellt. Das Image der Investmentbanker hat durch die Exzesse und Krisen gelitten. Die Tätigkeiten werden unter Oberbegriffen wie »Corporates and Markets« bei Banken mit einem breiteren Leistungsspektrum als Dienstleistungen für Großkunden subsumiert. Die reinen Investmentbanken passen gleichzeitig ihre Geschäftsmodelle an neue regulatorische Anforderungen an (siehe Beitrag Geschäftsaktivitäten und Marktüberblick).

Betrachten Sie abschließend noch einmal die Gliederung dieses Buches und des ergänzenden Fachbuches. Sie erkennen in den Kapiteln zu den Geschäftsfeldern die Kernleistungen der Investmentbanken bei Beratungsaktivitäten, im verbrieften Kapitalmarktgeschäft (Emissionen und Sekundärmarkt) sowie die ergänzenden Geschäftsfelder z. B. im syndizierten Kreditgeschäft, im Handel mit Rohstoffen und anderen Alternative Investments sowie im Asset Management.

1.2 Wichtige Grundbegriffe

Finanztransaktionen sind Geschäfte, die die Weitergabe monetärer Dispositionsmöglichkeiten zum Ziel haben. Darunter versteht man Wirtschaftsgüter, die in Geldgrößen denominiert sind, die also bei Fälligkeit Anspruch auf Bargeld oder Sichtguthaben gewähren.

Monetäre Dispositionsmöglichkeiten können sein:
- *Verbrieft:* Träger von Rechten auf monetäre Dispositionsmöglichkeiten ist ein Wertpapier.
- *Unverbrieft:* Ansprüche auf monetäre Dispositionsmöglichkeiten ergeben sich aus einem Vertrag, in dem nicht vorgesehen ist, dass ein Wertpapier Träger von Rechten sein soll.

Als *Kapital* bezeichnet man monetäre Dispositionsmöglichkeiten, die für längere Fristen gewährt werden. Im Unterschied zu Kapital gewährt *Realkapital* keinen Anspruch auf Bargeld und Sichtguthaben. Beispiele dafür sind Immobilien, Maschinen, Waren oder Vorprodukte. Wie wir oben bereits ausgeführt haben, finden die Funktionen des Investmentbankings auf Finanzmärkten statt.

Einteilung des Finanzmarktes in Teilmärkte

Der Finanzmarkt wird vielfach in Teilmärkte unterteilt. Hier werden einige häufig genannte Varianten vorgestellt. Solche Einteilungen können aufgrund der permanenten Weiterentwicklung der Märkte nicht auf Dauer Bestand haben. Kategorisierungen verlieren ihren Wert, wenn sich zu viele Marktkomponenten nicht mehr eindeutig einem Teilmarkt zuordnen lassen oder wenn hinter einer Unterteilung kein ökonomisches Problem mehr liegt.

Kriterium	Bezeichnung der Teilmärkte	Ausprägung des Kriteriums	Abgrenzungsprobleme
Fristigkeit	Geldmarkt	Kurzfristig (bis 1 Jahr)	Trennzeitpunkt willkürlich und ökonomisch zunehmend ohne Bedeutung
	Kreditmarkt	Mittelfristig (>1–4 Jahre)	
	Kapitalmarkt	Längerfristig (>4 Jahre)	
Verbriefung	Kreditmarkt	Unverbrieft	Zuordnungsfragen; z. B. stückeloser Rechtehandel oder GmbH-Anteile
	Kapitalmarkt	Verbrieft	

Kriterium	Bezeichnung der Teilmärkte	Ausprägung des Kriteriums	Abgrenzungsprobleme
Ort des Handels	Nationaler Markt Euromarkt Xenomarkt Offshoremarkt	Ort des Handels relativ zu den Domizilen oder – beim Kriterium Euromarkt – den Heimatwährungen der Vertragspartner[2]	Durch internationale Marktliberalisierungen und -vereinheitlichungen zunehmend ohne Bedeutung
Wertpapierherkunft	Primärmarkt (Emissionsmarkt)	Eine Wertpapiergattung wird erstmals in den Markt eingeführt.	keine
	Sekundärmarkt (Zirkulationsmarkt)	Wertpapiere einer bereits eingeführten Gattung werden weiterverkauft.	
Börsengebundenheit	Organisierter Markt	Handel erfolgt an Börsen	Zuordnung z. B. elektronischer Handelssysteme
	OTC-Markt (Over The Counter-Markt)	Handel erfolgt außerhalb von Börsen	
Rechtsstellung der Investoren	Eigenkapitalmarkt	Eigentümer	Zuordnung von Zwitter- oder Hybridprodukten
	Fremdkapitalmarkt	Gläubiger	

Tab. 1.1: Der Finanzmarkt und seine Teilmärkte

Der für uns insbesondere relevante *Wertpapiermarkt* umfasst den Teil des Finanzmarktes, an dem die Vermittlung von monetären Dispositionsmöglichkeiten in verbriefter Form koordiniert wird.

Ein *Wertpapier* ist eine Urkunde, die ein privates Vermögensrecht zum Inhalt hat, das ohne Urkunde nicht geltend gemacht werden kann. Der Käufer eines Wertpapiers wird auch als *Investor* bezeichnet. Dieser ist also ein Anbieter von monetären Dispositionsmöglichkeiten in verbriefter Form. Der *Emittent* ist der Nachfrager von monetären Dispositionsmöglichkeiten in verbriefter Form am Primärmarkt, wobei Nachfrager in unverbriefter Form am Primärmarkt der *Kreditnehmer* ist.

1.3 Die Bedeutung der Wertpapiermärkte

In Kapitel 1.2 wurden die verbriefte und die unverbriefte Form des Finanzgeschäftes unterschieden. Tatsächlich sind die Unterschiede in vielen Punkten nicht groß, weshalb das (wertpapierorientierte) Investmentbanking und das (kreditorientierte) Commercial

2 Anmerkung: Der Euromarkt hat nichts mit der Währung Euro zu tun. Er ist viel älter. Er entstand, als man in London diverse Finanzgeschäftsarten wie Geldanlagen und Kreditaufnahmen in USD tätigen konnte. Ein Euromarkt in diesem Sinne ist ein Markt, an dem Finanzgeschäfte in einer anderen Währung als der Heimatwährung des Marktes (geographisch gesehen) getätigt werden.

Banking viele Gemeinsamkeiten aufweisen. Denken Sie an die Prüfung der Rückzahlungswahrscheinlichkeit einer Verpflichtung, die Sicherheitenbestellung oder Tilgungsformen bei Wertpapieren und bei Krediten. Die wichtigste Differenz besteht in dem unterschiedlichen Grad, in dem verbrieftes und unverbrieftes Kapital handelbar sind. Die Handelbarkeit bedingt die Existenz von Märkten. Diese wiederum eröffnen dem Umgang mit monetären Dispositionsmöglichkeiten vorteilhafte Optionen. Hier einige Beispiele:

Märkte schaffen Transparenz und ermöglichen Innovationen.

- Der veröffentlichte Preis gehandelter Wertpapiere verringert Unsicherheiten bei der Wertfindung und erspart aufwendige eigene Bewertungsprozesse.
- Der veröffentlichte Preis von Wertpapieren ermöglicht es, die Preisfairness anderer Wertpapiere zu beurteilen, selbst wenn sie aus ganz anderen Marktsegmenten stammen. Dadurch werden auch komplexere oder exotische Produkte bewertbar und beurteilbar. Die Preisbildung regt zu Innovationen an.
- Differenz- und Ausgleichsarbitrage wird möglich und führt zu wirklichen Knappheitspreisen. *Differenzarbitrage* bezeichnet die Möglichkeit risikoloser Gewinne durch den Kauf eines Assets zu günstigen Konditionen und dessen gleichzeitigen Verkauf zu höheren Preisen in verschiedenen Marktsegmenten (Geschäft und Gegengeschäft). *Ausgleichsarbitrage* kennzeichnet die Möglichkeit risikoloser (Opportunitäts-) Gewinne durch den Kauf (Verkauf) eines unter(über-)bewerteten Assets zu günstigeren Konditionen als an einem anderen Markt ohne simultanes Gegengeschäft.
- Die verfügbare Preishistorie gestattet neue Erkenntnisse über das Finanzmarktgeschehen. Sie ist die Basis preiswerter Risikostrategien und verbilligt das Portfoliomanagement.

Märkte verringern auch Transaktionskosten.

- Nachfrager und Anbieter kennen einen Ort, an dem sie einen Kontraktpartner finden werden.
- Nachfrager und Anbieter müssen nur geringe Kosten aufwenden, um ein Geschäft zu kontrahieren.
- Die geringen Transaktionskosten ermöglichen attraktive Diversifikationsstrategien und Spekulationsstrategien.
- Die Verbilligung der Produkte schafft zusätzliche Nachfrage und regt Sparen wie Investieren an.

Gesetzmäßigkeiten der Wertpapiermärkte

Die Märkte für verbriefte und unverbriefte Finanzinstrumente befinden sich in einem permanenten Wettbewerb. Investmentbanker und kommerzielle Banken suchen in Konkurrenz zueinander diejenige Lösung, die am besten zu den Anforderungen der Kunden passt. Finanzinstrumente, die spezielle Kundenanforderungen erfüllen (wie z.B. die Absicherung von Kreditrisiken durch Credit Default Swaps), können allerdings auch ein Eigenleben entwickeln und durch die Investmentbanker zu spekulativen Zwecken eingesetzt werden. Derartige Exzesse tragen dann regelmäßig zu Finanzkrisen bei. Der einzelne Investmentbanker kann noch so geschickt und virtuos versuchen, das Marktgeschehen zu seinem Vorteil zu nutzen, an den Gesetzmäßigkeiten kommt er nicht vorbei. Das musste auch Michael Milken, der Erfinder des »Junk-Bond-Marktes« erfahren, der mit einer genialen Strategie, die ihn als intimen Kenner der Gesetze eines Marktes auswies, Millionen verdiente und hinterher im Gefängnis landete, weil er zuerst die ökonomischen, dann die legalen Möglichkeiten dieses Marktes überschritten hatte.

Aufgaben zur Lernkontrolle

1. Definieren Sie den Begriff des Investmentbankings.
2. Zeigen Sie Gemeinsamkeiten und Unterschiede des Investmentbankings zum Einlagen- und Kreditgeschäft auf.
3. Grenzen Sie die Begriffe Kapital, Kapitalmarkt, Wertpapier, Wertpapiermarkt, Emittent und Investor voneinander ab.
4. Nennen Sie die positiven Wirkungen von Wertpapiermärkten.

Literatur

Iannotta, G. (2010): Investment Banking. A Guide to Underwriting and Advisory Services, Heidelberg u. a.

Kidwell, D./Peterson, R./Blackwell, D. (1997): Financial Institutions, Markets, and Money, Fort Worth u. a.

Kidwell, D. S. et al. (2017): Financial Institutions, Markets, and Money, 12. Aufl., Hoboken, New Jersey.

Mishkin, F. (2007): The Economics of Money, Banking, and Financial Markets, 8. Aufl., Boston u. a.

Morrison, A./Wilhelm, W. (2007): Investment Banking. Institutions, Politics, and Law, Oxford, New York.

Quittner, P. (1930): Investment: Moderne Prinzipien der Vermögensanlage, Berlin.

Quittner, P./Palyi, M. (1932): Investment, in: Enzyklopädisches Lexikon für das Geld-, Bank- und Börsenwesen, Frankfurt am Main.

Reuther, M. (2012): Investmentbanking – integraler Bestandteil und Ideenschmiede des Firmenkundengeschäfts, in: ZfgK, Jg. 65, S. 20–23.

Rudolph, B. (1999): Kapitalmarkt: Grundlagen, in: Enzyklopädisches Lexikon des Geld-, Bank- und Börsenwesens, Frankfurt am Main.

Wertschulte, J. (2001): Investment Banking, in: Handwörterbuch des Bank- und Finanzwesens, S. 1158–1168, Stuttgart.

2 Geschichte des Investmentbankings[1]

LERNZIELE

- Sie können die Entwicklung hin zu den ersten organisierten Kapitalmärkten und Börsen erläutern.
- Sie können den Beginn des Investmentbankings im eigentlichen Sinne und der Bildung von Syndikaten nachzeichnen.
- Sie können die Entwicklung des Investmentbankings im Allgemeinen und der verschiedenen Geschäftsaktivitäten im Besonderen beschreiben.
- Sie können die Phasen von der Regulierung (Glass-Steagall-Act) zur De-Regulierung (Gramm-Leach-Bliley-Act) bis zur erneuten Re-Regulierung (Dodd-Frank-Act) erläutern.
- Sie können Vor- und Nachteile einer Separierung von kommerziellen und Investmentbanken darlegen.

2.1 Ursprünge und Vorläufer

Banken oder Organisationen mit Bankcharakter haben bereits mehrere Jahrhunderte existiert, bevor eine klare Trennung zwischen den Banken bestand, die sich auf Geschäfte konzentrierten, die wir heute dem Investmentbanking zuordnen, und denjenigen, die primär kommerzielle Bankgeschäfte betrieben.

Direkte Vorläufer

Direkte Vorläufer des modernen Investmentbankings kann man im späten europäischen Mittelalter und der frühen Neuzeit lokalisieren. Die Templer gewährten Kredite an Kreuzritter u. a., indem sie Schuldscheine aufkauften. Spezialisierte Finanzdienstleister, die vor allem in den oberitalienischen Stadtstaaten domizilierten, waren in dieser Zeit im Schuldscheinhandel tätig oder nahmen diese ins eigene Portefeuille, um sie bei Fälligkeit zu präsentieren.

Eine breite Palette von Finanzdienstleistungen wurde vor dem Aufkommen einer organisierten Bankstruktur von den Kaufmannshäusern in Europa erbracht. Die bekanntesten sind die Medici in Florenz und die Fugger in Augsburg, beide im ausgehenden 15. Jahrhundert. Diese waren grundsätzlich als Partnerschaft mit persönlicher Haftung organisiert. Der Umfang ihrer bankähnlichen Aktivitäten umfasste die mit dem eigentlichen Handelsgeschäft verbundenen Warenkredite einschließlich der damit im Zusammenhang stehenden Zahlungsverkehrsfunktionen sowie die Ausstellung und Diskontierung von Wech-

1 Autor: Heinz J. Hockmann.

seln. Die Übernahme der Garantiefunktion für ausgegebene Schuldscheine und Wechsel ermöglichte im nächsten Schritt den Einsatz von Papiergeld.

Organisierte Kapitalmärkte

Voraussetzung für das Investmentbanking ist die Existenz von Kapitalmärkten. Diese ist wiederum eng mit der Entwicklung der Banken und Börsen als den die Kapitalmärkte tragenden Institutionen verbunden. Bereits im 13. Jahrhundert fanden erste Kaufmannsversammlungen mit Börsencharakter in Oberitalien statt. In derselben Zeitspanne kam es in Brügge zu regelmäßigen Treffen der Geld- und Wechselhändler vor dem Haus der Patrizierfamilie »van der Burse«, wodurch die Börse ihren Namen erhielt.

Organisierte Kapitalmarkttransaktionen gab es in Deutschland seit dem Mittelalter, als Rentenanleihen zur Finanzierung der Städte ausgegeben wurden. Während in der Zeit davor Anleihen unkündbar waren und Rückzahlungen vom Willen des jeweilig Herrschenden (= Emittenten) abhingen, wurden erste tilgbare Anleihen ab 1240 in Lübeck und 1270 in Hamburg ausgegeben. Mitte des 16. Jahrhunderts wurden dann die Emission und der Handel von »Renten« in standardisierter und damit handelbarer Form üblich.

Die Anfänge des Wertpapierhandels an den Börsen sind in diesem Zusammenhang vergleichsweise jungen Datums. Mitte des 16. Jahrhunderts begann der eigentliche Börsenhandel in Brügge und Antwerpen, Mitte des 17. Jahrhunderts wurde Amsterdam zu einer bedeutenden Börse. Weitere Börsenplätze in Europa folgten: Augsburg (1540), Nürnberg (1540) und Köln (1553), bevor die auch heute noch existierenden Börsen in Hamburg (1558) und Frankfurt (1585) und schließlich London (1773) ihre Aktivitäten aufnahmen. Da diese Zusammenkünfte an Börsen vielfältiger Natur waren und sich nicht auf Wertpapierhandel beschränkten, lässt sich der Beginn des organisierten Handels in standardisierten Wertpapieren häufig nicht von anderen Zusammenkünften der Kaufleute unterscheiden.

Übernahme von Bankfunktionen durch Kaufleute

Kaufleute und nicht organisierte Banken (Privatbanken) haben anfänglich Bankfunktionen wahrgenommen. Bargeldzahlungen erfolgten gegen Wechsel (Bills of Exchange), die wiederum von anderen Kaufleuten mit einem Abschlag angekauft, d. h. diskontiert wurden. Größere Kaufleute übernahmen im Laufe der Zeit dabei die Funktion eines Discount Houses und kauften systematisch Wechsel an.

Die Reputation des Ausstellers der Bills of Exchange war für die Diskontierbarkeit entscheidend. Dabei erfolgte die Beurteilung der Kreditwürdigkeit der lokalen Händler durch international tätige Händler mit entsprechender Marktkenntnis. Die Kenntnis und Beurteilung des Kreditnehmers sowie die Übertragung der eigenen Einschätzung auf die Beurteilung durch andere Marktteilnehmer wurden zu wesentlichen Faktoren der Kreditwürdigkeitsprüfung. Der Händler, der Trade Merchant, wurde auf diese Weise zur *Merchant*

Bank. Diese Merchant Banks übernahmen dann weitere Funktionen mit Bankcharakter, wie Tätigkeiten der Handelsfinanzierung (*Trade Finance*) und Garantiefunktionen durch die Ausgabe von *Letters of Credit*.

2.2 Investmentbanken im Europa des frühen 19. Jahrhunderts

Eine weitere Voraussetzung für die Entwicklung des Investmentbankings war die Weiterentwicklung des Handelsrechts. Im 18. und 19. Jahrhundert wurde die ständige Einmischung des Staates in frei ausgehandelte Verträge beendet, wodurch wesentliche Grundlagen für die Entwicklung des Investmentbankings gelegt wurden. Die Entfaltung der *Loan Contractors* zu echten Finanzintermediären und damit die Geburtsstunde des Investmentbankings kann an einem einfachen Beispiel verdeutlicht werden.

PRAXISBEISPIEL

Die englische Treasury will zur Finanzierung ihrer Aktivitäten Wertpapiere (anfänglich eher Schuldscheine mit Kreditcharakter und keine handelbaren Wertpapiere moderner Prägung) ausgeben. Sie führt hierzu Verhandlungen mit finanziell potenten Personen in der City, die jeweils einen Teil der Emission (also des Kredits) übernehmen würden. Diese Individuen, die Loan Contractors, suchen wiederum die Unterstützung anderer Anleger, die dann gemeinsam eine »Liste« bilden. Hinzu kommen »Treasury Lists« mit Peers, Abgeordneten und sonstigen Vertretern der Regierung. Die Zahlungen für die Emission erfolgen in Tranchen.

Das rudimentäre System des 18. Jahrhunderts der Bildung von Listen für öffentliche Schuldtitel zeigt bereits viele Ausprägungen des modernen Underwritings von Wertpapieren:

- Einsetzen der eigenen Reputation,
- Generierung von Informationsvorsprüngen,
- Erhöhung der Eintrittsbarrieren für neue Loan Contractors aufgrund der Anforderungen an deren Reputation.

Bildung von Syndikaten

Bereits in dieser Zeit arbeiteten die Loan Contractors in der Form zusammen, dass sie sich über die ursprünglichen Listen zu Syndikaten oder Konsortien zusammenschlossen, um die erforderlichen Beträge aufzubringen und die Risiken aus der Zeichnung zu teilen. Es kam auf diese Weise zunächst zur Bündelung der Contractors und Sub-Contractors, bevor diese wiederum die Endanleger bedienten; diese Syndikate verhandelten die Details der Kredite. Die Mitglieder der ersten Syndikate mussten die Verantwortung für die zeitgerechte Bereitstellung der gezeichneten Beträge übernehmen. Schließlich wurde die Verantwortung der Syndikate bis auf die Stabilisierung der Sekundärmärkte ausgedehnt.

Die eigentliche Geburtsstunde des Investmentbankings wird in dem Moment gesehen, von dem an es keinen Wettbewerb mehr zwischen individuellen Anlegern und Spekulanten sowie den Loan Contractors um eine einzelne Emission mehr gab und alle Emissionen über die Loan Contractors geleitet wurden.

»Investmentbanking exists when ultimate investors abandon to professional middlemen the original market for new subscriptions«, schreibt Redlich (1968, S. 326).

Festlegung von Wettbewerbspositionen
Eine Handvoll bedeutender Investmenthäuser dominierte zu dieser Zeit den Fluss des Langfristkapitals in öffentliche Emissionen. Außerhalb des Oligopols der großen Investmentbanken gab es heftigen Wettbewerb unter den kleineren Marktteilnehmern, die in die großen Syndikate aufgenommen werden wollten. In der Folge kam es auch zum intensiven Wettbewerb an der Spitze der Syndikate, die durch neue Marktteilnehmer und insbesondere durch immer neue Allianzen herausgefordert wurden.

Die Bildung von *echten Syndikaten* erfolgte um 1820. Da die Gewinne aus Kauf und anschließendem Verkauf von Emissionen sehr attraktiv waren, kam es darauf an, Disziplin innerhalb dieser Syndikate sicherzustellen. Die Objekte der Syndikate, d. h. die Finanzinstrumente, waren allerdings noch nicht so vielschichtig, es handelte sich allein um die Beteiligung an Krediten und Schuldverschreibungen. Diese waren weitgehend standardisiert und variierten lediglich nach Laufzeit, Zinssatz und Risiko. Kreditnehmer waren Staaten und nachgeordnete staatliche Einheiten mit prognostizierbarem und wiederkehrendem Kapitalbedarf. Der Wettbewerb auf der Kreditnehmerseite war weniger ausgeprägt, da diese sich nicht zu Gruppen zusammenschlossen und aufgrund der notwendigen Diskretion auf vertraulichen und schnellen Zugang zum Kapitalmarkt angewiesen waren.

Wie auch heutzutage kam als weitere Achillesferse eine zunehmende Kapitalknappheit hinzu. Die großen Investmentbanken gingen dazu über, im Falle von zusätzlichem Kapitalbedarf, Wertpapiere aus dem Eigenbestand zu veräußern oder zu beleihen. Diese neue Form der Kapitalbeschaffung machte sie aber verletzlich und abhängig von Spekulanten. Maßnahmen zur Stabilisierung der Sekundärmärkte, die erstmals von Rothschild angewandt wurden, haben erst den starken Kapitalmarktbezug der Investmentbanken ermöglicht.

2.3 Entwicklung des Investmentbankings in den USA

Der Beginn des Investmentbankings in den USA hinkte hinter der europäischen Entwicklung hinterher und kann auf die Mitte des 19. Jahrhunderts datiert werden. Die Finanzierungsaktivitäten in den USA konzentrierten sich seit 1830 auf den Eisenbahnbau durch die Emission langfristiger Anleihen (Laufzeiten von 25–30 Jahren), wandelbar in Aktien, größtenteils emittiert in Sterling und zahlbar in London. Neben den Kapitalbedarf durch den Eisenbahnbau trat der zunehmende Kapitalhunger durch die Industrialisierung und später den amerikanischen Bürgerkrieg. Ein hoher Kapitalimport zur Finanzierung dieser Aktivitäten war mangels eigener Kapitalbildung in den USA die Folge.

Die Finanzierungsaktivitäten erfolgten ursprünglich über *Chartered Banks*, Banken mit einer staatlich genehmigten Satzung. Die erste Chartered Bank wurde per Gesetz 1791 gegründet, die »Bank of the United States«, deren Satzung sehr eng an die der Bank of England angelehnt war. Ergänzt wurden diese auf Satzungen basierenden Banken durch Kaufleute, häufig mit europäischem Hintergrund, die Handel über den Atlantik betrieben und wie in Europa Bankfunktionen wahrnahmen. Sie besaßen allerdings keine staatliche Charter und waren als private Banken durch die Haftung der Eigentümer gekennzeichnet. Eine der Haupttätigkeiten bestand in der Platzierung öffentlicher Kredite der Zentralregierung und der Bundesstaaten, insbesondere zur Finanzierung des Eisenbahnbaus.

Erste Bankenkrisen

Das 19. Jahrhundert war in den USA durch allein 10 Bankenkrisen gekennzeichnet, die regelmäßig zu Bankenruns und Wirtschaftskrisen führten. Im Zuge der Bankenkrise von 1836/38, die durch Immobilienspekulation und verfallende Baumwollpreise ausgelöst wurde, kam es zu beachtlichen Veränderungen in der amerikanischen Bankenstruktur.

Während die Chartered Banks mit staatlichem Einfluss unter der Krise erheblich gelitten hatten oder vom Markt verschwanden, kamen die privaten Merchant Banks relativ unbeschadet aus der Krise. Dies führte zu einer Neuausrichtung der Investmentbanking-Aktivitäten mit Einfluss auf das 20. Jahrhundert. Das Epizentrum der Aktivitäten verschob sich in dieser Zeit aus den einzelnen Bundesstaaten nach New York. Durch den Ausfall von neuem Kapital aus Übersee richtete sich das Augenmerk zusätzlich darauf, verstärkt Kapital in den USA selbst einzusammeln.

Bildung von Investmentbank-Strukturen

Die Transformation der Handelsaktivitäten in Investmentbanking-Aktivitäten erfolgte primär durch zwei Gruppen:

- Deutsch-jüdische Investmentbanking-Netzwerke und
- Yankee (WASP) Investmentbanking-Netzwerke.

Nachdem sich die Rothschilds aus Finanzierungsaktivitäten in den USA zurückgezogen hatten, dominierten andere Händler mit deutsch-jüdischem Hintergrund die Finanzszene. Diese Gruppen kamen zwischen Ende der 1830er und 1850er-Jahre insbesondere aufgrund des schlechten wirtschaftlichen Umfelds in Europa in die USA.

Ein bekanntes Beispiel für diese Entwicklung ist Marcus Goldman, der Bayern im Jahre 1848 zum Aufbau eines Kleidungsgeschäftes in den USA verließ, sich 1869 in New York dem Finanzgeschäft widmete und 1872 eine Partnerschaft mit Samuel Sachs begann. Henry Lehman eröffnete ebenfalls ein Kleidungsgeschäft im Jahre 1844, bevor seine Brüder Emanuel und Mayer ihm folgten. Sie stiegen dann zunächst in den Baumwollhandel ein, bevor sie dies durch ein Brokergeschäft ergänzten und 1847 die Bank Lehman Brothers gründeten.

Die Entwicklung der Yankee Investmentbanking-Netzwerke ist eng mit dem Namen John Pierpont Morgan verbunden, der als bedeutendster Investmentbanker seiner Zeit angesehen wird und wesentlich zur Entwicklung des amerikanischen Bankwesens mit seinen verschiedenen Facetten beigetragen hat. Nachdem er aufgrund spekulativer Handelsaktivitäten als Partner im Handelshaus Peabody & Co. nicht akzeptiert wurde, gründete er 1860 J. P. Morgan & Co. und legte den Grundstein für eine bedeutende Bankengruppe (vgl. Morrison/Wilhelm, 2007, S. 165–170).

Neue Wege im Vertrieb
Erfolgte bisher die Zurverfügungstellung von Kapital durch eine begrenzte Zahl institutioneller Anleger, so kam es im Laufe der Zeit zu einem Austrocknen dieser Kapitalquelle. Zusätzlich erforderte die Finanzierung des Bürgerkrieges in den USA (1861–1865) Emissionen in bisher unbekannter Größenordnung. Der Vertrieb an institutionelle Anleger kam ebenfalls ins Stocken, da das amerikanische Finanzministerium nicht bereit war, Kursabschläge bei der Emission vorzunehmen und die erhaltenen Gelder zwischenzeitlich bei den Banken anzulegen.

Jay Cooke und Antony Drexel wählten als Erste in einem Joint Venture mit ihren beiden Banken einen neuen Vertriebsweg und boten eine Emission einer großen Gruppe privater Anleger an. Cooke's Idee war es, an die patriotische Grundhaltung der Amerikaner zur Finanzierung des Bürgerkrieges zu appellieren. Es gelang ihnen, mit neuen Vertriebsmethoden zur Direktansprache von Privatanlegern breitere Bevölkerungskreise zur Zeichnung der Anleihen zu bewegen. Dies kann als die Geburtsstunde des breit angelegten Brokerages angesehen werden.

Entwicklung neuer Geschäftszweige
Hatte sich Investmentbanking bis in die zweite Hälfte des 19. Jahrhunderts auf die Übernahme und Platzierung von Emissionen konzentriert, deren Volumen beträchtlich gesteigert wurde, kam es in der Folge zur Entwicklung weiterer Geschäftszweige:

- Mergers & Acquisitions,
- Corporate Restructuring und
- Investment Banker Activism.

Im Zuge des Wachstums an Transaktionen durch die Refinanzierung des Bürgerkrieges und des steigenden Kapitalbedarfs für den Eisenbahnbau kam es auch zu einer steigenden Zahl an Unternehmenskrisen, schwerpunktmäßig im Eisenbahnsektor. In der Folge führte dies zur ersten *Mergerwelle* in der amerikanischen Industrie und zur Herausbildung der großen Industriekonzerne. Die Beratung bei *Mergers & Acquisitions* entwickelte sich damit neben dem Emissionsgeschäft zu einem weiteren Geschäftszweig der Investmentbanken. Zwischen 1895 und 1904 verschwanden ungefähr 1.800 Firmen durch Fusionen.

Neben der Beratung bei Mergers & Acquisitions spielten Investmentbanken zunehmend eine wichtige Rolle bei Unternehmensrestrukturierungen. Die starke Emissionstätigkeit der US-amerikanischen Eisenbahngesellschaften führte zur Überschuldung und Insolvenz einer großen Zahl von Gesellschaften. Die Investmentbanken, die bereits die Gründung dieser Gesellschaften betrieben hatten, übernahmen die Reorganisation durch ein neues, von ihnen geschaffenes Rechtsinstitut, »Equity Receivership« (der Gläubiger wird zum Treuhänder und Verwalter des Unternehmens oder einzelner Assets), wodurch das Fehlen einer Konkursgesetzgebung kompensiert wurde. Die Tätigkeit der Investmentbanken konzentrierte sich auf die Reorganisation der Eigentümerstrukturen, die Zurverfügungstellung von Working Capital und die Bildung von Voting Trusts. Diese heute unter dem Begriff *Corporate Finance Advisory* gebräuchlichen Aktivitäten führten zu zusätzlichen Ertragsquellen für die Investmentbanken.

Schließlich übernahmen Vertreter der Investmentbanken aktive Rollen in den Verwaltungsräten (Boards) ihrer Kunden zum Schutz ihrer eigenen Interessen. Dieser sog. *Investment Banker Activism* ist praktisch eine Vorstufe der *Corporate Governance* moderner Prägung. Einerseits wurden Interessenkonflikte der Investmentbanker in den Boards offensichtlich, andererseits wurde auch ihr Wert oder die Reputation der Investmentbanker für das Unternehmen sichtbar. Sie halfen bei der Lösung von Problemen, die durch vertragliche Verhandlungen schwer lösbar waren, und waren in der Lage, die Interessen einer Vielzahl von Investoren zu vertreten.

2.4 Trennung von Commercial- und Investmentbanking (Glass-Steagall-Act)

Die modernen Investmentbanking-Syndikate haben sich in der Zeit nach dem amerikanischen Bürgerkrieg entwickelt. Sie dienten der Koordination und der erweiterten Reichweite der Vertriebsaktivitäten sowie einer einheitlichen Preisbildung für die Emissionen. Es war ein profitables Geschäft für die Investmentbanken mit Kommissionen in Höhe von 2,5 bis 10 % der Emission. Zwischen den Mitgliedern der Syndikate herrschte ein quasilegales Vertragsverhältnis. Der Erfolg des Syndikats hing entscheidend von der Reputation des Lead Managers ab, der das Netzwerk der Syndikatsmitglieder steuerte, wobei das Ranking der einzelnen Mitglieder für die Ertragsaufteilung von Bedeutung war.

Das starke Wachstum der Syndikate und der Zusammenhalt der Mitglieder in Verbindung mit einem von außen nicht durchschaubaren Vertragssystem förderte das Misstrauen gegenüber diesen Syndikaten. Die zunehmende Vertretung von Investmentbankern in den Boards ihrer Kunden, die ihren Höhepunkt um die Jahrhundertwende erreichte, sowie neue politische Strömungen verschärften die Kritik an den sich entwickelnden sog. Money Trusts, ein Begriff, der in Anlehnung an Corporate Trusts geschaffen wurde.

Auf der politischen Ebene sind in dieser Zeit zwei Bewegungen zu nennen: erstens »Populism«, eine Bewegung der Arbeiterschaft und der Landwirtschaft, die Fusionen zwischen Unternehmen und dabei die Rolle der Banken kritisierte, und zweitens »Progressivism«, die die Entwicklung von Gewerkschaften als Gegengewicht zu großen Unternehmen und Monopolen in den Mittelpunkt stellte. Der Fokus dieser Bewegung lag auf einer zentralen Wirtschaftsplanung und mündete schließlich in den New Deal (Roosevelt) nach der großen Wirtschaftskrise.

Neue Gesetzgebung für Banken

Nach der Weltwirtschaftskrise von 1929 bis 1933 wurde das Bankensystem in den USA im Rahmen des »New Deal« unter Präsident Franklin D. Roosevelt auf eine vollkommen neue Grundlage gestellt, die fast 70 Jahre Gültigkeit haben sollte. Die Selbstregulierung der Banken wurde durch eine externe Regulierung ersetzt.

Neben gesetzgeberischen Aktivitäten im Rahmen des Wertpapiergeschäftes (Securities Act, Securities Exchange Act) und des Investmentgeschäftes (Investment Act, Investment Company Act) ist vor allem der Banking Act (Glass-Steagall-Act) von 1933 zu erwähnen.

Hinzu kam die Gründung der *Securities and Exchange Commission (SEC)* als externe Aufsichtsbehörde mit weitreichenden Kompetenzen in der Umsetzung des Securities Exchange Act sowie die Einrichtung einer zentralen Einlagenversicherung, *Federal Deposit Insurance Corporation (FDIC),* als Ausfluss des Glass-Steagall-Act.

Der *Glass-Steagall-Act* erlangte für das Investmentbanking erhebliche Bedeutung und beeinflusste bis zu seiner faktischen Aufhebung durch den Gramm-Leach-Bliley-Act 1999 die Struktur des amerikanischen Bankwesens und damit die internationale Wettbewerbssituation im Investmentbanking. Dieses Gesetz führte zur Trennung von Einlagen- und Kreditinstituten (Commercial Banks) einerseits und Investmentbanken andererseits.

Die Folgen des Glass-Steagall-Acts

Als Ergebnis des Glass-Steagall-Acts mussten sich die etablierten Banken entscheiden, ob sie ihr Einlagen- und Kreditgeschäft oder ihre Underwriting-Aktivitäten aufgeben wollten. Commercial Banks mussten ihre Wertpapiergeschäfte verkaufen oder die Aktivitäten der Handels- und Emissionsabteilungen drastisch reduzieren. Einige Banken verschwanden ganz, manche kleinere Häuser entwickelten sich aus ihrer Nische zu größeren Anbietern. J. P. Morgan entschied sich beispielsweise für die Beibehaltung des Einlagen- und Kreditgeschäftes und wurde eine Commercial Bank; allerdings verließen einige Partner J. P. Morgan und gründeten die Investmentbank Morgan Stanley.

Trotz der organisatorischen Veränderungen offerierten die Investmentbanken praktisch die gleichen Dienstleistungen wie in der Vergangenheit. Der bedeutsamste Einfluss von Glass-Steagall war daher, dass Investmentbank-Aktivitäten aus Commercial Banks herausgelöst wurden. Auf diese Weise wurde eine große Gruppe potenzieller Wettbewerber, die vorher zu den größten Konkurrenten der Investmentbanken gehörten, vom Investmentbanking ferngehalten: die Commercial Banks. Wettbewerb bestand zwar weiterhin, allerdings nur innerhalb der Gruppe der Investmentbanken, die jetzt gegenüber außenstehenden Wettbewerbern geschützt waren. Im Ergebnis hat Glass-Steagall einen Schutzzaun um die existierenden Investmentbanken gelegt, den Markteintritt erschwert und in der Folge eine stärkere Konzentration der Investmentbanken gefördert. Da die Investmentbanken kein Einlagen- und Kreditgeschäft tätigten, unterlagen sie auch nicht der Bankenaufsicht und den zugehörigen Kapitalanforderungen, sondern unterlagen allein der Aufsicht durch die SEC.

2.5 Entwicklungen nach dem 2. Weltkrieg

Die Entwicklung nach dem 2. Weltkrieg bis zur praktischen Aufhebung des Glass-Steagall-Acts kann durch ständige Versuche der kommerziellen Banken beschrieben werden, in das annahmegemäß ertragreiche Geschäft der Investmentbanken einzusteigen.

Nachdem eine Klage des Justizministeriums gegen J. P. Morgan und weitere 16 Banken auf Missbrauch ihrer Monopolstellung und Verschwörung im Mai 1953 durch ein Urteil des Obersten Gerichtshofs gescheitert war, bedeutete dies in Verbindung mit dem De-facto-Wettbewerbsschutz vor den kommerziellen Banken den Beginn einer Phase von zweieinhalb Jahrzehnten ungehinderten Wachstums der Investmentbanken ohne große staatliche Einflussnahme. Bis in die erste Hälfte der 60er-Jahre kann von einer Stabilität der hierarchischen Strukturen bei den Investmentbanken gesprochen werden. Erklären lässt sich dies durch die gesetzgeberische Marktabschottung, indem die kommerziellen Banken als Wettbewerber im Underwriting Business ferngehalten wurden. Das Volumen an Underwriting- und anderem Corporate Finance Geschäft blieb während dieser Zeit relativ stabil bei geringen Wachstumsraten. Weitere Versuche der kommerziellen Banken über Tochtergesellschaften, in das Investmentbanking einzudringen, wurden schließlich durch den *Bank Holding Company Act* von 1956 beendet.

Die Zeit ab den 70er-Jahren war durch verschiedene gesetzgeberische Maßnahmen zur Erhöhung der Wettbewerbsintensität gekennzeichnet, die zu einem Druck auf die Ertragslage der kommerziellen und der Investmentbanken führten. Hierzu gehören:

- die Freigabe der Brokergebühren (1975),
- die Beseitigung der Zinsobergrenze für Einlagen (1980) und weitere gesetzgeberische Maßnahmen zur Erhöhung des Wettbewerbs im Investmentbanking und zum Aufbrechen der Syndikate,
- die reduzierte Publizität aufseiten der Emittenten (Integrated Disclosure, Regulation S-X und S-K),
- die sog. Shelf-Registration (Rule 415), die es den Unternehmen erlaubte, Wertpapiere zum Verkauf zu registrieren, die eigentlichen Konditionen aber erst später festzulegen und dann den Verkauf durchzuführen und
- Regelungen zur Erleichterung von Private Placements (Rule 144A).

Neben den kommerziellen Banken haben auch Unternehmen außerhalb des Investmentbankings versucht, in das ertragreiche Investmentbanking einzusteigen: Zu erwähnen sind hier folgende Akquisitionen:

- Sears kauft Dean Witter Reynolds (1978)
- Shearson/American Express kauft Lehman Brothers (1984)
- General Electric kauft Kidder Peabody (1985)

Alle Akquisitionen waren – nicht zuletzt aufgrund kultureller Unterschiede zwischen nicht-finanziellen Unternehmen und den Investmentbanken – am Ende finanzielle Desaster. Die Investmentbanken wurden wieder unabhängig und gingen – geschützt durch den Glass-Steagall-Act – unbeeinflusst ihren Tätigkeiten nach.

Die Aufhebung der Zinsobergrenze für Einlagen im Verbund mit dem Aufkommen von Geldmarktfonds und ähnlichen Anlageinstrumenten, die in den 70er-Jahren aufgelegt wurden und die in Konkurrenz zu den Einlagen bei kommerziellen Banken standen, verteuerte die Refinanzierung und erhöhte den Druck auf die Ertragssituation der kommerziellen Banken. Diese unternahmen daher erneut große Anstrengungen, in das vermeintlich attraktivere Investmentbanking einzudringen und die Funktionstrennung zwischen kommerziellem Bankgeschäft und Investmentbanking aufzuweichen. Gleichzeitig begann in dieser Zeit eine Globalisierung des Bankgeschäftes.

Im Jahr 1987 autorisierte die Fed auf Druck einzelner kommerzieller Banken die ersten *Bank Holding Companies* für ein begrenztes Underwriting sowie den Handel in bestimmten, bislang nicht erlaubten Wertpapieren und öffnete auf diese Weise die Türen zur Aufweichung der Funktionstrennung. Antragsteller für die erweiterten Tätigkeiten waren Citicorp, J. P. Morgan & Co. sowie Bankers Trust New York Corp. Diesen Banken wurde erlaubt, die neuen, früher verbotenen Aktivitäten in einer Tochtergesellschaft der Bank Holding Company durchzuführen, die vom kommerziellen Bankgeschäft getrennt zu sein hatte. Die Trennung erfolgte über die Errichtung verschiedener »Firewalls« zur Begrenzung der Transaktionen, die Einschränkung des Informationsflusses zwischen Wertpapier-Tochtergesellschaft und Muttergesellschaft und schließlich die Begrenzung gemeinsamer Managementaktivitäten. Die neuen Aktivitäten durften maximal 5 % der gemeinsamen Erträge ausmachen.

Die Regelungen hierzu wurden in Section 20 des Glass-Steagall-Acts verankert, sodass die Wertpapier-Tochtergesellschaften als *Section 20 Subsidiaries* bezeichnet wurden.

In der Folgezeit wurde der Kreis der zulässigen Wertpapiere bei gleichzeitig strikteren »Firewalls« erweitert (Januar 1989), das Ertragslimit von 5 % auf 10 % erhöht (Oktober 1989), schließlich wurden die »Firewalls« erleichtert, Interlocks zwischen Mutter und Tochter sowie Cross-Marketing zugelassen (Oktober 1996), bis im März 1997 das Ertragslimit auf 25 % der Gesamterträge erhöht wurde. Die Funktionstrennung zwischen kommerziellem Bankgeschäft und Investmentbanking war so weit aufgeweicht, dass eine vollständige Aufhebung dieser Trennung im Glass-Steagall-Act nur noch eine Frage der Zeit war.

Eine entscheidende Entwicklung war schließlich die Umwandlung der bis dahin vorherrschenden Investmentbanking-Partnerships in Public Companies, die sich dann durch Börsengänge Mittel für ihren steigenden Kapitalbedarf beschaffen konnten. Zu erwähnen sind hier die Börsengänge von Lehman Brothers (1994) und Goldman Sachs (1999). Neben der Stärkung der Kapitalbasis hat die nunmehr fehlende unternehmerische Haftung der Partner einen erheblichen Einfluss auf Ethik, Risikoverhalten und Vergütungsstrukturen gehabt. Nur wenige Investmentbanken haben ihren Partnerstatus bis heute behalten (z. B. Brown Brothers Harriman).

Diese Strukturveränderung hat nicht zu unterschätzende Auswirkungen auf die Geschäftsaktivitäten und das Verhalten der Investmentbanker gehabt. Investmentbanken, die ihr Geschäft vormals auf Beziehungsmanagement und Informationsvorsprüngen aufbauen konnten – Geschäfte, die mit wenig Kapital zu betreiben sind, aber vor allem Verschwiegenheit und Vertrauen voraussetzten – setzten mittlerweile die Möglichkeit zur externen Kapitalbeschaffung zum Ausbau ihrer Aktivitäten im kapitalintensiven Kapitalmarktgeschäft, insbesondere dem Eigenhandel, ein. Dazu kamen Kapitalanforderungen aufgrund der zunehmenden Computerisierung des Geschäftes. Vormals durch die persönliche Haftung der Partner geprägt, waren Investmentbanken nunmehr bereit, deutlich höhere Risiken einzugehen. Sie wurden zu aggressiveren Marktteilnehmern. Die Kultur der Investmentbanken hat sich dadurch dramatisch verändert.

Diese Änderungen wurden auch möglich, da die Investmentbanken weiterhin nur der Aufsicht durch die SEC unterlagen und die strengeren Kapitalvorschriften der regulären

Bankenaufsicht nicht zur Anwendung gelangten. Die Schlüsselgröße der Aufsicht durch die SEC war der Verschuldungsgrad der Investmentbanken, sodass das Leverage der Bank zu einer wesentlichen Steuerungsgröße wurde.

Änderungen von Geschäftsstrukturen der Investmentbanken

Neben der fortschreitenden De-Regulierung haben sich auch die *Geschäftsmodelle der Investmentbanken* in dieser Zeit drastisch verändert. Einige wenige Einflussfaktoren sollen hier genannt werden, ohne dass in Details gegangen werden kann (vgl. Morrison/Wilhelm, 2007, S. 225–264):

- Revolution in den Financial Economics in Verbindung mit der
- Entwicklung der Informationstechnologie,
- Entwicklung des Junk Bond Markets, die erst große Leveraged Buy-outs (LBOs) ermöglichte, sowie
- Securitization (ABS, CDO) und weitere Finanzinnovationen (CDS, Credit Derivatives).

Die rasant steigenden Leistungen der Computer verbunden mit entsprechenden Kostenreduzierungen veränderten zunächst die Handelsmuster, indem die Bedeutung der privaten Haushalte als Eigner von Aktien drastisch abnahm und der gesamte Handel und das Eigentum an Aktien stärker institutionalisiert wurde. Retail Banking Erträge nahmen zugunsten von Erträgen aus dem Investmentbanking und den Principal Transactions ab. Diese Institutionalisierung eröffnete u. a. Wachstumsmöglichkeiten für Unternehmen, die sich auf die institutionelle Kundschaft spezialisiert hatten, wie z. B. Goldman Sachs und Salomon Brothers.

Die theoretischen Entwicklungen in den *Financial Economics* führten in Verbindung mit der genannten Weiterentwicklung der Computertechnologie zu neuen Geschäftsmöglichkeiten und steigenden Handelsaktivitäten. Zu erwähnen sind hier die Portfoliotheorie einerseits und die Relative Pricing Models andererseits. Die *Portfoliotheorie* konzentrierte sich auf die Messung der Investment Charakteristika und der Performance von Portfolios. Die *Relative Pricing Models* analysierten den Zeitwert von Wertpapieren und den Risikogehalt von Cashflow-Strömen. Beide Konzepte führten zusammen zu einer ungeahnten Entwicklung im Financial Engineering, d. h. zur Nutzung von Textbuch-Wissen zur Kreation und Bewertung komplexer finanzieller Strukturen und Produkte. Die Dynamik der Entwicklung hat sich abgeschwächt, aber ein Ende dieser Entwicklung ist auch heute noch nicht abzusehen. Die Geschäftsmodelle von Investmentbanken ändern sich u. a. auch dadurch, dass die früher notwendigen Investitionen in *Human Capital* zur Pflege des Relationship Banking durch Investitionen in Technologie ersetzt werden, wodurch sich der Kapitalbedarf der Investmentbanken erhöht. Dieses Kapital dient dann auch als Puffer für die Risikoübernahme.

2.6 Aufhebung der Funktionstrennung (Gramm-Leach-Bliley-Act)

Nach der schrittweisen Aufweichung der Funktionstrennung zwischen kommerziellen und Investmentbanken durch diskretionäre Einzelentscheidungen (Section 20 Companies) war es nur eine Frage der Zeit, bis dieses System rechtlich beendet wurde. Das Ende des Trennbankensystems wurde durch den *Gramm-Leach-Bliley-Act (GLBA)* vom 12. November 1999 besiegelt. De facto handelte es sich um die nachträgliche Genehmigung der Übernahme der Travelers Group (Versicherung, die auch Eigentümer der Investmentbank Salomon Brothers war) durch die Citicorp (kommerzielle Bank Holding Company). Diese Transaktion wurde 1993 verkündet und 1994 umgesetzt, stand allerdings im Widerspruch zu den noch gültigen Regelungen des Glass-Steagall-Acts.

Der GLBA führte zur endgültigen Aufhebung der Funktionstrennung zwischen kommerziellen und Investmentbanken. Neue erlaubte Geschäfte für kommerzielle Banken waren die Wertpapierberatung, das Investmentbanking, das Eingehen von Beteiligungen an Unternehmen sowie die Beteiligung an Versicherungen. Der GLBA bezieht sich auf Financial Institutions und definiert diese als »... companies that offer financial products or services to individuals, like loans, financial and investment advice, or insurance«.

Kommerzielle Banken hatten ihr Ziel erreicht und konnten jetzt als Wettbewerber zu Investmentbanken auftreten, während die großen Investmentbanken weiterhin weder Einlagen annehmen konnten noch Zugang zum Diskontfenster der Zentralbank als Refinanzierungsquelle hatten. Investmentbanken finanzierten sich unverändert primär über den Kapitalmarkt und unterlagen auch weiterhin der Aufsicht durch SEC und nicht der Bankenaufsicht. Die neuen Wettbewerber erhöhten den Druck auf die Investmentbanken, die in der Folge neue Geschäftsmodelle zur Stabilisierung ihrer Ertragssituation entwickelten. Aufgrund der zunehmenden Konkurrenz im »klassischen« Investmentbanking durch die neuen Wettbewerber kam es auf Seiten der Investmentbanken einerseits zu einer stärkeren Betonung des Eigenhandels bis hin zum High Frequency Trading. Bei den großen Investmentbanken dominierten diese Geschäfte nunmehr die Ertragsstruktur. Ein wachsendes Geschäft im Bereich von Mergers & Acquisitions insbesondere auch durch LBO-Transaktionen stabilisierte das traditionelle Geschäft. Schließlich sahen die Investmentbanken durch einen Einstieg in Hedgefonds- (Prime Brokerage) und Private-Equity-Aktivitäten – sowohl als Sponsor als auch als Investor – ein weiteres Ertragsstandbein.

2.7 Finanzkrise und Re-Regulierung (Dodd-Frank-Act)

Der Weg in die Finanzkrise von 2007/2008 war durch ein explodierendes Wachstum im Markt für Verbriefungen gekennzeichnet mit überproportionaler Kreditvergabe im Subprime-Bereich und der Entwicklung immer komplexerer Verbriefungsstrukturen. Investmentbanken und kommerzielle Banken standen in starker Konkurrenz zueinander, haben in dieser Zeit ihren *Verschuldungsgrad (Leverage)* stark erhöht und hingen immer weiter von einer Refinanzierung an den Kapitalmärkten ab. Die *Kapitalmarktabhängigkeit* des gesamten Bankensystems wird dadurch gesteigert, dass die kommerziellen Banken nach der Aufhebung des Trennbanksystems ebenfalls verstärkt ins Investmentbanking eingestiegen sind.

Der Einbruch der Hauspreise in den USA ab 2006 führte zu ersten Kreditausfällen im Subprime-Bereich. In der Folge kam es zu Stützungsmaßnahmen bei Hedgefonds (Bear Stearns), die in diesem Marktsegment investiert waren, und schließlich zu Verlusten bei stark im Subprime-Bereich engagierten Banken. Vormals gut bewertete Subprime-Wertpapiere wurden herabgestuft. Die Verluste bei Banken führten zu einer Vertrauenskrise, in der Folge zu einem Rückgang bis zum Stopp der Interbankenfinanzierung. Es kam daraufhin zum Zusammenbruch verschiedener kommerzieller Banken (Countrywide, Washington Mutual) und Investmentbanken (Lehman Brothers). Andere Investmentbanken (Bear Sterns, Merrill Lynch) wurden von kommerziellen Banken übernommen. Die letzten verbliebenen großen Investmentbanken (Goldman Sachs, Morgan Stanley) wandelten sich 2008 in Bank Holding Companies um, unterlagen nunmehr der Bankenaufsicht durch die Federal Reserve Bank und erhielten Zugang zu deren Finanzierungsfazilitäten (Discount Window).

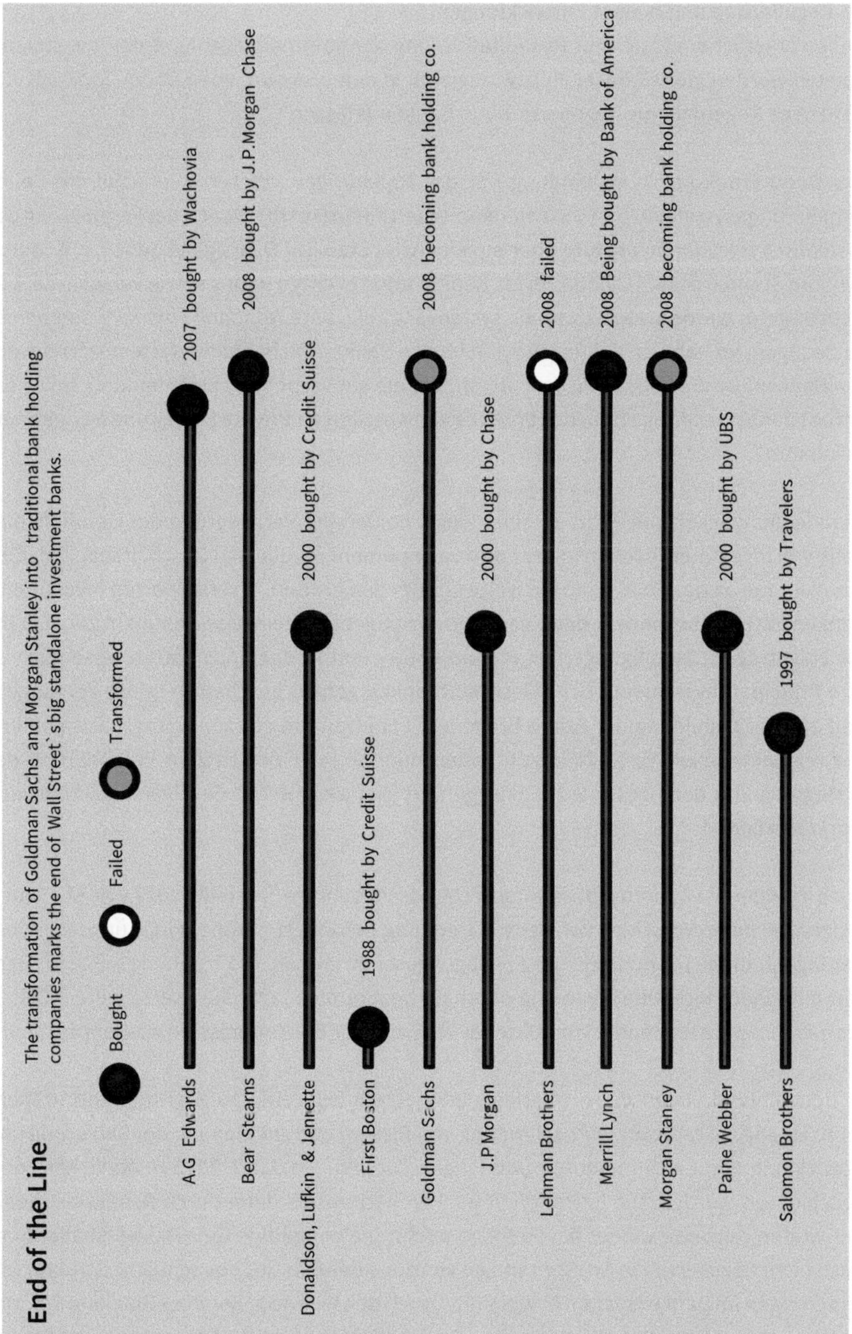

Abb. 2.1: Das Ende der großen Investmentbanken

Re-Regulierung und neuere Entwicklungen

Neben staatlichem Druck zur Rekapitalisierung der kommerziellen und der Investmentbanken wurden global (Basel III) bzw. regional in den USA durch den *Dodd-Frank-Act* von 2010 neue Regeln für die Regulierung von Banken erlassen.

Der Dodd-Frank-Act in Verbindung mit der zugehörigen Volcker-Rule schuf ein neues Regulierungssystem für den US-amerikanischen Finanzsektor. Neben der Regulierung der *systemisch relevanten Institute* über ein Financial Stability Oversight Council, z. B. durch erhöhte Standards für risikobasiertes Kapital und Leverage Ratios sowie verschärfte Aufsichtsregeln, werden auch erstmals systemisch relevante *Nonbank Financial Companies* einbezogen. Im Rahmen der Regelungen für alle Banken, nicht nur die systemisch relevanten Banken, ist die *Volcker-Rule* zu erwähnen, die ein Verbot des Eigenhandels sowie ein Verbot des Sponsorings bzw. des Erwerbs von Anteilen an Private Equity und Hedgefonds beinhaltet.

Gerade die Volcker-Rule führt zu einer einschneidenden Veränderung der Geschäftsmodelle von Investmentbanken in der Form von nunmehr regulierten Geschäftsbanken. Dies gilt nicht nur in den USA, sondern weltweit. Bei den großen, diversifizierten Investmentbanken hatte insbesondere der Eigenhandel maßgeblich, teilweise dominant zum Ergebnis beigetragen. Beteiligungen an Private Equity und Hedgefonds hatten wesentlich zu den Principal Investments der Investmentbanken gehört und hatten in der Vergangenheit zur Herausbildung der Prime Brokerage Funktion mit starker Ertragsbasis geführt. Die regulatorischen Veränderungen haben nun zu einer drastischen Veränderung der Ertragsstruktur der Investmentbanken geführt (siehe Kapitel 3, *»Geschäftsaktivitäten und Marktüberblick«*).

Auch in anderen Ländern gibt es entsprechende Vorschläge. So stellte 2012 eine EU-Expertengruppe einen Vorschlag vor, der die Trennung des Investmentbankings (insbesondere des Eigenhandels) vom Kredit- und Einlagengeschäft vorsah. Die Trennung sollte für Banken mit einem Investmentbanking oberhalb bestimmter Schwellenwerte gelten. Dieses Vorhaben wurde letztendlich im Oktober 2017 von der EU-Kommission wieder begraben.

In Deutschland waren diese Überlegungen jedoch frühzeitig aufgegriffen und im Rahmen des sog. »Gesetzes zur Abschirmung von Risiken und zur Planung der Sanierung und Abwicklung von Kreditinstituten und Finanzgruppen« im Jahre 2013 in ähnlicher Form beschlossen worden. Die betroffenen Banken hatten sich dann durch Reduktion dieser Aktivitäten teilweise wieder davon freigemacht. Die endgültige Umsetzung ist allerdings noch nicht abzusehen. In Großbritannien wurden ebenfalls 2013 beachtliche Strukturveränderungen im Bankensystem eingeleitet. Durch den Financial Services (Banking Reform) Act kam es zu einem Ring-Fencing sog. »Core Activities« für Privatpersonen und kleinere und mittlere Unternehmen vom Großkundengeschäft. Banken, deren Schwerpunkt im Geschäft mit Privatkunden sowie kleinen und mittleren Unternehmen liegt, wurden bestimmte Aktivitäten (wie z. B. Eigenhandel) verboten. Insgesamt führte der Financial Services (Banking Reform) Act zu einer Abtrennung von wesentlichen Bereichen des Investmentbankings.

2.8 Ausblick

Investmentbanking ist ständigen Veränderungen unterworfen, die von wirtschaftlichen, regulatorischen, akademischen und Entwicklungen im Konkurrenzumfeld angestoßen werden. So haben sich die großen US-amerikanischen Investmentbanken mit dem neuen Status einer Geschäftsbank schnell angefreundet und bauen auch Geschäfte in vormals dem kommerziellen Bankgeschäft vorbehaltenen Bereichen aus (z. B. die Retailplattform »*Marcus*« von Goldman Sachs). Die strenge Re-Regulierung durch den Dodd-Frank-Act und die Volcker-Rule wird vom aktuellen US-Präsidenten zugunsten einer neuen De-Regulierung wieder aufgeweicht. Parallel dazu stoßen neue Wettbewerber (Boutique-Investmentbanken) in die Felder vor, die von den großen Marktteilnehmern freigemacht werden und konzentrieren sich auf bestimmte Geschäftsbereiche oder Branchen.

Aufgaben zur Lernkontrolle

1. Erläutern Sie, warum die Übernahme ganzer Emissionen als die Geburtsstunde des Investmentbankings bezeichnet werden kann.
2. Beschreiben Sie, wie sich die weiteren Funktionen des Investmentbankings (Corporate Finance, Mergers & Acquisitions) entwickelt haben.
3. Aus welchen Gründen kam es zur Funktionstrennung zwischen kommerziellen Banken und Investmentbanken in der Folge der Weltwirtschaftskrise 1929–1931?
4. Beschreiben Sie die Entwicklungen, die zur Aufhebung der Funktionstrennung geführt haben.
5. Inwieweit haben Entwicklungen der Financial Economics zur Veränderung von Geschäftsstrukturen bei Investmentbanken beigetragen?
6. In der zeitlichen Abfolge von »Glass-Steagall-Act« (1933), »Gramm-Leach-Bliley-Act« (1999) und »Dodd-Frank-Act« (2010) wird verschiedentlich darauf hingewiesen, dass Dodd-Frank eine partielle Rückkehr zu Glass-Steagall darstellt. Was ist damit gemeint?

Literatur

Banks, E. (1999): The Rise and Fall of the Merchant Banks, London.

Bonin, H./Brambilla, C. (eds.) (2014): Investment Banking History. National and Comparative Issues (19th-21st centuries), Brussels – Bern et.al.

Brandeis, L. D. (1914): Other People's Money and How the Bankers Use It, New York.

Carosso, V. P. (1970): Investment-Banking in America, Cambridge, MA.

Engel, K. C./McCoy, P. A. (2011): The Subprime Virus. Reckless Credit, Regulatory Failure, and Next Steps, Oxford.

Grossman, R. S. (2010): Unsettled Account. The Evolution of Banking in the Industrialized World Since 1800, Princeton and Oxford.

Hayes, S. H./Spence, M./Marks, D. (1988): Investment-Banking Competition: An Historical Sketch, in: Williamson, J. P. (ed.), The Investmentbanking Handbook, New York.

Holtfrerich, C.-L. (1999): Finanzplatz Frankfurt. Von der mittelalterlichen Messestadt zum europäischen Bankenzentrum, München.

Iannotta, G. (2010): Investment Banking. A Guide to Underwriting and Advisory Services, Heidelberg u. a.

Lamoreaux, N. R. (1985): The Great Merger Movement in American Business, 1895–1904, Cambridge.

Mahoney, P. G. (2001): The Political Economy of the Securities Act of 1933, in: Journal of Legal Studies, 30. Jg., S. 1–31.

Mishkin, F. (2007): The Economics of Money, Banking, and Financial Markets, 8. Aufl. Boston u. a.

Morrison, A./Wilhelm, W. (2007): Investment Banking. Institutions, Politics, and Law, Oxford, New York.

Quittner, P. (1930): Investment: Moderne Prinzipien der Vermögensanlage, Berlin.

Quittner, P./Palyi, M. (1931): Investment, in: Enzyklopädisches Lexikon für das Geld-, Bank- und Börsenwesen, Frankfurt am Main.

Redlich, F. (1968): The Molding of American Banking. Men and Ideas, Part II, New York.

Reuther, M. (2012): Investmentbanking – integraler Bestandteil und Ideenschmiede des Firmenkundengeschäfts, in: ZfgK, Jg. 65, S. 20–23.

Rudolph, B (2007): Kapitalmarkt: Historische Entwicklung, in: Knapps Enzyklopädisches Lexikon des Geld-, Bank- und Börsenwesens, Frankfurt am Main; Artikel Nr. 1996, S. 1–3.

The Financial Crisis Inquiry Commission (2011): Financial Crisis Inquiry Report. Final Report of the National Commission on the Causes of the Financial and Economic Crisis in the United States, New York.

Wessel, R. H. (1961): Principals of Financial Analysis, New York.

Williamson, J. P. (1988): Investmentbanking Handbook, New York/Chichester/Brisbane/Toronto/Singapore.

3 Geschäftsaktivitäten und Marktüberblick[1]

LERNZIELE

- Sie können die drei Arten von Investmentbanken erklären, die heute unterschieden werden.
- Sie können darlegen, warum der Begriff Financial Holding Company nicht nur eine Rechtsform, sondern zugleich auch eine Beschreibung eines Geschäftsmodells im Investmentbanking ist.
- Sie können die Geschäftsaktivitäten von Investmentbanken in drei große Segmente gliedern und diese erläutern.
- Sie können typische Geschäftsfeldsegmentierungen von Investmentbanken ausdeuten und deren Ertragsbedeutung für die Banken erklären.
- Sie können anhand von League Tables und der Position asiatischer Banken erklären, was man unter regionaler Diversifizierung versteht.

3.1 Einleitung

Als Folge der Weltwirtschaftskrise von 1929–1933, verbunden mit einer hohen Anzahl von Insolvenzen US-amerikanischer Banken, wurde in den USA eine strikte Trennung zwischen kommerziellen Banken und Investmentbanken etabliert (Glass-Steagall-Act von 1933). Dies hatte große Auswirkungen auf die Geschäftsaktivitäten der Banken. Banken war es fortan vorgeschrieben, entweder das Kredit- und Einlagengeschäft oder das Wertpapiergeschäft zu betreiben. Der Glass-Steagall-Act hat damit wesentlich zur begrifflichen Prägung kommerzieller Banken (fokussiert auf das Kredit- und Einlagengeschäft) und Investmentbanken (fokussiert auf das Wertpapiergeschäft) beigetragen.

Investmentbanktypen

Investmentbanken werden traditionell in zwei Arten untergliedert:

- *Full-Service-Investmentbanken* einerseits, welche das gesamte Leistungsspektrum von Investmentbanken anbieten, und
- *Boutique-Investmentbanken* mit einer Beschränkung auf Teilfunktionen und -services des Investmentbankings andererseits.

Mit der offiziellen Aufhebung des Trennbankensystems durch den Gramm-Leach-Bliley-Act in 1999 sowie den strukturellen Marktveränderungen als Folge der Finanzkrise von 2007/2008 haben sich die großen, noch verbliebenen US-amerikanischen Investmentban-

1 Autor: Dr. Philipp Kurmann.
Der Artikel stellt ausschließlich die Sichtweise des Autors dar und muss nicht zwangsläufig übereinstimmen mit der Sichtweise seines Arbeitgebers oder verbundener Unternehmen.

ken in Bank bzw. Financial Holding Companies umgewandelt. Dies hat dazu geführt, dass heute drei Arten von Investmentbanken unterschieden werden:

- Financial Holding Companies,
- Full-Service-Investmentbanken und
- Boutique-Investmentbanken.

Financial Holding Companies betreiben neben Investmentbanking-Aktivitäten auch das kommerzielle Bankgeschäft. Rechtlich gesehen werden die Aktivitäten in verschiedenen Gesellschaften erbracht, die durch eine Holding zusammengefasst werden – daher der Name.

Dies entspricht im übertragenen Sinne der Geschäftsstruktur, wie sie bereits vor Einführung des Glass-Steagall-Acts bestand. Interessanterweise finden sich heute die größten und wichtigsten US-amerikanischen Banken unter den Financial Holding Companies wieder (z. B. JP Morgan Chase, Goldman Sachs, Bank of America, Morgan Stanley). Darüber hinaus lassen sich auch Universalbanken, wie sie im europäischen Raum üblich sind, hierunter erfassen (z. B. Deutsche Bank, UBS, Credit Suisse). Auf Basis dieser Einordnung wird bereits deutlich, dass die größten und wichtigsten Investmentbanken weltweit heute als Financial Holding Company auftreten und damit im Konzern auch andere als Investmentbanking-Dienstleistungen erbringen (Universalbankcharakter).

Full-Service-Investmentbanken bieten – wie der Name bereits vermuten lässt – das gesamte Spektrum der Investmentbanking-Dienstleistungen an. Der Begriff wurde insbesondere vor der Finanzkrise 2007/2008 mit einer Unterscheidung in »Bulge Bracket«, »Tier 1« und »Tier 2« verwendet. Diese Begriffe grenzen Kategorien ab, die sich im Wesentlichen an der Größe und dem Marktanteil der jeweiligen Investmentbanken orientieren. Im Kontext der zuvor bereits beschriebenen strukturellen Marktveränderungen im Nachgang der Finanzkrise 2007/2008, werden die damaligen »Bulge Brackets« heute unter den Financial Holding Companies geführt, während die Full-Service-Investmentbanken »Tier 1«-Banken waren.

Boutique-Investmentbanken können als spezialisierte »Nischenanbieter« betrachtet werden. Sie fokussieren sich auf eine oder mehrere Investmentbanking-Dienstleistungen, wie z. B. das M&A-Beratungsgeschäft. Darüber hinaus treten sie oftmals regional fokussiert auf und können damit ihre Dienstleistungen sehr individuell den geschäftlichen Anforderungen ihrer Kunden anpassen. Boutique-Investmentbanken sind typischerweise nicht Teil von großen Bankkonzernen, wesentlich kleiner und weisen geringere Marktanteile auf. Typische Beispiele für Boutique-Investmentbanken sind Evercore, Lazard und Rothschild.

3.2 Geschäftsfelder von Investmentbanken

Gegenüber dem traditionellen Kredit- und Einlagengeschäft kommerzieller Banken sind die Geschäftsfelder von Investmentbanken heterogener. Sie lassen sich im Wesentlichen auf die folgenden drei Typen zurückführen (Iannotta, 2010):

- Klassisches Investmentbanking,
- Transaktions- und Handelsgeschäft und
- Asset Management.

Beim *klassischen Investmentbanking* handelt es sich um Kapitalmarktaktivitäten, die in der englischsprachigen Literatur in »Underwriting« Services und »Advisory« Services unterschieden werden. Underwriting Services umfassen die Begleitung von institutionellen Kunden im Rahmen ihrer Eigenkapital- und Fremdkapitalemissionen. Investmentbanken unterstützen ihre Kunden hierbei z. B. auf Roadshows im Vorfeld der Emission und beim Verkauf der neuen Wertpapiere an die verschiedenen Investorengruppen. Innerhalb ihrer Organisationsstrukturen führen Investmentbanken diese beiden Geschäftsbereiche oftmals auch unter den Namen »Equity Underwriting« bzw. »Equity Capital Markets« (ECM) und »Debt Underwriting« bzw. »Debt Capital Markets« (DCM). Advisory Services umfassen ein breites Feld an Beratungsleistungen, wie sie z. B. im Rahmen von Unternehmensübernahmen (Mergers & Acquisitions) in Anspruch genommen werden. Dabei unterstützen Investmentbanken ihre Kunden als Berater. Sie können sich entweder auf der Käufer- oder auf der Verkäuferseite einer Transaktion engagieren – eine beidseitige Rolle wird aufgrund von Interessenkonflikten vermieden. Im Rahmen ihres Mandats können Investmentbanken eine Vielzahl von Services erbringen, wie z. B. Identifikation eines geeigneten Kauf-/Verkaufsinteressenten, Bewertung von Unternehmen und/oder Unternehmensteilen sowie Durchführung von Kauf-/Verkaufsverhandlungen.

Die *Transaktions- und Handelsaktivitäten* werden prinzipiell anhand des Grads der Kundenorientierung unterschieden. Kundenorientierte Aktivitäten fallen unter das Brokerage, bei dem Handel, Sales und Research für verschiedene Kapitalmarktprodukte für Kunden erbracht werden. Auch das Market Making fällt unter die kundenorientierten Aktivitäten, welches durch Preis- und Liquiditätsstellung in Kapitalmarktprodukten den Handel ermöglicht. Daneben handeln Investmentbanken auch für ihre eigenen Bücher, was als Eigenhandel (»Proprietary Trading«) und »Principal Investments« bezeichnet wird.

- Unter dem *Eigenhandel* verstehen sich vergleichsweise kurzfristige Investments in verschiedene Kapitalmarktprodukte, wie z. B. Aktien, Anleihen, Währungen und Rohstoffe.
- *Principal Investments* sind hingegen von langfristigerer und strategischer Natur und umfassen z. B. den ganzheitlichen Erwerb von Unternehmen.

Principal Investments wurden vor der Finanzkrise 2007/2008 häufig über eigene Private Equity Fonds getätigt, was allerdings durch strengere regulatorische Vorschriften heute nur noch eingeschränkt möglich ist (Stowell, 2013).

Das *Asset Management* (oftmals auch als Investmentmanagement bezeichnet) ist über die vergangenen Jahrzehnte ein zentrales Geschäftsfeld großer, global tätiger und diversifizierter Investmentbanken geworden. Unter Asset Management versteht man im Wesentlichen die Auflage und das Management von Fondsprodukten, wie z. B. traditionelle Investmentfonds für Aktien und Anleihen, Hedgefonds und Alternative Investment Fonds, die sich auf Anlagen in Private Equity, Private Debt, Infrastruktur, Währungen oder Rohstoffe konzentrieren. Darüber hinaus bieten Investmentbanken Services im Vermögensmanagement für wohlhabende Individuen (»High Net Worth Individuals«), Family Offices und Stiftungen an. Erträge generiert das Asset Management vornehmlich durch Management- und Performancegebühren. Sie orientieren sich am Wachstum der verwalteten Volumina sowie dem Anlageerfolg der jeweiligen Fondsprodukte. Für den Gesamtertrag von Investmentbanken ist das Asset Management ein wichtiger Faktor, da es eine relativ stabile, wenig volatile Ertragsentwicklung gegenüber den Transaktions- und Handelsaktivitäten aufweist.

3.3 Organisationsstrukturen von Investmentbanken

Im Zuge der Finanzkrise haben sich die Unternehmens- und Organisationsstrukturen von Investmentbanken nachhaltig verändert. Goldman Sachs und Morgan Stanley – die im September 2008 letzten bestehenden »Full-Service« Investmentbanken – haben sich jeweils in eine Financial Holding Company umgewandelt. Andere Institute, wie z. B. Merrill Lynch (übernommen durch Bank of America) und Bear Stearns (übernommen durch JP Morgan Chase), mussten ihre Eigenständigkeit aufgrund hoher Verluste im Zuge der Finanzkrise aufgeben. Nachfolgend finden sich mit Goldman Sachs (vgl. Abbildung 3.1) und Bank of America (vgl. Abbildung 3.2) beispielhaft zwei aktuelle Organisationsstrukturen von Financial Holding Companies.

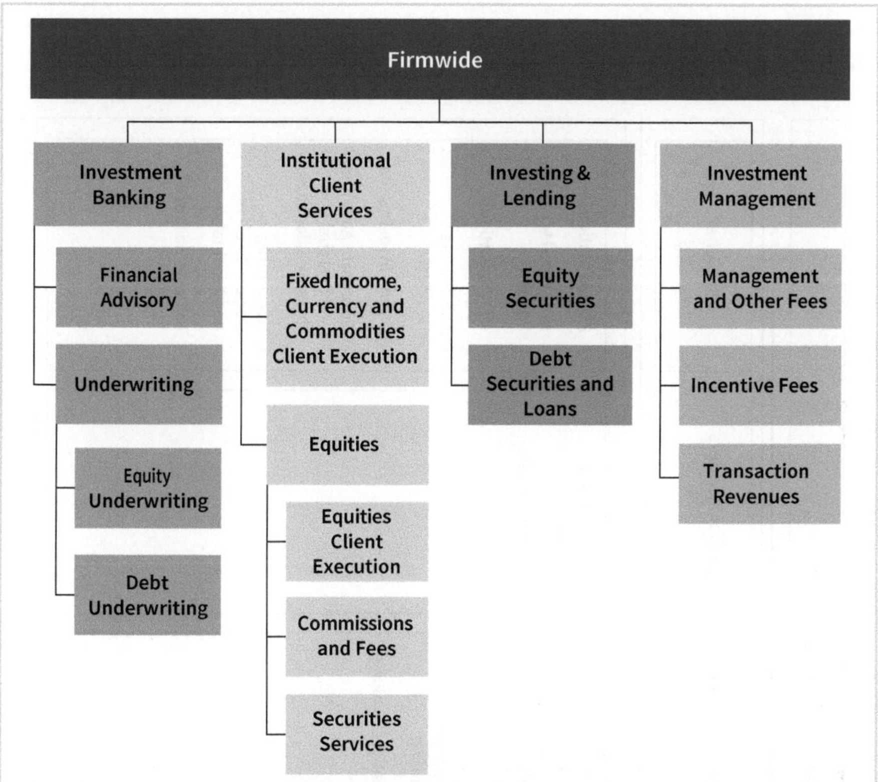

Abb. 3.1: Organisationsstruktur von Goldman Sachs
Quelle: Geschäftsbericht (2018)

Bei Goldman Sachs fallen unter das Investmentbanking verschiedene Beratungsleistungen (»Financial Advisory«) sowie das Emissionsgeschäft (»Underwriting«). In den Institutional Client Services finden sich Aktivitäten rund um Trading und Sales wieder. Unter Investing & Lending verstehen sich Aktivitäten des traditionellen Kredit- und Einlagengeschäfts. Im vierten Geschäftsbereich – Investment Management – werden Dienstleistungen rund um das Management alternativer und traditioneller Anlageprodukte erfasst.

Aufseiten der Bank of America ist zu erkennen, dass die ehemals eigenständigen Geschäftsbereiche von Merrill Lynch in die Unternehmensstruktur integriert wurden. Teils wurde hierbei der Namensbestandteil »Merrill« oder »Merrill Lynch« zwecks Wiedererkennungswert und Bekanntheitsgrad beibehalten. Das klassische Investmentbanking findet sich im Geschäftsbereich Global Banking wieder und Handelsgeschäfte werden unter Global Markets geführt. Das traditionelle Kreditgeschäft für Privatkunden fällt unter das Consumer Banking, wohingegen für Geschäftskunden ein Segment innerhalb Global Markets vorgesehen ist. Asset und Wealth Management-Aktivitäten erfolgen im Geschäftsbereich Global Wealth & Investment Management. Im Vergleich zur Organisationsstruktur von

Goldman Sachs fällt auf, dass ein weiterer Geschäftsbereich (»All Other«) existiert, in dem eine Vielzahl verschiedener Geschäftsaktivitäten zusammengefasst wird.

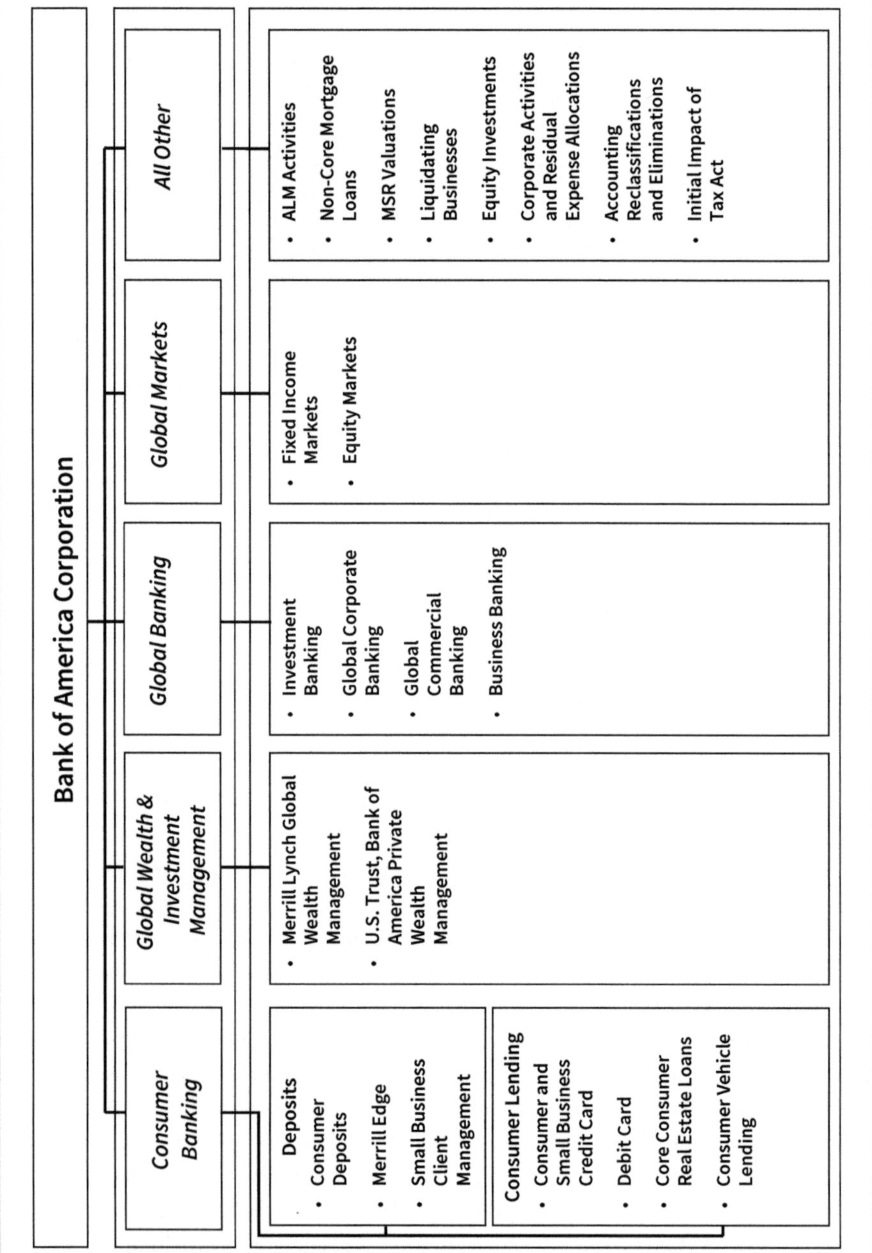

Abb. 3.2: Organisationsstruktur der Bank of America
Quelle: Geschäftsbericht (2018)

3.4 Ertragsstrukturen von Investmentbanken

Nachdem wir die Arten von Investmentbanken, ihre wesentlichen Geschäftsfelder und typische Organisationsstrukturen betrachtet haben, folgen nun Einblicke in die Ertragsstrukturen. Hiermit verbunden werden wir eine vergleichende Betrachtung der Zeitperiode vor und nach der Finanzkrise 2007–2008 vornehmen. Darüber hinaus dienen einige ausgewählte Institute zur näheren Analyse der Veränderungen der Geschäfts- und Ertragsstrukturen, welche über die vergangenen Jahre eingetreten sind.

3.4.1 Marktentwicklungen

In den Ertragszahlen der Jahre 2003 bis 2007 spiegelt sich die »Blütezeit« des Investmentbankings wider (vgl. Abbildung 3.3). Getrieben durch kontinuierliche Ertragszuwächse in allen Geschäftsbereichen verdoppelte sich fast der Ertrag von 151 Mrd. US-Dollar auf 285 Mrd. US-Dollar. Mit Ausnahme des Jahres 2007 dominierten die Erträge aus dem FICC-Trading (FICC = Fixed Income, Commodities, Currencies) mit einem Anteil von ca. 50%, worunter der Handel von Anleihen, Währungen und Rohstoffen verstanden wird (vgl. Abbildung 3.4). Der beobachtete Rückgang der FICC-Erträge im Jahr 2007 lässt sich auf Verluste im Handel mit Verbriefungen und Sub-Prime-Hypothekenpapieren zurückführen, welche eine wesentliche Rolle in der Finanzkrise 2007/2008 besaßen.

Das Ausmaß der Finanzkrise lässt sich am Rückgang der Erträge im Jahr 2008 ablesen. Im Vergleich zu 2007 halbierten sich die Investmentbanking-Erträge nahezu auf 144 Mrd. USD. Dazu trugen auch eine Reihe von Bankinsolvenzen bei. Das prominenteste Beispiel ist Lehman Brothers, eine der jahrelang führenden und bedeutendsten Investmentbanken. Nachdem 2007 bereits die FICC-Erträge merklich zurückgegangen waren, folgten in 2008 auch die Erträge aus dem Aktienhandel sowie dem klassischen Investmentbanking.

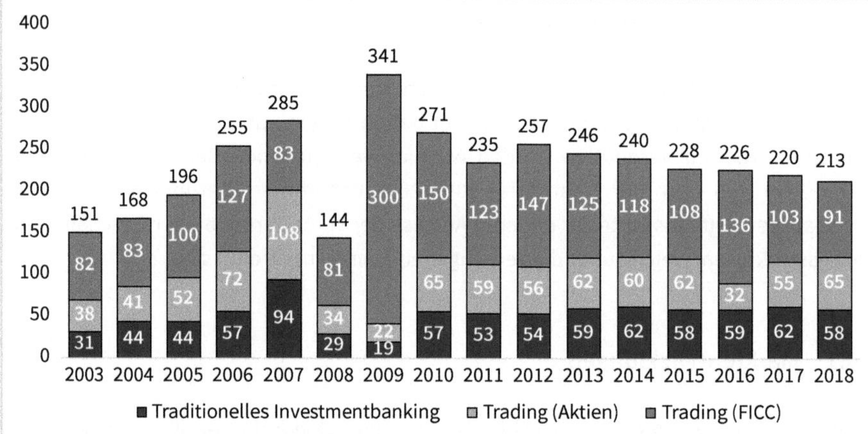

Abb. 3.3: Erträge im Investmentbanking (2003–2018), absolute Skala, in Mrd. USD
Quelle: BCG, eigene Berechnungen

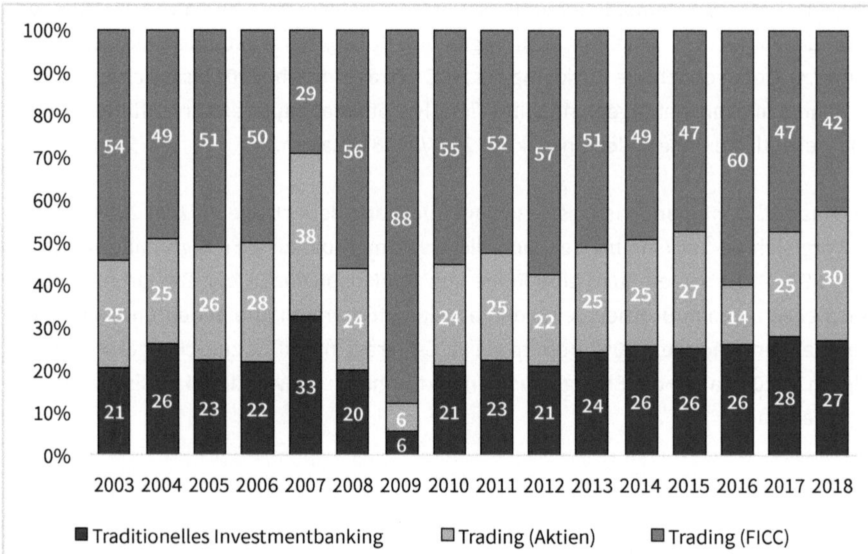

Abb. 3.4: Erträge im Investmentbanking (2003–2018), relative Skala, in Prozent
Quelle: BCG, eigene Berechnungen

Erträge aus dem Aktienhandel und dem klassischen Investmentbanking fielen 2009 auf historisch niedrige Niveaus, wohingegen der Handel mit Anleihen, Währungen und Rohstoffen zu neuen Rekorderträgen führte. Der Gesamtertrag lag in 2009 mit 341 Mrd. US-Dollar wieder merklich über den Erträgen vor der Krise – knapp 90 % stammte allerdings aus dem FICC-Trading.

Im Nachgang der Finanzkrise wurden rund um den Globus die bestehenden regulatorischen Rahmenwerke für Banken grundlegend überarbeitet. Gemeinsames Ziel dieser Initiativen war es, die Stabilität und Widerstandsfähigkeit von Banken in Krisenzeiten zu stärken. Es kam dabei u.a. zu einer schrittweisen Einführung erhöhter und zusätzlicher Eigenkapitalanforderungen sowie Beschränkungen des zulässigen Verschuldungsgrads (»Leverage Ratio«). Darüber hinaus veränderte sich durch die expansive Geldpolitik das Marktumfeld in einigen Geschäftsfeldern wesentlich, wie z. B. dem Handel in verzinslichen Kapitalmarktprodukten.

In einem Markt, geprägt durch veränderte Rahmenbedingungen, setzte ein kontinuierlicher Rückgang der Gesamterträge ein. Von 2010 bis 2018 reduzierten sich die Erträge im Investmentbanking von 271 Mrd. US-Dollar auf 213 Mrd. US-Dollar (vgl. Abbildung 3.3). Dies entspricht einer Verringerung um gut 20 %. Die Entwicklung der Ertragsstruktur war von geringer Volatilität geprägt, offenbarte gleichzeitig aber auch einen Trend hin zu traditionellen Investmentbanking-Aktivitäten. Ihr Anteil stieg von 21 % auf 27 % stetig an, was insbesondere auf erhöhte Eigenkapitalanforderungen im Aktien- und FICC-Trading zurückzuführen war. Im Jahr 2018 haben Fremdkapitalemissionen (DCM) in etwa die Hälfte dieses Ertragsanteils ausgemacht (13 %), wohingegen das klassische Beratungsgeschäft (»Advisory«) sowie das Eigenkapitalemissionsgeschäft (»ECM«) zu etwa gleichen Teilen die verbleibenden Anteile unter sich ausmachen (vgl. Abbildung 3.5).

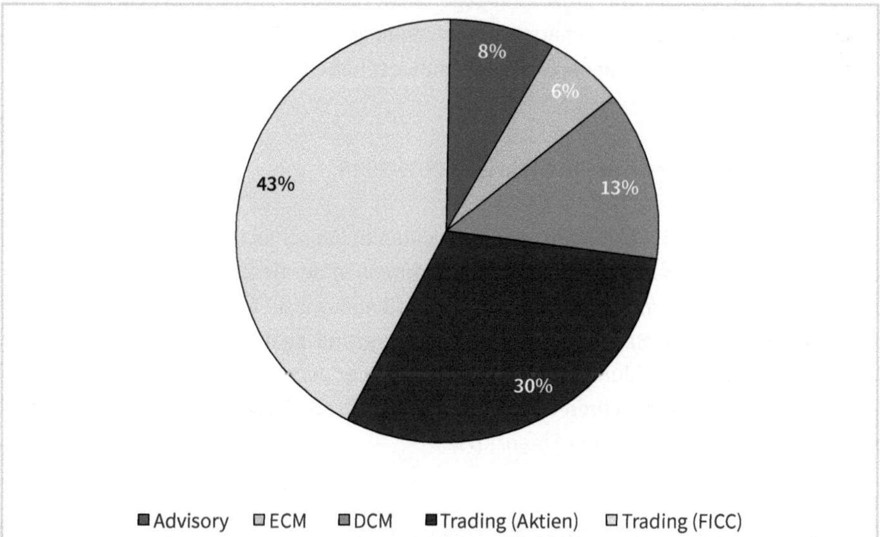

Abb. 3.5: Erträge im Investmentbanking (2018), in Prozent
Quelle: BCG, eigene Berechnungen

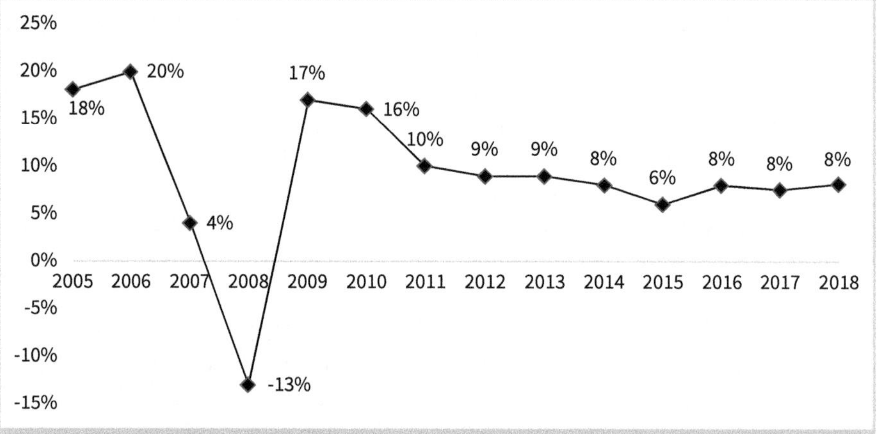

Abb. 3.6: Durchschnittliche Eigenkapitalrenditen im Investmentbanking (2005–2018), in Prozent
Quelle: EY, BCG, Coalition

Die zuvor dargestellten rückläufigen Erträge im Investmentbanking spiegeln sich ebenfalls in den Eigenkapitalrenditen (auch Return-on-Equity, ROE genannt) wider. Hohe zweistellige Werte, wie sie vor der Finanzkrise beobachtet werden konnten, haben sich im Laufe der vergangenen Jahre im Bereich von 8–9 % eingependelt (vgl. Abbildung 3.6). Neben steigenden Kosten zur Erfüllung regulatorischer Anforderungen, sehen sich Investmentbanken auch einem kontinuierlichen Wettbewerbsdruck zur Reduzierung operativer Kosten von Personal, IT und Prozessen gegenüber. Darüber hinaus ist anzumerken, dass diverse Klageverfahren und Schadensersatzzahlungen die Kostenseite von Investmentbanken nach der Finanzkrise nachhaltig beeinflusst haben.

3.4.2 Auswirkungen der Finanzkrise 2007–2008

Wir richten nun den Blick von der vorangehenden holistischen Marktperspektive hin zu einigen ausgewählten Instituten, um Veränderungen in der Geschäfts- und Ertragsstruktur näher zu betrachten. Als Anwendungsfälle dienen uns JP Morgan Chase und UBS – zwei global agierende Banken. Vor diesem Hintergrund analysieren wir für JP Morgan Chase die Ertragsentwicklung des Investmentbankings gegenüber anderen Geschäftsbereichen. Für die UBS beleuchten wir den Wandel der strategischen Bedeutung des Investmentbankings vor und nach der Finanzkrise.

3.4.2.1 Entwicklung von JP Morgan Chase

Bevor wir die Entwicklung für JP Morgan Chase näher betrachten, einige erläuternde Worte zur Interpretation von Abbildung 3.7. Sie besteht aus insgesamt vier Quadranten. Jeder dieser Quadranten repräsentiert ein Geschäftsfeld von JP Morgan Chase. Für jedes dieser Geschäftsfelder wird die Profitabilität in Form der Eigenkapitalrendite dargestellt, getrennt nach den Jahren 2003–2009 (Zeitperiode inkl. Finanzkrise) und 2010–2018 (Zeitperiode nach der Finanzkrise). Da die Eigenkapitalrenditen über die Jahre hinweg nicht konstant sind, wird ihre Spanne und indikative Verteilung in Form der beiden Linien dargestellt. Beispiel: Je steiler eine Linie ist, desto größer ist die Differenz zwischen minimaler und maximaler Eigenkapitalrendite, die über den jeweiligen Zeitraum eingetreten ist. Daraus folgt, dass die Renditen im entsprechenden Zeitraum eine größere Streuung aufgewiesen haben, was wiederum ein Indikator für das Risiko ist.

Bei eingehender Betrachtung fällt auf, dass sich die Spanne der Eigenkapitalrenditen nach der Finanzkrise merklich reduzierte – mit Ausnahme des Commercial Bankings, wo beide Linien nahezu deckungsgleich sind. Dies ist insofern nicht überraschend, da es sich beim Commercial Banking um das traditionelle Kredit- und Einlagengeschäft handelt. Gegenüber Geschäftsfeldern, die wesentlich stärker Marktentwicklungen ausgesetzt sind, gilt das Commercial Banking als relativ risikoarmes, wenig volatiles Geschäft. Das Investmentbanking hingegen weist einen klaren Rückgang der Eigenkapitalrenditen auf. Dies ist vor dem Hintergrund der zuvor bereits angesprochenen Faktoren, wie z. B. einer verstärkten Regulierung und erhöhter Kapitalanforderungen, nicht unerwartet. Das Asset & Wealth Management war im Nachgang der Finanzkrise ein sehr stabiler und profitabler Ertragsfaktor. Die vergleichsweise geringe Minimum-Rendite im Zeitraum 2003–2009 ist auf die Nachwirkungen der sog. »dot-com bubble«, verbunden mit starken Verlusten am Aktienmarkt zurückzuführen. Der Geschäftsbereich Consumer & Community Banking ist der einzige, der über den Betrachtungszeitraum im Minimum eine negative Eigenkapitalrendite aufweist. Dies ist auf das Jahr 2009 zurückzuführen, als im Zuge der Finanzkrise vermehrt Ausfälle von Kreditkartenverbindlichkeiten eingetreten sind.

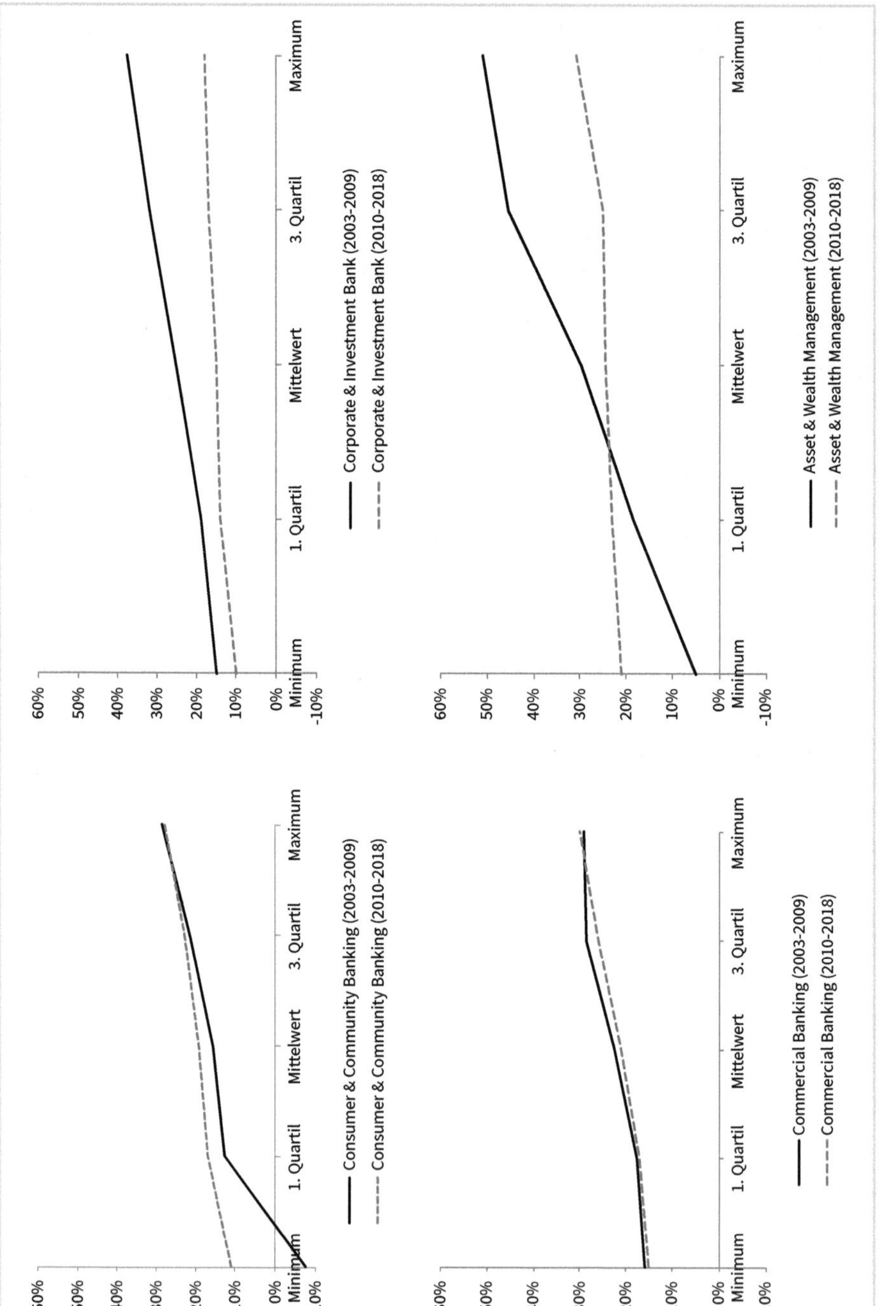

Abb. 3.7: Eigenkapitalrenditen der einzelnen Geschäftsfelder von JP Morgan Chase, getrennt nach Subperioden, in Prozent
Quelle: Geschäftsberichte, eigene Berechnungen

3.4.2.2 Entwicklung der UBS

Das Investmentbanking stellte in den Jahren vor der Finanzkrise, gemessen an den Bilanzaktiva, den bedeutendsten Geschäftsbereich der UBS dar (vgl. Abbildung 3.8). Im Zuge der Krise kam es zu erheblichen Verlusten des Geschäftsbereichs, insbesondere getrieben durch Handelsgeschäfte. Im Anschluss kam es zu einer strategischen Neupositionierung. Das vergleichsweise riskante Investmentbanking wurde kontinuierlich reduziert und der Geschäftsfokus stärker an den traditionellen, relativ ertragsstabilen Geschäftsfeldern Wealth Management sowie Privat- und Geschäftskundenbanking ausgerichtet. In diesem Zuge wurde der Investmentbanking-Fokus auf »Underwriting« und »Advisory« Aktivitäten gelegt, die im Vergleich zu Handelsgeschäften als weniger riskant anzusehen sind. Zusammenfassend ist festzuhalten, dass sich mit der strategischen Neuausrichtung die Bilanzaktiva im Vergleich zu den Jahren vor der Finanzkrise mehr als halbierten.

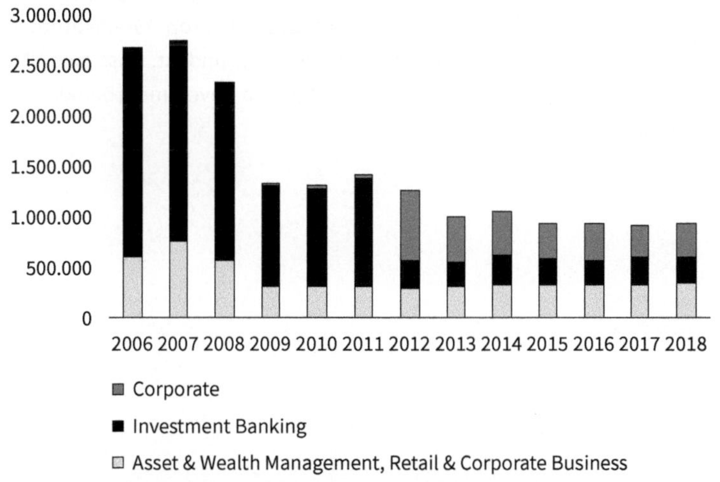

Abb. 3.8: Bilanzaktiva der wesentlichen Geschäftsbereiche, in Millionen CHF
Quelle: Geschäftsberichte, BIS (2018)

3.5 Ranglisten

Ranglisten (auch »League Tables« genannt) stellen einen ganz zentralen Maßstab im Investmentbanking dar. Sie werden zur Beurteilung der relativen Marktpositionierung von Investmentbanken genutzt. Darüber hinaus wurde festgestellt, dass sie ein wesentlicher Faktor für die Gewinnung von neuem Geschäft sein können. Investmentbanken legen daher einen besonderen Wert darauf, innerhalb der Ranglisten möglichst weit vorne zu stehen. Zu diesem Zweck kommen oftmals auch »unkonventionelle« Methoden zum Einsatz, wie z. B. Zugeständnisse bei den vereinnahmten Gebühren.

In Abbildung 3.9 ist solch eine Rangliste für das klassische Investmentbanking (»Underwriting« und »Advisory«) dargestellt. Gemessen an den vereinnahmten Gebühren auf globaler Ebene dominieren US-amerikanische Institute. Allein innerhalb der »Top-10« finden sich sechs Institute wieder, wobei die ersten fünf Plätze allesamt durch US-amerikanische Institute belegt sind. Diese fünf Investmentbanken haben zusammen einen Marktanteil von knapp 30 %. Auffällig ist zudem, dass die »Top-25«-Institute insgesamt nur einen Marktanteil von ca. 60 % ausmachen. Hintergrund ist, dass eine Vielzahl von Transaktionen hier nicht erfasst ist, die von kleinen Investmentbanking-Boutiquen betreut werden.

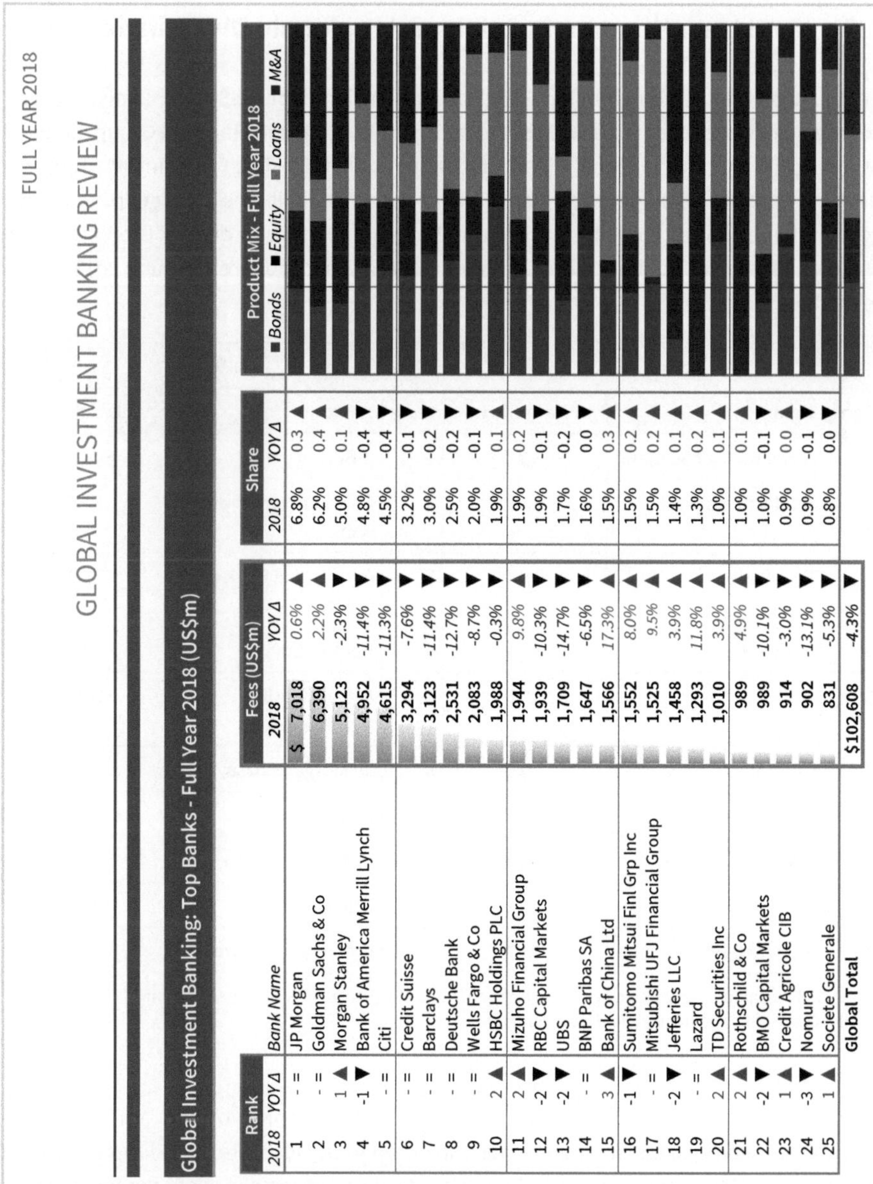

Global Investment Banking: Top Banks - Full Year 2018 (US$m)

Rank 2018	Rank YOY Δ	Bank Name	Fees (US$m) 2018	Fees YOY Δ	Share 2018	Share YOY Δ
1	- =	JP Morgan	$ 7,018	0.6% ▲	6.8%	0.3 ▲
2	- =	Goldman Sachs & Co	6,390	2.2% ▲	6.2%	0.4 ▲
3	1 ▲	Morgan Stanley	5,123	-2.3% ▼	5.0%	0.1 ▲
4	-1 ▼	Bank of America Merrill Lynch	4,952	-11.4% ▼	4.8%	-0.4 ▼
5	- =	Citi	4,615	-11.3% ▼	4.5%	-0.4 ▼
6	- =	Credit Suisse	3,294	-7.6% ▼	3.2%	-0.1 ▼
7	- =	Barclays	3,123	-11.4% ▼	3.0%	-0.2 ▼
8	- =	Deutsche Bank	2,531	-12.7% ▼	2.5%	-0.2 ▼
9	- =	Wells Fargo & Co	2,083	-8.7% ▼	2.0%	-0.1 ▼
10	2 ▲	HSBC Holdings PLC	1,988	-0.3% ▼	1.9%	0.1 ▲
11	2 ▲	Mizuho Financial Group	1,944	9.8% ▲	1.9%	0.2 ▲
12	-2 ▼	RBC Capital Markets	1,939	-10.3% ▼	1.9%	-0.1 ▼
13	-2 ▼	UBS	1,709	-14.7% ▼	1.7%	-0.2 ▼
14	- =	BNP Paribas SA	1,647	-6.5% ▼	1.6%	0.0 ▼
15	3 ▲	Bank of China Ltd	1,566	17.3% ▲	1.5%	0.3 ▲
16	-1 ▼	Sumitomo Mitsui Finl Grp Inc	1,552	8.0% ▲	1.5%	0.2 ▲
17	- =	Mitsubishi UFJ Financial Group	1,525	9.5% ▲	1.5%	0.2 ▲
18	-2 ▼	Jefferies LLC	1,458	3.9% ▲	1.4%	0.1 ▲
19	- =	Lazard	1,293	11.8% ▲	1.3%	0.2 ▲
20	2 ▲	TD Securities Inc	1,010	3.9% ▲	1.0%	0.1 ▲
21	2 ▲	Rothschild & Co	989	4.9% ▲	1.0%	0.1 ▲
22	-2 ▼	BMO Capital Markets	989	-10.1% ▼	1.0%	-0.1 ▼
23	1 ▲	Credit Agricole CIB	914	-3.0% ▼	0.9%	0.0 ▲
24	-3 ▼	Nomura	902	-13.1% ▼	0.9%	-0.1 ▼
25	1 ▲	Societe Generale	831	-5.3% ▼	0.8%	0.0 ▼
		Global Total	$102,608	-4.3% ▼		

Abb. 3.9: Rangliste des klassischen Investmentbankings in 2018
Quelle: Thomson Reuters (2019)

3.6 Investmentbanken in Asien und regionale Diversifizierung

In der zuvor erläuterten globalen Rangliste finden sich neben US-amerikanischen und europäischen Instituten auch fünf asiatische Institute (i) Mizuho Financial Group, (ii) Bank of China, (iii) Sumitomo Mitsui Financial Group, (iv) Mitsubishi UFJ Financial Group, (v) Nomura. Obwohl sie auf globaler Ebene in der Vergangenheit eine untergeordnete Rolle gespielt haben, ist es ein Fakt, dass heute Banken aus Asien zu den größten Instituten weltweit zählen. In Tabelle 3.1 lässt sich dies im Vergleich der Jahre 2007 und 2018 unmittelbar ablesen.

2007			2018		
Rang	**Name**	**Bilanzaktiva**	**Rang**	**Name**	**Bilanzaktiva**
1	Royal Bank of Scotland	3,77	1	ICBC	4,03
2	Deutsche Bank	2,95	2	China Construction Bank	3,38
3	BNP Paribas	2,47	3	Agricultural Bank of China	3,29
4	Barclays	2,43	4	Bank of China	3,09
5	HSBC	2,35	5	Mitsubishi UFJ Financial Group	2,81
6	Citigroup	2,19	6	JP Morgan Chase	2,62
7	Crédit Agricole	2,06	7	HSBC	2,56
8	UBS	2,00	8	Bank of America	2,35
9	Bank of America	1,72	9	BNP Paribas	2,34
10	Société Générale	1,57	10	Crédit Agricole Group	2,12

Tab. 3.1: Bilanzaktiva der weltweit größten Banken in 2007 und 2018, in Billionen US-Dollar
Quelle: Geschäftsberichte, eigene Berechnungen

Im Jahr 2018 wurden die »Top-5« Plätze durch asiatische Banken belegt. Die fünf folgenden Plätze teilen sich US-amerikanische und europäische Institute, allerdings mit einem beeindruckenden Abstand. Das Wachstum asiatischer Banken hängt mit der wirtschaftlichen Expansion von Unternehmen im asiatischen Raum zusammen.

Was die Tabellen andeuten ist, dass es gegenüber dem Jahr 2007 zu einer merklichen *regionalen Diversifikation* in Bezug auf die weltweit größten Bankinstitute gekommen ist.

Asia-Pacific Investment Banking: Top Banks - Full Year 2018 (US$m)

Rank 2018	Rank YOY Δ		Bank Name	Fees 2018	Fees YOY Δ		Share 2018	Share YOY Δ	
1	-	=	Bank of China Ltd	$ 1,475	23%	▲	7.5%	2.0	▲
2	-	=	CITIC	771	-9%	▼	3.9%	0.0	▲
3	7	▲	Goldman Sachs & Co	707	55%	▲	3.6%	1.5	▲
4	-1	▼	Industrial & Comm Bank China	601	-18%	▼	3.1%	-0.3	▼
5	1	▲	UBS	543	8%	▲	2.8%	0.5	▲
6	-1	▼	Citi	538	1%	▲	2.7%	0.3	▲
7	-	=	Credit Suisse	516	8%	▲	2.6%	0.4	▲
8	-	=	HSBC Holdings PLC	503	5%	▲	2.6%	0.4	▲
9	-5	▼	Morgan Stanley	485	-12%	▼	2.5%	0.0	▼
10	-1	▼	China International Capital Co	458	0%	▼	2.3%	0.2	▲
11	-	=	JP Morgan	446	5%	▲	2.3%	0.3	▲
12	7	▲	Agricultural Bank of China	445	54%	▲	2.3%	0.9	▲
13	-1	▼	China Construction Bank	384	-9%	▼	2.0%	0.0	▲
14	1	▲	Deutsche Bank	350	2%	▲	1.8%	0.2	▲
15	-1	▼	Guotai Junan Securities	322	-11%	▼	1.6%	0.0	▼
16	-3	▼	Haitong Securities Co Ltd	305	-21%	▼	1.6%	-0.2	▼
17	4	▲	Bank of America Merrill Lynch	279	2%	▲	1.4%	0.2	▲
18	10	▲	CSC Financial Co Ltd	266	20%	▲	1.4%	0.3	▲
19	3	▲	China Merchants Bank	246	-9%	▼	1.3%	0.0	▲
20	-4	▼	Bank of Communications Co Ltd	237	-25%	▼	1.2%	-0.2	▼
			Asia-Pacific Total	**$ 19,610**	**-10%**	▼			

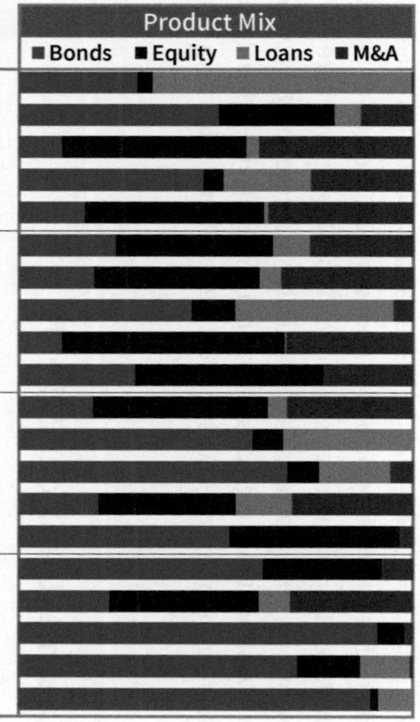

Abb. 3.10: Rangliste des klassischen Investmentbankings für Asien-Pazifik in 2018
Quelle: Thomson Reuters (2019)

Im Hinblick auf das Investmentbanking weisen asiatische Banken einen starken Fokus auf das Geschäft in ihrer Heimatregion auf. In Abbildung 3.10 zeigt sich dies für den asiatisch-pazifischen Markt. Dort finden sich unter den »Top-20« gut zur Hälfte asiatische Institute. Für die Zukunft ist zu erwarten, dass asiatische Institute ausgehend von ihrem lokal-regionalen Investmentbanking-Fokus stärker in Richtung einer globalen Präsenz streben. Nichtsdestotrotz werden ihre Heimatmärkte auch weiterhin den Kern ihrer globalen Rolle darstellen.

3.7 Investmentbank der Zukunft

In den vorangegangenen Abschnitten wurde bereits mehrfach auf Veränderungen des Investmentbankings und zugehörigen Marktumfelds seit der Finanzkrise eingegangen. Was bedeutet dies nun für die Zukunft?

- Eine sich abzeichnende Strategie besteht darin, Kernkompetenzen zu identifizieren und um diese herum ein qualitativ hochwertiges Serviceangebot auf- und auszubauen.
- Vergleichsweise kapitalintensive Geschäftsbereiche werden reduziert, um den regulatorisch erforderlichen Kapitaleinsatz zu optimieren.
- Kundenorientierte Ausrichtungen im Gegensatz zu produktorientierten Services und Angeboten der Vergangenheit drängen nach vorne. »One-stop-shop« für Kunden versuchen viele größere Banken zu etablieren.
- Es wird versucht, die »Digitalisierung« nutzbar zu machen. Die Implementierung fortschrittlicher IT-Systeme, Robotic Process Automation (RPA) und künstliche Intelligenz (KI) werden vorangetrieben. Während RPA zur Automatisierung standardisierter und repetitiver Prozesse eingesetzt wird, nützt KI auch für komplexere Entscheidungsprozesse, wie z. B. den Handel von Kapitalmarktprodukten. Daneben bietet sich auch mit der Blockchain-Technologie das Potenzial, operative Prozesse effizienter und damit kostengünstiger zu realisieren.
- Anlehnend an den Einsatz neuer Technologien wird daran gearbeitet, in die Analyse und Auswertung vorhandener Daten zu investieren (»Data & Analytics«).
- Viele Banken arbeiten auch an der Rückgewinnung des Vertrauens der Kunden. Nach der 2007/2008er Finanzkrise wurde offensichtlich, dass eine Geschäftskultur wie sie bis 2007 in den großen, führenden Instituten gelebt wurde, nicht nachhaltig ist. Das Stichwort »Kulturwandel« hat seitdem einen separaten Platz auf der Agenda von Investmentbanken gefunden. Dies äußerte sich in verschiedenster Art und Weise. Neben der bereits angesprochenen Reduzierung riskanter Handelsgeschäfte wurden auch interne Funktionen wie Risikomanagement und Compliance gestärkt.

Investmentbanken gehen ins Retailgeschäft

Können Investmentbanken auch anfangen, Privatkunden zu bedienen? Genau diesen Trend beobachtet man in der jüngsten Gegenwart. So wie sich Universalbanken über Zukäufe zu großen Investmentbanken wandelten, drängen mittlerweile Investmentbanken in das Geschäft mit Privatkunden hinein. Brokeraktivitäten für Privatkunden, wie z. B. das bei Morgan Stanley angesiedelte Smith Barney Geschäft, weisen noch die Nähe zum traditionellen Investmentbanking, also zum Wertpapiergeschäft auf. Jetzt aber ermöglichen veränderte Vertriebswege im Zuge der Digitalisierung wie auch die bestehenden Verbindungen zum Transaction-Banking für Großunternehmen den Aufbau des Online-Banking innerhalb von Investmentbanken für eine breitere (Privat-) Kundschaft.

Es begann 2016, als Goldman Sachs in den USA ihre Plattform für Privat- und Firmenkunden »Marcus: by Goldman Sachs« startete. Damit wurde auch dem Namen des Gründers zu neuer Sichtbarkeit verholfen. Es handelt sich um eine Online-Plattform, die Geldanlagen in Verbindung mit einem Konto zu einem attraktiven Zins sowie persönliche Kredite von 3.500 bis 40.000 US-Dollar anbietet. Dazu gehören eine Kreditkarte und Kredite zur Konsolidierung von anderen Kreditkarten. Abgerundet wird das Angebot durch eine App. Goldman Sachs zielt mit dem Angebot auch auf die Kunden der großen Retailbanken mit einem breiten Filialnetz. Voraussichtlich 2021 kommt ein Robo-Advisor für kleinere Anlagebeträge dazu, um die Palette von Anlagemöglichkeiten zu erweitern. Die neuen Aktivitäten wurden unter dem Schlagwort »Consumer Banking« in das Segment »Consumer & Wealth Management« im Jahresabschluss integriert.

Das weltweite Rollout von »Marcus: by Goldman Sachs« begann 2018 in Großbritannien, wo es dann aber bedingt durch die Brexit-Unsicherheit auf das Thema Geldanlage beschränkt blieb. Der Aufbau des Geschäftes in Deutschland erfolgt voraussichtlich 2020/2021.

Strategien wie diese sollen die Abhängigkeit der Investmentbanken von volatilen Geschäftsaktivitäten verringern und die Stabilität des Geschäftes erhöhen. Die Grenzen zwischen Investmentbanking und Commercial Banking sind dabei, aufgehoben zu werden. Dazu haben die neuen digitalen Produktions- und Vertriebsmöglichkeiten beigetragen, welche es den Investmentbanken ermöglichen, in das kleinteilige Privatkundengeschäft einzudringen, ohne erst mühsam ein Filialnetz aufbauen zu müssen.

Aufgaben zur Lernkontrolle

1. Beschreiben Sie die Entwicklung asiatischer Banken und erklären Sie den Begriff »regionale Diversifizierung«.
2. Welche Bedeutung haben »League Tables«?
3. Skizzieren Sie die Ertragsbedeutung der wichtigsten Geschäftsfelder der Investmentbanken.

4. Interpretieren Sie die Geschäftsfeldsegmentierung von zwei großen global agierenden Investmentbanken.
5. Erklären Sie, welche Geschäftsaktivitäten sich hinter den folgenden Begriffen verbergen: »Transaktions- und Handelsaktivitäten«, »Asset Management«, »klassisches Investmentbanking.«
6. Nennen und beschreiben Sie die drei Arten von Investmentbanken, die heutzutage unterschieden werden.

Literatur

Bank of America (2018): Geschäftsbericht für das Geschäftsjahr 2017, Charlotte.

BCG (versch. Jahrgänge): Global Capital Markets Report, Boston.

BIS (2018): Structural changes in banking after the crisis, Bank for International Settlements, Basel.

Coalition (2019): Coalition Investment Banking Index – 1H19.

EY (2015): Transforming investment banks, London.

Goldman Sachs (2018): Geschäftsbericht für das Geschäftsjahr 2017, New York.

Iannotta, G. (2010): Investment Banking. A Guide to Underwriting and Advisory Services, Heidelberg u. a.

J. P. Morgan Chase (versch. Jahrgänge): Geschäftsberichte für diverse Geschäftsjahre, JP Morgan Chase Inc., New York.

Stowell, D. (2013): Investment Funds, Hedge Funds, and Private Equity, Waltham/Oxford.

Thomson Reuters (2019): Global Investment Banking Review 2018, New York.

UBS (versch. Jahrgänge): Geschäftsberichte für diverse Geschäftsjahre, Zürich.

4 Finanzintermediation und Markteffizienz[1]

LERNZIELE

- Sie können die Begriffe Finanzintermediär und Intermediationsleistung erläutern und das Wesen von Vermittlungs- sowie Transformationsleistungen in einem Satz darlegen.
- Sie können drei Arten von Transformationsleistungen und vier Phänomene, die bei ihrer Entstehung eine Rolle spielen, erläutern.
- Sie können das Phänomen der Disintermediation anhand von Beispielen beschreiben.
- Sie können mit Economies of Scale und Economies of Scope begründen, warum Finanzintermediäre an den Kapitalmärkten existieren.
- Sie können Signalling und Monitoring erklären und aufzeigen, welche Rolle sie an den Wertpapiermärkten spielen.
- Sie können den Begriff Markteffizienz definieren und vier Kriterien nennen, anhand derer man Effizienz messen kann.
- Sie können den Wert von Informationen einschätzen und in Verbindung mit den verschiedenen Stufen der Informationseffizienz nach Fama bringen.

4.1 Finanzintermediation

4.1.1 Intermediäre

In einer Welt ohne Finanzintermediäre wäre es schwer, Kapital auszutauschen. Geldgeber und Geldnehmer hätten Mühe, die jeweils andere Seite zu finden, welche alle Bedingungen erfüllt (z. B. Risikograd, Zeitpunkt, Laufzeit, Sicherheiten, Losgrößen), die sie selbst an das Geschäft stellen. Wo kein Pendant gefunden würde, würde verfügbares Kapital der wirtschaftlichen Verwendung durch andere entzogen. Damit dennoch das komplette Kapital effizient eingesetzt werden kann, haben sich spezialisierte Dienstleister herausgebildet, die als *Finanzdienstleister* oder synonym *Finanzintermediäre* bezeichnet werden. Investmentbanken gehören wie Banken oder Broker zu den Finanzintermediären.

Definition

Ein Finanzintermediär erbringt Leistungen, durch die Kapitalangebot und Kapitalnachfrage zueinander finden.

1 Autor: Tommy Jehmlich.

Wie muss man sich das vorstellen?

Investmentbanken: Sie erbringen als Finanzintermediäre Dienstleistungen für ihre Kunden beispielsweise durch die Verwahrung von Wertpapieren, die Beratung oder die Vermittlung von Kapital. Umgangssprachlich wird häufig nicht von Leistungen, sondern von Produkten gesprochen, die verkauft werden. Ein Produkt ist dabei ein Bündel von Leistungen, die von einem Kunden erworben und vom Verkäufer geschuldet werden. Der Investmentbanker kann neben der Beratung und Vermittlung für andere auch selbst als Kapitalgeber in Verträge eintreten und als Händler Kapitalprodukte vertreiben.

Broker: Sie helfen Marktteilnehmern gegen eine Gebühr, Handelspartner zu finden (Vermittlungsleistung). Am häufigsten treten heute Broker durch Online-Plattformen oder elektronische Handelssysteme in Erscheinung. Ähnlich einem Marktplatz können sich auf dem elektronischen Weg Anbieter und Nachfrager finden und bei zueinanderpassenden Willensbekundungen einen Vertrag abschließen.

Prime Broker: Auf die Bedürfnisse von Kapitalsammelstellen wie Hedgefonds oder Private-Equity-Fonds spezialisierte Broker werden als Prime Broker bezeichnet. Sie erbringen außer den klassischen Brokerleistungen auch komplexere Finanzdienstleistungen wie das Verleihen von Wertpapieren und die Vorfinanzierung von Wertpapiertransaktionen.

4.1.2 Vermittlungsleistungen

Für die Fälle, in denen die Wünsche von Anbietern und Nachfragern nach Kapital in allen Aspekten übereinstimmen (Betrag, Dauer, Ertrag, Risiko), kann der Intermediär seine Koordinationsaufgabe dadurch erfüllen, dass er Anbieter und Nachfrager zusammenbringt. Diese Leistung wird *Vermittlungsleistung* oder *Brokerage* genannt und von Brokern erbracht.

Definition

Eine Vermittlungsleistung ist eine Finanzdienstleistung, die zueinander passende Angebote und Nachfrage zusammenbringt.

BEISPIEL

Der Kapitalsucher A benötigt 10 Mio. Euro für 4 Jahre und ist bereit, 5 % Zins zu zahlen. Ein Investor B ist bereit 10 Mio. Euro über 4 Jahre zu 5 % an A abzugeben. B findet über einen Broker die Kapitalnachfrage des A, die seine Bedingungen genau erfüllt.

Da Willensbekundungen von Kapitalanbietern und -nachfragern häufig nicht in jeder Hinsicht zueinanderpassen, reicht die Vermittlung nicht aus. Finanzintermediäre müssen zusätzlich zur Vermittlung des Kapitals noch Transformationsleistungen erbringen.

4.1.3 Transformationsleistungen

Wenn Kapitalanbieter und -nachfrager nicht in jeder Hinsicht zueinanderpassende Willenserklärungen abgeben, kann zunächst kein Vertrag zustande kommen.

BEISPIEL

Der Kapitalsucher A benötigt 10 Mio. Euro für 6 Jahre. Investor B möchte sein Kapital von 10 Mio. Euro aber nur für maximal 2 Jahre verleihen.

Die Finanzmärkte haben aber Techniken entwickelt, auch in diesen Fällen Angebot und Nachfrage zusammenzubringen. Man spricht von Transformationsleistungen.

Eine Transformationsleistung erlaubt es beispielsweise dem Nachfrager, Kapital für einen längeren Zeitraum zu erhalten, obwohl es keinen Anbieter gibt, der bereit ist, das Kapital so lange zu verleihen. Wie sollte das funktionieren? Der Finanzintermediär entwickelt Möglichkeiten, das Geld über die lange Laufzeit hinweg von verschiedenen Kapitalbesitzern zu bekommen, die jeweils nur eine kurze Zeitspanne Geld geben. Einen solchen Vorgang, bei dem Anbieter und Nachfrager vom Intermediär unterschiedliche Leistungen erhalten, nennt man *asymmetrische Vermittlungsleistung*.

Definition

Eine Transformationsleistung ist eine asymmetrische Vermittlungsleistung, durch die nicht zueinanderpassende Willenserklärungen am Kapitalmarkt ausgeglichen werden.

Asymmetrische Vermittlungsleistungen sind entscheidend für einen breiten Kapitalmarkt, denn ohne sie wären viele Anbieter nicht bereit, ihr Kapital bereitzustellen, und Kapitalnachfrager würden keine Finanzierung erhalten.

4.1.3.1 Ausprägungen der Transformationsleistungen

Die asymmetrischen Willenserklärungen von Kapitalnachfragern und -anbietern können in verschiedenen Aspekten nicht zueinanderpassen. Je nach Aspekt unterscheidet man zwischen folgenden Arten von Transformationsleistungen:

- *Losgrößentransformation (Betrag):* Überführen großer Kapitalwünsche in viele kleine Stücke. So kann eine große Kapitalnachfrage durch die Ausgabe vieler Aktien oder Anleihen bedient werden, je nachdem, ob Eigen- oder Fremdkapital gebraucht wird.

- *Fristentransformation (Dauer):* Handlungsoptionen bereitstellen, damit zeitliche Präferenzen erfüllt werden. So könnten langfristige Anleihen bei einem effizienten Sekundärmarkt auch für kurzfristige Investoren interessant sein, weil diese die Papiere jederzeit wieder an andere Investoren verkaufen können. Oder durch gute Kontakte der Investmentbanker zu Kapitalgebern können Unternehmen Fremdkapital revolvierend mittels kurzfristiger Commercial Papers einsammeln, um auf diese Weise Geld auch für längerfristige Investitionen zu bekommen.
- *Risikotransformation (Ertrag-Risiko):* Anpassung des Risikos, um entsprechende Risikoneigungen zu erfüllen. Risikoscheue Investoren können auch riskante Wertpapiere kaufen und sich dadurch an risikoreichen Projekten beteiligen, wenn sie beispielsweise eine Risikominderung durch Bündelung mehrerer Wertpapiere in einem Portfolio herbeiführen.

4.1.3.2 Leistungsinstrumente der Transformation

Um die genannten Transformationsleistungen zu erbringen, nutzen Finanzintermediäre unterschiedliche Instrumente und Techniken:

- *Mobilisation (Losgrößentransformation):* Ausgleichen unterschiedlich großer Kapitalbeträge aufseiten von Kapitalgebern und -nehmern. Meist werden kleine Investitionsbeträge mobilisiert und in Aktien oder Anleihen investiert. Die kleinen Beträge können akkumuliert auch große Kapitalbedarfe decken. Einlage- und Kreditinstitute sammeln kleine Beträge über ihre Filialen.
- *Substitution (Fristentransformation):* Ersetzung eines Kapitalgebers (oder eines Kapitalnehmers) durch einen anderen. Am effektivsten gelingt der Wechsel der Kapitalgeber mithilfe handelbarer Wertpapiere wie Aktien oder Anleihen, für die Sekundärmärkte eingerichtet werden, an denen sie gehandelt werden können.
- *Prolongation (Fristentransformation):* Verlängerung einer Kapitalüberlassungsdauer, anstatt das Kapital bei Fälligkeit zurückzufordern. Beim Tagesgeld wird das überlassene Geld jeden Tag automatisch prolongiert, bis es der Kapitalgeber zurückfordert. Genauso können Wertpapiere für beide Seiten mit Kündigungsoptionen ausgestattet werden. Werden die Option nicht genutzt, findet eine automatische Prolongation statt.
- *Diversifikation (Risikotransformation):* Reduzieren des Risikos, indem Gelder auf Projekte verteilt werden, deren Erträge nicht vollständig positiv miteinander korreliert sind. Das gelingt beispielsweise mit Investmentfonds, deren Gesamtrisiko niedriger ist, als das durchschnittliche Risiko der einzelnen Wertpapiere.

BEISPIEL

Eine Familie möchte ein Haus kaufen und benötigt dafür einen Kredit von 300.000 Euro, der bis zu 30 Jahre laufen soll. Sie finden aber keinen Sparer, der bereit ist, diese Summe über die gesamte Dauer bereitzustellen. Für Großinvestoren ist der Betrag wiederum zu gering und die Anlagedauer zu lang. Eine spezialisierte Investmentbank kann diese mehrfachen Asymmetrien auflösen. Sie legt dazu einen Fonds auf, der in Immobilienkredite investiert. Die Fondsanteile können von kleinen Sparern und großen Geldgebern gekauft werden (Losgrößentransformation durch Mobilisation). Mit dem Geld investiert der Fonds in verschiedene Immobilienkredite (Risikotransformation durch Diversifikation). Außerdem ist der Fonds börsenfähig, sodass die Fondsanteile an andere Investoren verkauft werden können (Fristentransformation durch Substitution).

4.1.4 Disintermediation

Finanzintermediäre haben zum Ziel, die Effizienz der Kapitalmärkte zu verbessern. Dennoch lässt sich in einigen Bereichen beobachten, dass Kapitalgeber und -nehmer Leistungen selbst erbringen, die sie vormals bei Intermediären nachgefragt hätten. Das Ausschalten von Intermediären nennt man *Disintermediation*. Im weiteren Sinne versteht man unter Disintermediation auch das Ersetzen von Intermediären durch andere. So lassen sich Banken durch Broker ersetzen, indem Geldangebot und Nachfrage über Börsenplätze statt Banken ausgeglichen werden. In dem Fall ersetzen sogar mehrere neue Dienstleister die Bank als klassischen Finanzintermediär (u. a. Broker, Ratingagenturen, Analysten und Betreiber von Wertpapierhandelssystemen).

Definition

Disintermediation ist das Ausschalten oder Ersetzen von bisherigen Intermediären auf dem Kapitalmarkt.

4.1.4.1 Arten der Disintermediation

Disintermediation kann auf verschiedenen Ebenen stattfinden. So unterscheidet man zwei Typen:

Disintermediation I: Bei Typ I der Disintermediation werden Leistungen von Commercial Banks, also das Einlagen- und das Kreditgeschäft, ersetzt. Vor allem passiert das durch *Securitization.* Damit wird das Umschichten von Aktiva und Passiva in Wertpapiere bezeichnet. So verzichten Industrieunternehmen auf neue Bankkredite und werben Fremdkapital über Anleihen oder ähnliche Wertpapiere von verschiedenen Personen ein. Häufig sind diese Wertpapiere börsenfähig und werden mithilfe von Investmentbanken erstellt und vermittelt.

Disintermediation II: Wenn auf die Intermediäre des Wertpapiergeschäftes (Investmentbanken) verzichtet wird, bezeichnet man das als Disintermediation II. So entschied sich

Spotify bei seinem Börsengang 2018 seine Aktien selbst an der Börse zu platzieren, ohne auf das Bookbuilding von Investmentbanken zurückzugreifen (*Direktplatzierung*).

Unternehmen können auch auf die typischen Börsenplattformen verzichten. Dazu werden Fremd- oder Eigenkapitalgeber über spezielle Online-Plattformen angeworben. Dort kann in bestimmte Projekte (z. B. Immobilien, Filme, Schiffe) oder ganze Unternehmen investiert werden. Bekannt geworden ist dafür der Begriff des *Crowdfunding* bzw. passender *Crowdinvesting*.

4.1.4.2 Ursachen der Disintermediation

Zur Disintermediation kann es aus unterschiedlichen Gründen kommen:
- *Regulierung (1):* Ein Regulierer verbietet einem Intermediär eine Dienstleistung, die er bisher ausgeführt hat.
- *Regulierung (2):* Ein Regulierer erschwert einem Intermediär eine Dienstleistung, z. B. indem er die Eigenkapitalanforderungen für eine Dienstleistung so hoch setzt, dass sie nicht mehr oder nur zu (zu) hohen Kosten ausgeführt werden kann.
- *Neue Technologien:* Technologische Errungenschaften, insbesondere die Professionalisierung von Internetangeboten und Softwareanbietern, haben neue Wege eröffnet, um Investoren anzusprechen. Das verdrängt traditionelle Anbieter.
- *Unsichere Unternehmungen:* Banken scheuen z. T. hohe Risiken und verweigern dann Kredite. Um unsichere Projekte dennoch zu realisieren, gehen die Kapitalnachfrager selbstständig auf Investorensuche. Problematisch ist dabei, dass viele Privatinvestoren Gelder geben, ohne das Risiko der Unternehmungen korrekt einschätzen zu können.
- *Vermögensakkumulation:* Außerhalb von Banken haben sich immer mehr große Vermögen angesammelt, z. B. in Staats- oder Pensionsfonds. Aufgrund ihrer Vermögensmasse können sie eigene Experten beschäftigen, die u. a. das Asset Management übernehmen. Wegen ihrer Größe ist die Eigenverwaltung günstiger als die Gebühren für externe Dienstleister zu bezahlen.

4.2 Theorie der Finanzintermediäre

4.2.1 Einführung

Gegenstand der bisherigen Ausführungen waren die Tätigkeiten von Finanzintermediären. Doch es wurde auch gezeigt, dass durch die Disintermediation Finanzintermediäre umgangen werden können. Um zu klären, wann Finanzintermediäre sinnvoll sind und welchen Mehrwert sie bieten, muss man sich grundsätzliche Marktstrukturen ansehen, in denen Finanzintermediäre agieren. Dazu werden wissenschaftliche Modelle verwendet, die die Realität stark vereinfachen und so auf die wichtigsten Faktoren beschränken. Auch wenn die Erkenntnisse streng genommen nur für die jeweilige, vereinfachte Modellwelt gelten, können sie doch eine Annäherung an das sein, was in der Praxis geschieht.

Besonders relevant ist die Unterscheidung in den *vollkommenen Markt* und in den *unvollkommenen Markt*. Der *unvollkommene Markt* grenzt sich vom vollkommenen durch (i) *Transaktionskosten,* (ii) *Verhaltensanomalien* und (iii) *asymmetrisch informierte Marktteilnehmer* ab.

4.2.2 Vollkommener Markt

Ein vollkommener Markt zeichnet sich v. a. durch folgende Eigenschaften aus:

- Es gibt keine Transaktionskosten.
- Alle Marktteilnehmer haben gleiches (= »vollkommenes«) Wissen über den Markt (Markttransparenz). Sie handeln rational und reagieren unverzüglich auf neue Informationen.
- Alle gewünschten Finanzkontrakte sind in jeder Stückelung erwerbbar.
- Güter sind homogen, d. h. sie haben keine individuellen Ausprägungen wie z. B. eine Dienstleistung eines besonders netten Bankmitarbeiters.

Auf einem vollkommenen Markt braucht es keine Intermediäre, da durch vollständige Transparenz für alle Marktteilnehmer und fehlende Transaktionskosten keine Vermittlungsleistungen durch Dritte nötig sind. Auch Transformationsleistungen durch Dritte sind nicht nötig: Sie können von den Kapitalgebern und -nehmern selbst erbracht werden.

Merke

Auf einem vollkommenen Markt existieren keine Intermediäre, da Vermittlungsleistungen und Transformationsleistungen ohne zusätzliche Kosten von den Kapitalgebern und -nehmern selbst erbracht werden können.

Das Gegenstück zum vollkommenen Markt ist der unvollkommene Markt, der sich durch die Existenz von Transaktionskosten i. w. S. auszeichnet:

- technisch-organisatorische Transaktionskosten und
- Transaktionskosten bedingt durch Verhaltensanomalien und asymmetrische Informationen.

4.2.3 Transaktionskosten

Transaktionskosten fallen in Zusammenhang mit jeder Transaktion an. Sie können unterteilt werden nach der Phase, in der sie anfallen:

- Kosten der Anbahnung (u. a. Informationskosten)
- Kosten der Vereinbarung (u. a. Verhandlungskosten)
- Kosten der Abwicklung (u. a. die Koordination der Vertragsabwicklung)
- Kosten der Kontrolle (u. a. Überwachung von Terminvereinbarungen)
- Kosten der Anpassung des Vertrages (u. a. bei Mängeln oder Laufzeitänderungen)

Finanzintermediäre existieren, wenn sie Leistungen zu geringeren Transaktionskosten anbieten können als nichtspezialisierte Marktteilnehmer. Zwei Quellen für solche Kostenvorteile sind die sog. Economies of Scale und Economies of Scope.

Economies of Scale: Durch Mehrfacherbringung der gleichen Dienstleistung können Kostenersparnisse erzielt werden. Dabei sinken die Stückkosten mit jeder weiteren Leistungserbringung v. a. durch
- Fixkostendegression (z. B. Büromiete, Verwaltungskosten) und
- eine steigende Lernkurve des Personals.

Economies of Scope: Durch das Anbieten verschiedener Dienstleistungen können Kostenvorteile erzielt werden. Sie entstehen v. a. durch
- *Fixkostendegression* von pauschalen Kosten, die für mehrere Leistungen anfallen (z. B. Kosten für IT-Infrastruktur, Wirtschaftsprüfer),
- *Cross-Selling*, bei dem durch den Verkauf weiterer Produkte innerhalb einer Kundenbeziehung ein zusätzlicher Ertrag ohne vergleichbaren Zusatzaufwand erzielt wird (z. B. neben Gebühreneinnahmen aus einem Depot erfolgen Provisionserträge aus dem Vertrieb von Fonds), und
- *Spill-over-Effekte*, bei denen der Aufwand eines Unternehmens sinkt, wenn Informationen von verschiedenen Stellen genutzt werden können. Beispielsweise wird das positive Image eines Produktes eines Unternehmens auf all seine Produkte und Dienstleistungen übertragen, oder Informationen über einen Kunden werden an andere Abteilungen weitergegeben.

Allerdings lassen sich die Vorteile der Economies of Scale und Scope nicht unendlich fortführen. Je größer die Unternehmen werden, desto höher werden Organisationskosten (Abstimmung der Geschäftseinheiten und Geschäftsleitung, Kontrolle der komplexer werdenden Prozesse). Wenn die Organisationskosten die Einspareffekte wie Fixkostendegression und Lernkurveneffekte übersteigen, ist eine weitere Konzentration nicht mehr sinnvoll. Auch bei kleineren Unternehmen können die positiven Effekte beim Überschreiten bestimmter Schwellen durch neue Kosten überkompensiert werden. So kann durch die Übernahme eines weiteren Auftrags die Anstellung eines neuen Mitarbeiters nötig werden, oder durch das Anbieten einer weiteren Leistung entsteht ein Anschaffungsbedarf für neue Software. Die Kosten dafür können erst durch eine höhere Auslastung kompensiert werden.

4.2.4 Asymmetrische Informationen und die Prinzipal-Agenten-Theorie

Asymmetrische Informationen zwischen verschiedenen Personen können zu Problemen bei wirtschaftlichen Prozessen führen. Besonders gut beleuchtet diese Problematik die Prinzipal-Agenten-Theorie. Im Rahmen dieser Theorie sind asymmetrische Informationen Informationsunterschiede, die zwischen einem Auftraggeber (Prinzipal) und einem Auftragnehmer (Agent) bestehen. Der Agent verfügt in bestimmten Bereichen über mehr Informationen, die er gezielt ausnutzt, um seinen individuellen Nutzen zu maximieren (z. B. mehr zu verdienen). Er kann Handlungen unternehmen, die nicht im Interesse des Prinzipals liegen, weil der Prinzipal keine Informationen über diese Handlungen bekommt oder keine Informationen über die Wirkung der Handlungen hat. Im Rahmen dieser Theorie hat der Prinzipal nur eine Information, nämlich die, dass der Agent ihn bei Gelegenheit »übers Ohr haut«, d. h. Informationsvorsprünge zulasten des Prinzipals ausnutzen wird.

BEISPIEL

Ein Sparer möchte liquides Vermögen in Wertpapiere anlegen, ohne sich ausgiebig mit einzelnen Papieren beschäftigen zu müssen. Er beschließt, Fondsanteile zu kaufen. Faktisch beauftragt er (als Prinzipal) einen Fondsmanager (Agenten), seine Ersparnisse im Fonds zu verwalten. Trotz Anlagerichtlinien und täglich nachvollziehbarer Fondsentwicklung kann der Sparer nicht alle Aktivitäten des Fondsmanagers erkennen. So könnte ein Fondsmanager riskante Anlagestrategien verfolgen, um seinen Bonus zu erhöhen.

Dem Prinzipal-Agenten-Problem liegen asymmetrische Informationen zugrunde, die sich in vier Ausprägungsformen unterscheiden lassen:

- *Hidden Characteristics* (vor Vertragsabschluss relevant): Eigenschaften und Befähigung des Agenten sind dem Prinzipal nicht vollumfänglich bekannt.
- *Hidden Intention* (vor Vertragsabschluss relevant): Die wahren Absichten des Agenten können dem Prinzipal verborgen bleiben.
- *Hidden Information* (nach Vertragsabschluss relevant): Informationen über die Rahmenbedingungen des Geschäfts und dessen Durchführung sind dem Prinzipal nicht bekannt.
- *Hidden Action* (nach Vertragsabschluss relevant): Bestimmte Handlungen des Agenten können vom Prinzipal nicht beobachtet und damit nicht zweifelsfrei bewerten werden.

Adverse Selection: Die ersten beiden Ausprägungsformen der asymmetrischen Informationen, die vor dem Vertragsabschluss auftreten, können zur sogenannten Adverse Selection führen. Das passiert, wenn Vertragspartner nur eingeschränkt die Qualität einer Dienstleistung oder eines Produktes im Vorfeld einschätzen können. Sie gehen dann von einer durchschnittlichen Leistung aus und sind nur bereit, den Betrag zu zahlen, den eine durchschnittliche Leistung wert ist. Die Anbieter überdurchschnittlicher Leistungen werden durch die zu geringe Zahlungsbereitschaft aus dem Markt verdrängt. Die Qualität der gesamten am Markt angebotenen Leistungen sinkt.

Moral Hazard: Die letzten beiden Ausprägungsformen der asymmetrischen Informationen, die nach dem Vertragsabschluss auftreten, können zum sogenannten Moral Hazard führen. Dabei handelt eine Vertragspartei unmoralisch, um den eigenen Nutzen zu steigern. Insbesondere wenn die andere Vertragspartei die Kosten von Schlechtleistung allein tragen muss, kann es zum Moral Hazard kommen. Beispielsweise gilt das Risikoverhalten von Bankern, das zur Finanzkrise im Jahr 2007 führte, als Moral Hazard. Die Banker konnten sich, so die These, auf die staatliche Rettung verlassen und gingen daher höhere Risiken ein, um im Erfolgsfall größere Bonuszahlungen zu erhalten.

Merke

Informationsasymmetrien können gesamtgesellschaftlich zu nicht optimalen Ergebnissen führen.

Finanzintermediäre können gezielt Probleme minimieren, die durch asymmetrische Informationen entstehen. Dazu kommen grundsätzlich die drei folgenden Instrumente in Betracht.

4.2.4.1 Signalling

Wenn die besser informierte Vertragspartei Informationen (»Signale«) an die weniger gut informierte Partei weitergibt, wird das als Signalling bezeichnet. Freiwillig wird die Vertragspartei das nur tun, wenn es für sie vorteilhaft ist. Beispielsweise werden nur gute Referenzen und Bewertungen veröffentlicht und keine schlechten. Um die Aussagekraft zu erhöhen, werden vom Gesetzgeber gewisse »Signale« vorgeschrieben. Das sind beispielsweise Wertpapierprospekte, die für bestimmte Finanzprodukte nach festen Vorgaben erstellt werden müssen, für deren Einhaltung gehaftet werden muss.

Letzteres ist wichtig: Nur dann, wenn ein Signal mit Kosten für den Signalisierenden verbunden ist, falls er gelogen haben sollte, kann ein Signal glaubwürdig sein. Je höher die Signalling Costs sind, desto mehr kann man dementsprechend der Vertragspartei trauen. Vertragspartner, die häufig hohe Strafen zahlen müssen, werden über die Zeit ausscheiden und nur die qualitativ hochwertigen Angebote bleiben im Markt bestehen. Das schützt vor Adverse Selection.

Bei hohen Signalling Costs haben Finanzintermediäre einen Vorteil. Als spezialisierte Unternehmen wissen sie, welche Signale dem Markt Sicherheit geben. Sie können durch Erfahrung und Masse (z. B. beim Erstellen von Wertpapierprospekten) den Aufwand reduzieren. Hohe Signalling Costs wirken dadurch wie eine Eintrittsbarriere für neue Wettbewerber.

BEISPIELE FÜR SIGNALLING

- Gewinnabhängige Managementvergütung (signalisiert hohe Leistungsbereitschaft; Signalling Cost ist das Ausbleiben der Vergütung bei Misserfolg)
- Eigenkapitalbeteiligung des Managements (signalisiert Selbstvertrauen des Managements; Signalling Cost ist der Verlust der Beteiligung bei Misswirtschaft)
- Lange Fristigkeit der Finanzierungen (signalisiert Zutrauen der Kapitalgeber; Signalling Cost ist die lange Zeit der Risikotragung)
- Hohe Gewinnthesaurierung (signalisiert Zutrauen der Kapitalgeber; Signalling Cost ist der Verlust des Kapitals, das einem Risiko in dem Projekt ausgesetzt wird)
- Kompensationsversprechen für Kunden »bei Nichtgefallen« (signalisiert Zutrauen in Qualität der eigenen Produkte; Signalling Costs sind die Mehrkosten, die dadurch entstehen)

4.2.4.2 Monitoring

Wenn das Signalling nicht ausreicht oder nicht vertrauenswürdig ist, sollte nach *Vertragsabschluss* der Agent überwacht werden. Das bezeichnet man als Monitoring. Insbesondere wenn Handlungen nicht einfach beobachtbar sind oder für die Einschätzung Expertenwissen nötig ist, kann Monitoring aufwendig und teuer werden. Um die so entstehenden *Monitoring Costs* zu senken, können Intermediäre als Spezialisten eingeschaltet werden, die die Überwachung übernehmen: Das sogenannte *Delegated Monitoring*. Der Vorteil des Delegated Monitoring liegt zum einen in der Effektivität der Überwachung. Da der Intermediär auf diese Aufgabe spezialisiert ist, kann er sie besser ausführen als viele andere Marktteilnehmer. Zum anderen braucht es theoretisch nur einen Intermediär, der die Überwachung für alle Prinzipale durchführt, was die Kosten pro Prinzipal im Vergleich zu einer Überwachung durch jeden einzelnen Prinzipal stark reduziert.

BEISPIEL

Ein Unternehmen möchte den Aufbau eines neuen Windparks mit der Ausgabe von Projektanleihen finanzieren. Um das Risiko für die Investoren zu bewerten, wird eine Ratingagentur beauftragt. Sie erhält Zugang zu den wichtigsten Unterlagen durch das Unternehmen und prüft die betriebswirtschaftliche Lage des Projektes. Im Anschluss vergibt sie eine Ratingnote je nach aktueller Risikoeinschätzung.

Wichtig für ein gutes Resultat des Delegated Monitoring ist die Vertrauenswürdigkeit desjenigen, der das Monitoring übernimmt. Andernfalls wäre eine Überwachung der Überwacher nötig. Wenn der Überwacher beispielsweise eine Bank mit breit diversifizierten Anlagen ist, gewährt das ihren Gläubigern Sicherheit. Das wirtschaftliche Interesse der

Bank, ihre Reputation und die gesetzlichen Vorgaben (Eigenkapitalvorschriften und Einlagensicherung) reduzieren die Notwendigkeit der Gläubiger, die Bank zu überwachen. Im Geschäftsbereich der Investmentbanken und Broker (die u. a. keiner Einlagensicherung unterliegen) findet Delegated Monitoring nur eingeschränkt statt. Wenige Institutionen wie Ratingagenturen und Analysten bieten Monitoring-Leistungen an. Die Verlässlichkeit dieser Bewertungen ist unterschiedlich und umstritten. Vor der Subprimekrise haben z. B. Originatoren (Investmentbanken) und Ratingagenturen beim Erstellen und Bewerten von ABS zusammengearbeitet. Um solche Probleme zu umgehen, kann der Aufbau von Reputation nützen.

4.2.4.3 Reputation

In Situationen, in denen weder Signalling noch Monitoring funktionieren, gibt es noch das Instrument der Reputation.

Definition

Reputation ist der auf Erfahrung vergangener Perioden basierende Ruf, sich vertragsgetreu zu verhalten, auch dann, wenn Spielräume existieren, die vertragsabweichendes Verhalten zulasten anderer Vertragsparteien ermöglichen.

Eine hohe Reputation kann auch finanziell sinnvoll sein. Zum einen sind Gläubiger eher bereit, finanzielle Mittel zur Verfügung zu stellen, wenn der Schuldner hohe Reputation besitzt. Zum anderen können Kosteneinsparungen u. a. durch den Wegfall von Monitoringkosten und Signalkosten weitergegeben werden, indem die Gläubiger geringere Zinsen für die Kapitalüberlassung verlangen. Im Umkehrschluss heißt das, alles was der Reputation schadet, kann zu finanziellen Nachteilen führen.

4.3 Markteffizienz

4.3.1 Grundlagen

Finanzmärkte existieren, um bestimmte Funktionen für die Gesamtwirtschaft möglichst effektiv zu erfüllen. Zentral sind dabei drei Funktionen:

- *Treffpunktfunktion:* Zusammenführen von Kapitalanbietern und -nachfragern
- *Marktausgleichsfunktion:* Durch Preisanpassung erfolgt die Abstimmung der divergierenden Wünsche von Kapitalanbietern und -nachfragern.
- *Allokationsfunktion:* Lenkung des Kapitals hin zur produktivsten Verwendung

Die Markteffizienz beschreibt allgemein, wie gut Märkte ihre Kernfunktionen erfüllen. In effizienten Märkten sind Marktpreise fundamental gerechtfertigt (z. B. durch Gewinne).

Dies nennt man *Bewertungseffizienz*. Und es lassen sich bei gegebenen Preisen keine Überrenditen durch öffentliche Informationen erzielen. Dies nennt man *Informationseffizienz*.

Definition

Markteffizienz ist der Grad, mit dem Wertpapiermärkte ihre Funktionen erfüllen.

Markteffizienz lässt sich nicht eindeutig messen. Stattdessen müssen verschiedene Indizien herangezogen werden, um daraus auf die funktionale Effizienz zu schließen. Häufig betrachtet werden u. a.:

- Höhe der Transaktionskosten,
- vorhandene Liquidität,
- Volatilität der Preise,
- Reaktionsgeschwindigkeit auf neue Informationen und
- Gleichberechtigung aller Marktteilnehmer.

Häufig werden nur einzelne Aspekte der Markteffizienz beachtet. Beispielsweise beschäftigen sich viele Studien mit der Informationseffizienz, indem ausgewählte Anlagestrategien anhand vergangener Kursverläufe getestet werden. Eine Schlussfolgerung über den Grad der Markteffizienz ist daraus aber nicht zulässig. So muss die Entwicklung aller oben beschriebenen Faktoren einbezogen werden. Das ist wichtig, weil die Verbesserungen einzelner Faktoren zur Verschlechterung anderer führen kann. So kann ein Handelssystem, das schnellere Reaktionen ermöglicht, zugleich die Gleichberechtigung der Marktteilnehmer und den Wettbewerb schwächen, da menschliche Händler gegenüber algorithmischen Händlern im Nachteil sind.

Zentrale Aufgabe von Märkten ist es, die gesamtwirtschaftliche Wohlfahrt zu verbessern. Der wichtigste Baustein dazu ist die optimale Erfüllung der Allokationsfunktion (*Allokationseffizienz*).

4.3.2 Allokationseffizienz

Die Allokationseffizienz bestimmt, wie stark der Beitrag von Kapitalmärkten an der Wohlfahrt einer Gesellschaft ist. Knappe Ressourcen sollen möglichst effizient verteilt werden und zwar auf die Personen, die den größten Nutzen daraus ziehen können. Geregelt wird das über den Preis, da die Zahlungsbereitschaft dem jeweiligen Nutzen entsprechen sollte. Bei maximaler Allokationseffizienz sind die Grenzkosten (der Kapitalnachfrager) und der Grenznutzen (der Kapitalanbieter) gleich groß, und es wird eine maximale Wohlfahrtswirkung erzielt.

BEISPIEL

Das Eigenkapital von Apple verteilt sich auf 4,72 Mrd. Aktien. Es kann daher nicht jeder Mensch auf der Welt eine Apple-Aktie besitzen. Je mehr Aktien nachgefragt werden, desto höher steigt der Preis. Es kaufen nur die Investoren Apple-Aktien, deren Grenznutzen (individuell erwartete Rendite) mindestens den aktuellen Grenzkosten (Preis der Aktie zzgl. Transaktionskosten) entspricht.

Grenznutzen: Für Investoren leitet sich der Grenznutzen aus den erhofften Renditen zum jeweiligen Risiko der Anlage ab. Dazu werden alle möglichen Anlageoptionen miteinander verglichen und diejenigen Anlagen gewählt, die für den jeweiligen Investor die besten Renditen bei akzeptiertem Risiko versprechen.

Grenzkosten: Für Schuldner sind die gerade noch akzeptablen Kosten einer Finanzierung, also die Grenzkosten, abhängig von der Produktivität, mit der die eingeworbenen Mittel eingesetzt werden können. Je ertragreicher der Einsatz, desto höhere Finanzierungskosten können akzeptiert werden. Liegt die Produktivität unter dem Grenznutzen der Investoren, wird in einem allokationseffizienten Markt keine Finanzierung stattfinden.

Definition

Das Kriterium Allokationseffizienz betrachtet die Verteilung knapper Ressourcen auf Grundlage von Grenznutzen und Grenzkosten.

In einer komplexen Welt ist es unmöglich, für jedes Wertpapier Grenznutzen und Grenzkosten der Beteiligten zu bestimmen. Nicht einmal die Risiken und Renditechancen (als mögliche Ersatzgrößen) lassen sich befriedigend ermitteln. Um eine Einschätzung über Wertpapiere fällen zu können, werden deshalb häufig vereinfachte Modelle, insbesondere die Modellannahmen des vollkommenen Kapitalmarktes, herangezogen. Das darauf basierende Capital-Asset-Pricing-Modell wird viel verwendet und verdeutlicht, ob einzelne Wertpapiere allokationseffizient bepreist sind oder nicht.

Da die Betrachtung von fiktiven Modellwelten aber nicht ausreicht, um die Effizienz der *realen* Kapitalmärkte abschätzen zu können, bedarf es weiterer Effizienzdimensionen, die ein umfassenderes Bild ermöglichen.

4.3.3 Bewertungseffizienz

Die Bewertungseffizienz kann als ein Bestandteil der Allokationseffizienz angesehen werden. Sie drückt aus, ob der Marktpreis eines Wertpapiers dem jeweiligen Fundamentalwert entspricht. Der Fundamentalwert wiederum ist die Bewertung der Zukunftsaussichten eines Wertpapiers.

Der Grad, mit dem ein Markt bewertungseffizient ist, hängt von verschiedenen Faktoren ab. Entscheidend sind vor allem der Grad, mit dem die Marktteilnehmer informiert sind, die Rationalität ihrer Erwartungen und die am Markt vorhandenen Transaktionskosten. Im Idealfall herrscht ein vollkommener Markt mit rationalen, vollständig informierten Marktteilnehmern und ohne Transaktionskosten. In der Realität ist dieses Ideal kaum zu erreichen. Neben heterogenen Informationen sind auch die Erwartungen, die sich aus den Informationen ergeben, stark subjektiv geprägt. Zudem können unterschiedliche Modelle genutzt werden, um mit den vorhandenen Informationen einen Fundamentalwert zu bestimmen. So gibt es nicht den einen allgemeingültigen Fundamentalwert, sondern unzählige Fundamentalwerte, die abhängig von der Erwartung der einzelnen Investoren und den verwendeten Bewertungsmodellen sind. Die korrekte Bewertung eines Unternehmens lässt sich daher nicht als ein Wert ausdrücken, sondern umfasst alle »vertretbaren«, also alle mit dem menschlichen Ermessensvermögen vernünftigerweise begründbaren, Fundamentalwerte, die eine *Fundamentalwertspanne* bilden.

Definition

Ein Markt ist bewertungseffizient, wenn der Preis eines Finanztitels innerhalb der vertretbaren Fundamentalwertspanne liegt.

Ein Zeichen ineffizienter Märkte ist es, wenn Preise dauerhaft außerhalb ihrer Fundamentalwertspanne liegen. Bei zu hohen Preisen wird häufig von *Übertreibung* oder *Preisblasen* gesprochen, bei zu niedrigen Preisen von *unterbewerteten Wertpapieren.*

4.3.4 Informationseffizienz

Die Informationseffizienz eines Marktes zeigt an, welche Informationen im Marktpreis enthalten sind, sodass Überrenditen nur durch neue, nicht aber vorhandene Informationen erzielt werden können.

Definition

Ein Markt ist informationseffizient, wenn sich durch vorhandene Information keine Überrenditen erzielen lassen.

Zumeist betrachtet man nicht die eine Informationseffizienz, sondern nutzt die von Fama eingeführte Unterteilung in drei Effizienzstufen:

- *Schwache Informationseffizienz:* Alle Informationen, die aus den vergangenen Preisen und Kursentwicklungen gezogen werden können, sind im Marktpreis berücksichtigt.
- *Mittelstrenge Informationseffizienz:* Neben den Informationen aus den vergangenen Preisen sind alle aktuell öffentlich zugänglichen Informationen in den Marktpreisen berücksichtigt.

- *Strenge Informationseffizienz:* Die Marktpreise berücksichtigen alle überhaupt vorhandenen Informationen. Das heißt, neben den öffentlich zugänglichen Informationen und vergangenen Preisen sind auch vertrauliche bzw. Insiderinformationen vollständig in die Preisbildung eingeflossen.

Die Frage nach der Informationseffizienz von Märkten hat überragende praktische Bedeutung. Denn wäre ein Markt streng informationseffizient (wobei das bestenfalls eine Idealvorstellung ist und eines vollkommenen Kapitalmarktes bedarf), dann dürften selbst neu veröffentlichte Informationen keinen Einfluss auf Preise haben, da sie bereits vor Veröffentlichung von Insidern eingepreist wurden. Jede Anlagestrategie würde im Schnitt nur die marktgerechte Rendite erzielen, die einzig vom Risiko der Anlage abhängig ist. In einem solchen Markt wären viele Finanzintermediäre wie Ratingagenturen oder Market-Maker unnötig.

Da das Ausnutzen von Insiderinformationen in Deutschland und vielen anderen Ländern verboten ist, sollte ein Markt im besten Falle eine mittelstrenge Informationseffizienz aufweisen. In einem solchen Markt lassen sich keine systematischen Überrenditen mit öffentlich verfügbaren Informationen erzielen. Faktisch bedeutet das, es gibt keine Anlagestrategie, die regelmäßig den Markt schlagen kann.

Andererseits, wenn Märkte nicht einmal schwach informationseffizient sind, könnte man aus der Entwicklung vergangener Kurse kommende Kursentwicklungen ableiten. Auf diesem Grundsatz basiert beispielsweise die technische Analyse.

4.3.4.1 Grundsätze informationseffizienter Märkte

In informationseffizienten Märkten sollte man mit vorhandenen Informationen keine systematischen Überrenditen erzielen können. Es entsteht die Frage, wie man diese Eigenschaft messen, d. h., verifizieren kann. Dazu wurden drei Konstrukte entwickelt:

- Fair-Game-Modell: Die über viele Perioden durchschnittlich erzielte Rendite sollte gleich der erwarteten Rendite einer Anlage sein.
- Martingal oder Submartingal: In einem Martingal ist der erwartete Preis in der kommenden Periode gleich dem Preis der aktuellen Periode. Die Rendite ist null. Das bedeutet, der aktuelle Preis ist der beste Schätzer für die Zukunft. In einem Submartingal wird ein Fair-Game angenommen, bei dem der künftige Preis um einen bestimmten Wert (nämlich die marktübliche Rendite) höher ist als der aktuelle Preis. Das Submartingal ist also ein Martingal mit einem Preiswachstum, d. h. einer positiven Rendite.
- Random-Walk: Der Preis eines Assets schwankt zufällig und jede Preisänderung ist unabhängig von der bisherigen Entwicklung. So gibt es zu keiner Zeit bei Erwartungswert, Streuung, Schiefe oder Kurtosis eine Regelmäßigkeit.

Mithilfe dieser drei Konzepte können Märkte auf ihre Informationseffizienz hin untersucht werden.

BEISPIEL

Im Jahr 2014 wurde untersucht, ob der Bitcoin-Kurs, der keinen fundamentalen Wert besitzt, sondern vom Glauben an die spätere Wiederverkaufbarkeit abhängt (die nicht sicher ist), mindestens schwach informationseffizient ist. Dazu wurde geprüft, ob der Kursverlauf einem Random-Walk folgt. Das wurde bestätigt. Die Kurse schwankten zufällig und konnten nicht aus der Vergangenheit abgeleitet werden.

4.3.4.2 Der Einfluss von Händlergruppen

Anders als in vollkommenen Märkten sind in der Realität nicht alle Händler vollständig informiert und agieren streng rational. Stattdessen gibt es unterschiedliche Gruppen von Händlern, die sich anhand ihrer Informationen und ihrer Strategien unterscheiden:

- *Informed Trader:* Dieser handelt, weil er eine Differenz zwischen dem aktuellen Preis und dem Wert des Unternehmens kennt. Dieser Händler ist besser informiert als (nahezu) alle anderen Händler.
- *Liquidity Trader:* Er (oder sie) handelt, um verfügbare Liquidität anzulegen oder um Liquidität zu erhalten. Der Handel findet nicht auf Grundlage von Informationen statt.
- *Noise Trader:* Handelt in der falschen Annahme, über neue relevante Informationen zu verfügen, oder er handelt auf Grundlage unvollständiger Informationen. Er kennt den (richtigen) Fundamentalwert nicht, handelt aber so, als würde er ihn kennen.

Während Informed Trader die Informationseffizienz steigern können, da sie den korrekten Wert eines Wertpapiers kennen, sorgen Noise Trader für eine Verschlechterung der Informations- und Bewertungseffizienz. Wie effizient ein Markt ist, hängt maßgeblich davon ab, wie viele Noise Trader handeln. Allerdings haben theoretische Betrachtungen von DeLong et al. (1990) gezeigt, dass Informed Trader ihre Renditen steigern können, wenn sie das Verhalten der Noise Trader adaptieren. Sie verstärken dann falsche Kursbewegungen ganz bewusst, um mit Preisübertreibungen / Ineffizienzen ihre Renditen zu maximieren.

Es ist daher nicht nur entscheidend, wie viele informierte Investoren es gibt, sondern auch, ob sie fundamentalwertorientiert handeln oder ob sie ihr Handeln auf die anderen Händler abstellen. So sollten Händlergruppen nach ihrer Strategie unterschieden werden. Besonders wichtig sind in modernen Märkten folgende Händlertypen:

- *Fundamentalisten:* Handeln auf Grundlage der Fundamentalwerte. Sie kaufen unterbewertete Wertpapiere und verkaufen überbewertete.
- *Momentum Trader/Technische Händler:* Handeln auf Grundlage vergangener Kursentwicklungen und setzen auf einen weiterlaufenden Trend (Momentum). Fundamental-

daten werden nur bedingt berücksichtigt und Entwicklungspotenziale können übertrieben einbezogen werden.

- *Passive Investoren:* Investieren nach einem ex ante festgelegten Schema. Die so erstellten Portfolios (passive Fonds/ETFs) investieren nicht auf Grundlage von Fundamentalwerten, sondern bilden einen Index nach, ohne auf Nachrichten zu achten. Aufgrund geringer Kosten haben die passiven Investitionen in den letzten Jahren deutlich zugenommen. Ihr Einfluss auf die Effizienz wird häufig kritisch gesehen.
- *High Frequency Trader (HFT):* Sind vollautomatisch handelnde Computerprogramme/Algorithmen. Sie können Handelspositionen eingehen und wieder auflösen und nach verschiedenen Strategien programmiert sein. An westlichen Börsen sind sie an rund der Hälfte aller Handelsaktivitäten beteiligt. Welchen Einfluss sie auf die Effizienz haben, ist noch nicht ausreichend geklärt.
- *Market Maker:* Sind meist HFTs, die sich darauf spezialisiert haben, auf Märkten Liquidität bereitzustellen. Sie bieten an, eine bestimmte Anzahl von Wertpapieren zu einem bestimmten Preis zu kaufen (bid) und gleichzeitig eine bestimmte Anzahl zu einem höheren Preis zu verkaufen (ask). . Es ist nicht ihr Ziel, die besten (z. B. fundamental gerechtfertigte oder für den Kunden günstigste) Kurse für Wertpapiere zu quotieren, sondern einen eingegangene Handel am besten fast zeitgleich glattzustellen, also ein Gegengeschäft auszuführen. Durch das Eingehen und Auflösen von Handelspositionen erzielen Sie Gewinn in Höhe der bid-ask-Spanne.

4.3.4.3 Der Wert von Informationen

Märkte, die mittelstreng informationseffizient sind, berücksichtigen alle öffentlich verfügbaren Informationen. Eine Rendite aus neuen Informationen kann nur der Investor erzielen, der zuerst die Information erhält, auswertet und entsprechende Handelsorders aufgibt. Durch sein Handeln wird die Information im Kurs eingepreist. Wer morgens eine druckfrische Zeitung oder selbst eine Online-Eilmeldung liest, ist dennoch zu spät, um mit der Information Geld zu verdienen. Egal, wie schnell sich Informationen verbreiten, irgendjemand hat sie zuvor bekannt gegeben und ein anderer hat sie aufgeschrieben und verbreitet. Möglicherweise sind bereits vor der öffentlichen Meldung Hinweise über inoffizielle Kanäle verbreitet worden, sodass Händler vorab informiert waren und diese Information (illegal) ausnutzen konnten.

Merke

Bei mittelstrenger Informationseffizienz sind Nachrichten bereits während ihrer Verbreitung im Kurs eingepreist und ab dann wertlos.

Hingegen kann es sich in maximal schwach informationseffizienten Märkten lohnen, alte Informationen auszuwerten. In solchen Märkten können auch Privatanleger spekulativ erfolgreich sein. Ebenso kann es sich lohnen, spezialisierte Institutionen zu nutzen, die für ihre Kunden Informationen beschaffen, auswerten und die Ergebnisse aufbereiten (*Analysten*). Wenn nicht einmal die schwache Informationseffizienz gegeben ist, ermöglicht das den Erfolg der *technischen Analyse*. In dem Fall können sich Kurse über einige Zeit vom Fundamentalwert entfernen. Einige Untersuchungen legen nahe, dass es an Börsen immer wieder Phasen gibt, in denen nicht einmal die schwache Informationseffizienz gegeben ist. Dies gilt auch immer dann, wenn neue Methoden der technischen Analyse (z. B. BigData-Analysetechniken) verfügbar sind, welche bisher unerkannte Muster sichtbar machen können.

Die Analyse, also die Beschaffung und Auswertung von Informationen, ist immer mit Kosten (Zeit, Geld) verbunden, selbst wenn die Informationen frei verfügbar sind. Die technische Analyse nutzt für ihre Auswertung bekannte Marktdaten und leitet daraus Handlungsempfehlungen ab. Die *Fundamentalanalyse* hingegen verwendet marktdatenunabhängige Informationen, die Aufschluss über die aktuelle und zukünftige Lage des Unternehmens geben. Diese werden »bewertungsrelevante« Informationen genannt. Das können Informationen über einen neuen Großauftrag oder die Einführung eines Handelsembargos sein. Auf Grundlage aller verfügbaren und relevanten Informationen wird eine Bewertung der Aktie vorgenommen.

Definition

Die Fundamentalwertanalyse ist die systematische Auswertung bewertungsrelevanter Informationen auf Grundlage eines oder mehrerer geeigneter Bewertungsmodelle.

Börsenkurse können also durch bewertungsrelevante und andere Informationen beeinflusst werden. Welchen Wert sie konkret haben, bestimmt sich ausschließlich darüber, wie die Informationen von den anderen Marktteilnehmern aufgenommen werden. Keynes (1936) beschrieb dieses Phänomen mit seiner bekannten Analogie eines *Beauty Contests*. Bei einem fiktiven Wettbewerb werden die sechs schönsten von 100 Menschen ausgewählt. Wenn die eigene Auswahl derjenigen der Mehrheit entspräche, könnte man etwas gewinnen. Bei diesen Wettbewerbsbedingungen würde man nicht mehr nach der eigenen Meinung abstimmen, sondern nach der vermuteten Meinung der anderen Leser. Wenn das alle täten, müsste man sogar auf einer höheren Ebene überlegen, welche Durchschnittserwartung die anderen Leser über die Meinung der Gesamtleserschaft hätten und danach handeln. Wenn das wiederum die meisten Leser antizipieren, müsste man noch eine Ebene höher denken – ein Spiel ohne Ende.

Keynes verwendete das Beispiel, um das empfehlenswerte Verhalten an Börsen zu verbildlichen. Nicht die Information an sich oder die eigene Bewertung dieser Information ist entscheidend, sondern welche Verhaltenserwartung die anderen Kapitalmarktteilnehmer von den anderen Händlern haben. Einige der Folgen sind:

- Wenn alle Marktteilnehmer gleiche Erwartungen haben, gleich tief strategisch denken und rational handeln (vollkommener Kapitalmarkt), dann ist die bewertungsrelevante Information das einzige Entscheidungskriterium.
- Je heterogener Marktteilnehmer Informationen einschätzen, desto weniger Wert haben sie, weil die Fundamentalwertspanne zu groß ist, um klare Kursentwicklungen ableiten zu können.
- Je weniger Marktteilnehmer auf neue Informationen achten (Konservatismus), desto weniger Wert haben neue Informationen.
- Je mehr Marktteilnehmer glauben, dass *nicht* bewertungsrelevante Informationen, also Noise, Kurse bewegen, desto mehr gewinnt Noise an Wert.

Definition

Der Wert einer Information leitet sich aus dem Wert der besten Handlung ab, die mit der Information erkennbar wird. Damit bemisst sich der Wert einer Information an der Reaktion aller Marktteilnehmer.

Für den Wert von Informationen sind auch die Beschaffungskosten relevant. Dieser Zusammenhang bildet ein Paradoxon, das ausgiebig in der Wissenschaft diskutiert wurde:

Informationsparadoxon: Wenn Märkte eine hohe Effizienz aufweisen und Informationen in den Kursen sofort eingepreist werden und zugleich Informationskosten existieren, dann lohnt es sich für Händler nicht, Informationen zu beschaffen, da die Kosten nicht durch höhere Erlöse gedeckt werden. Wenn sich aber kaum noch Händler informieren, dann nimmt die Informationseffizienz ab. In diesen nicht effizienten Märkten können mit Informationen Überrenditen generiert werden. Alle rationalen Händler würden sich darum wieder informieren. Handeln alle rational, verschwindet die Möglichkeit zur Überrendite wieder. Der Markt pendelt von einem informationseffizienten zu einem nicht effizienten Zustand – ein Gleichgewicht gibt es nicht. Dieses Phänomen nennt man Informationsparadoxon.

Dass dennoch Informationen beschafft werden und Märkte eine gewisse Effizienz und Stabilität in der Informationstätigkeit der Marktteilnehmer aufweisen, lässt sich durch *Noise* erklären. Noise wird definiert als Nachricht, welche eine Nicht-Information darstellt. Das kann ein nicht zutreffendes Gerücht, eine Fehlinformation oder eine veraltete Erkenntnis sein. Wer Noise nicht von echten Informationen unterscheiden kann (Noise Trader), fällt z. T. falsche Entscheidungen und erhält eine geringere Rendite als der informierte Marktteilnehmer. Marktteilnehmer, die sich günstig mit (relevanten) Informationen versorgen können, tun dies hingegen. Sie filtern die falschen Nachrichten aus und erkennen Fehlhandlungen. Dadurch erzielen sie eine Überrendite gegenüber den Noise Tradern. Die Überrendite reicht aus, um die Kosten der Informationsbeschaffung zu decken. So kann sich ein Gleichgewicht zwischen informierten und nicht informierten Händlern einstellen, in dem beide Parteien gleich hohe Nettorenditen erzielen.

Die Höhe der Informationskosten hat Auswirkungen auf das eben beschriebene Gleichgewicht. Je teurer (relevante) Informationen sind, desto weniger sinnvoll ist es, diese zu beschaffen. In der Folge sinkt die Effizienz. Je niedriger Kosten für Informationen sind bzw. je besser die Qualität und Aufbereitung von öffentlichen Informationen ist, desto effizienter können Märkte sein.

4.3.5 Operative Effizienz

Die operative Effizienz bezieht sich maßgeblich auf die Transaktionskosten, die an Märkten anfallen. Das Ideal stellt der *friktionslose* Markt dar, in dem jede Leistung kostenfrei ist. Damit könnten minimale Abweichungen von Fundamentalwert und Marktpreis ausgenutzt werden. Durch vorhandene Transaktionskosten lohnt sich das nicht immer. Dabei müssen zwei Formen von Transaktionskosten unterschieden werden:

- *Explizite Transaktionskosten:* Broker- und Börsengebühren, Löhne, Gehälter, Sachmittel und Steuern
- *Implizite Transaktionskosten:* Kosten, die dadurch entstehen, dass ein Auftrag nicht sofort ausgeführt wird oder der Auftrag nur zu einem schlechteren Kurs als dem letzten Kurs ausgeführt wird

Die operative Effizienz wird häufig nur auf die expliziten Transaktionskosten bezogen. Vorteilhaft ist, dass diese Kostenart recht einfach gemessen werden kann und damit eine vergleichsweise konkrete Aussage über den operativen Effizienzgrad eines Marktes ermöglicht. Jedoch ist diese eng abgegrenzte operative Effizienz nur ein kleiner Baustein der Markteffizienz.

Definition

Die höchste Form der operativen Effizienz wird durch einen friktionslosen Markt ohne explizite Transaktionskosten erreicht.

4.3.6 Marktliquidität

Ähnlich der operativen Effizienz, verkörpert die Marktliquidität einen bedeutenden Kostenfaktor, der für die Beurteilung der Effizienz wichtig ist. Herangezogen werden dafür maßgeblich die *impliziten Transaktionskosten*. Ist ein Markt ausreichend liquide, können Wertpapierhandelsaufträge jederzeit ohne Einfluss auf den Preis des Wertpapiers ausgeführt werden. Wenn nicht ausreichend Liquidität vorhanden ist, können Aufträge nicht sofort oder nur zu schlechter werdenden Marktpreisen ausgeführt werden. Bei hoher Liquidität ist der Marktpreis unabhängig von der Orderlage. Nur neue Informationen können dann den Preis beeinflussen.

Definition

In einem vollkommen liquiden Markt können Wertpapiere jederzeit in ausreichender Menge gehandelt werden, ohne dass durch die Handelstätigkeit Einfluss auf den Preis des Wertpapiers genommen wird.

Die Beurteilung der Marktliquidität ist schwierig. Es haben sich vier Maße herausgebildet, anhand derer die Marktliquidität beurteilt wird:

- *Markttiefe* (Depth): Ein Markt ist besonders tief (und damit liquide), wenn es limitierte Kauf- und Verkaufsaufträge (bid- und ask-Kurse) gibt, die sich nahe am aktuellen Marktpreis, d. h. dem letzten gehandelten Preis, befinden. Je tiefer ein Markt ist, desto weniger Einfluss haben neue unlimitierte Orders auf den Kurs. Die Markttiefe sagt aber nichts über das Volumen der Liquidität aus, welche sich nahe dem Marktpreis befindet. Großvolumige Orders können auch in sehr tiefen Märkten große Kurseffekte haben, wenn nur wenig Liquidität in den limitierten Aufträgen vorhanden ist.
- *Marktbreite* (Breadth): Ein Markt ist besonders breit (und damit liquide), wenn ein hohes Volumen von limitierten Kauf- und Verkaufsaufträgen vorhanden ist. So können sehr große unlimitierte Orderwünsche jederzeit erfüllt werden. Die Marktbreite sagt aber nichts über die jeweiligen Preise der bereitgestellten Liquidität aus. In breiten Märkten können die Preise der angebotenen Kauf- und Verkaufsaufträge sehr weit vom aktuellen Marktpreis entfernt sein. Selbst kleine Orders können dann große Kurseffekte haben.
- *Marktenge* (Tightness): Ein Markt gilt als eng (und damit liquide), wenn der bid-ask-Spread der Assets sehr gering ist. Eine kleine Spanne deutet darauf hin, dass Market-Maker kein großes Kursrisiko vermuten und ein ausgeglichener Handel nahe dem aktuellen Marktpreis stattfinden kann.
- *Erneuerungskraft* (Resiliency): Mit der Erneuerungskraft wird ausgedrückt, wie schnell sich die vorherige Markttiefe und -breite wiederherstellt, nachdem Orders ausgeführt wurden, ohne dass sich die Nachrichtenlage geändert hat. Fehlt die Erneuerungskraft, können große Orders, die nahe am aktuellen Marktpreis liegen, gegebenenfalls für eine lange Zeit nicht ausgeführt werden (der Markt ist dann nicht liquide).

BEISPIEL

Der Marktpreis einer Aktie (d. h. der letzte gehandelte Preis) liegt bei 30 Euro. Im Orderbuch befinden sich zwei limitierte Verkaufsaufträge. Je 100 Aktien werden für 30,01 Euro und für 30,50 Euro angeboten. Dieser Markt ist verkaufsseitig sehr tief, da der beste Verkaufsauftrag nahe am Marktpreis liegt. Allerdings ist der Markt nicht breit. Wenn ein Händler 100 Aktien ohne Preislimit kauft, werden alle 100 Aktien zu 30,01 Euro gekauft. Der Kurseffekt ist gering. Sollen noch einmal 10 Aktien gekauft werden, fehlt nun die Markttiefe. Die nächsten Aktien können nur zu 30,50 Euro gehandelt werden. Der Aktienkurs springt durch eine Transaktion von nur 10 Aktien merklich nach oben. Ein liquider Markt sollte daher tief *und* breit sein, damit auch große Orders geringe Kurseffekte haben.

Liquidität und Volatilität: Hohe Liquidität gilt grundsätzlich als Zeichen für eine geringe *Marktvolatilität* und geringes *Marktrisiko*. Ein breiter und tiefer Markt ist in der Lage, zufällige Nachfrageschocks ohne große Kursschwankungen abzufedern. Der Markt ist dann wenig volatil. Die Risikoprämie ist niedrig, weil Handelspositionen schnell aufgelöst werden können. Jedoch zeigen Untersuchungen, dass Liquidität nichts Beständiges ist. Durch Informationsschocks kann die Liquidität rasant fallen, da sich Market Maker kurzfristig zurückziehen. Indem sie ihr Handelsrisiko reduzieren, steigt das Liquiditätsrisiko für alle Investoren an. Verschiedene Studien der letzten 30 Jahre zeigen allerdings auch, dass selbst in sehr liquiden Märkten die Volatilität größer ist, als sie anhand der öffentlichen Informationen sein dürfte (Excess Volatility). Somit scheint auch sehr hohe Liquidität die Volatilität nicht begrenzen zu können.

Liquidität und Bewertungseffizienz: Theoretisch dient ein hohes Maß an Liquidität als Puffer vor Preisänderungen. Das ist positiv, wenn keine neuen Informationen eintreffen. Andererseits haben auch Orders, die aufgrund neuer Informationen aufgegeben wurden, weniger Einfluss auf die Kurse. So kann eine hohe Liquidität dämpfend auf die Bewertungseffizienz wirken. Einige Untersuchungen unterstellen einer sehr hohen Liquidität sogar negative Auswirkungen auf die Bewertungseffizienz, da hohes Handelsinteresse besonders spekulative Anleger anziehen würde. Diese fördern übertriebene Kursbewegungen. So könnte es eine optimale Liquidität geben, deren Erhöhung oder Senkung negativ auf die Bewertungseffizienz wirkt.

Aufgaben zur Lernkontrolle

1. Was versteht man unter Finanzintermediären und welche wesentlichen Leistungen erbringen sie für den Markt?
2. Erläutern Sie anhand von Beispielen den Begriff und die zwei Arten der Disintermediation.
3. Erläutern Sie die vier Formen asymmetrischer Information anhand von Beispielen.
4. Definieren Sie den Begriff des Signalling und erklären Sie, warum wirkungsvolles Signalling mit Kosten verbunden sein muss.
5. Nennen Sie eine Charakteristik des Modells des vollkommenen Kapitalmarktes und zeigen Sie, welche Effizienzarten diese Charakteristik berücksichtigen.
6. Grenzen Sie die drei Unterformen der Informationseffizienz nach Fama voneinander ab und erklären Sie, welche Unterform in der Realität erstrebenswert ist.
7. Von welchen Faktoren ist der Wert einer Information abhängig und wie kann man Informationen von Nachrichten abgrenzen?
8. Die Markteffizienzhypothese behauptet, Überrenditen auf Kapitalmärkten sind im Erwartungswert null. Damit Märkte effizient sein können, müssen Fundamentalisten die Preise ständig wieder ins Gleichgewicht bringen. Ist es mit der Markteffizienzhypothese vereinbar, wenn sie dabei Gewinne erwirtschaften?
9. Erläutern Sie, welche vier Eigenschaften man bei der Marktliquidität unterscheidet und zeigen Sie, wie diese Eigenschaften miteinander in Verbindung stehen.

Literatur

Chordia, T./Roll, R./Subrahmanyam, A. (2001): Market liquidity and trading activity, in: Journal of Finance, April 2001, S. 501–530.

Cutler, David/Poterba, James/Summers, Lawrence (1988): What Moves Stock Price, verfügbar unter: http://www.nber.org/papers/w2538.

DeLong, J. B./Shleifer, Andrei/Summers, Lawrence H./Waldmann, Robert J. (1990): Positive Feedback Investment Strategies and Destabilizing Rational Speculation, in Journal of Finance, 45. Jahrgang, Heft 2, S. 379–395.

Engels, W. (1993): Wozu braucht man noch Banken, in: bank und markt, 22. Jg. Nr. 4, S. 17–21.

Fama, E. F. (1965): The Behavior of Stock Market Prices, in: Journal of Business, 38, S. 34–105.

Fama, E. F. (1970): Efficient Capital Markets: A Review of Theory and Empirical Work, in: Journal of Finance, 25, S. 383–417.

Fama, E. F. (1976): Foundations of Finance, New York.

Fama, E. F. (1991): Efficient Capital Markets II, in: Journal of Finance, 46, S. 1575–1617.

Bank, M. (2001): Finanzintermediation in: Gerke, W./Steiner, M. (Hrsg.), Handwörterbuch des Bank- und Finanzwesens, 3. Aufl., Stuttgart, Spalte 836–847.

Grossman, S. J./Stiglitz, J. (1976): On the Effciency of Competitive Stock Markets Where Traders Have Diverse Information, in: Journal of Finance, Mai 1976, S. 573–586.

Haberer, M. (2004): Might a Securities Transactions Tax Mitigate Excess Volatility? Some Evidence from the Literature, verfügbar unter: https://papers.ssrn.com/sol3/papers.cfm?abstract_id=572023.

Harman, Ozan (2014): Bitcoin–Hype oder Währung? – Eine Random-Walk-Analyse anhand von Renditezeitreihen, verfügbar unter: https://www.researchgate.net/profile/Ozan_Harman/publication/277326269_Bitcoin_-_Hype_oder_Wahrung_Eine_Random-Walk-Analyse_anhand_von_Renditezeitreihen /links/5568277208aeab77721eb9b7.pdf

Hartmann-Wendels, T./Pfingsten, A./Weber, M. (2019): Bankbetriebslehre, 7. Aufl., Berlin u. a.

Hirth, H. (2007): Marktliquidität, in: Enzyklopädisches Lexikon des Geld-, Bank- und Börsenwesens, Frankfurt am Main.

Jehmlich, T. (2019): Effizienz und Preiskontinuität von Aktienmärkten, Hamburg.

Keynes, J. M. (1936): The General Theory of Employment, Interest and Money, London, Reprint 1946.

Latham, M. (1985): Defining Capital Market Efficiency, Finance Working Paper 150, Institute for Business and Economic Research, University of California, Berkeley.

Neus, W. (2007): Effizienter Markt, in: Enzyklopädisches Lexikon des Geld-, Bank- und Börsenwesens, Frankfurt am Main.

Paul, S. (2007a): Disintermediation, in: Enzyklopädisches Lexikon des Geld-, Bank- und Börsenwesens, Frankfurt am Main.

Paul, S. (2007b): Finanzintermediation: Theoretische Fundierung, in: Enzyklopädisches Lexikon des Geld-, Bank- und Börsenwesens, Frankfurt am Main.

Richtsfeld, J. (1994): In-House-Banking, Wiesbaden.

Rubinstein, M. (1975): Securities Market Efficiency in an Arrow-Debreu Economy, in: American Economic Review, 65, S. 812–824.

Rudolph, B. (2007): Kapitalmarkt: Grundlagen, in: Enzyklopädisches Lexikon des Geld-, Bank- und Börsenwesens, Frankfurt am Main.

Schmalenbach, E. (1951): Kapital, Kredit und Zins, Köln und Opladen.

Wessling, E. (1991): Individuum und Information, Tübingen.

5 Verhaltenswissenschaftliche Ansätze der Kapitalmarkttheorie[1]

LERNZIELE

- Sie können die theoretische Betrachtung eines Marktes aus der Perspektive der traditionellen neoklassischen Modelle und aus der des verhaltenswissenschaftlichen Ansatzes unterscheiden.
- Sie können vier Gebiete des verhaltenswissenschaftlichen Ansatzes der Kapitalmarkttheorie abgrenzen.
- Sie können anomale Kursverläufe zeichnerisch darstellen.
- Sie können zehn »psychological biases« nennen und beschreiben.
- Sie können vier wichtige Informationsverarbeitungsdefizite erklären.
- Sie können fünf typische »social biases« beschreiben.
- Sie können begründen, warum »financial literacy« rational sein kann und wie das Investmentbanking darauf reagieren sollte.

5.1 Einführung

Investmentbanking ist ein »dealorientiertes« Finanzgeschäft. Es hat deshalb mehr als das stabilere Kredit- und Einlagengeschäft mit den Besonderheiten im Verhalten von Menschen zu tun. Um Strategien im Investmentbanking zu verstehen, ist es deshalb notwendig, diese Besonderheiten zu kennen. Sie sind in den sog. »*verhaltenswissenschaftlichen Ansätzen der Kapitalmarkttheorie*« zusammengefasst. Der folgende Beitrag beleuchtet diese.

Als verhaltenswissenschaftliche Ansätze der Kapitalmarkttheorie bezeichnet man die Versuche, das Kapitalmarktgeschehen mit möglichst realistischen Annahmen über menschliches Verhalten zu erklären. Dies ist insbesondere für das Investmentbanking mit seiner Konzentration auf das Abwickeln von individuellen »Deals«, handelbare Produkte und deren »Trading« von Bedeutung.

Definition

Verhaltenswissenschaftliche Ansätze der Kapitalmarktforschung sind Ansätze, deren Ziel es ist, durch realistische Annahmen über das Individual- und Gruppenverhalten von Marktteilnehmern zu einer möglichst genauen Prognose künftigen und zu einer möglichst guten Erklärung des vergangenen Marktgeschehens beizutragen.

---

1 Autoren: Friedrich Thießen. Alexander G. Aulibauer wird für Mitarbeit an früheren Auflagen gedankt.

Wie sollten sich Menschen an Finanzmärkten verhalten? Das hängt davon ab, wie viel sie von der Materie verstehen.

- Umfassendes Verständnis oder *»volle Rationalität«* im Sinne von Gigerenzer zeichnet sich dadurch aus, dass die Menschen vollständiges Wissen über die Vergangenheit und Gegenwart besitzen und über jedwede (geistige) Rechenkapazität verfügen, aus diesem Wissen auf die Zukunft zu schließen (Gigerenzer, 2008, S. 4).
- Mit geeigneten Verfahren sammeln sie Informationen und transformieren sie in die Entscheidungswerte. Da die Zukunft stochastisch ist, nutzen sie dabei auch die Wahrscheinlichkeitsrechnung.
- Sie wenden Methoden rationalen Entscheidens wie die Barwertmethode und das Bayes'sche Wahrscheinlichkeitskalkül an.

Das ist laut Gigerenzer in etwa die Vorstellung von menschlichem Handeln, wie sie weit verbreitet ist und die Marktteilnehmer dazu bringt, ohne Scheu die mathematischen Kalküle und Prozesse zu verwenden, die derzeit auch im Investmentbanking üblich sind.

Die Realität zeigt, dass Menschen nicht so handeln und gar nicht so handeln *können*, weil ihr kognitiver Apparat es ihnen nicht erlaubt, die notwendigen Berechnungen durchzuführen und die notwendigen Informationen zu speichern. Man unterscheidet heute Fehler bei:

- Informationsaufnahmeverhalten,
- Informationsverarbeitungsverhalten,
- Erwartungsbildungsmuster und
- Entscheidungskriterien.

Aus diesen Rationalverhaltensproblemen ergeben sich *Verhaltensanomalien*, die man aktuell in vier Gruppen unterteilt:

- *Psychological Biases*: klassische Verhaltensanomalien aufgrund »psychologisch« bedingter, d. h. eher krankhafter und unvernünftiger, nicht rationaler Reaktionen der Entscheidungsträger in bestimmten Situationen.
- *Cognitive Biases*: Verhaltensanomalien aufgrund kognitiver Beschränkungen des Gehirns, das mit Vereinfachungen arbeitet. Man spricht auch von Heuristiken und der Heuristikforschung.
- *Social Biases*: : eine Klasse von Verhaltensanomalien aufgrund »sozial« bedingter Reaktionen der Entscheidungsträger in bestimmten Situationen.
- *Knowledge Biases*: : Verhaltensanomalien aufgrund fehlenden Wissens (»Bildung«) der Entscheider. Diese Forschung wird auch unter dem Begriff »Financial Literacy« zusammengefasst.

Die vier Gruppen von Anomalien entstammen verschiedenen Wissenschaftsgebieten, überschneiden sich teilweise und stellen dieselben Phänomene oft aus verschiedenen Blickwinkeln dar. Die Ansätze bestehen bis heute unverbunden nebeneinander. Versuche einer Vereinheitlichung hatten bisher keinen Erfolg.

5.2 Geschichte

Die Geburtsstunde der verhaltenswissenschaftlichen Ansätze war die Entdeckung von Kurszeitreihen, deren Eigenschaften nicht mit den Prognosen bzw. Erklärungen der neoklassischen Kapitalmarkttheorie harmonierten. Solche Kursverläufe werden *anomale Kursverläufe* genannt. Beispiele sind:

- *Exzessive Volatilität (Excess Volatiliy):* Wertpapierkurse schwanken mit größerer Amplitude und mit kürzerer Longitude, als dies durch fundamentale Daten, also insbesondere die beobachteten Dividenden- bzw. Gewinnschwankungen der zugrunde liegenden Unternehmen gerechtfertigt ist.
- *Eigenkapital-Prämien-Rätsel (Equity-Premium-Puzzle):* Die Differenz zwischen der erwarteten Rendite einer Aktienanlage und der Rendite risikoloser (Staats-) Anleihen wird als Risikoprämie (Equity-Premium) bezeichnet. Amerikanische Forscher gingen Mitte der achtziger Jahre der Frage nach, wie hoch die Risikoprämie theoretisch sein müsste und verglichen diese mit der historisch beobachteten Prämie. Das verblüffende Resultat, dass die historische Renditedifferenz zwischen Aktien und Anleihen mit der ökonomischen Standardtheorie nicht erklärt werden konnte, wurde unter dem Terminus das Equity-Premium-Puzzle bekannt.
- *Kalendereffekte:* An verschiedenen Kalendertagen im Jahr wurden in historischen Zeitreihen anomal hohe oder niedrige Renditen beobachtet. Die Ergebnisse sind statistisch signifikant.

PRAXISBEISPIEL

Winner-Loser-Portfolio-Strategien

Das Winner-Loser-Phänomen ist eine Marktanomalie, die Renditen von besonders erfolgreichen und besonders wenig erfolgreichen Wertpapieren betrifft. Man hat empirisch beobachtet, dass Wertpapiere, die zeitweilig Überrenditen produzieren, danach Unterrenditen aufweisen und vice versa. Diese Erkenntnis kann zu folgender Strategie genutzt werden:

Formationsperiode: Über einen »geeigneten« historischen Zeitraum hinweg werden die Renditen der Wertpapiere eines Marktes beobachtet.

Portfoliobildung: Aus einer »geeigneten« Anzahl der renditestärksten Aktien der Formationsperiode wird das sog. *Winner-Portefeuille*, aus den renditeschwächsten das *Loser-Portefeuille* gebildet.

Testperiode und Start: Über einen folgenden »geeigneten« Zeitraum werden die Renditen der beiden Portefeuilles empirisch gemessen, um die Wertpapierzuordnung zu bestätigen bzw. zu revidieren (Testperiode). Bei zufriedenstellenden Ergebnissen wird dann nach Ablauf »geeigneter« Perioden abwechselnd vom Winner- in das Loser-Portfolio umgeschichtet.

In Hunderten von Untersuchungen hat sich diese Strategie immer wieder bestätigt. Besonders Kombinationen von mittel- und langfristigen Test- und Formationsperioden führen zu signifikant überdurchschnittlichen Renditen.

Nach der Entdeckung anomaler Preisverläufe wurde nach Erklärungen dafür gesucht. Es wurden im Lauf der Zeit vier Gruppen von Erklärungen gefunden:

Psychologische Sicht. Zunächst wurde auf die Erkenntnisse der Psychologen Kahnemann und Tversky zurückgegriffen, welche das Verhalten der Menschen in bestimmten Situationen durch psychologisch-kognitiv bedingte, eher krankhafte Verhaltensfehler (»*psychological biases*«) erklärten. Diese sog. Verhaltensanomalien standen zunächst als Einzelphänomene für sich. Den Autoren gelang es aber, mehrere Verhaltensanomalien im Rahmen der sog. »Prospect-Theory« zu einem etwas umfassenderen Erklärungsansatz zusammenzufassen.

Neurobiologische Sicht. Der nächste Schritt in der Erforschung des tatsächlichen Verhaltens von Marktteilnehmern an den Finanzmärkten war die Entwicklung des Konzeptes der sog. »Bounded Rationality«. Das Verhalten der Menschen wird bei diesem Ansatz nicht als Anomalie, sondern als sinnvolle Reaktion des Gehirns auf seine begrenzten Ressourcen interpretiert. Jede Entscheidung kostet Zeit und Energie, womit das Gehirn sparsam umgehen muss. Das tatsächliche Verhalten ist Konsequenz dieser Engpässe (»*cognitive biases*«). Das Verhalten kann nicht als »Anomalie« gewertet werden, weil bei gegebener Konstruktion des Gehirns jede andere Verhaltensweise schlechtere Ergebnisse bringen würde. In Zukunft könnte »*künstliche Intelligenz*« die Ressourcenprobleme lindern.

Begründer dieser Richtung ist Herbert Simon (1947). Simon suchte »a view of human rationality that is anchored in the psychological possibilities of actual humans«. Wissenschaftler nach Simon fassten die sich entwickelnde Forschung mit dem Begriff »Bounded Rationality« zusammen. Zu den berühmtesten Forschern dieses Gebietes gehört der deutsche Nobelpreisträger Reinhard Selten. Selten fasste wichtige Forschungsergebnisse folgendermaßen zusammen (Selten, 2000, S. 130 ff.):

- Der Mensch ist nicht in der Lage, jede seiner Handlungen auf der Grundlage eines Nutzenmaximierungskalküls durchzuführen.
- Die Bayes'sche Entscheidungstheorie beschreibt nicht das tatsächliche Verhalten.
- Der Mensch kann keine konsistenten Wahrscheinlichkeitsurteile fällen.
- Der Mensch meidet mathematische Berechnungen und ersetzt sie durch Ersatzkonstruktionen.
- Er ist nicht in der Lage, konsistente Präferenzurteile zu fällen.
- Menschen haben keine konsistente und stabile Risikoaversionsfunktion.
- Sie sind grundsätzlich egoistisch, haben aber eine tief verwurzelte Präferenz für kooperatives Verhalten.

Deutlich zu erkennen an der Aufzählung ist die »negative« Ausrichtung, d. h. erforscht wurde intensiv, welche kognitiven Fähigkeiten der Mensch *nicht* besitzt.

Die Funktionsweise des kognitiven Apparates im positiven Sinne ist aber ebenfalls Gegenstand der Forschung. Hervorzuheben ist dabei das Gebiet der Heuristikforschung, die vereinfachte Entscheidungsregeln sucht, die wenig Ressourcen verbrauchen und trotz ihrer Einfachheit teilweise beeindruckende Entscheidungsergebnisse liefern.

Die wichtigste allgemeine Erkenntnis der Heuristikforschung war es gewesen, dass es außer den bis dahin ausschließlich betrachteten psychologischen Defiziten noch ganz andere Gründe für (scheinbar) irrationales Verhalten gab. Deshalb wurde die Suche nach möglichen weiteren Ursachen verstärkt.

Soziologische Sicht. Dabei wurden die sog. »*social biases*« entdeckt. Hier werden Verhaltensanomalien auf soziale, d. h. gruppenbezogene, Zwänge zurückgeführt.

Bildungsbezogene Sicht. Der (vorläufig) letzte Schritt war die Erkenntnis, dass Menschen oft einfach viel zu wenig Wissen über Finanzmärkte haben und deshalb Fehlentscheidungen treffen. Es wurde eine Scheu der Menschen festgestellt, sich mit besserer Bildung zu versehen. Finanzmarktwissen ist offenbar für die Masse der Menschen nicht interessant und wichtig genug, um sich damit auseinanderzusetzen. Auf diese Weise entstehen »*knowledge biases*«, die zu wissensbedingten Fehlhandlungen führen.

5.3 Normale und anomale Kursverläufe

Wie genau sieht eigentlich ein anomaler Kursverlauf aus? Als Maßstab dient die neoklassische Kapitalmarkttheorie. Aus den typischen Annahmen der neoklassischen Theorie, nämlich Friktionslosigkeit und Rationalverhalten, ergibt sich für »normale« Kursverläufe Folgendes:

- *Alle Informationen:* Die Marktteilnehmer, und zwar alle ohne Ausnahme, müssen jederzeit alle relevanten, insbesondere neuen, Informationen haben und verstehen.
- *Sofortige Reaktion:* Als Konsequenz springt der Kurs jedes Wertpapiers mit jeder fundamentalen Datenänderung (also einer neuen relevanten Information) sofort auf ein neues Gleichgewichtsniveau und verharrt dort bis zur nächsten Datenänderung.
- *Vollständige Anpassung:* Die Fundamentaldatenänderungen werden im Moment ihres Eintritts vollständig und abschließend von den Finanzmärkten in der Kursbewegung verarbeitet.

Die durchgezogene Linie in Abbildung 5.1 zeigt den »normalen« Kursverlauf. Für diesen Kursverlauf gilt der bekannte Satz: »... efficient markets have no memory«.

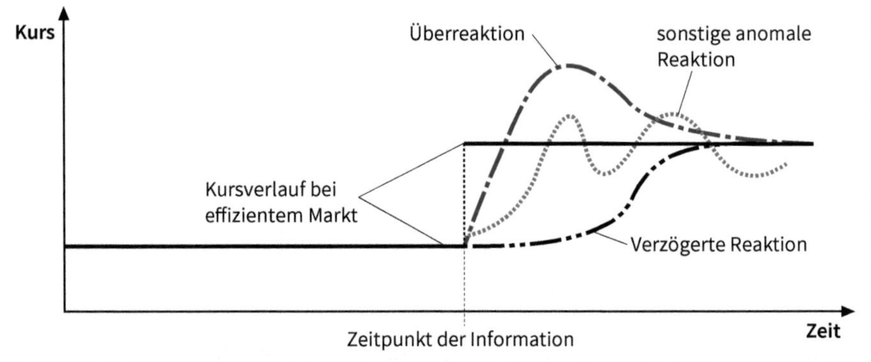

Abb. 5.1: Mögliche Kursreaktionen auf preisrelevante, positive Information

Tatsächlich stößt man an Märkten aber z. B. auf Phänomene der Überreaktion und der verzögerten Reaktion. Derartige Kursverläufe sind nicht mit den Annahmen von Friktionslosigkeit und Rationalverhalten vereinbar und werden als anomal bezeichnet. Anomale Kursverläufe können, wie zu sehen ist, folgende Eigenschaften haben:

- *Trend:* Es gibt Kurstrends (bei verzögerter und Überreaktion).
- *Trendumkehr:* Es gibt eine Tendenz zur Kurskorrektur (bei Überreaktion).
- *Verteilungsparameter:* Die Verteilung von Renditen im Zeitablauf ändert ihre Struktur, was an vielen Momenten ablesbar ist (Varianz, Kurtosis).

Jede Kursanomalie kann also entweder aus (i) einer Formabweichung oder (ii) einer Intensitätsabweichung vom effizienten Kursverlauf bestehen.

PRAXISBEISPIEL

Trendbedingte Strategien

Bei anomalen Kursverläufen ergeben sich folgende Strategiemöglichkeiten:

- *Momentum.* Bei verzögerter und überschießender Reaktion können Marktteilnehmer nach dem Erkennen eines Trends auf diesen Trend aufspringen. Sie betreiben dann eine sog. Momentum-Strategie.
- *Contrarian.* Bei überschießender Reaktion können Marktteilnehmer, nachdem ein Trend eine gewisse Zeit angehalten hat, eine gegen den Trend gerichtete Position eingehen. Sie betreiben dann eine sog. Contrarian-Strategie.

Traditionelle Kapitalmarkttheorie und irrationales Verhalten

Investmentbanking hat viel mit Märkten zu tun. Es wurde gefragt, ob irrationale Verhaltensweisen der Menschen auch auf der Marktebene spürbar seien oder nur »im kleinen Kreis« bei Clubdeals oder hier und da im Handel zum Tragen kommen.

Warum irrationale Entscheidungen einzelner Individuen das Aggregat unter Umständen nicht beeinflussen, dazu gibt es drei Hypothesen:

- *Neutralisierungshypothese:* Von der »Norm« abweichende Verhaltensweisen neutralisieren sich. Die Norm stellt die »Mitte« dar, um die die Abweichungen streuen. Mit anderen Worten: Abweichende Verhaltensmuster treten nicht systematisch auf.
- *Auslesehypothese:* Von der Norm, der Rationalität abweichende Akteure werden auf längere Sicht aus dem Markt ausscheiden müssen. Durch ihr irrationales Handeln verlieren sie ständig Ressourcen bzw. erzielen nur unterdurchschnittliche Renditen.
- *Dominanzhypothese:* Soweit Individuen Lernfähigkeit besitzen, kann davon ausgegangen werden, dass die »irrationalen« Akteure noch vor ihrem Marktausscheiden ihr Verhalten an das »rationale« anpassen.

Insgesamt gilt: Wie weit die Irrationalität Einzelner die Aggregate beeinflusst, ist derzeit nicht genau bekannt.

5.4 Psychological Biases

5.4.1 Anomalienbaukasten

Im Folgenden wird der »Baukasten« der wichtigsten bisher aufgedeckten psychologisch bedingten Verhaltensanomalien vorgestellt, die sich im Investmentbanking tendenziell bei kurzfristigen Tradingentscheidungen oder in Verhandlungssituationen über »Deals« auswirken.

Herden- und Imitationsverhalten

Marktteilnehmer, die sich von fundamental nicht begründeten Marktstimmungen leiten lassen, werden Noise Trader genannt. Man unterscheidet verschiedene Arten von Noise Tradern:

- *Herder:* Ein Herder ist ein Marktteilnehmer, der Signale von anderen Akteuren beobachtet, ohne auf sogenannte Fundamentaldaten der Wertpapiere zu achten. Der Herder richtet sich in seinem Entscheidungskalkül an der Masse aus und versucht, die Anlageentscheidungen anderer Anleger zu antizipieren und zu imitieren. Er verzichtet auf eigene Beschaffung von Fundamentaldaten.
- *Fad:* Untergruppe der Herder. Herder, die sich an dem Verhalten anderer Marktteilnehmer orientieren, sind anfällig für Anlegermoden. Solche auf modische Marktstimmungen reagierende Herder werden Fads genannt.
- *Feedback-Trader:* Eine andere Untergruppe der Herder sind Feedback-Trader, die steigende Kurse für Kauf- und fallende Kurse für Verkaufsignale halten.
- *Bluffer:* Der Bluffer ist das logische Pendant zum Herder. Er baut strategisch auf das Verhalten der Herder auf, manipuliert Preise und verursacht z. B. bewusst Kursschwankungen ohne fundamentalen Hintergrund. Er suggeriert den Herdern, er besäße für

den künftigen Preis relevante Informationen, und bewegt damit die Preise in eine von ihm gewünschte Richtung und profitiert, wenn er im steigenden Markt verkaufen respektive im fallenden Markt kaufen kann, noch bevor bekannt wird, dass eine relevante Information nicht existiert oder falsch interpretiert wurde.

Ist Herdenverhalten irrational? Herding kann etwas mit irrationalem Verhalten zu tun haben, muss aber nicht: Das blinde Vertrauen in Trendfolgestrategien im Rahmen von Chart- und technischer Analyse ist irrational. Folgende Gründe gehören dagegen eher in den rationalen Bereich:

- *Ruf und Image:* Für den Ruf von Investmentfondsmanagern gilt es als besser, konventionell zu scheitern als unkonventionell zu reüssieren.
- *Relative Erfolgsmessung:* Eine Erfolgsbeurteilung an relativen Maßstäben, z. B. einer Benchmark, begünstigt Herding. Denn auch dann, wenn sich die Benchmark von den Fundamentaldaten im negativen Sinne entfernt, lohnt es sich noch, der Benchmark zu folgen.

Bluffing ist ein Anlageverhalten, das typisch sein könnte für große Investoren, die große Kapitalbeträge einsetzen, viele Transaktionen durchführen und Preise beeinflussen können. Es baut darauf, dass andere Marktteilnehmer nicht unterscheiden können, welche Transaktionen auf relevanten Informationen beruhen und welche nicht.

Home-Bias

Die finanzwirtschaftliche Forschung hat theoretisch wie auch empirisch belegt, dass die überlegene Form der Vermögensanlage in Aktien eine breite internationale Streuung einschließt. Im Gegensatz zu dieser Erkenntnis zeigen die Portefeuilles privater wie auch professioneller institutioneller Investoren eine starke Übergewichtung heimischer Aktien. Man spricht in diesem Zusammenhang vom Home-Bias. Zahlreiche Ansätze, diesen Bias über typische institutionelle Marktfriktionen zu erklären, scheiterten.

Überkonfidenz

Informationen, die mit einer Erwartungsenttäuschung beim Investor verbunden sind, z. B. sog. Gewinnwarnungen, werden als vorübergehende Phänomene gedeutet. Der Anleger hält an seinen bisherigen Einschätzungen fest, er beharrt auf der Güte früher gebildeter Erwartungen und überschätzt tendenziell sein Wissen. Eine verzögerte Anpassungsreaktion ist die Folge. Kurse werden auf enttäuschende Informationen unterreagieren, da sie nur zögerlich ausgewertet werden.

Verzerrte Erfolgsattribution

Es wurde eine Tendenz zu asymmetrischer Erfolgsattribution der Investoren gefunden. Vergangene Erfolge werden den eigenen Fähigkeiten, Misserfolge jedoch der Situation, dem Markt, dem Zufall zugerechnet. Anleger gewinnen dadurch den Eindruck, sie könnten eine riskante Situation steuern (Kontrollillusion).

Repräsentativitätsheuristik
Entscheider neigen dazu, einzelne Ereignisse (aktuelle Informationen) als repräsentativ (typisch) für eine bestimmte Kategorie oder Entwicklung einzuschätzen, ohne deren Auftretenswahrscheinlichkeit geprüft zu haben. Die letzte Information wird beispielsweise als repräsentativ für die vergangenen Informationen empfunden. Innerhalb der Repräsentativitätsheuristik werden fünf Ausprägungen unterschieden:

Ausprägungen von Repräsentativitätsheuristiken

Die *Base-Rate-Fallacy* beschreibt das Phänomen, dass Entscheider, welche individuelle Informationen über ein Objekt (z. B. Wertpapier) haben, nicht mehr in der Lage sind, dieses Objekt unverzerrt in einen Gesamtkontext (z. B. Marktkapitalisierung) einzuordnen. Sie vernachlässigen die Relationen bzw. die Basisrate.

Das *Gesetz der kleinen Zahl* beschreibt den Umstand, bei welchem von einigen wenigen Objekten auf Eigenschaften von vielen geschlossen wird, die dieser Gruppe angehören.

Verzerrte *Vorstellungen über den Zufall* können z. B. beinhalten, dass bestimmte Abwechslungen eher als repräsentativ für einen Zufallsprozess gehalten werden als Wiederholungen von Ereignissen (monotone Passagen), ohne dies jedoch mit Eigenschaften der Grundgesamtheit begründen zu können. Es wird erwartet, dass sich Merkmale eines unendlichen Zufallsprozesses auch in kurzen, endlichen Sequenzen zeigen. Monotone Passagen gelten als nicht repräsentativ für Zufallsfolgen, daher werden sie nach der Heuristik der Repräsentativität als unwahrscheinlich eingestuft. Man meint, die endliche lokale Stichprobe müsse repräsentativ für die Gesamtheit sein. Tatsächlich sind aber sowohl abwechselnde als auch monotone Passagen gleich wahrscheinlich, wenn die Ereignisse unabhängig voneinander sind.

Die *Vernachlässigung der Regression zur Mitte* beschreibt die Vorstellung, Trends könnten »ewig« anhalten, obwohl die Erfahrung anderes lehrt. Extreme Ausgänge eines Zufallsprozesses werden hinsichtlich ihrer Validität und damit ihrer Wahrscheinlichkeit überschätzt.

Bei der *Conjunction-Fallacy* (Konjunktionstäuschung) hält man die Konjunktion von Ereignissen für wahrscheinlicher als den Eintritt eines der in die Konjunktion eingehenden Ereignisse. Dies steht nicht in Übereinstimmung mit den Axiomen der Wahrscheinlichkeitstheorie.

Gamblers-Fallacy
Bei Entwicklungen, die aus Sicht des Entscheiders schon überdurchschnittlich lange andauern, wird angenommen, dass eine Trendumkehr wahrscheinlicher als eine Trend-

fortsetzung ist, obwohl nach dem Random-Walk-Ansatz die Wahrscheinlichkeit für beide Alternativen ja 50 % beträgt. Eine ähnliche Erwartungsbildung ist vom Roulette-Spiel bekannt: Spieler glauben, dass nach fünfmal Rot wahrscheinlicher Schwarz kommen müsste. Zeigen jedoch unterhalb der durchschnittlichen Trenddauer Informationen in die gleiche Richtung, so werden diese schnell als neuer Trend identifiziert und in die Zukunft extrapoliert (siehe Repräsentativitätsheuristik). Marktpreise werden dann auf die neuen Informationen überreagieren.

Verfügbarkeitsheuristik
Entscheider neigen offensichtlich dazu, mental verfügbare gegenüber nicht mehr im Gedächtnis präsenten Informationen überproportional zu gewichten. Durch aktuelle und medial aufbereitete Informationen kann das Phänomen der Überreaktion verstärkt werden. Die subjektive Wahrscheinlichkeit eines Ereignisses ist umso größer, je leichter man in der Lage ist, sich Beispiele für das Ereignis vorzustellen oder in Erinnerung zu rufen (z. B. Börsencrashs aus der jüngeren Vergangenheit). Es werden drei Ausprägungen des Einflusses eines Ereignisses unterschieden: die Lebhaftigkeit der Darstellung, seine mentale Präsenz und die Existenz von Ereigniskombinationen. Im Gegensatz zur Repräsentativitätsheuristik geht es hier nicht um einen Musterabgleich, sondern um mentale Präsenz.

Mean-Reversion
Bei stärkeren (Kurs-) Entwicklungen nach oben oder unten wird oft vernachlässigt, dass diese Trends mit größerer Wahrscheinlichkeit mittelfristig wieder zum Mittelwert der Renditeentwicklung umkehren. Forschungsergebnisse bestätigen die Vermutung – in der Literatur als *Mean-Reversion* diskutierter – positiver Autokorrelationen in den mittelfristigen (3–12 Monate) und negativer in den kurzfristigen (1 Woche – 1 Monat) sowie den langfristigen Zeitreihen (3–5 Jahre). Ursache (oder Folge) des Phänomens sind zyklische Komponenten der Kursentwicklungen durch verzögerte oder übersteigerte Reaktionen von Marktteilnehmern auf preisrelevante Informationen.

Framing
Unter *Framing* wird das Phänomen verstanden, dass Entscheider Fakten anders bewerten, wenn sie ihnen in anderen Umfeldern präsentiert werden. Der klassischen Entscheidungstheorie zufolge (Bayes-Regel, μ-σ-Prinzip, Bernoulli) werden Fakten immer objektiv wahrgenommen und bewertet, völlig unabhängig davon, wie die Fakten den Entscheidern präsentiert werden. Die Prospekttheorie nimmt an, dass die Art der Präsentation Einfluss darauf hat, wie Fakten wahrgenommen werden. Dies wird als Framing bezeichnet. Man kann sich vorstellen, dass eine bestimmte Art der Präsentation dazu führt, dass dem Entscheider bestimmte mentale Konten verfügbar werden (und andere nicht), was seine Entscheidungen entsprechend lenkt.

Loss-Aversion

Betragsmäßig höhere Renditen von Loser- gegenüber Winner-Portefeuilles lassen sich dadurch erklären, dass Inhaber von Loser-Werten aufgrund einer Verlustaversion länger in diesen Papieren investiert bleiben, als dies ökonomisch sinnvoll wäre, um die Buchverluste nicht realisieren zu müssen. Dieses »Verluste aussitzen« nennt man auch Dispositionseffekt.

Status-Quo-Bias

Es wird von den Entscheidern als leichter empfunden, bei einer früher getroffenen Entscheidung zu bleiben, als eine neue Entscheidung zu treffen.

Weitere Anomalien, die sich in der wissenschaftlichen Literatur finden, sind die Folgenden:

- *Attentional Bias*: Die Aufmerksamkeit wird auf verschiedene Aspekte gelenkt, welche nicht die sein müssen, welche für eine Entscheidung die relevantesten sind.
- *Bias Blind Spot:* Menschen nehmen Verhaltensanomalien wahr, ändern ihr Verhalten aber nicht.
- *Choice Supportive Bias:* Nach einer getroffenen Entscheidung werden vorwiegend Informationen aufgenommen, welche die Entscheidung bestätigen.
- *Cognitive framing:* Menschen nehmen die Umwelt nicht objektiv, sondern gefiltert durch die eigene Erziehung, die Umgebung und Erfahrungen wahr. Den Entscheidungen liegen nur diejenigen Informationen zugrunde, die durch diese Filter hindurchgelangen.
- *Dunning-Kruger Effect:* Menschen überschätzen die Qualität der eigenen Fähigkeiten.
- *Dynamic Inconsistency:* Menschen ändern ihre Präferenzen im Zeitablauf. Dies führt zu Entscheidungen, die langfristig inkonsistent sind.
- *Ellsberg Paradox:* Ist von zwei Alternativen nur für eine davon eine Wahrscheinlichkeitsverteilung möglicher Ergebnisse verfügbar, wählen Menschen diese Alternative.
- *Endowment Effect:* Objekte, die man besitzt, werden mit einem höheren Wert geschätzt als gleichartige Objekte, in deren Besitz man sich nicht befindet.
- *Illusion of Control:* Die Wahrscheinlichkeit, dass eine eigene Anstrengung (etwas zu erreichen) zum Erfolg führt, wird höher eingeschätzt, als objektiv gerechtfertigt.
- *Intuition:* Schnelle Entscheidungen erfolgen offensichtlich ohne bewusste, rationale Überlegungen. Sie werden »intuitiv« getroffen.
- *Optimism Bias:* Tendenz, Dinge zu positiv zu sehen und negative Aspekte auszublenden.
- *Outcome Bias:* Die Güte von Entscheidungen wird nach dem erzielten Ergebnis beurteilt, nicht nach der Qualität des Entscheidungsfindungsprozesses. Dadurch verändern auch Zufallsergebnisse die Einstellung zur eigenen Entscheidungsfindung.
- *Planning Fallacy:* Die Zeit, die nötig ist, fundierte Entscheidungen zu treffen, wird unterschätzt. Aus weiter zurückliegenden Ereignissen wird systematisch zu wenig gelernt.

- *Self Serving Bias:* Erfolg wird eigenen Fähigkeiten zugeordnet. Für Misserfolge werden andere verantwortlich gemacht.
- *Sunk Cost Fallacy:* Versunkene Kosten sind nicht entscheidungsirrelevant, sondern werden bei Entscheidungen beachtet.
- *Valence Effect:* Ereignissen, die man herbeiwünscht, wird eine höhere Eintrittswahrscheinlichkeit beigemessen als objektiv gerechtfertigt.

Zusammenfassend kann gesagt werden: Die Literatur der Anomalien ufert praktisch aus. Es gibt kaum Systematisierungen. Einzelne Anomalien widersprechen anderen. Ein Gesamtsystem ist nicht entstanden. Deshalb ist es nicht einfach, an den Finanzmärkten mit ihnen zu operieren.

5.4.2 Prospekttheorie

Im folgenden Abschnitt wird die Prospekttheorie vorgestellt. Die Grundideen dieser Theorie stammen von Kahnemann und Tversky (1979) sowie Richard Thaler (1985). Die Theorie gilt derzeit als die geschlossenste Theorie innerhalb der Gruppe von Theorien, die ökonomisches nichtrationales Verhalten von Marktteilnehmern (also Verhalten, das nicht von der Bayes-Regel, dem μ-σ-Prinzip oder dem Bernoulli-Prinzip erfasst wird) beschreiben wollen. Sie fasst mehrere Verhaltensanomalien zusammen. »Prospect« bedeutet »Aussicht«. Die Prospekttheorie behandelt die Frage, wie Entscheider sichere und unsichere Aussichten auf die Zukunft bewerten und entsprechend ihre Entscheidungen fällen.

5.4.2.1 Mentale Kontenbildung

Das erste Element der Prospekttheorie ist die *Mentale Kontenbildung*.

Mentale Kontenbildung bedeutet Folgendes: Man nimmt an, dass Entscheider dann, wenn sie ein Problem zu lösen haben, nicht ihr gesamtes Gedächtnis auswerten, sondern nur auf einzelne Teile davon zurückgreifen. Man spricht von »mentalen Konten«. Man nimmt an, im Gedächtnis existieren verschiedene »Kästen« oder auch »Konten«, die nach und nach mit solchen Informationen (Eigene Erfahrungen, Gelesenes, Beobachtetes etc.) gefüllt werden (bzw. auf den Konten »bebucht« werden), die in einem sachlichen Zusammenhang zum Thema des jeweiligen Kastens bzw. Kontos stehen. Muss nun ein Problem gelöst werden, dann wird auf die jeweiligen Konten zugegriffen und es werden vorrangig die Informationen ausgewertet, die in diesen Konten enthalten sind. Steht also ein Entscheider vor einem Problem und versucht, auf Informationen in seinem Gedächtnis zurückzugreifen, um es zu lösen, dann stehen ihm im Moment der Entscheidung nicht alle Informationen zur Verfügung, sondern vorwiegend nur diejenigen, die in den Konten gespeichert sind, die dem Entscheider im Zusammenhang mit dem Entscheidungsproblem mental verfügbar werden – so diese theoretische Annahme.

Die Kontenbildung kann dazu führen, dass gleiche Sachverhalte unterschiedlich bewertet werden, je nachdem, auf welches Konto das Gehirn in einem bestimmten Moment zugreift. Ein Beispiel: Menschen, die mit ihrem Haushaltsgeld sparsam umgehen müssen, neigen dazu, verschiedene »Töpfe« zu bilden, die etwa laufenden Ausgaben, Notfällen oder als Eiserne Reserve dienen. Kommt es nun zum Wunsch, eine Anschaffung vorzunehmen, dann wird der Nutzen der Anschaffung höher bewertet, wenn das Geld dafür aus dem Topf laufende Ausgaben genommen werden kann, als wenn der Topf Notfälle dafür gebraucht werden müsste, selbst wenn die verfügbaren Mittel insgesamt ausreichen, alle üblichen zukünftigen Ausgaben und auch zukünftig zu erwartende Notfälle abzudecken.

5.4.2.2 Referenzpunktorientierung

Die »Referenzpunktorientierung« stellt das zweite wesentliche Element der Prospekttheorie dar. Grundannahme ist die Vermutung, dass das Gehirn beim Lösen von Problemen nicht »absolut«, sondern »relativ« vorgeht. Framing (s. o.) kann eine Ursache für die Wahl eines Referenzpunktes sein. Beispiel: Ein Geräusch einer bestimmten Lautstärke wird in einer leisen Umgebung stärker wahrgenommen als dasselbe Geräusch in lauterer Umgebung. Das bedeutet, die gleiche physikalische Schalldruckeinheit wird unterschiedlich bewertet, je nachdem in welcher Umgebung sich der Bewertende aufhält. Basis der *Bewertung* ist also nicht der Schalldruck an sich, sondern der Schalldruck relativ zu einem Umgebungsschalldruck.

Kahnemann und Tversky unterstellen, es gebe Referenzpunkte – sogenannte »mentale Anker« –, die für die Bewertung von Tatbeständen wichtig seien. Geld und Vermögen werden entsprechend dieser Annahme nicht absolut wahrgenommen und bewertet (wie dies die Entscheidungstheorie von Bernoulli annimmt, genauso wie die Portfoliotheorie von Markowitz), sondern relativ zu einem Referenzpunkt.

BEISPIEL

Nach Bernoulli wird Einkommen immer im Zusammenhang mit dem Gesamtvermögen betrachtet. Nach der Referenzpunktannahme kann es sein, dass über Einkommen auch relativ zu anderen Größen disponiert wird. Der eine Entscheider mag Entscheidungen über Einkommen relativ zu seinem letzten Einkommen (als Anker) treffen. Ein anderer mag über sein Einkommen relativ zum Einkommen seines Nachbarn (als Anker) entscheiden. Ein Vorstandsmitglied eines großen Schweizer Pharmakonzerns sagte einmal, dass er es als ungerecht empfände, wenn er als Leiter des siebtgrößten Pharmaunternehmens der Welt nicht das siebthöchste Einkommen aller Vorstandsmitglieder im Pharmasektor hätte. In allen Fällen orientieren sich die Entscheider an Ankern, die in der klassischen Entscheidungstheorie keine Rolle spielen. Als wichtiger Anker in der Finanzwirtschaft gilt der Einstiegskurs einer Position. Wie das Beispiel des Pharmakonzerns zeigt, gibt es aber viele weitere.

5.4.2.3 Bewertungsfunktion der Prospekttheorie

Die Bewertungsfunktion ist das dritte wesentliche Element der Prospekttheorie und wird in der Abbildung 5.2 veranschaulicht. Die Funktion weist die im Folgenden aufgeführten Eigenschaften auf.

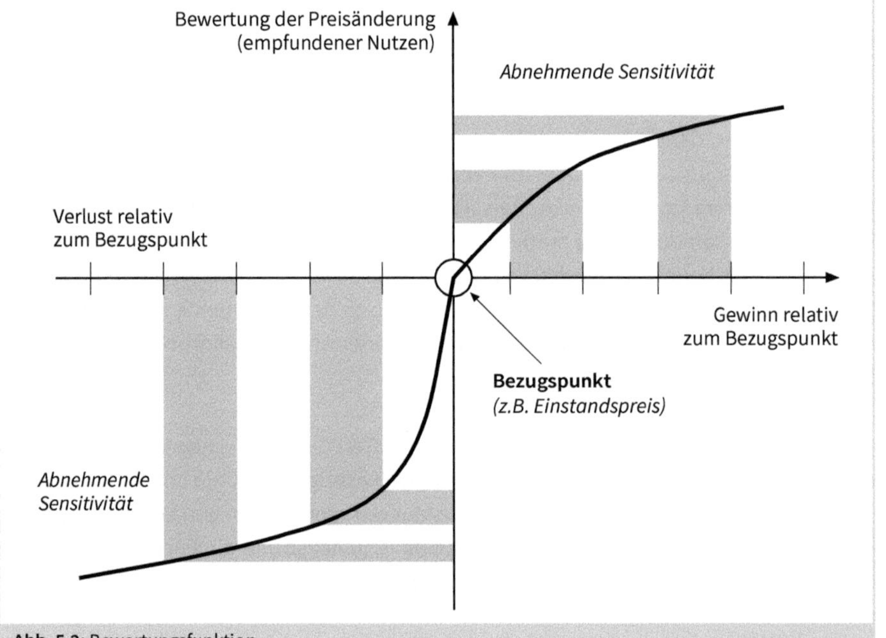

Abb. 5.2: Bewertungsfunktion

Verlustaversion

Ausgehend von einem Referenzpunkt verläuft die Funktion im Verlustbereich steiler als im Gewinnbereich (vgl. Abbildung 5.2). Durch diese Asymmetrie der Funktion werden Verluste stärker bewertet als Gewinne in gleicher Höhe. Die Funktion drückt die Hypothese aus, dass man einen Verlust einer bestimmten Höhe als bedeutsamer im negativen Sinne empfindet als einen gleich hohen Gewinn im positiven. Dies ist kompatibel mit dem traditionellen risikoaversen Verhalten, das für die meisten Kapitalmarktteilnehmer unterstellt werden kann.

Abnehmende Sensitivitäten
Abbildung 5.2 zeigt, dass die Bewertungsfunktion sowohl im Gewinnbereich wie im Verlustbereich gekrümmt ist. Dies bedeutet, dass Preisänderungen in der Nähe des Referenzwertes stärker bewertet werden als weit vom Referenzwert entfernte Preisänderungen. Diese Eigenschaft ähnelt dem Gesetz des abnehmenden Grenznutzens, das Ihnen bekannt ist.

Allerdings wirkt sich die Existenz eines Referenzpunktes stark abweichend aus. Denn durch ihn ergibt sich eine Asymmetrie der Bewertung von Gewinnen und Verlusten. Gewinne werden annähernd so bewertet, wie nach dem Gesetz vom abnehmenden Grenznutzen zu erwarten: Je höher der Gewinn steigt, desto weniger zusätzlichen Nutzen stiftet der Zuwachs. Eine Zunahme von Verlusten wird demgegenüber, wie die Abbildung zeigt, als umso weniger zusätzlich schlimm beurteilt, je weiter vom Referenzpunkt entfernt die Zunahme auftritt. Während die ersten kleinen Verluste stark negativ bewertet werden, steigt der negative Nutzen mit weiter sich vergrößernden Verlusten immer weniger an. Bei einigen mag es vielleicht sogar ganz links einen Kurvenabschnitt geben, der waagerecht verläuft. Diesen würde es dann bei sehr großen Verlusten völlig egal sein, ob die Verluste sich noch vergrößern oder gestoppt werden.

Mit einer derartigen Verlustbewertungsfunktion lässt sich erklären, warum nicht wenige Investoren ihre Anlagen in Verlustphasen ruhen lassen und keine Schritte unternehmen, sie zu verringern oder weitere Verluste zu verhindern.

Zum Vergleich sei der Unterschied zu klassischen, rationalen Entscheidungsprinzipien dargestellt: Klassisch (z. B. bei der Entscheidungslehre nach Bernoulli) wird nicht relativ zu einem willkürlichen Referenzpunkt bewertet. Vielmehr wird das gesamte Vermögen einbezogen und eine Bewertung hinsichtlich der Ziele des Entscheiders durchgeführt, die bei rational handelnden Individuen praktisch nur in einer Lebenszeitnutzenmaximierung oder ersatzweise Endvermögensmaximierung liegen können. Verluste werden von diesem Endvermögen abgezogen. Hat die Bewertungsfunktion des Endvermögens einen degressiven Verlauf (»abnehmender Grenznutzen«), dann machen sich Verluste mit zunehmender Höhe immer stärker Nutzen mindernd bemerkbar. Das Wirtschaftssubjekt würde bei kleinen Verlusten nicht reagieren, aber bei größer werdenden Verlusten unbedingt einschreiten.

Verhalten bei Risiko
Aus der Prospekttheorie lässt sich ein Risikoverhalten ableiten, welches dem meist angenommenen teilweise entspricht (Risikoaversion bei Gewinnen), teilweise auch widerspricht (Risikofreude bei Verlusten). Dies liegt an der S-förmigen Struktur der Bewertungsfunktion. Nach der Prospekttheorie verhalten sich Marktteilnehmer bei Gewinnen (relativ zu ihrem jeweiligen Referenzpunkt) risikoavers, bei Verlusten dagegen risikofreudig.

Dies kann folgendermaßen leicht gezeigt werden: Hat ein Entscheider die Wahl zwischen einer sicheren Anlage und einer Anlage mit mehr Chancen und mehr Risiken, dann muss er berücksichtigen, dass ihm die Chancen bei der gekrümmten Bewertungsfunktion im Gewinnbereich (rechts vom Referenzpunkt) mit zunehmender Höhe nur unterproportional mehr Nutzen einbringen. Der Anleger agiert also risikoscheu – was die Gewinne anbelangt. Bei den Verlusten sieht es anders aus: Denn durch den degressiven Verlauf der Bewertungsfunktion links vom Referenzpunkt führen selbst hohe mögliche Verluste nur zu einem degressiv steigenden Nutzenentgang. Je größer die Verluste werden, desto weniger groß ist der Nutzenentgang durch einen zusätzlichen Verlust. Selbst riesige mögliche Verluste wären durch relativ geringe zusätzliche sichere Gewinne aufzuwiegen. Entscheider agieren also, was Verluste anbetrifft, risikofreudig.

Ein Schwachpunkt der S-förmigen Bewertungsfunktion ist das flach auslaufende linke Ende im Verlustbereich links vom Referenzpunkt. Ein flach auslaufendes linkes Ende würde nämlich bedeuten, dass extrem hohe Verluste von den Entscheidungsträgern relativ zu mittleren oder geringen Verlusten quasi mit einem Achselzucken bedacht werden. Das ist aber offenbar in der Realität nicht der Fall. Die meisten Menschen schützen sich ganz bewusst und durchdacht gerade gegen sehr hohe Verluste. Das in allen Industrieländern existierende und beliebte System von Haus-, Haftpflicht-, Kranken- und Rentenversicherungen – bei einigen Versicherungen mit hohen Selbstbeteiligungen – ist darauf ausgerichtet, gerade die ärgsten Verluste auszuschließen. Es muss also am extremen linken Rand noch einen Teil der Bewertungsfunktion geben, der stark nach unten gerichtet ist, der aber bisher nicht erforscht wurde.

Fassen wir zusammen: Entsprechend der Prospekttheorie handeln Wirtschaftssubjekte
- bei Gewinnen relativ zum Referenzpunkt: risikoscheu,
- bei Verlusten relativ zum Referenzpunkt: risikofreudig.

Regret-Aversion

Die Prospekttheorie kann auch auf Gewinne und Verluste angewendet werden, die als Opportunitäten wahrgenommen werden. Es geht hier um Gewinne und Verluste, die man hätte erzielen können, wenn man gehandelt hätte.

Es gibt Situationen, in denen Wirtschaftssubjekte keine Gewinne erzielten, weil sie es versäumt haben, rechtzeitig zu handeln. Man bekommt vielleicht einen Tipp von einem Berater, der sich im Nachhinein als richtig herausstellt, hat aber nicht gehandelt. Dann kommt es zu einer Dissonanz, d. h. zu einer Situation des Bedauerns. Den Referenzpunkt nimmt nun der Gewinn ein, der erzielt worden wäre, hätte man den Tipp umgesetzt. Relativ zu diesem Punkt liegt das tatsächliche Vermögen niedriger, da man nicht gehandelt hat. Dieser entgangene Gewinn wird negativ bewertet entsprechend dem linken Ast der Funktion der Abbildung. Die negative Bewertung führt zu einer kognitiven Dissonanz. Der Entscheider versucht, beim nächsten Mal dieses negative Gefühl zu vermeiden (*Regret Aversion*).

BEISPIEL 1

Bei steigenden Kursen erhält ein Anleger einen Tipp, Aktien zu kaufen. Er kauft nicht, verfolgt aber täglich die Kursentwicklung und stellt fest, dass jeden Tag die Aktien steigen und er jeden Tag relativ zum möglichen Gewinn mehr verliert. Es baut sich eine steigende Dissonanz auf. Irgendwann hält er die Dissonanz nicht mehr aus und kauft – möglicherweise am Ende der Rallye.

BEISPIEL 2

Bei Befragungen von professionellen Aktienhändlern hat sich gezeigt, dass diese den Umgang mit Gerüchten als sehr heikel empfinden. Einerseits sträuben sie sich aus moralischen Gründen dagegen, auf Gerüchte zu setzen oder Gerüchte ihren Kunden weiterzumelden. Andererseits empfinden sie großes Bedauern, wenn sie frühzeitig von einem Gerücht erfahren, aber nicht reagiert hatten. Sie versuchen, Letzteres zu vermeiden (Regret Aversion), und setzen sich über ihre moralischen Bedenken hinweg.

5.5 Cognitive Biases

Verlassen wir die Psychologie und wenden uns der Neurobiologie zu. Wie verarbeiten Menschen Informationen aus neurobiologischer Sicht? Die neurobiologische Forschung wendet andere Forschungsmethoden an als die psychologische und kommt deshalb auch zu andersgearteten Erkenntnissen. Im Zentrum steht, dass die Informationsverarbeitung bestimmten Restriktionen ausgesetzt ist, was zu notwendigen Abweichungen von »voller Rationalität« führt.

5.5.1 Die Arbeitsweise des Gehirns

Man kann zwischen drei Arten von Vorgängen im Gehirn unterscheiden, die Handlungen leiten: (i) Affekte, (ii) unbewusste und (iii) bewusste Vorgänge.

Analytische Denkleistungen, mit deren Hilfe kreativ auf neue Situationen reagiert werden kann, werden dem bewussten Teil des Gehirns zugeordnet. Das *Bewusstsein* ist genau der Teil des Gehirns, der die Aufgabe oder Fähigkeit hat, *neue* Wahrnehmungsinhalte zu schaffen, also innovativ tätig zu werden. Bewusstsein ist gleichbedeutend mit der schöpferischen Leistung, dem Gehirn neue Vorstellungen zuzuführen, aus denen sich dann im weiteren Verlauf des gedanklichen Durchdringens von Problemen die intendierten positiven Konsequenzen, wie z. B. Erkenntnisse über neue Handlungsmöglichkeiten, ergeben.

Aus ökonomischer Sicht sind bewusste analytische Denkleistungen Prozesse, die

- eine gewisse *Zeitspanne* in Anspruch nehmen und
- *Kosten* in Form von Energieverbräuchen verursachen.

Die Entwicklung eines Gedankens im Bewusstsein benötigt eine Zeitspanne von etwa einer zehntel Sekunde und die begrenzten Energieressourcen lassen längeres ermüdungsfreies bewusstes Denken nicht zu. Dies ist das Grundproblem, aus dem sich die weiteren Konsequenzen ergeben.

Bewusstes Denken gehört zu den knappen Gütern, die nicht in beliebiger Menge zur Verfügung stehen. Auf biologischer Ebene besteht bewusste geistige Aktivität in »*einer erhöhten neuronalen Aktivität von Nervenzellen in bestimmten Hirnregionen. Dies wiederum ist mit einem erhöhten Zucker- und Sauerstoffverbrauch der Neurone verbunden. Sauerstoff wird gebraucht, um durch den Abbau von Glucosemolekülen Energie zu gewinnen*« (Roth, 2003a, S. 130). Dabei verbraucht das neuronale Gewebe sehr schnell die unmittelbar vorhandenen Reserven und »verlangt« mehr. Die Durchblutung steigt und transportiert neue Ressourcen in die entsprechenden Regionen. Die Energievorräte des Körpers werden verbraucht, es setzen Konzentrationsprobleme ein, Ermüdung tritt ein und Denkleistungen sinken rapide. Während das Gehirn nur zwei Prozent der Körpermasse ausmacht, verbraucht es im Durchschnitt 20 % der Energie (Roth, 1996, S. 201).

Der notwendige Energienachschub lässt sich nicht in unendlich kurzer Zeit bewältigen. Die in einigen ökonomischen Entscheidungsmodellen implizite Vorstellung, der Mensch könne eine große Menge an Daten für verschiedenste Probleme gleichzeitig bearbeiten und simultan lösen, ist aus biologischen Gründen unrealistisch. Dafür sind die Ressourcen insgesamt zu gering und der Ressourcentransport ins Gehirn ist zu langsam. Der Energievorrat muss wieder aufgefüllt werden, was das simultane Bearbeiten beliebig komplexer Aufgaben nicht erlaubt.

Es ist nun notwendig zu klären, wie das Gehirn seine begrenzten Ressourcen auf die verschiedenen anstehenden (Denk-)Entscheidungsprobleme aufteilt.

- Ein wichtiges Prinzip des Gehirns ist es, Energie zu sparen. Dies kann an vielen Beispielen belegt werden.
- Wahrnehmungsorgane, um ein Beispiel zu nennen, arbeiten nicht perfekt, sondern nur so gut wie erfahrungsgemäß notwendig.
- Scharf sehen ist oft entbehrlich. Anstatt alle Sehreize zu verarbeiten, reicht es, Konturen zu erkennen.
- Das Gehirn wertet Kontraste, Größenverhältnisse, Bewegungen, Helligkeitswerte u. a. vor anderen Dingen aus, um schnell zum Ziel zu gelangen, Dinge zu erkennen.
- Sobald ein Objekt identifiziert ist, wird abgebrochen.

Die Vereinfachung führt im Einzelfall auch in die Irre, wie Versuchstiere, z. B. Kröten, zeigen, die nach Attrappen, z. B. Stückchen Pappe, schnappen, weil das Gehirn die wahrgenommenen Bilder nicht vollständig analysiert, sondern nur Bruchstücke davon, z. B. Bewegungen. Diese vorgenommenen Vereinfachungen sind willensmäßig nicht oder nur sehr schwer außer Kraft zu setzen – wir müssen mit ihnen leben, auch in Situationen, wo sie nicht sinnvoll sind.

Vollständige Informationen umfassend auszuwerten, ist also nicht die Stärke des Gehirns. Es ist auf vereinfachtes, schnelles Erkennen und Interpretieren von Sachverhalten hin getrimmt. Dies ist die Lösung des Gehirns auf Zeit- und Energieprobleme.

Auf der anderen Seite verfügt das Gehirn über ein phantastisches *Gedächtnis*, das fortlaufend immer wieder mit neuen Erfahrungen gespeist wird und das es ihm erlaubt, durch Wiederholung aus Fehlern zu lernen. Aber viele Vorgänge des Wirtschaftslebens – wie z. B. der Kauf eines Mantels, Jobwechsel, Umzug, Urlaub in einem fremden Land, ganz zu schweigen von Vorgängen wie dem Erwerb einer Photovoltaikanlage auf dem Hausdach, der Entscheidung für einen Ehepartner, dem Bau eines Hauses oder der Berufswahl – kommen so selten vor, dass Lernen de facto ausgeschlossen ist. »*Hinterher ist man schlauer*«, heißt es.

5.5.2 Informationsverarbeitung

Die genannten Ressourcenprobleme führen dazu, dass Informationen dann vorrangig für Entscheidungen verwendet werden, wenn sie
- nicht lange zurückliegen (*Aktualität*),
- *auffällig* und insbesondere *häufig* präsentiert wurden,
- eine bestimmte *Kontext*abhängigkeit aufweisen,
- *anschaulich* und leicht verständlich sind,
- zu bestimmten *Stimmungen* passen.

Informationsaktualität. Mechanismen im Arbeits- und Langzeitgedächtnis, die uns noch nicht vollkommen bekannt sind, lassen nicht alle Informationen gleich viel wert sein. *Aktuell* in das Gedächtnis eingebrachte Informationen werden eher in Denkprozesse eingebunden als lange zurückliegende. Aktualität fördert die Verfügbarkeit, was durchaus sinnvoll sein kann, aber nicht immer sein muss.

Informationshäufigkeit. Gedächtnisinhalte, die *häufiger* abgerufen werden, werden in ihrer Bedeutung erhöht. Die Nervenbahnen werden verstärkt und damit die Involvierung dieser Gedächtnisinhalte in Denkprozesse erhöht. Ein häufiger Abruf kann sich z. B. durch äußere Reize ergeben. Wenn über Informationskanäle (Presse, TV etc.) immer wieder bestimmte Themen angesprochen werden, dann sind die damit in Verbindung stehenden

Gedächtnisinhalte präsenter als andere Gedächtnisinhalte und werden damit im Moment einer Entscheidung mehr Einfluss auf die Entscheidung nehmen.

Schwierig ist das Abschätzen von Wahrscheinlichkeiten. In den meisten Fällen werden Wahrscheinlichkeiten nicht exakt kalkuliert – dafür fehlen den Entscheidern im Regelfall die Informationen –, sondern nur grob geschätzt. Dabei wirken sich die Verfügbarkeitsmechanismen von Informationen aus. Die Wahrscheinlichkeit von spektakulären Unglücken wird von den meisten Entscheidern z. B. überschätzt. Durch Berichte in Medien sind spektakuläre Ereignisse im Gedächtnis stark präsent. Daraus wird eine zu hohe Wahrscheinlichkeit abgeleitet. Dieses Phänomen wird u. a. von Versicherungen genutzt, die »schlimme« Risiken – z. B. Glasbruch oder sehr hohe Haftpflichtschäden – für scheinbar moderate Beträge versichern. Der Eindruck der Preisgünstigkeit kommt dadurch zustande, dass der Entscheider den Ereignissen eine höhere Wahrscheinlichkeit zuordnet als objektiv vorhanden und daher vom Versicherer eingepreist.

PRAXISBEISPIEL

Informationsaktualität

Deutlich ist das Phänomen der eingeschränkten Verfügbarkeit von Informationen an der veränderten Wahrnehmung der Aktienmärkte vor und nach dem Börsencrash von 2000 festzustellen. Der lang anhaltende Kursrückgang zwischen 2000 und Anfang 2003 hat die allgemeine Wahrnehmung der Aktienmärkte verändert. Obwohl sich der Kursverlauf nach 2003 in nichts mehr von den Verläufen vergangener Jahrzehnte unterscheidet, ist in der Wahrnehmung der Marktteilnehmer der Kursfall nach wie vor sehr präsent und beeinflusst viele Entscheidungen weit mehr als vor dem Crash, obwohl es auch vor 2000 schon dramatische anhaltende Börsenbaissephasen gegeben hatte. Diese lagen allerdings bereits Jahrzehnte zurück und waren den Marktteilnehmern zwar bekannt, aber in ihrer Wahrnehmung nicht mehr präsent. Dasselbe passierte nach dem Crash von 2008. Nun lag die Krise von 2003 lange zurück.

Kontextabhängigkeit – Primer. Von kontextabhängiger Informationsverfügbarkeit spricht man, wenn die Bewertung einer Information davon abhängt, in welchem Kontext sie aufgenommen wird. Eine Information, die in einem positiven Kontext verarbeitet wird, wird selbst positiver wahrgenommen und bewertet, als wenn der Kontext negativ wäre. Dies soll damit zusammenhängen, dass das Gehirn assoziativ arbeitet. Je nach Kontext werden andere Nervenbahnen erregt und in die Überlegungen einbezogen, sodass sich ein ganz anderes Gesamtbild ergeben kann. Den Auslöser für eine bestimmte Kontextbildung bezeichnet man als »*Primer*«. An den Kapitalmärkten ist der Kontext deshalb wichtig, weil viele Informationen oftmals mehrere Interpretationsmöglichkeiten bieten. Je nach Kontext wählen die Entscheider dann die eine oder andere.

PRAXISBEISPIEL

Kontextbezug

Es geht um Äußerungen des langjährigen Vorsitzenden des amerikanischen Zentralbanksystems, Alan Greenspan, der wegen seiner mehrdeutigen Äußerungen den Beinamen »Sphinx aus Amerika« bekam. Am Beginn seiner ersten Amtszeit hielt er in einer konjunkturell kritischen Situation der USA mehrmals kurz hintereinander Reden, in denen er immer wieder die gleiche Botschaft verkündete: Die Zinsen seien niedrig genug, sie würden aber, falls notwendig, weiter gesenkt. Diese äußerst vage, aber potenziell bedeutungsschwere Aussage bewirkte zweimal einen dramatischen Kursfall an den amerikanischen Aktienmärkten und einmal eine Kursexplosion, je nachdem ob er die Rede in einem von Arbeitslosigkeit stark betroffenen oder weniger betroffenen Ort (»Primer«) gehalten hatte. Dort wo die Arbeitslosigkeit hoch war, wurden eine Politik des leichten Geldes und weitere Zinssenkungen assoziiert, was zum unmittelbaren Kursanstieg führte.

Anschaulichkeit. Auch Anschaulichkeit und leichte Verständlichkeit kann zu mehr Verfügbarkeit von Informationen bei der Entscheidung beitragen. Dieses Phänomen ist im Zusammenhang mit Kapitalmarktgerüchten beobachtet worden. Auf Gerüchte müssen Marktteilnehmer schnell – und zwar in Minuten – reagieren, weil sonst die Kursbewegungen, auf die sie aufspringen möchten, möglicherweise bereits wieder beendet sind. Dies erfordert es, die Situation sehr schnell zu erfassen und das Gerücht schnell richtig einzuschätzen. Wie sollte das funktionieren, angesichts teilweise sehr komplexer Sachverhalte? Ein positiver Aktionswert schon nach wenigen einfachen Prüfschritten kann sich insbesondere dann ergeben, wenn Gerüchte Erwartungen bestätigen, da dann Entscheidungsprozesse schnell abgebrochen werden. Dazu knüpfen Gerüchte oft an Ereignisse der jüngsten Vergangenheit an, welche die Marktteilnehmer bewegt und beschäftigt haben.

Stimmungsbezug. Auch die Stimmung, in der sich ein Marktteilnehmer befindet, kann seine Entscheidungen beeinflussen, indem die Stimmung die Verfügbarkeit von Informationen verändert. Dafür stehen zwei verschiedene Wege zur Verfügung:

- *Mood Congruent Recall* und
- *Mood Congruent Memory.*

Unter *Mood Congruent Memory* versteht man das Phänomen, dass das Gehirn bevorzugt Informationen verwendet, die zur aktuellen Stimmung passen. Bei guter Stimmung werden eher positive Informationen im Erfahrungsgedächtnis gefunden und dem Arbeitsspeicher zur Weiterverarbeitung zugeführt, während bei schlechter Stimmung eher negative Informationen gefunden werden. Unternehmensberater nutzen diese Zusammenhänge beispielsweise dazu, am Beginn einer Verhandlung erst einmal über etwas allgemeines Positives zu sprechen, um die Gegenseite in eine positive Stimmung zu bringen.

Unter *Mood Congruent Recall* wird das Phänomen verstanden, dass im Gedächtnis offenbar gemeinsam mit Fakten auch Stimmungen abgespeichert werden. Greift das Gedächtnis auf bestimmte Fakten, wie z. B. Erinnerungen an den Umgang mit Produkten, Beratern, Marktphasen etc. zurück, dann werden auch die damals damit im Zusammenhang erlebten Stimmungen erinnerlich und verzerren die Wahrnehmung zusätzlicher Informationen, die präsentiert werden.

PRAXISBEISPIEL

Stimmungsbezug

Das Anlegermagazin Börse Online umgab im August 2006 seine Marktberichte mit Fotos, die an Urlaub erinnerten. Die Fotos hatten gar nichts mit den Investitionsobjekten zu tun, über die berichtet wurde, sondern ahmten möglichst exakt Bilder aus Urlaubsprospekten nach. Die Urlaubsstimmung der Leser sollte auf die Bereitschaft übertragen werden, die Kapitalmärkte in einem positiven Licht zu sehen und zu investieren.

5.5.3 Heuristisches Entscheiden nach Gigerenzer

Der Berliner Wissenschaftler Gigerenzer erforscht die vereinfachten Entscheidungsverfahren, welche unser Gehirn benutzt (»Heuristiken«). Er versucht, die Prinzipien, die zum Tragen kommen, zu ergründen.

BEISPIEL

Während die Wissenschaft für die Bewertung von Aktien das Barwertprinzip vorschlägt, treffen die meisten Menschen ihre Entscheidungen, ohne einen Barwert berechnet zu haben. Die meisten treffen Entscheidungen nach wenigen Überlegungen. Einige Menschen davon »vertrauen« einfach ihrem Berater, ohne selbst irgendeine Berechnung anzustellen. Ob sie dem Berater vertrauen können, haben sie auch nicht sonderlich tief geprüft.

Menschen verwenden beim Kalkulieren üblicherweise Vereinfachungen. Wenn etwa jemand schnell ausrechnen muss, was es ihm bringt, mit 49 % Wahrscheinlichkeit 101 Euro zu gewinnen, dann rechnet er wahrscheinlich grob mit 50 % Wahrscheinlichkeit und 100 Euro Gewinn und kommt auf einen erwarteten Geldzuwachs von rund 50 Euro. Mit zwei Vereinfachungen (50 % statt 49 % sowie 100 Euro statt 101) gelingt es ihm, schnell und einfach seine Chance abzuschätzen. Die von ihm *wahrgenommene* Chance ist also nicht die *objektiv vorhandene* Chance, sondern die Chance, die sich aufgrund seiner vereinfachten Kalkulation ergibt. Er sieht die Welt nicht so, wie sie objektiv wirklich ist, sondern so, wie er sie mit seiner vereinfachten Rechenweise wahrgenommen hat.

Mit Vereinfachungen zu rechnen, muss nicht zwingend schlecht sein: Es spart knappe Ressourcen und kann insofern dazu beitragen, dass man sich *mehr* Problemen zuwenden kann, als wenn man jedes Problem sehr gründlich anginge. Es kann besser sein, mehr Probleme vereinfacht gelöst zu haben, als einige wenige Probleme gründlich und den Rest gar nicht.

Welche Vereinfachungen werden verwendet? Die folgende Aufstellung enthält eine Auswahl der vom Berliner Wissenschaftler Gerd Gigerenzer erforschten Vereinfachungen, also Möglichkeiten, ein Entscheidungsproblem, das zunächst sehr komplex ausschaut, mit sehr wenigen Daten und wenigen Analyseschritten zu lösen (vgl. Gigerenzer/Selten, 2002):

Recognition-Heuristik (auch Erkenntnisheuristik genannt). Man vergleicht jeweils zwei infrage kommende Investitionsobjekte, z. B. Aktie A und Aktie B. Dann investiert man in dasjenige Objekt, das man besser kennt. Man vermutet, dass das Objekt, das man besser kennt, das besser performende sein wird. Bietet Ihnen also jemand an, in deutsche oder spanische Staatsanleihen zu investieren, dann kaufen Sie deutsche, weil Sie Deutschland besser kennen. Ein Spanier würde spanische Staatsanleihen bevorzugen.

Take the Best-Regel. Man wählt für ein Entscheidungsproblem dasjenige Merkmal aus, das sich in der Vergangenheit am besten bewährt hat. Hat man also in der Vergangenheit mit der P/E-Ratio gute Erfahrungen gemacht, wird man auch heute danach entscheiden. Man vergleicht die Handlungsalternativen mittels P/E-Multiple und wählt entsprechend aus. Haben die Alternativen gleiche P/E-Ratios, geht man zum zweitbesten Merkmal über. Die Regel ist einfach, weil sie meist die Betrachtung nur eines Merkmals erfordert. Eine komplexe Welt kann auf diese Weise stark vereinfacht beurteilt werden. Empirische Tests zeigen, dass die Take the Best-Regel stark verbreitet ist (Gigerenzer, 2008).

Take the Last-Regel. Man nimmt diejenige Entscheidungsregel, die man zuletzt verwendet hat. Mit dieser Regel kann man in Zeiten von Strukturbrüchen besser zurechtkommen als mit der Take the Best-Regel.

Categorization by Elimination-Regel. Man entscheidet nach dem Ausschlussprinzip, wobei man Kategorien bildet und die Zuordnung von Objekten zu Kategorien nach ganz einfachen Kriterien vornimmt. Eine Aktie wäre z. B. dann vorteilhaft, wenn sie einer bestimmten Kategorie angehört, z. B. Wachstumsbranche. Eine Wachstumsbranche läge z. B. dann vor, wenn die Unternehmen der Branche bestimmten Kategorien angehören, z. B. Umsatzwachstum des letzten Jahres mindestens 10 %. Aus der Gesamtheit aller Aktien sortiert man dann diejenigen mit Merkmalen aus, die nicht in die gewünschten Kategorien passen; in die übrigen wird investiert.

Zusammenfassung. Zusammenfassend zeigt sich: Aus der biologischen Analyse der Arbeitsweise des Gehirns ergeben sich wichtige Erkenntnisse über das Zustandekommen von Entscheidungen. Gerade an den Finanzmärkten und insbesondere im Investmentbanking, das oft vor dem Problem einer übergroßen Komplexität steht, ist es wichtig, diese Mechanismen zu kennen. Wenn viele Marktteilnehmer gleichartige Heuristiken verwenden – wovon auszugehen ist – dann kann es ganz plötzlich zu starken Marktverwerfungen kommen, dann nämlich, wenn die Marktteilnehmer Zweifel an ihren Entscheidungsregeln haben und zu anderen Heuristiken übergehen. Diese können mit ganz anderen Bewertungsniveaus von Assets verbunden sein.

5.6 Social Biases und Financial Literacy

5.6.1 Social Biases

Was sind »Social Biases«? Als Social Biases werden Verhaltensanomalien bezeichnet, die ihre Ursache in eingeprägten sozialen Verhaltensweisen haben. Eine soziale Verhaltensweise ist ein Verhalten, dessen Ausprägung einen Gruppenbezug aufweist. Seine Ausprägung wird durch die Zugehörigkeit eines Entscheiders zu einer Gruppe erklärbar. Man unterscheidet folgende Social Biases (vgl. Burghof u. a., 2014, S. 183 ff.):

- *Religion.* Die Zugehörigkeit zu einer Religion beeinflusst die Menschen bei vielerlei Entscheidungen. Muslime haben eine andere Einstellung zu Versicherungen als Christen. Auch die Neigung zum Spielen (Gambling Propensity) soll mit der Religiosität korreliert sein.
- *Politik.* Die Zugehörigkeit der Menschen zur Philosophie einer politischen Partei (»Political Affiliation«) beeinflusst die Menschen in ihren Entscheidungen. In den USA z. B. neigen den Demokraten nahestehende Personen dazu, die Welt und die Aktienmärkte optimistischer zu sehen, wenn demokratische Präsidenten regieren. Regieren Republikaner, sehen Anhänger der Demokraten die Zukunft deutlich pessimistischer. Weiter hat man gefunden, dass Finanzanalysten, die Anhänger der Republikaner sind, offenbar in vielerlei Hinsicht konservativ sind. Sie prognostizieren vorsichtig; ihre Prognosen liegen systematisch unter der Consensus-Prognose. Weiter hat man festgestellt, dass die politische Einstellung auch etwas mit der Geschwindigkeit zu tun hat, mit welcher Informationen weitergegeben werden.
- *In-Group-Bias.* Die Verhaltensanomalie liegt darin, dass Menschen dazu neigen, das Tun anderer Menschen, die zur eigenen Gruppe gehören, positiver zu bewerten als das Tun von Menschen, die anderen Gruppen angehören. Dies hat vielerlei Auswirkungen, da Menschen in mehreren Gruppen verwurzelt sind. So hat man gefunden, dass Anleger von einem Fonds eher überzeugt sind, wenn er von einem Menschen gemanagt wird, der einen für die eigene Gruppe typischen Namen trägt. Klingt der Name des Fondsmanagers ausländisch, sind Menschen weniger überzeugt von dem Fonds. Sie geben solchen Fonds deutlich weniger Geld. Fonds mit arabisch und asiatisch klin-

genden Fondsmanagernamen bekamen nach 2001 (Flugzeugattentate New York) und 2013 (Boston Marathon) überdurchschnittlich viel Kapital abgezogen. Weiter werden Fonds mit Managern, deren Namen ausländisch klingen, nach Performancemisserfolgen stärker bestraft und bekommen nach Erfolgen weniger Belohnung. Die Effekte sind in konservativen sowie in ethnisch homogenen Gegenden stärker.

- *Gender Bias*. Untersuchungen zeigen, dass weibliche Analysten eine höhere Prognosegenauigkeit erreichen und private Informationen besser (d. h. objektiver) interpretieren. Die Marktreaktionen auf neue Analysen weiblicher Analysten sind heftiger.

Die »sozialen« Anomalien sind bei Weitem nicht vollständig erforscht. Sie können an den oben beschriebenen Aspekten feststellen, dass die Grundlagen der vorliegenden Erkenntnisse empirisch-ökonometrische Tests auf Basis mehr oder weniger ad hoc gebildeter Hypothesen sind. Eine umfassende Theorie fehlt, aus der man sich ein vollständiges Bild all der Bereiche machen könnte, in denen gruppenbezogenes Verhalten an den Finanzmärkten zu Anomalien führt.

5.6.2 Financial Literacy

Vor einiger Zeit formulierten zwei Wissenschaftler drei finanzrelevante Fragen, die so simpel waren, dass es unmöglich erschien, sie nicht richtig zu beantworten. Die Fragen wurden nach folgenden Prinzipien formuliert: (i) Sie mussten *einfach* sein. (ii) Sie sollten *relevante* Inhalte umfassen. (iii) Es sollte mit *wenigen* Fragen eine große Bandbreite an relevanten Aspekten abgedeckt werden. (iv) Es sollten *allgemeine* Fragen sein, die in allen Schichten und allen Ländern gestellt werden können, um möglichst viele Unterschiede herauszubekommen.

- Angenommen, Sie haben 100 Euro, die Sie fünf Jahre lang auf einem Sparbuch liegen lassen und einen Zins von 2 % p. a. bekommen. Haben Sie dann am Ende des fünften Jahres mehr als 102 Euro, genau 102 Euro oder weniger als 102 Euro?
- Angenommen, Sie haben 100 Euro. Sie sparen dieses Geld auf einem Sparkonto für ein Jahr. Dafür erhalten Sie 1 % Zins. Die Inflationsrate in dem Jahr beträgt 2 %. Können Sie sich nach einem Jahr mit dem dann verfügbaren Geld mehr Güter, gleich viele Güter oder weniger Güter kaufen, als wenn Sie das Geld jetzt gleich ausgeben?
- Ist die folgende Aussage richtig oder falsch: »Wenn man eine einzelne Aktie kauft, ist der Ertrag üblicherweise sicherer, als wenn man einen Aktieninvestmentfonds kauft«.

Diese drei simplen Fragen wurden in vielen Ländern der Welt gestellt. Die Ergebnisse lauten:

- In den USA beantworten 67 % die erste Frage richtig, 75 % die zweite Frage und nur 52 % die dritte Frage.
- In den Niederlanden und Deutschland, um nur zwei Beispiele zu nennen, liegen die richtigen Antworten für die erste Frage bei 83 %, für die zweite Frage bei 78 % und für die dritte Frage bei 60 %.

- In Russland lauten die Quoten der richtigen Antworten 36%, 50% und 12%. Das sind ähnliche Werte, wie man sie für Rumänien feststellte.
- Frauen haben deutlich höhere Fehlerquoten als Männer.
- Sehr junge und ältere Menschen (>65) haben deutlich höhere Fehlerquoten als Menschen im Alter zwischen 30 und 65 Jahren.
- Die Anzahl korrekter Antworten ist deutlich mit der Schulbildung korreliert.

Im Ergebnis wird geschlussfolgert: Der Grad an Unbildung in elementaren finanzwirtschaftlichen Gesetzmäßigkeiten (hier also einfaches Renditerechnen, Realwerterkennung und Diversifikation) ist erstaunlich groß in modernen Gesellschaften. Man findet interessante Unterschiede. In Ländern des ehemaligen Ostblocks ist das Unwissen besonders hoch. In Ländern mit guter breiter Ausbildung wie Deutschland, die Niederlande oder der Schweiz ist das Grundwissen deutlich besser, während es in Ländern wie den USA mit einer breiten Schicht relativ schlecht gebildeter Menschen wieder eher niedriger ist.

Woher rührt die finanzthemenbezogene Ungebildetheit? Die Antwort lautet, dass der Nutzen von finanzthemenbezogener Bildung für viele Bevölkerungsgruppen *gering* ist.

- Für *Rentner* mit kürzerer Restlebensdauer lohnt es nicht, in Bildung zu investieren. Die Konsequenz ist: Ihr Wissen veraltet langsam und sie fügen kein neues hinzu.
- Für *einkommensschwache Familien* lohnt es nicht, in Bildung zu investieren, weil bei ihnen der Bildungsaufwand in keinem Verhältnis zum möglichen Mehrkonsum steht.
- Für ganz *junge Menschen* lohnt Bildung bezüglich finanziellem Know-how nicht, weil sie noch über kein Vermögen verfügen und der Bildungsaufwand wegen der Abschreibung des Wissens später nur noch teilweise genutzt werden kann.

Im Folgenden werden einige Konsequenzen für den Kapitalmarkt aufgezeigt. Es ergibt sich:

- Finanziell Gebildetere haben eine höhere Wahrscheinlichkeit, am Kapitalmarkt zu agieren (z. B. Aktien zu halten).
- Finanziell Gebildetere planen ihre finanziellen Verhältnisse nach der Pensionierung im Voraus. Sie starten mit einem höheren Vermögen als andere.
- Studien, die untersuchen, welche Aspekte finanzieller Bildung am meisten mit Erfolg korreliert sind, zeigen: einfaches Renditerechnen und Diversifikation.
- Finanziell weniger Gebildete haben mehr und teurere Kredite. Selbst für einfache Hypothekendarlehen zahlen sie mehr als andere. Es wird vermutet, dass sie einen Zahlungsstrom, z. B. eine Monatsrate, nicht beurteilen und z. B. keine Rendite berechnen können.
- Finanziell weniger Gebildete haben höhere Kreditstände auf ihren Kreditkarten, nehmen extrem teure Payday-Loans und beleihen ihr Erspartes in den Rentensparplänen.
- Menschen mit College-Abschluss haben mit größerer Wahrscheinlichkeit Aktien.
- Die finanziell weniger Gebildeten sind preisunelastisch und tragen deshalb höhere Kosten.

- Finanziell weniger Gebildete haben bei gleichem Vermögen weniger Aktien und eine schlechtere Diversifikation, sodass sie höhere Risiken tragen und geringere durchschnittliche Erträge erzielen.
- Finanziell weniger Gebildete können in Beratungen ihre Wünsche nicht klar zum Ausdruck bringen. Sie können mit Informationen des Beraters wenig anfangen und sie nicht einordnen.

Zusammenfassend zeigt sich, dass ein großer Teil der Menschen selbst einfachste finanzwirtschaftliche Grundregeln nicht kennt und nicht einordnen kann. Der Kapitalmarkt ist für viele Menschen zu komplex, als dass er verstanden werden könnte. Von den drei einfachen Fragen (s. o.) wird diejenige Frage, die mit Aktien und Aktienfonds zu tun hat, am schlechtesten beantwortet. Vielen Menschen ist unklar, was ein Aktienfonds ist. Und selbst wenn sie es sich vorstellen können, ist ihnen unklar, wie ein Fonds auf das Wertschwankungsrisiko wirkt. Die Forschung hat gezeigt, dass es nicht immer irrational sein muss, sich nicht tiefer zu bilden. Vielmehr kann es vernünftig sein, den erheblichen Aufwand zu sparen, weil der Nutzen in keinem Verhältnis zu den Kosten steht.

5.7 Schlussbemerkungen

Sie haben einen Überblick über die vier Forschungsrichtungen der verhaltenswissenschaftlichen Ansätze der Kapitalmarkttheorie erhalten. Den Start für die verhaltenswissenschaftliche Richtung gab die Beobachtung unerklärlicher Preisbewegungen. Die Ursachensuche ging los. Es folgte die Beschäftigung mit Erkenntnissen der *Psychologie* (Kahnemann, Tversky). Der Begriff »Psychological Biases« wurde geprägt, obwohl nicht immer klar ist, was an diesen Fehlhandlungen eigentlich »psychologisch« ist. Viele Einzelphänomene wurden entdeckt, ein geschlossenes System entstand jedoch nicht. Das machte die Anwendung der Erkenntnisse im Investmentbanking schwierig. Eine weitere Richtung stützte sich auf die *neurobiologische* Gehirnforschung. Auch hier wurden Abweichungen vom Rationalverhalten entdeckt. Die Ergebnisse daraus wurden »Cognitive Biases« genannt. Zwischen den Psychological und den Cognitive Biases gibt es viele Berührungspunkte und Überschneidungen. Beide betrachten oftmals dieselben Phänomene – nur von verschiedenen Seiten. Eine vereinheitlichte Theorie gelang bisher nicht. Schließlich meldeten sich auch die *Soziologen* und die *Bildungsexperten* zu Wort und machten auf weitere Facetten von Fehlhandlungen aufmerksam. Das alles führte insgesamt zu einem sehr unübersichtlichen Bild der Abweichungen vom Rationalverhalten.

PRAXISHINWEIS

Die Übertragung der Erkenntnisse auf die Finanzmärkte und auf das Handeln im Investmentbanking ist schwierig. Heute dürften Praktiker mit viel Erfahrung Vorteile vor Akademikern haben, welche die Verhaltensweisen »nur« theoretisch lernen. Was Sie als Lernender ohne praktische Erfahrung aus diesem Kapitel mitnehmen können, ist, dass der Einblick in die Welt der Verhaltensanomalien Ihnen zeigt, *wo* es gilt, aufzupassen, weil Menschen nicht so entscheiden können, wie man es herkömmlich erwartet.

Aufgaben zur Lernkontrolle

1. Nennen Sie die Kennzeichen anomaler Kursverläufe und erläutern Sie drei bekannte Beispiele.
2. Womit beschäftigt sich die Forschungsrichtung Bounded Rationality?
3. Aus welcher Wissenschaft stammen die Grundgedanken zu Psychological Biases und aus welcher zu Cognitive Biases?
4. Welchen Restriktionen unterliegt das Gehirn und speziell das bewusste Denken?
5. Nennen Sie fünf Social Biases.
6. Warum und für wen kann es rational sein, sich nicht über finanzrelevante Fragen zu bilden?

Literatur

Barberis, N./Shleifer, A./Vishny, R. (1998): A Model of Investor Sentiment, in: Journal of Financial Economics 49, S. 307–343.

Baytas, A./Cakici, N. (1998): Do Markets Overreact: International Evidence, in: Journal of Banking and Finance 23, S. 1121–1144.

Black, F. (1986): Noise, in: Journal of Finance 41, S. 529–543.

Black, F. (1991): Trading in Equilibrium with Bluffing, Debits, and Credits, in: Goldman, Sachs & Co. Working Paper, April 1991, New York.

Burghof, H.-P., u. a. (2014): Retail Investor Behavior and Financial Retail Products, in: Credit and Capital Markets, 35

Daniel, K./Hirshleifer, D./Subramanyam, A. (1997): A Theory of Overconfidence, Self-Attribution, and Security-Market Under- and Over-Reactions, Working Paper, University of Michigan.

DeBondt, W. F. M./Thaler, R. H. (1985): Does the Stock Market Overreact, in: Journal of Finance 40, S. 793–805.

Dissanaike, G. (1998): Do Stockmarket »Losers« win more than »Winners« lose?, in: Applied Economics Letters 5, S. 143–146.

Fama, E. F. (1998): Market Efficiency, Longterm Returns, and Behavioral Finance, in: Journal of Financial Economics 49, S. 283–306.

Gigerenzer, G./R. Selten (Hg.) (2002): Bounded Rationality: The Adaptive Toolbox, Cambridge MA, London.

Gigerenzer, G. (2008): Rationality for Mortals, Oxford University Press.

Hong, H./Stein, J. C. (1999): A Unified Theory of Underreaction, Momentum Trading, and Overreaction in Asset Markets, in: Journal of Finance 54, S. 2143–2184.

Kahneman, D./Knetsch, J. L./Thaler, R. H. (1991): The Endowment Effect, Loss-Aversion and Status Quo Bias, in: Journal of Economic Perspectives 5, S. 193–206.

Malkiel, B. G. (1991): A Random Walk Down Wall Street, New York/London.

von Nitzsch, R./Friedrich, Ch. (2000): Erkenntnisse der verhaltenswissenschaftlichen Kapitalmarktforschung – Behavioral Finance, in: FinanzBetrieb Band 5, S. 311–318.

Oehler, A. (1992): »Anomalien«, »Irrationalitäten« oder »Biases« der Erwartungsnutzentheorie und ihre Relevanz für Finanzmärkte, in: Zeitschrift für Bankrecht und Bankwirtschaft 4, S. 9–124.

Oehler, A. (1994): Verhaltensmuster individueller Anleger – Eine experimentelle Studie, in: Zeitschrift für betriebswirtschaftliche Forschung 46, S. 939–958.

Oehler, A. (1995): Die Erklärung des Verhaltens privater Anleger. Theoretischer Ansatz und empirische Analysen, Stuttgart.

Olsen, R. A. (1998): Behavioral Finance and Its Implications for Stock-Price Volatility, in: Financial Analysts Journal 2, S. 10–17.

Roth, G. (1996): Das Gehirn und seine Wirklichkeit. Kognitive Neurobiologie und ihre philosophischen Konsequenzen, Frankfurt am Main.

Roth, G. (2003): Fühlen, Denken, Handeln. Wie das Gehirn unser Verhalten steuert. Frankfurt am Main.

Roth, G. (2003a): Aus Sicht des Gehirns, Frankfurt am Main.

Saunders, E., (1993): Stock Prices and Wall Street Weather, in: American Economic Review, Band 83, S. 1337–1345.

Schiereck, D./Weber, M. (1995): Zyklische und antizyklische Handelsstrategien am deutschen Aktienmarkt, in: Zeitschrift für betriebswirtschaftliche Forschung 47, S. 3–24.

Selten, R. (2000): Thünen-Vorlesung: Eingeschränkte Rationalität und ökonomische Motivation, in: Schriften des Vereins für Socialpolitik, Band 274, S. 129–157

Shiller, R. J. (1989): Market Volatility, Cambridge Mass.

Simon, H. (1947): Administrative Behavior – A Study of Decision-Making Processes in Administrative Organisations, New York/London.

Stock, D. (1990): Winner and Loser Anomalies in the German Stock Market, in: Journal of Institutional and Theoretical Economics 146, S. 518–529.

Thaler, R. H. (1999): The End of Behavioral Finance, in: Financial Analysts Journal 55, Nr. 6, S. 12–17.

Thießen, F. (2011): Opportunismus und Finanzmärkte, Wiesbaden.

6 Regulierung von Investmentbanken[1]

LERNZIELE

- Sie können den Begriff Regulierung in den Lebenszyklus einer Bank einordnen.
- Sie können begründen, welche Argumente für die Existenz von Regulierung und Aufsicht vorliegen.
- Sie können die geschichtliche Entwicklung der Regulierung von Investmentbanken in Deutschland und Europa wiedergeben.
- Sie können zentrale Investmentbankleistungen rechtlich einordnen.
- Sie können über die Struktur der europäischen Finanz- und Bankenaufsicht berichten.
- Sie erkennen die Änderungen des Regulierungsregimes für Investmentbanken.

6.1 Einführung

In der theoretischen Idee der vollkommenen Märkte bewirkt bereits das Handeln der einzelnen Marktteilnehmer eine gesellschaftlich effiziente Verteilung der eingesetzten Mittel. Eine regulatorische und aufsichtliche Institution hätte in diesem Konstrukt keinen Platz, da deren Existenz das gesellschaftliche Ergebnis nicht verbessern könnte. Die jüngere Wissenschaft und die vergangenen Finanz- und Bankenkrisen haben aber (immer wieder) gezeigt, dass Finanzmärkte nicht vollkommen sind. So kann es u. U. nützlich sein, Regulierung und Aufsicht zu installieren. Es wäre jetzt jedoch falsch anzunehmen, dass Regulierung und Aufsicht immer zu Wohlfahrtsverbesserungen führen, denn nicht nur Märkte, sondern auch deren Aufsicht können von Unvollkommenheitsproblemen betroffen sein.

Definition

Die Regulierung von Banken ist der fremdbestimmte regelbezogene Eingriff in deren geschäftlichen Aktionsraum.

Definition

Die Aufsicht von Banken übernimmt die Kontrolle und Durchsetzung der einzuhaltenden normativen und regulatorischen Regeln. Dazu ist sie mit Eingriffsrechten ausgestattet.

---

1 Autoren: Jan Justus Brenger und Friedrich Thießen.

Das bedeutet, die regulatorischen Regeln bilden einen zentralen Teil der Umweltbedingungen, innerhalb derer Banken ihre Geschäfte durchführen können. Regulierung beginnt bereits mit der Gründung einer Bank im Rahmen der Erlaubniserteilung und begleitet die einzelnen Geschäftstätigkeiten über verschiedene Vorschriften. Zudem endet die Regulierung nicht zwingend mit Geschäftsaufgabe, sondern regelt bei einem Insolvenzfall bzw. Marktausscheiden den Ablauf über Sanierungs- und Abwicklungsvorschriften.

Es ist erkennbar, dass sich Regulierung demnach anhand des *Lebenszyklus* einer Bank erklären lässt. Dieser wird in drei Phasen eingeteilt.

Die erste Phase beginnt mit der Gründung bzw. der Geburt der Bank. Für Banken gilt keine typische Gewerbefreiheit, sondern die wesentlichen Geschäftstätigkeiten sind genehmigungspflichtig. Eine Institution der Bankenaufsicht – in Deutschland ist dies die Bundesanstalt für Finanzdienstleistungsaufsicht (BaFin) – prüft, ob die bei Gründung für die jeweiligen Geschäfte vorgeschriebenen Bedingungen eingehalten sind (z. B. Eigenkapital der Bank und Fachwissen der Geschäftsleiter).

In der zweiten und relevanten Lebensphase, also in der Phase der Betriebstätigkeit, wird in den geschäftlichen Aktionsraum dahin gehend eingegriffen, dass u. a.

- ein nachhaltiges Geschäftsmodell,
- bestimmte Eigenkapital- und Liquiditätsreserven,
- organisatorische Abläufe und funktionelle Aufbauten,
- ein angemessenes Risikomanagement,
- ein Verbot von bestimmten Geschäftstätigkeiten (z. B. Tradingverbote),
- bestimmte Fähigkeiten von Geschäftsführung sowie (abteilungs-)verantwortlichen Führungspersonen, gefordert werden sowie
- bestimmte Meldevorschriften an Bankenaufsicht sowie die allgemeine Öffentlichkeit zu erfüllen sind.

Die dritte Phase – und eigentlich die zu vermeidende Phase – ist die Auflösung bzw. Insolvenz der Bank. Hier treten bestimmte Abwicklungs- und Sanierungsvorschriften in Kraft, die das Ende oder die geordnete Rettung einer Bank regeln sollen. Diese wurden 2014 im Rahmen der Bankenunion – neben der einheitlichen europäischen Bankenaufsicht (Single Supervisory Mechanism, SSM) – in Form eines einheitlichen Abwicklungsmechanismus (Single Resolution Mechanism, SRM) eingeführt. Ein geplanter einheitlicher Einlagensicherungsmechanismus als dritter Teil der Bankenunion ist bisher nicht umgesetzt worden.

Das vorliegende Kapitel soll einen einführenden Beitrag zur Regulierung von Investmentbanken darstellen, der ein allgemeines Verständnis einer immer komplexeren Regulierung ermöglicht.

6.2 Begründung der Existenz von Regulierung

Für die Existenzbegründung von Regulierung lassen sich in der Literatur verschiedene Gründe finden.

Ein *normativer Erklärungsansatz* ergibt sich aus der Wohlfahrtsökonomie. Regulatorische Eingriffe werden als legitim angesehen, wenn die Maßnahmen eine korrigierende Wirkung hinsichtlich einer verbesserten Markteffizienz entfalten (Regulierungseffektivität) sowie der daraus erzielte Nutzen die Kosten übersteigt (Regulierungseffizienz).

Ein *heuristisch-historischer Ansatz* sieht Regulierung als Ergebnis verschiedener Gründe, die in der Historie zur Notwendigkeit von Regulierungen geführt haben. Deren gemeinsame Idee ist, dass Kunden auf die Sicherheit ihrer Einlagen vertrauen können und diese nicht anderweitig »verstecken oder lagern« sollen. Die Einlagen sollen im Geldkreislauf verbleiben, damit Banken ihren volkswirtschaftlichen Funktionen effizient nachkommen können.

Einige zentrale Argumente sollen an dieser Stelle kurz angeführt werden:

- *Gläubigerschutz*: Der Schutz vor Ausfällen von Kundeneinlagen steht im Zentrum vieler Regulierungsvorschriften, um das Kundenvertrauen in Banken zu sichern und zu stärken.
- *Schutz vor systemischen Risiken*: Die Gefahr einer Kettenreaktion (Dominoeffekt) bei Ausfall einer Bank auf andere Banken soll reduziert werden. Dabei kann eine bestimmte Bank bereits der Auslöser einer Kettenreaktion sein oder durch andere Banken mitgerissen werden. Dieses Argument ist neben dem Gläubigerschutz der häufigste Grund für eine Regulierung in den Lehrbüchern.
- *Bank Run-Schutz*: Der Gefahr von panischen und massenhaften Auszahlungen, die eine oder mehrere Banken in Liquiditätsschwierigkeiten bringen könnten, soll entgegengewirkt werden.
- *Geldpolitik*: Banken nehmen im Rahmen ihrer Kreditvergabe an der Geldschöpfung teil und haben in der Folge auch einen Einfluss auf die Preisstabilität.
- *Wettbewerbspolitik*: Über die Effekte von Economies of Scale and Scope erhalten Banken Kostenvorteile gegenüber Nichtbanken und (kleineren) Wettbewerbern. Daraus können sich oligopolistische und monopolistische Tendenzen ergeben, die zu geringem Wettbewerb und geringer Wohlfahrt führen.
- *Externe Bankprodukte*: Bankkunden sind nicht nur vom Ausfall ihrer direkten Bankeinlagen betroffen. Auch durch (komplexe) externe Finanzprodukte, z. B. Investmentzertifikate, die über die Bank als Vermittler bezogen werden, können Bankkunden Nachteile erleiden, sodass Regulierung für nötig erachtet wird.

Zusammenfassend formuliert der International Monetary Fund (IMF, 2012, S. 76) den Zweck einer Regulierung wie folgt: »The global regulatory reform agenda aims for a safer financial system so that financial intermediation can help produce stable and sustainable economic [results].«

6.3 Die Geschichte der Regulierung von Investmentbanken in Deutschland und Europa

Die Regulierung von Investmentbanken ist auf Basis des in Deutschland vorherrschenden Universalbankensystems zu betrachten. Diese Banken bieten eine Vielzahl von Bankdienstleistungen an, die sich in Einlagen- und Kreditgeschäfte sowie wertpapierorientierte Geschäfte einteilen lassen. Betreibt eine Investmentbank zugleich herkömmliche Bankgeschäfte, so unterliegt sie auch diesen regulatorischen Vorschriften. In der Folge muss die geschichtliche Auseinandersetzung die Regulierung einer Universalbank mit Investmentbanktätigkeiten betrachten.

Die ersten in Deutschland getroffenen regulatorischen Auflagen für Universalbanken ergaben sich im Nachgang der Weltwirtschaftskrise von 1929. Am 19. September 1931 wurde vom Reichspräsidenten eine Notverordnung erlassen, nach der alle Banken der Aufsicht des Reichskommissars für das Bankgewerbe unterlagen. Auf dieser Grundlage entwickelte sich das erste Reichsgesetz über das Kreditwesen vom Dezember 1934. Es regelte u.a. die Erlaubnispflicht für Bankgeschäfte, die Liquiditätsausstattung und die Herausgabe von bestimmten Informationen an das neu gegründete Aufsichtsamt für das Kreditwesen bei der Reichsbank. Nach dem Ende des 2. Weltkrieges folgten umfangreiche Diskussionen zu den regulatorischen Vorschriften zu Banken. Im Ergebnis trat am 10. Januar 1962 zum einen das erneuerte Kreditwesengesetz in Kraft sowie erfolgte zum anderen die Gründung des Bundesaufsichtsamts für das Kreditwesen (BAKred) als zentrale Aufsichtsbehörde für Banken. Das Kreditwesengesetz in seiner Ursprungsfassung verstand unter Investmentgeschäften lediglich den Geschäftsbereich von Investmentfonds, welcher im Gesetz über Kapitalanlagegesellschaften vom 16.04.1957 geregelt und konkretisiert wurde. Konkrete Investmentbankleistungen wurden erst später mit der 6. Veränderung (Novelle) in das KWG integriert; sie werden später in der Entwicklung des KWG beschrieben.

Im globalen Umfeld entstand im Jahr 1974 im schweizerischen Basel der Ausschuss für Bankenaufsicht (Basel Committee on Banking, BCBS). Ziel war es, eine einheitliche Bankenaufsicht auf globaler Ebene zu erreichen. Organisatorisch tagt der Ausschuss unter dem Dach der Bank für Internationalen Zahlungsausgleich. Zu den Gründungsmitgliedsstaaten zählen u. a. Deutschland, Großbritannien, Frankreich, Schweiz, Japan, Kanada und die USA. Entscheidend ist die Tatsache, dass die beschlossenen Regelwerke keine bindenden Rechtsakte für die beteiligten Länder darstellen, sondern nur Empfehlungen. Erst mit deren Umsetzung durch inter- oder nationale Rechtsakte z. B. durch (EU-)Verordnungen oder staatliche Gesetze erlangen die Regelungen ihre bindende Wirkung für Investmentbanken und andere Banken. In der Vergangenheit wurden die Vorgaben des BCBS jedoch generell mit relativ geringen Änderungen von allen Mitgliedsländern übernommen.

Die europäische Gesetzgebung zur Harmonisierung von *Investmentbankleistungen* betrifft folgende Vorschriften:

- *Wertpapierdienstleistungsrichtlinie* 93/22/EWG (Investment Services Directive, ISD) aus dem Jahr 1993. Diese führte Zulassungsbestimmungen für eine (reine) Investmentbank sowie Verhaltensregeln für die Erbringung von Investmentbankleistungen über eine Reihe von Finanzinstrumenten ein. Inhalt der Genehmigungspflichten waren ein bestimmtes Anfangskapital und weitere Aufsichtsanforderungen, die in der ebenfalls 1993 eingeführten Eigenkapitalrichtlinie 93/6/EEC (Capital Adequacy Directive, CAD) festgelegt wurden. Eines der Ziele der Eigenkapitalrichtlinie war die Schaffung eines einheitlichen Kapitalanforderungsrahmens für Kreditinstitute sowie für Investmentbanken (»Wertpapierfirmen«), wobei das Aufsichtsregime für Investmentbankleistungen ein deutlich differenzierteres Anforderungsprofil in den einzelnen Rechtsakten aufweist, als dies bei normalen Banken der Fall ist.
- *Wertpapierhandelsgesetz.* Um die angesprochenen europäischen Richtlinien in gültige nationale Gesetze umzusetzen, wurde ein spezielles Wertpapierhandelsgesetz (WpHG) erlassen. Das WpHG trat 1995 in Kraft und reguliert seitdem den Wertpapierhandel. Investmentbankleistungen werden dort im Wesentlichen als Wertpapierdienstleistungen (§ 2 Abs. 8 WpHG) definiert. Für die Überwachung und Durchsetzung des WpHG wurde im gleichen Jahr das Bundesaufsichtsamt für den Wertpapierhandel (BAWe) gegründet. Die Aufsicht des Wertpapierhandels und des Kreditwesens wurde zum 1. Mai 2002 in einer gemeinsamen Aufsichtsstruktur zusammengefasst und wird seither von der Bundesanstalt für Finanzdienstleistungsaufsicht (BaFin) durchgeführt. Die Umsetzung der europäischen Richtlinien führte also 1995 erstmals zu einer konkreteren regulatorischen Beachtung von Investmentbankleistungen in Deutschland.
- *Kreditwesengesetz.* Mit der 6. KWG Novelle wurden dann ab 1998 Investmentbankleistungen im Rahmen einer enumerativen Aufzählung mit dem Abs. 1a in § 1 Kreditwesengesetz (KWG) als »Finanzdienstleistungen« eingefügt; Beispiele sind der Eigenhandel oder das Asset Management. Vorher waren diese Leistungen nicht in die Erlaubnispflicht nach § 32 Abs. 1 KWG einbezogen (die nur »Bankgeschäfte« umfasste) und unterlagen demnach nicht dem KWG bzw. dessen spezifischen Anforderungen u. a. an das zu unterlegende Eigenkapital als Risikopuffer, die Liquiditätsausstattung, die Unternehmensstruktur, das Risikomanagement und das Meldewesen. Vor der Umsetzung der Richtlinie fanden sich Investmentbankgeschäfte teilweise im Gewerberecht wieder und wurden dementsprechend kaum reguliert.

Die Einführung von Finanzdienstleistungen in das KWG deckt nicht sämtliche Investmentbankleistungen ab. Grundlegende Investmentbankgeschäfte wie das Emissionsgeschäft sowie das Finanzkommissionsgeschäft werden dort nicht aufgeführt. Das Emissionsgeschäft wurde aufgrund des mit dem Underwriting verbundenen Kreditausfallrisikos ebenfalls mit der 6. KWG Novelle in § 1 Abs. 1 KWG als Bankgeschäft definiert. Das Finanzkommissionsgeschäft gilt hingegen bereits seit Inkrafttreten des Kreditwesengesetzes von 1962 als Bankgeschäft und wurde damals noch als Effektenkommission bezeichnet.

Mit der Zeit wurden die aufsichtlichen Anforderungen aufgrund der komplexen Leistungen und der globalen Vernetzung der international agierenden Investmentbanken immer höher. Im Jahr 2000 wurde im Zuge dessen und zur Übernahme der Basler Empfehlungen die Bankenrichtlinie (Capital Adequacy Directive, CRD) 2000/12/EG erlassen, die durch Überarbeitung und Aktualisierung früherer Regelungen zu Aufnahme und Ausübung von Banktätigkeiten mehr Klarheit und Transparenz zu den europäischen Bankenvorschriften schaffen sollte.

3-Säulen-Prinzip der Bankenregulierung

Im Jahr 2004 entwarf der Basler Ausschuss ein 3-Säulen-Prinzip der Bankenregulierung.

- Die erste Säule basiert auf der Idee, dass eine Bank zu jeder Zeit ausreichende Eigenmittel (regulatorisches Eigenkapital) als Verlustabsorptionspotenzial hinterlegen muss.
- Die zweite Säule orientiert sich nicht quantitativ, sondern qualitativ und umfasst den aufsichtsrechtlichen Überprüfungs- und Überwachungsprozess. Dieser ergänzt die geforderten Mindesteigenkapitalvorschriften aus Säule I und setzt vor allem auf bankindividuelle Aspekte. Banken sollen basierend auf ihrem Geschäftsmodell angemessene interne Verfahren und Strategien zur nachhaltigen Ertrags- und Risikobewältigung vorliegen. Hieraus ergeben sich die wesentlichen Prüfungsfelder der Aufsicht: das Geschäftsmodell, Corporate-Governance-Aspekte sowie eine angemessene Liquiditäts- und Eigenkapitalausstattung. Eine weitere Ergänzung der Säule I bietet:
- Die dritte Säule hat den Fokus der Marktdisziplin. Ziel ist eine erhöhte Transparenz durch Offenlegung von mehr Informationen. Mit der Verpflichtung hierzu sollen Banken einen erhöhten Druck verspüren, welcher sie zu nachhaltigeren Ertrags- und Risikoentscheidungen führen und somit insgesamt das Finanzsystem stärken soll. Abgeleitet werden kann die erhöhte Transparenz aus der Prinzipal-Agenten-Theorie, da die Transparenz eine Reduzierung von asymmetrischen Informationen zwischen Banken und Bankenaufsicht sowie der Öffentlichkeit zur Folge hat.

MiFID

Neben den spezifischen Bankenvorschriften wurde im Jahr 2004 die Richtlinie 2004/39/EG über Märkte für Finanzinstrumente (Markets in Financial Instruments Directive, MiFID) zur Fortentwicklung der Harmonisierung der Finanzmärkte im europäischen Binnenmarkt erlassen. Sie stellt sozusagen das Upgrade der ISD 1993 dar. Eines der Upgrades war die Erweiterung auf zusätzliche Investmentbankleistungen, um erkannte Regelungslücken der ISD zu schließen. In diesem Zusammenhang wurde auch die zwischenzeitliche Entwicklung zu alternativen Wertpapierhandelsmöglichkeiten in das Aufsichtsregime eingebunden. Vorher organisierten Investmentbanken unregulierte Handelsplattformen, welche kostengünstiger als regulierte Börsen waren. Die MiFID-Vorschriften mussten bis zum 01.11.2007 in nationales Recht umgesetzt werden.

Um den kontinuierlichen technischen Fortschritten im Investmentgeschäft, den veränderten Marktstrukturen von Investmentbanken sowie den Erkenntnissen aus der Finanzkrise für die Regulierung gerecht zu werden, folgten in den Jahren 2012 bis 2014 wesentliche neue Rechtsakte. Im Jahr 2012 wurde ergänzend zu den MiFID-Regelungen der außerbörsliche Derivatehandel mit der EU-Verordnung 648/2012 (European Markets Infrastructure Regulation, kurz: EMIR) reguliert. Zentrale Inhalte dieser unmittelbar geltenden Regelung sind Bestimmungen zum Clearing sowie erhöhte Transparenzanforderungen von derivativen Geschäften. 10 Jahre nach der ersten MiFID Richtlinie wurden im Jahr 2014 neue, veränderte Regelungen verabschiedet, teils wurden in einer fortgeführten Richtlinie (MiFID II), teils in einer Verordnung (MiFIR) umgesetzt.

Die amtlichen Bezeichnungen lauten: Richtlinie 2014/65/EU (MiFID II) und Verordnung (EU) 600/2014 (Markets in Financial Instruments Regulation, kurz: MiFIR). Zusammen gelten diese regulatorischen Regelungen heute als das Herzstück für das Investmentbanking-Geschäft.

Inhalte dieser neuen Regelungen sind u. a. zahlreiche Vorschriften zu
- Transparenzanforderungen an Derivate,
- Zulassung von Investmentbankaktivitäten,
- Organisation und Geschäftsführung von Investmentbanken,
- Wohlverhaltensregeln wie Regelungen zum Anlegerschutz,
- Handels- und Meldepflichten sowie
- Eingriffsmöglichkeiten der Aufsicht z. B. über Verbote von Geschäftsaktivitäten.

Für Universalbanken wurde im Jahr 2013 eine bedeutsame Abweichung von dem bisherigen Status quo in der Regulatorik geschaffen. Erstmalig wurden für Banken zentrale relevante Vorschriften mit direkt und unmittelbar gültigen Vorschriften (sogenannte EU-Verordnungen) erlassen. Damit wird das Ziel verfolgt, ein einheitliches europäisches Regelwerk (Single Rule Book) innerhalb der Europäischen Union aufzustellen. Das einheitliche Regelwerk gilt dabei als ein zentrales Element für das Funktionieren des Binnenmarktes. Handelseinschränkungen und Wettbewerbsverzerrungen wegen unterschiedlicher nationaler Rechtsvorschriften sollen vermieden werden. Die früheren Richtlinien stellten im Wesentlichen Mindestvorgaben der Regulierung dar, die in der nationalen Umsetzung verschärft werden konnten (sogenanntes Gold Plating). Dies wird jedoch als ein Hemmnis zur Realisierung des europäischen Binnenmarktkonzepts angesehen. Die Umsetzung über unmittelbar gültige EU-Verordnungen ist damit eine Konsequenz der verstärkten Integration innerhalb der Europäischen Union. Das Ausmaß der Umsetzung über Richtlinien ist damit kleiner geworden, diese sind jedoch nicht vollständig verschwunden. Um die Besonderheiten der einzelnen Mitgliedsstaaten nach wie vor zu berücksichtigen, sind Richtlinien wie die MiFID II oder die CRD-IV weiterhin Mittel der europäischen Regulierung.

Die im Jahr 2013 erlassene Verordnung VO (EU) 575/2013 (Capital Requirements Regulation, kurz: CRR) und die Richtlinie 2013/36/EU werden als dritte Änderung der ursprünglichen Bankrichtlinien gesehen, und daher als CRD-IV Paket bezeichnet. Der Umfang der Regelungen behandelt die Zulassung und Beaufsichtigung von Instituten, zusätzliche Kapitalpuffer, Governance und Vergütung sowie Vorschriften zu Sanktionen bei Nichteinhaltung der Regelungen.

Vergleich mit den USA

Die Geschichte der Regulierung in Europa und Deutschland ist also eine ganz andere als in den Vereinigten Staaten von Amerika, in denen das Investmentbanking erfunden wurde. Hier gab es zahlreiche Versuche, risikoreiche Investmentbankleistungen von klassischen Bankaktivitäten wie dem Kredit- und Einlagengeschäft zu trennen. Dies wurde erstmals 1933 mit dem Glass-Steagall Act erreicht, 1999 mit dem Gramm-Leach-Bliley Act wieder aufgehoben, 2010 mit dem Dodd-Frank Act dann wieder eingeführt. Die Trennbankenidee scheiterte in der Europäischen Union im Jahr 2017. In Deutschland wurde die Trennbankenidee allerdings über ein sogenanntes Artikelgesetz (Gesetz zur Abschirmung von Risiken und zur Planung der Sanierung und Abwicklung von Kreditinstituten und Finanzgruppen) umgesetzt und führte zu Änderungen im KWG und im VAG. Entscheidender Änderungspunkt im KWG sind die Verbotstatbestände (§ 3 Abs. 2 KWG), die u. a. den riskanten Eigenhandel oder den Hochfrequenzhandel (ohne Market Making Aktivität) umfassen. Große deutsche Banken sollen demnach nicht mehr die Einlagengeschäfte von Kunden durch das riskante Investmentgeschäft gefährden. Mit dem Inkrafttreten der Novelle am 14. Januar 2014 müssen Banken sich nun entweder von dem riskanten Investmentgeschäft trennen oder diese Geschäfte in ein separates Finanzhandelsinstitut überführen, welches aber weiterhin zu einer Finanzgruppe (Institutsgruppe, Finanzholdinggruppe oder Finanzkonglomerat) gehören darf. Das Gesetz zielt dabei auf große Banken, welche bestimmte Schwellenwerte in ihren Investmentaktivitäten überschreiten. Diese sind u. a. ein Handelsbestand größer als 100 Milliarden Euro oder von mehr als 20 % in Relation zur Bilanzsumme in den letzten drei Geschäftsjahren. Banken, die diese Schwellenwerte nicht überschreiten, sind von dem Verbot nicht betroffen.

6.4 Rechtliche Einordnung von Investmentbankaktivitäten bzw. -leistungen

Die Regulierung von Investmentbanken stützt sich im Wesentlichen auf deren spezifische Geschäftsaktivitäten bzw. -leistungen. Da mit einer rechtlichen Definition und Einordnung (vermeintlich) klar wird, was sich hinter der jeweiligen Leistung aus juristischer Perspektive verbirgt, können bestehende oder zukünftige Rechtsakte auf diese aufbauen und die jeweilige Regulierungsvorschrift mit den einzelnen Investmentbankleistungen zusammenführen. Mit einer solchen Geschäftsaktivitäten-Regelung gelangt man zu einem einheitlichen und konsistenten Regelwerk für die Beaufsichtigung der Marktakteure. Die Vergangenheit hat gezeigt, dass sich diese Vorgehensweise bewährt hat.

Bei den für Investmentbanken relevanten Richtlinien, wie z. B. die MiFID, werden die einzelnen definierten Geschäfte in entsprechenden Ergänzungen oder Änderungen von verschiedenen nationalen Gesetzen verankert, wie z. B. im KWG oder WpHG. Man kann sich diese Funktion als Verästelung der europäischen Richtlinienvorschriften in die nationalen Gesetze vorstellen. Bezeichnend ist ebenso die Tatsache, dass nicht immer die einzelnen Geschäfte in den nationalen Gesetzen namentlich aufgeführt werden, sondern schlicht auf die einzelnen Artikel der jeweiligen europäischen Richtlinie Bezug genommen wird. Dies hat den Vorteil, dass die Nummern der Artikel in jeder europäischen Sprache gleich sind und die Verknüpfung nicht von möglichen Übersetzungsfehlern begleitet wird.

Im Folgenden wird die Einordnung von typischen Investmentbankleistungen auf Basis der europäischen Richtlinie MiFID II vorgenommen. Diese Definitionen und Einordnungen wurden ins europäische CRD-Paket im Weitesten übernommen und führten demnach auch zu Änderungen des KWG, z. B. § 1 Abs. 1a KWG, sowie im WpHG, z. B. § 2 WpHG, welche die Definitionen der Begriffe für Investmentbankaktivitäten enthalten.

Es ist zwingend, darauf hinzuweisen, dass im juristischen Kontext immer mehrere bestimmte Kriterien für den jeweiligen Tatbestand einer Investmentbankleistung gegeben sein müssen, um als solche eingeordnet zu werden. Daher ist die unten dargestellte Tabelle nur als eine vereinfachte Ordnungsstruktur zu verstehen.

Leistungen	Rechtliche Definition	Originäre Vorschrift
Trading (Eigenhandel)	Handel unter Einsatz des eigenen Kapitals, der zum Abschluss von Geschäften mit einem oder mehreren Finanzinstrumenten führt Andere Definition: Handel für eigene Rechnung	Artikel 4 Abs. 1 Nr. 6 RL 2014/65/EU + Anhang I Abschnitt A Nr. 3 RL 2014/65/EU
Market Making	Tätigkeit einer Person, die an den Finanzmärkten auf kontinuierlicher Basis ihre Bereitschaft anzeigt, durch den An- und Verkauf von Finanzinstrumenten unter Einsatz des eigenen Kapitals Handel für eigene Rechnung zu von ihr gestellten Kursen zu betreiben	Artikel 4 Abs. 1 Nr. 7 RL 2014/65/EU

Leistungen	Rechtliche Definition	Originäre Vorschrift
Brokerage	Ausführung von Aufträgen auf fremde Rechnung im eigenen Namen (Finanzkommissionsgeschäft) oder in fremdem Namen (Abschlussvermittlung): die Tätigkeit zum Abschluss von Vereinbarungen, um ein oder mehrere Finanzinstrumente im Namen von Kunden zu kaufen oder zu verkaufen	Artikel 4 Abs. 1 Nr. 5 RL 2014/65/EU
Emissionsgeschäft mit Übernahmeverpflichtung	Übernahme der Emission von Finanzinstrumenten und/oder Platzierung von Finanzinstrumenten mit fester Übernahmeverpflichtung	Anhang I Abschnitt A Nr. 6 RL 2014/65/EU
Emissionsgeschäft ohne Übernahmeverpflichtung (Platzierungsgeschäft)	Platzierung von Finanzinstrumenten ohne feste Übernahmeverpflichtung	Anhang I Abschnitt A Nr. 7 RL 2014/65/EU
Asset Management	Portfolioverwaltung: die Verwaltung von Portfolios auf Einzelkundenbasis mit einem Ermessensspielraum im Rahmen eines Mandats des Kunden, sofern diese Portfolios ein oder mehrere Finanzinstrumente enthalten	Artikel 4 Abs. 1 Nr. 8 RL 2014/65/EU
Mergers & Acquisitions	Beratung von Unternehmen hinsichtlich der Kapitalstrukturierung, der branchenspezifischen Strategie und damit zusammenhängender Fragen sowie Beratung und Dienstleistungen bei Unternehmensfusionen und -aufkäufen	Anhang I Abschnitt B Nr. 3 RL 2014/65/EU (Einordnung als Nebendienstleistung. Diese sind nicht als solche erlaubnispflichtig im Sinne des § 32 KWG, müssen aber im Falle von anderen erlaubnispflichtigen Leistungen im Erlaubnisantrag mit aufgeführt werden.)

Tab. 6.1: Typische Investmentbankleistungen und deren rechtliche Einordnung

Bei der rechtlichen Auseinandersetzung von Investmentbankleistungen fällt auf, dass der Begriff »Investmentbank« *nicht* verwendet wird. Für die Einordnung der typischen Investmentbankleistungen ist es daher zentral, die rechtlichen Synonyme zu kennen. Im deutschen Kreditwesengesetz werden die o. a. Leistungen im Wesentlichen als »Finanzdienstleistungen« im § 1 Abs. 1a KWG definiert und dienen somit als Abgrenzung gegenüber typischen Leistungen von Einlage- und Kreditinstituten. Im Unterschied zu Finanzdienstleistungen sind das Emissionsgeschäft mit Übernahmeverpflichtung und das Finanzkommissionsgeschäft Bankleistungen (»Bankgeschäfte«) gemäß § 1 Abs. 1 KWG und lassen sich Wertpapierdienstleistungen von Investmentbanken zuordnen. Im europäischen Kontext werden solche Investmentbankleistungen als Leistungen von »Wertpapierfirmen«

(engl. »Investment firms«) definiert. Die für das CRD-Paket relevanten Investmentbankleistungen umfassen die in der MiFID definierten Leistungen mit einigen Ausnahmen (z. B. lokale Wertpapierfirmen, deren Risikogehalt als unwesentlich eingestuft wird). Dementsprechend sind die in der CRD relevanten Investmentbankleistungen als Teilmenge von MiFID-Investmentbankleistungen zu sehen.

Diese Vorgehensweise ist nicht unbedenklich. Im Zuge der Implementierung der MiFID-Richtlinie muss diese zunächst national umgesetzt und kann hierbei unterschiedlich interpretiert werden. Ein ganzheitlicher Regulierungsansatz ist dann nicht gegeben. Weiterhin wird die geschäftliche Komplexität und fehlende Risikosensitivität bemängelt. Dies führt zu einer Regulierungsarbitrage, wenn ähnliche Geschäftsaktivitäten mit ähnlicher Risikostruktur in den Mitgliedstaaten unterschiedlich interpretiert und eingeordnet werden.

6.5 Sonderregulierung für Investmentbanken

Die EU beabsichtigt, die regulatorische Behandlung von *Wertpapierfirmen* (nachfolgend: Investmentbanken) zu verändern. Waren Wertpapierfirmen über das CRR- und CRD-IV-Regime bisher nahezu identisch reguliert wie Einlage- und Kreditinstitute, so soll die Regulierung von Wertpapierfirmen zukünftig besser auf deren Geschäftsmodelle abgestimmt werden. Außerdem soll die Größe einer Bank Einfluss auf die Art der Regulierung haben.

Mit den Änderungen sollen auch erkannte Schlupflöcher beseitigt werden: Bankengruppen aus Drittländern außerhalb der Europäischen Union konnten durch Nutzung bestimmter Unternehmensformen verschiedene regulatorische Anforderungen der EU umgehen.

Übergeordnetes Ziel der Änderungen ist es, einen weiteren Stein zur Schaffung einer europäischen *Kapitalmarktunion* zu legen. Das setzt eine befriedigende Regulierung des Wertpapiergeschäftes und von Wertpapierfirmen voraus. Investmentbanken übernehmen mit ihren Geschäftsaktivitäten (wie z. B. Portfoliomanagement, Anlageberatung, Zusammenführung von Orderaufträgen usw.) eine zentrale Rolle bei der direkten und indirekten Förderung von Investition und Finanzierung der Unternehmen und Haushalte in der EU.

Die Neuordnung der Regulierung von Wertpapierfirmen/Investmentbanken sieht eine Einteilung der Banken in drei Klassen vor. Die Einstufung orientiert sich an Kriterien, die sich

- an der systemischen Bedeutung einer Bank (Systemrisikobeitrag),
- an der Komplexität und Art der Geschäftsaktivitäten
- sowie an der Größe der Wertpapierfirma

orientieren.

Klasse 1-Banken: Investmentbanken der Klasse 1 werden den Regeln des CRR/CRD-Regime unterworfen. Durch eine Änderung der Definition des Begriffs »Kreditinstitut« werden sie in diese Regulierung einbezogen. Betroffen sind größere Investmentbanken, die Vermögenswerte von über 30 Mrd. Euro verwalten, bankähnliche Geschäftsaktivitäten betreiben, den Handel auf eigene Rechnung durchführen oder Emissionen mit Übernahmegarantie anbieten und/oder systemische Bedeutung haben. Diese Einstufung erfolgt aus der Überlegung heraus, dass die Geschäftstätigkeiten Handel auf eigene Rechnung sowie Emission mit Übernahmegarantie mit Kreditrisiken einhergehen, sodass eine Gleichbehandlung zu Kreditinstituten sinnvoll ist.

Klasse 2 und 3-Banken: Diese Banken unterliegen geringeren regulatorischen Anforderungen. Die beiden Klassen sollen ein eigenständiges Regulierungsregime in Form einer Verordnung mit dem Namen *Investment Firms Regulation* (kurz: IFR) und einer Richtlinie (*Investment Firms Directive*, kurz: IFD) erhalten.

Ist eine Investmentbank nicht in die Klasse 1 eingestuft worden, so wird sie entweder der Klasse 2 oder 3 zugeordnet. Die Abgrenzung zwischen der Klasse 2 und 3 erfolgt über verschiedene Größenschwellen der Investmentgeschäfte. So werden beispielsweise Investmentbanken der Klasse 2 zugeordnet, wenn sie Vermögenswerte von über 1,2 Mrd. Euro verwalten. Sonst erfolgt eine Klassifizierung in Klasse 3.

Die Regulierung erfolgt zunächst auf der Einzelebene einer Bank. Investmentbanken der Klasse 3, die Teil einer Bankengruppe sind, werden dagegen auf konsolidierter Ebene reguliert.

Wichtige Regelungen betreffen das Eigenkapital.

Ständiges Mindesteigenkapital (ständiges Mek). Die Höhe des ständigen Mindesteigenkapitals orientiert sich ausschließlich an den Geschäftsaktivitäten und ist weder risikosensitiv noch volumenabhängig, wie dies bei den Eigenkapitalanforderungen im CRR-Regime ist. Es beträgt je nach Geschäftsaktivitäten 75 T €, 150 T € oder 750 T €.

Fixe Gemeinkosten (fixe Gk). Die fixen Gemeinkosten dienen als Proxy für die Kosten einer Bankenabwicklung und orientieren sich an der Kostenstruktur der Investmentbank. Die Höhe des zu hinterlegenden Eigenkapitals beträgt 25 % der fixen Gemeinkosten des vergangenen Geschäftsjahres.

K-Faktoren-Betrag (K-Faktoren). Der K-Faktoren-Betrag ergibt sich aus dem Volumen der jeweiligen Geschäftsaktivität. Er wird mit einer regulatorischen Wahrscheinlichkeitsgröße gewichtet, die das Risiko ausdrücken soll. Auch in dieser Höhe muss Eigenkapital hinterlegt sein.

Tabelle 6.2 gibt die Berechnungslogik der Eigenmittel für die jeweilige Klasse wieder. Dabei muss der höhere Betrag aus den einzelnen Beträgen als Eigenmittel angesetzt werden. Der Vorteil einer in Klasse 3 eingestuften Investmentbank ist, dass diese den K-Faktoren-Ansatz nicht anwenden muss, dadurch ggf. Eigenmittel einsparen kann und zudem auch die erforderlichen Daten dieses dritten Betrages nicht melden muss.

Investmentbank	Berechnung der zu hinterlegenden Eigenmittel
Klasse 2	Max (ständiges Mek; fixe Gk; K-Faktoren)
Klasse 3	Max (ständiges Mek; fixe Gk)

Tab. 6.2: Berechnung der Eigenmittel einer Investmentbank

Welche Kapitalinstrumente als Eigenmittel anerkannt werden, regelt das CRR-Regime. Eine komplette Abkoppelung vom CRR/CRD-IV-Regime ist somit nicht gegeben.

Hinsichtlich des Konzentrationsrisikos gelten ebenso besondere Regelungen. Investmentbanken der Klasse 3 sind von der Meldung befreit. Investmentbanken der Klasse 2 müssen eine Meldung des Konzentrationsrisikos vornehmen, sobald sie bestimmte Geschäftsaktivitäten durchführen und gewisse Schwellen überschreiten, z. B. Ausführung von Kundenaufträgen im eigenen Namen.

Hinsichtlich der *Liquiditätsanforderungen* müssen Investmentbanken ein Drittel ihrer fixen Gemeinkosten als liquide Mittel vorhalten. Die Definition von liquiden Mitteln richtet sich an den Regeln zur *Liquidity Coverage Ratio* aus, welche im CRR-Regime verankert sind. Bei Investmentbanken der Klasse 3 können zudem Forderungen aus Lieferungen und Leistungen sowie Gebühren oder Provisionen, deren Zufluss innerhalb von 30 Tagen erwartet wird, in die liquiden Mittel mit einberechnet werden.

6.6 Die europäische Struktur der Finanz- und Bankenaufsicht

Im Nachgang der Finanz- und Bankenkrise von 2007/2008 beschäftigten sich verschiedene internationale Institutionen mit der Verbesserung der damaligen Struktur zur regulatorischen Finanz- und Bankenaufsicht. Eine entscheidende und tatsächlich durchgeführte Empfehlung entstammt dem Bericht der de-Larosière-Expertengruppe, dass ein spezielles Europäisches System der Finanzaufsicht (European System of Financial Supervision, kurz: ESFS) eingerichtet werden solle.

Das Europäische System für Finanzaufsicht nahm am 1. Januar 2011 seine Arbeit auf und zielt auf eine konsistente und kohärente Finanzaufsicht innerhalb der Europäischen Union ab, um die europäische Finanzstabilität zu gewährleisten.

Die Struktur des ESFS ist über ein mehrstufiges System von Finanzaufsichtsbehörden auf Mikro- und Makroebene organisiert:

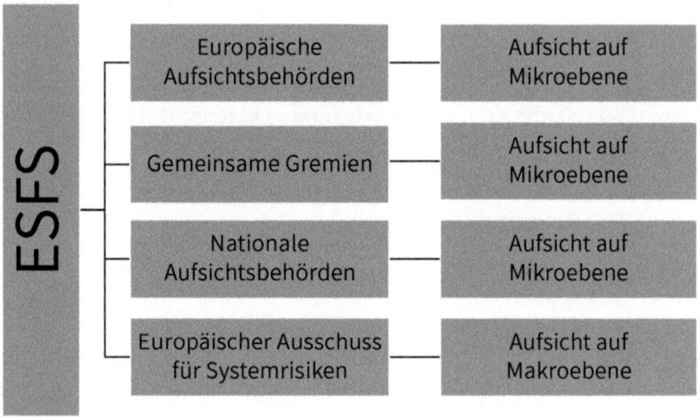

Abb. 6.1: Die Struktur des europäischen Systems für Finanzaufsicht

Europäische Aufsichtsbehörden ESAs

Die Europäischen Aufsichtsbehörden (European Supervisory Authorities, kurz: ESAs) sind innerhalb der Europäischen Union für die mikroprudenzielle Aufsicht des Finanz- und Bankensystems zuständig. Sie besitzen jeweils eine eigene Rechtspersönlichkeit, sind unabhängig von anderen Institutionen und verfolgen das Ziel, die Stabilität und Effektivität des europäischen Finanzsystems zu schützen und zu stärken.

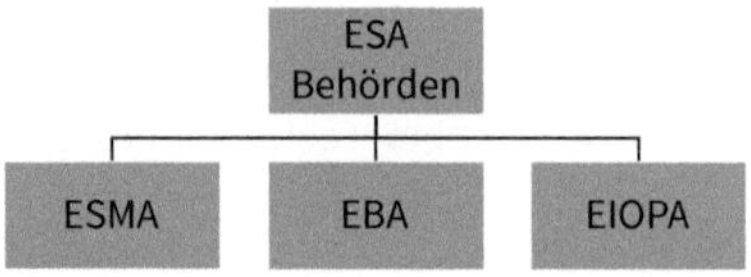

Abb. 6.2: ESA-Behörden

Abbildung 6.2 zeigt die drei ESA-Behörden.

- Die zentrale Aufsichtsbehörde für reine Investmentbanken ist die Europäische Wertpapier- und Marktaufsichtsbehörde (*European Securities and Markets Authority*, kurz: ESMA). Diese beaufsichtigt (i) Investmentbanken (im Sinne von Wertpapierfirmen) und (ii) Wertpapiermärkte sowie (iii) deren Akteure (Trader, Börsen usw.).
- Die Europäische Bankenaufsicht (*European Banking Authority*, kurz: EBA) konzentriert sich auf Einlage- und Kreditinstitute und nicht auf Investmentbanken. Wenn eine Bank als Universalbank fungiert und Investmentgeschäfte durchführt, so ist auch die EBA involviert.

- Neben den beiden genannten Aufsichtsbehörden existiert noch eine dritte Behörde. Diese ist für das Versicherungswesen und die betriebliche Altersvorsorge (*European Insurance and Occupational Pensions Authority*, kurz: EIOPA) zuständig. Für Investmentbanken ist diese Behörde nicht zentral.

Um ihrem Stabilitäts- und Schutzziel gerecht zu werden, haben die ESAs Befugnisse, die in Abbildung 6.3 wiedergegeben und im Folgenden näher erläutert werden.

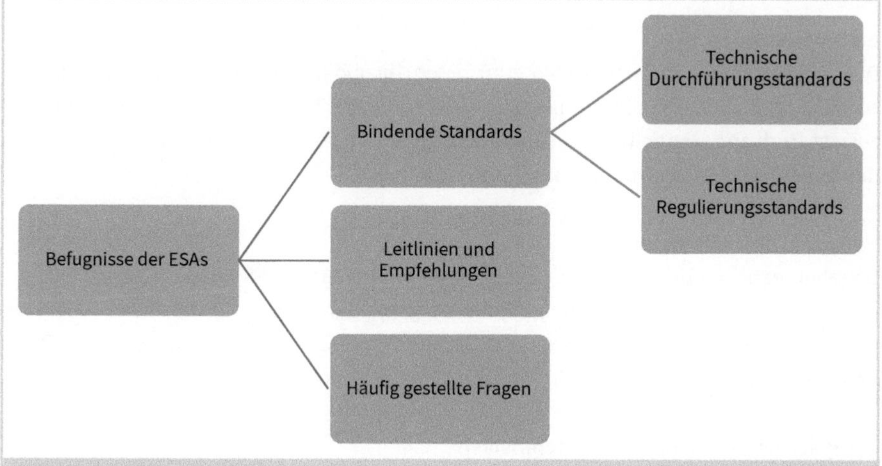

Abb. 6.3: Befugnisse der ESAs

ESAs dürfen bindende Standards formulieren (engl. Binding Technical Standards, kurz: BTS). Diese werden in

- technische Durchführungsstandards (engl. *Implementing Technical Standards*, kurz: ITS) und
- technische Regulierungsstandards (*Regulatory Technical Standards*, kurz: RTS)

unterschieden. Sie sollen eher grob gehaltene gesetzliche Anforderungen weiter konkretisieren. So werden z. B. in verschiedenen Artikeln der CRR-Aufträge an die ESAs formuliert, den jeweiligen Sachverhalt zu konkretisieren. Die Standards beinhalten keine strategischen oder politischen Regulierungsmaßnahmen, sondern sollen in den jeweiligen Bereichen eine kohärente Harmonisierung ermöglichen. Der Unterschied zwischen diesen beiden Standards liegt zum einen in der Form der rechtlichen Erlassung und zum anderen in der Möglichkeit von Einwendungen. Die ITS werden auf Basis von Artikel 291 AEUV mittels Durchführungsrechtsakten (Verordnungen oder Beschlüsse) von der Europäischen Kommission erlassen. Hingegen werden RTS auf Basis von Artikel 290 AEUV mittels delegierter Rechtsakte von der Europäischen Kommission erlassen. Hier haben zudem das Europäische Parlament und der Europäische Rat ein Recht auf Einwendungen.

ESAs können darüber hinaus *Leitlinien und Empfehlungen an nationale Aufsichtsbehörden* formulieren. Nationale Aufsichtsbehörden haben alle erforderlichen Anstrengungen zu unternehmen, um den Leitlinien und Empfehlungen zu entsprechen. Beschließt eine nationale Aufsichtsbehörde, diesen nicht nachzukommen, so muss sie dies der jeweiligen ESA mit Begründung mitteilen. Dies wird als *Comply or Explain*-Prinzip bezeichnet.

Weiterhin haben die veröffentlichten Antworten in der Kategorie »*Häufig gestellte Fragen*« Regulierungskraft, weil sie Auslegungen der ESAs zu strittigen Fragen darstellen.

Gemeinsame Gremien

Die gemeinsamen Gremien sollen zum einen für einen aufsichtsübergreifenden Ausschuss sorgen, der eine Koordinierung zwischen den ESAs für eine kohärente Aufsicht zulässt. Zum anderen soll sich ein unabhängiger Beschwerdeausschuss um die Beschwerden gegen von ESAs getroffene Beschlüsse kümmern.

Nationale Aufsichtsbehörden

Daneben gehören die nationalen Aufsichtsbehörden zum ESFS, die von jedem europäischen Mitgliedsland als zuständige Behörde gemeldet werden. In Deutschland ist dies die Bundesanstalt für Finanzdienstleistungsaufsicht (BaFin) in Zusammenarbeit mit der Deutschen Bundesbank (§ 7 KWG).

Europäischer Ausschuss für Systemrisiken

Neben den auf Mikroebene (Ebene einzelner Institute) zu behandelnden Aufsichtsthemen konzentriert sich der Europäische Ausschuss für Systemrisiken (European Systemic Risk Board, kurz: ESRB) auf der Makroebene mit den makroökonomischen Entwicklungen und den sich daraus entwickelnden Systemrisiken, die eine Gefahr für die Finanzstabilität darstellen könnten. Die Rechtsgrundlage des Ausschusses liegt in der EU VO 1092/2010. Der Sitz des Ausschusses liegt in Frankfurt am Main.

PRAXISBEISPIEL

Die Zusammenarbeit zwischen verschiedenen Ebenen der Aufsicht wird durch den folgenden Fall beleuchtet: ESMA veröffentlichte am 18.02.2019 eine positive Stellungnahme zu einer Eingriffstätigkeit in den Wertpapierhandel durch die BaFin. Die Bafin hatte basierend auf Artikel 20 der EU-Leerverkaufsverordnung VO 236/2012 mittels einer Allgemeinverfügung den Handel von ungedeckten Leerverkäufen der Aktie Wirecard verboten. Im Vorfeld hatte die Financial Times mehrmals über mögliche Bilanzmanipulationen eines leitenden Angestellten in Singapur berichtet, die zu erheblichen Kurseinbrüchen (bis 40 %) und Schwankungen des Aktienkurses führten. Um die Märkte zu beruhigen, wurde von der BaFin ein Verbot von Tradingaktivitäten mit ungedeckten Leerverkäufen ausgesprochen. Hätte die ESMA eine negative Stellungnahme zur Handlung der BaFin abgegeben, so hätte die ESMA selbst ggf. gemäß Artikel 28 VO 236/2012 in Verbindung mit Artikel 9 Abs. 5 VO 1095/2010 Eingriffsbefugnisse bekommen, wenn das ordnungsgemäße Funktionieren oder die Finanzstabilität der Europäischen Union erheblich gefährdet gewesen wäre.

Aufgaben zur Lernkontrolle

1. Wie lassen sich die Regulierung und der Lebenszyklus von Banken zusammenführen?
2. Inwiefern wird der geschäftliche Aktionsraum von Banken durch die Regulierung tangiert?
3. Welche Erklärungsansätze für Regulierung gibt es und wie unterscheiden sie sich?
4. Auf welcher Basis hat sich die Regulierung von Investmentbanken in Europa entwickelt und welche Gemeinsamkeiten und Unterschiede bestehen zu den USA?
5. Welche zentralen Rechtsakte gelten für Investmentbanken und wie sind diese von europäischer bis zur nationalen Ebene einzuordnen?
6. Welche Erleichterungen ergeben sich für Investmentbanken der Klassen 2 und 3 im Vergleich zu Klasse-1-regulierten Investmentbanken? Welche Begründung liegt in diesen Erleichterungen?
7. Welche einzelnen Institutionen sind wie für die Stabilität der europäischen Finanz- und Bankenbranche zuständig?

Literatur

Bundesanstalt für Finanzdienstleistungsaufsicht (2017): Bankenregulierung in der Europäischen Union, http://www.bafin.de/DE/PublikationenDaten/Jahresbericht/Jahresbericht2017/Kapitel3/Kapitel3_1/Kapitel3_1_2/kapitel3_1_2_node.html (Zugriff am 03.07.2019), Frankfurt am Main.

Eilenberger, G. (2011): Bankbetriebswirtschaftslehre, 8. Auflage, München.

Europäische Kommission (2017): Häufig gestellte Fragen: Überarbeiteter Rahmen für Wertpapierfirmen, Brüssel.

Europäische Kommission (2017): Vorschlag für eine Verordnung des europäischen Parlaments und des Rates über Aufsichtsanforderungen an Wertpapierfirmen und zur Änderung der Verordnung (EU) Nr. 575/2013, (EU) Nr. 600/20014 und (EU) Nr. 1093/2010, COM(2017) 790 final, Brüssel.

Europäischer Rat (2019): Wertpapierfirmen: Rat legt Standpunkt zu neuem Regelungs- und Aufsichtsrahmen fest, Pressemitteilung 07.01.2019, Brüssel.

Europäisches Parlament (2018): Europäisches System der Finanzaufsicht (ESFS), http://www.europarl.europa.eu/factsheets/de/sheet/84/europaisches-system-der-finanzaufsicht-esfs (Zugriff am 03.07.2019), Brüssel.

Europäisches Parlament (2018): Prudential requirements and supervision of investment firms, http://www.europarl.europa.eu/RegData/etudes/BRIE/2018/630300/EPRS_BRI(2018)630300_EN.pdf (Zugriff am 03.07.2019), Brüssel.

Europäisches Parlament/Rat (2010): Verordnung (EU) Nr. 1093/2010 des Europäischen Parlaments und des Rates vom 24. November 2010 zur Errichtung einer Europäischen

Aufsichtsbehörde (Europäische Bankenaufsichtsbehörde), zur Änderung des Beschlusses Nr. 716/2009/EG und zur Aufhebung des Beschlusses 2009/78/EG der Kommission, Brüssel.

Europäisches Parlament/Rat (2010): Verordnung (EU) Nr. 1095/2010 des Europäischen Parlaments und des Rates vom 24. November 2010 zur Errichtung einer Europäischen Aufsichtsbehörde (Europäische Wertpapier- und Marktaufsichtsbehörde), zur Änderung des Beschlusses Nr. 716/2009/EG und zur Aufhebung des Beschlusses 2009/77/EG der Kommission, Brüssel.

European Banking Authority (2015): Report on Investment Firms, EBA/Op/2015/20, https://eba.europa.eu/documents/10180/983359/EBA-Op-2015-20+Report+on+investment+firms.pdf (Zugriff am 03.07.2019), London.

European Banking Authority (2017): Annex to the EBA Opinion EBA/Op/2017/11, https://eba.europa.eu/documents/10180/1976637/Annex+to+the+EBA+Opinion+EBA-Op-2017-11.pdf (Zugriff am 03.07.2019), London.

European Banking Authority (2017): Opinion of the European Banking Authority in Response to the European Commissions's Call for Advice on Investment Firms, EBA/Op/2017/11, http://eba.europa.eu/-/eba-issues-opinion-on-the-design-of-a-new-prudential-framework-for-investment-firms (Zugriff am 03.07.2019), London.

European Securities and Markets Authority (2019): Opinion of the European Securities and Markets Authority of 18 February 2019 on a proposed emergency measure by BaFin under Section 1 of Chapter V of Regulation (EU) No 236/2012, ESMA70-146-19, Paris.

Hartmann-Wendels u. a. (2019): Bankbetriebslehre, 7. Auflage, Berlin.

International Monetary Fund (2012): Global Financial Stability Report, October 2012, http://www.imf.org/en/Publications/GFSR/Issues/2016/12/31/Global-Financial-Stability-Report-April-2012-The-Quest-for-Lasting-Stability-25343 (Zugriff am 03.07.2019), Washington, D.C.

Peppmeier, A. (2016): Bankbetriebslehre, 11. Auflage, Mainz.

7 Mathematik des Investmentbankings[1]

LERNZIELE

- Sie kennen die wichtigsten Grundbegriffe und Formeln der Finanzmathematik.
- Sie können den Barwert eines Zahlungsstroms ermitteln und wissen, wie sich dieser Wert bei veränderten Marktzinsen oder Laufzeiten verhält.
- Sie können verschiedene Zinsstrukturen unterscheiden und kennen den Multi-Curve Approach sowie die neuen Referenzzinssätze.
- Sie kennen die Risikokennzahlen der Anleihebewertung.
- Sie verstehen verschiedene Arten von Swaps und können diese bewerten.
- Sie kennen das Copula-Modell.

Die Mathematik des Investmentbankings gehört zu den Standardthemen des Fachgebietes. Die behandelten Themen sind das Maß an Wissen, die Führungskräfte in dieser Branche wenigstens in den Grundzügen beherrschen müssen. Im Folgenden werden die Grundzüge der Mathematik des Investmentbankings erläutert. Die Themen orientieren sich inhaltlich an den typischen Geschäftsmodellen des Investmentbankings und ermöglichen es den Führungskräften, die wichtigsten mathematischen Prozeduren in ihren Auswirkungen beurteilen zu können. Einfache Standardprozeduren sollten Führungskräfte mathematisch beherrschen, während komplexere Modelle dem Sinn nach verstanden werden müssen.

7.1 Arten der Verzinsung

Es existieren verschiedene Arten der Verzinsung. Einerseits kann man zwischen linearer und geometrischer Verzinsung unterscheiden, andererseits zwischen jahresbasierter, unterjähriger und stetiger Verzinsung. Folgende Symbole finden Verwendung bei den Zinsberechnungen Verwendung:

Symbole		**Bedeutung**
K_0	=	Kapitalwert zum Zeitpunkt Null, Barwert, heutiger Preis
K_t	=	Kapitalwert zum Zeitpunkt t, Zeitwert
i	=	Zinssatz
t	=	Zeitpunkt

1 Autor: Thomas Maurer.

7.1.1 Lineare und geometrische Verzinsung

Ausgangspunkt sei eine Zahlung zum Zeitpunkt 0, in welchem sie einen Wert von K_0 habe. Diese Zahlung lässt sich mit der folgenden Formel linear auf einen zukünftigen Zeitpunkt K_t aufzinsen:

$$K_t = K_0 \cdot (1 + i \cdot t)$$

Geht man hingegen von einer zukünftigen Zahlung K_t im Zeitpunkt t aus, so kann deren heutiger Wert (Barwert) mit folgender Formel linear berechnet werden:

$$K_0 = \frac{K_t}{1 + i \cdot t}$$

Die lineare Verzinsung findet vor allem am Geldmarkt Anwendung, d. h. bei Laufzeiten bis zu einem Jahr. Einige Formeln verwenden die lineare Verzinsung auch für gebrochene Zinsperioden, selbst wenn ganze Jahre geometrisch berechnet werden.

Bei Kapitalmärkten hingegen, d. h. bei Laufzeiten von mehr als einem Jahr, ist die geometrische Verzinsung angemessen. Dies liegt vor allem daran, dass hierbei auch Zinseszinsen von Laufzeiten größer als ein Jahr berücksichtigt werden:

$$K_t = K_0 \cdot (1 + i)^t$$

bzw.

$$K_0 = \frac{K_t}{(1 + i)^t}$$

7.1.2 Von der unterjährigen zur stetigen Verzinsung

In vielen Fällen werden Zinsen einmal pro Jahr gezahlt bzw. berechnet. Es gibt aber auch Produkte, bei denen die Zinsperiode abweicht und Zinszahlungen häufiger als einmal pro Jahr erfolgen, weshalb man von unterjähriger Verzinsung spricht. Die Anzahl der unterjährigen Zinszahlungen soll m entsprechen. Die Länge einer Zinsperiode beträgt demnach $\frac{1}{m}$. Dies ist etwa bei einigen Anleihen mit 2 Zinsterminen pro Jahr der Fall. Ceteris paribus hat der Anleger hier den Vorteil, dass der bereits nach einem halben Jahr ausgezahlte Kupon über die zweite Jahreshälfte mitverzinst wird. Dies führt bei identischem Nominalzins zu einem etwas höheren Ertrag. Die Angabe des Zinssatzes erfolgt bei Produkten mit unterjährigen Zinszahlungen dennoch zunächst auf Jahresbasis. Der unterjährige Zinssatz i_m errechnet sich linear:

$$i_m = \frac{i}{m}$$

Der Wert am Ende einer vollen Zinsperiode K_1 (Endwert) errechnet sich aus m unterjährigen verzinsten Zinsperioden:

$$K_1 = K_0 \cdot \left(1 + \frac{i}{m}\right)^m$$

Der effektive unterjährige Zinssatz i_{eff} beträgt hierbei:

$$i_{eff} = \left(1 + \frac{i}{m}\right)^m - 1$$

Führt man nun immer mehr immer kürzere Zinsperioden pro Jahr ein, gelangt man von der diskreten schließlich zur stetigen bzw. kontinuierlichen Verzinsung. Gedanklich werden hierzu Zinsgutschriften bereits nach kürzesten Zeiträumen kalkuliert. Der Endwert im Zeitpunkt 1 lautet dann:

$$K_1 = \lim_{m \to \infty}\left(1 + \frac{i}{m}\right)^m = K_0 \cdot e^i$$

Die Berechnung des Kapitalwertes in einem beliebigen Zeitpunkt t erfolgt mittels:

$$K_t = K_0 \cdot e^{i \cdot t}$$

Die stetige Verzinsung ist Teil zahlreicher finanzmathematischer Berechnungen und Modelle. Bei gleichem Zinssatz i ergibt sich bei stetiger Verzinsung durch die sofortige Berücksichtigung von Zinseszinsen in jedem Zeitpunkt ein etwas höherer Endwert. Will man mit stetiger Verzinsung zum selben Endwert gelangen wie mit der diskreten, auf $K_t = K_0 \cdot (1+i)^t$ basierenden Methode, muss man die äquivalente Zinsintensität δ bestimmen:

$$K_t = K_0 \cdot (1+i)^t = K_0 \cdot e^{\delta \cdot t}$$

$$\delta = \ln(1+i)$$

Im umgekehrter Richtung erfolgt dies mittels

$$i = e^{\delta} - 1$$

In der Schlussfolgerung gelangen beide Methoden mit leicht abweichenden Zinssätzen und Rechenverfahren zum selben Endwert. Wie gering die Abweichung dabei ist, soll das folgende Beispiel zeigen. Bei einem diskreten Zinssatz von 3% p. a. beträgt die stetige äquivalente Zinsintensität:

$$\delta = \ln(1+i) = \ln(1{,}03) = 2{,}9559\%$$

7.1.3 Barwert eines Zahlungsstroms

Für Kapitalanleger und -aufnehmer spielt oft nicht nur die Rendite eine wichtige Rolle. Für viele Marktteilnehmer ist auch der Barwert eines Zahlungsstroms entscheidend. Dabei können beide Größen ineinander umgerechnet werden. Bewertet werden soll folgender Zahlungsstrom:

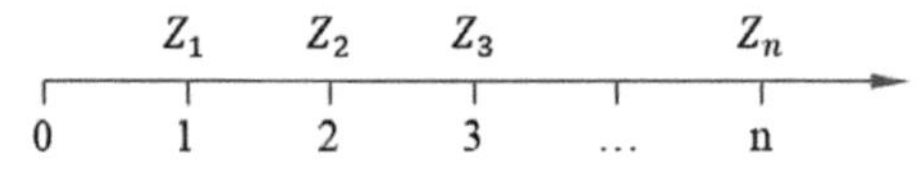

Zunächst soll eine flache Zinsstruktur vorliegen, bei der die Rendite i für alle Laufzeiten identisch ist bzw. als identisch angenommen wird. Der Barwert BW errechnet sich dann mittels der Discounted Cashflow (DCF)-Methode durch Abzinsen der einzelnen Zahlungen auf den heutigen Zeitpunkt:

$$BW = \frac{Z_1}{1+i} + \frac{Z_2}{(1+i)^2} + \cdots + \frac{Z_n}{(1+i)^n} = \sum_{k=1}^{n} \frac{Z_k}{(1+i)^k}$$

Bei stetiger Verzinsung von i errechnet sich der Barwert durch

$$BW = \sum_{k=1}^{n} \frac{Z_k}{e^{i \cdot k}}$$

Zinstitel auf dem Geldmarkt weisen eine Laufzeit von unter einem Jahr auf, weshalb hier meist die lineare Verzinsung verwendet wird:

$$BW = \sum_{k=1}^{n} \frac{Z_k}{1+i \cdot k}$$

Wenn neben den Cashflows auch der Barwert des Finanzinstruments bekannt ist, kann in umgekehrter Richtung auch der enthaltene Zinssatz i berechnet werden. Mathematisch muss hierfür eine Polynomgleichung gelöst werden, deren Grad von der Länge der Zahlungsreihe abhängt. Häufig kann eine Gleichung jedoch nicht explizit nach i gelöst werden, daher kommt hier in der Regel ein numerisches Näherungsverfahren zum Einsatz. Beispielsweise soll die Rendite einer Anleihe mit einem Kupon von 3, einem Nominalwert von 100, Kaufkurs von 99,34 und einer Restlaufzeit von fünf Jahren errechnen werden. Zu lösen ist die folgende Gleichung nach i:

$$99{,}34 = \frac{3}{1+i} + \frac{3}{(1+i)^2} + \frac{3}{(1+i)^3} + \frac{3}{(1+i)^4} + \frac{103}{(1+i)^5}$$

Mithilfe eines numerischen Näherungsverfahrens, welches selbst einfache Taschenrechner anbieten, erhält man i = 3,14 %.

Die Zahlungsströme aller Finanzinstrumente lassen sich wie bei der eben genannten Anleihe beschreiben. Dazu müssen nur die Zeitpunkte und die Höhe der Zahlungen bekannt sein. Um einen arbitragefreien, fairen Preis zu erhalten, muss man bei nicht-flachen Zinsstrukturen die zukünftigen Zahlungen auch mit den jeweils gültigen Marktkonditionen für die entsprechenden Laufzeiten diskontieren, um herausfinden, ob ein Produkt arbitragefrei gepreist ist.

Merke

Problematisch ist die Barwertmethode bei langen Laufzeiten von beispielsweise mehr als zehn Jahren. Die Ermittlung des verwendeten Zinssatzes muss besonders sorgfältig vorgenommen werden. Die Sensitivität bei einem geringfügig anderen Wert des Zinssatzes ist groß, weil die Laufzeit Eingang in den Exponenten der Barwertformel findet.

7.1.4 Negative Verzinsung

Mit Wirkung vom 11. Juni 2014 hat die Europäische Zentralbank mit −0,10 % erstmals einen negativen Zinssatz für die Einlagefazilität festgelegt. Dieser wurde schrittweise noch weiter reduziert, siehe Abbildung 7.1, ab dem 16. März 2016 galten −0,40 % und ab dem 18. September 2018 −0,50 %.

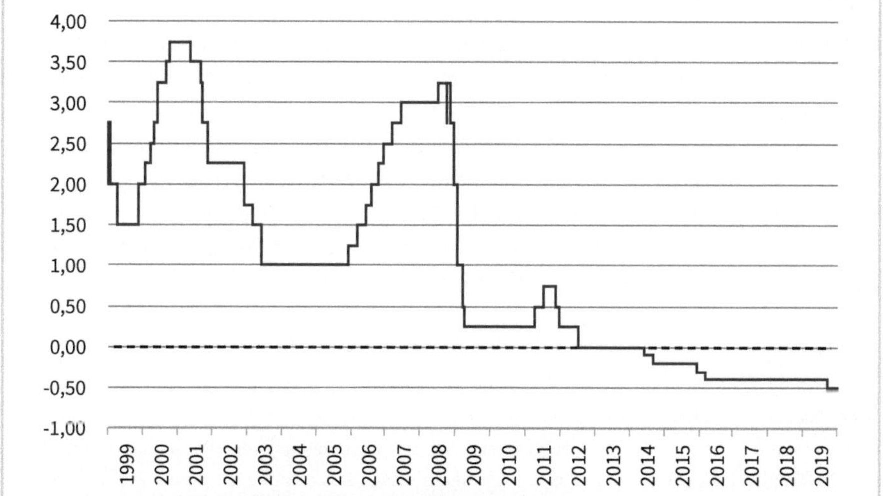

Abb. 7.1: Verzinsung der Einlagefazilität der Europäischen Zentralbank

Banken müssen Einlagen von Kunden, sofern sie diese nicht in Form von Krediten weiterreichen, in gewissem Umfang kurzfristig bei der Europäischen Zentralbank hinterlegen. Durch den negativen Zinssatz bekommen sie für diese Einlagen einen Betrag in Rechnung gestellt. Für die Banken ist dies wirtschaftlich schwierig, denn eine Weitergabe der negativen Zinssätze an ihre Kunden ist nicht leicht vermittelbar. Dennoch greifen Institute jüngst vermehrt hierauf zurück.

Auch der Zinssatz der Hauptrefinanzierungsgeschäfte, häufig als Leitzins bezeichnet, wurde auf ein geringes Niveau abgesenkt. Seit dem 10. März 2016 liegt der Zins bei 0,00 %.

Bei linearer Verzinsung (unterjähriger Bereich) errechnet sich der Zeitwert K_t eines Zahlungsstromes K_0 durch $K_t = K_0 \cdot (1 + i \cdot t)$. Bei einer Verzinsung von 100 Euro zu 0,4 % p. a. über ein Jahr ergibt sich ein Endwert von $K_1 = 100 \cdot (1 + 0{,}4\% \cdot 1) = 100{,}40$. Ein negativer Zinssatz hingegen führt zu $K_1 = 100 \cdot (1 - 0{,}4\% \cdot 1) = 99{,}60$. Über mehrere Zinsperioden (Jahre) hinweg kommt die geometrische Verzinsung zum Einsatz, um die Zinseszinsen mit zu erfassen: $K_t = K_0 \cdot (1 + i)^t$. Bei i = 0,4 % bzw. i = –0,4 % ergeben sich nach 2 Jahren Kapitalwerte von $K_2 = 100 \cdot (1 + 0{,}4\%)^2 = 100{,}80$ bzw. $K_2 = 100 \cdot (1 - 0{,}4\%)^2 = 99{,}20$. Diese beiden Formeln liefern also auch bei negativen Zinssätzen korrekte Resultate.

Es gibt Finanzprodukte, bei deren Bewertung negative Zinssätze mathematisch korrekte, aber intuitiv paradoxe Ergebnisse liefern. Beispielhaft sei erwähnt, dass bei negativem Zins der Barwert einer zukünftigen Zahlung höher ist als der Zahlungsbetrag. Ein Kreditnehmer bezahlt also weniger zurück, als er erhalten hat. Dies kann dennoch für ein Kreditinstitut von Vorteil sein, wenn der negative Kreditzinssatz vom Betrag her kleiner ist als der negative Satz der Zentralbank.

Ein anderes Beispiel hierfür sind Zinsswaps. Hierbei tauscht ein Marktteilnehmer feste Zinszahlungen gegen variable oder umgekehrt. Bei einem Receiverswap erhält man eine gleichbleibende periodische Zahlung und schuldet eine variable, von einem Referenzzins abhängende Zahlung. Erstere erhaltene Zahlung kann sich bei einem unter null sinkenden Referenzzinssatz (oder bei einem nahe null befindlichen Referenzzinssatz bei gleichzeitig negativem Korrekturdifferenzial) ebenfalls in eine zu leistende Zahlung umkehren. Zur Vermeidung dieses Umstands kann eine Zinsuntergrenze (Floor) vereinbart werden, durch den der variable Zinssatz nicht unter null sinkt.

Praxishinweis

Bei langen Fristen verursachen negative Zinssätze besondere Bewertungsprobleme. Denn die negativen Zinssätze führen dazu, dass zukünftige Zahlungen anders als bei hohen positiven Diskontsätzen nicht ab-, sondern aufgewertet werden. Sie spielen für den Barwert deshalb eine große Rolle. Beispiel: Bei einem Zins von 8 % beeinflussen Zahlungen etwa ab der 30. Periode den Barwert kaum noch, während bei einem Zins von -1 % eine Zahlung in der 30. Periode 30 % mehr Gewicht hat als eine gleichhohe Zahlung in der ersten Periode. Eine Zahlung in der 300. Periode beeinflusst den Barwert zwanzigmal so stark als eine gleichhohe Zahlung in der ersten Periode. Das bedeutet, dass man bei negativen Zinssätzen die tatsächliche Laufzeit von Projekten sehr genau planen muss, während dies bei hohen positiven Zinssätzen bedingt durch die starke

Abwertung durch Diskontierung nicht der Fall war. Das Problem fängt schon bei Zinssätzen im niedrigen positiven Bereich von etwa 1 % bis 2 % an, drückend zu werden. Unternehmensanteile (Aktien) und sehr lang laufende Anleihen sind von dem Problem stark betroffen.

7.2 Zinsstrukturen

7.2.1 Zinsstrukturkurve

Oft geht man bei finanzmathematischen Berechnungen vereinfachend davon aus, dass der Zinssatz für alle Laufzeiten gleich ist. Stattdessen ist es jedoch sachgerechter, den für die jeweilige Laufzeit gültigen Zinssatz zu verwenden, denn Zinssätze hängen normalerweise stark von der Laufzeit ab. Eine normale Zinsstruktur bezeichnet dabei eine Situation, in der langfristige Anlagen höher verzinst werden als kurzfristige. Umgekehrt gibt es Marktlagen, in denen für kurze Laufzeiten höhere Zinsen gezahlt werden als für langfristige (inverse Zinsstruktur). Dazwischen gibt es noch den Sonderfall, dass die Zinsen für alle Laufzeiten tatsächlich identisch sind (flache Zinsstruktur), siehe auch Abbildung 7.2.

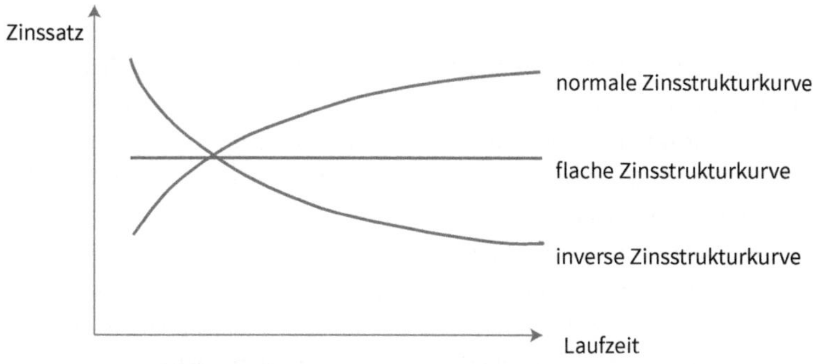

Abb. 7.2: Varianten von Zinsstrukturkurven

7.2.2 Multi-Curve Approach

Die Bewertung von variablen Produkten (z. B. Zinsswaps) erfolgte bis zur Finanzmarktkrise auf Basis eines Ein-Kurven-Ansatzes. Hierbei wurde sowohl für die Ermittlung der variablen Cashflows (Fixings) als auch für die Diskontierung der Cashflows die gleiche Kurve verwendet. Während und nach der Finanzkrise wurde sichtbar, dass diese vereinfachende Vorgehensweise für die Bewertung von Swaps mit Collateralvereinbarung nicht angemessen ist, da sich die Differenz zwischen EURIBOR und Overnight Interest Rate Swap (OIS) vergrößerte. Daher musste nun ein Ansatz gefunden werden, der mit diesem sogenannten Basisspread-Effekt umgehen konnte. Als Standard hat sich hierbei ein Multi-Curve

Approach etabliert. Hierbei werden nun zwei unterschiedliche Kurven für die Bepreisung verwendet. Für die Diskontierung wird die risikoneutrale OIS-Kurve eingesetzt, während für die Abbildung der variablen Cashflows die jeweilige Tenor-Swap-Kurve (z. B. Swap6M) verwendet wird. Der Wert des jeweiligen Zinsinstrumentes hängt somit von der OIS-Kurve und der Differenz zwischen OIS und Tenorkurve ab.

7.2.3 Neue Referenzzinssätze (Benchmarkmodelle)

Referenzzinssätze (Benchmarkzinssätze) spielen für die Bewertung im Finanzsystem einer Volkswirtschaft eine herausragende Rolle. Dabei handelt es sich um regelmäßig veröffentlichte transparente Zinssätze, die für alle Arten von Finanzgeschäften (z. B. Darlehen, Derivate), aber auch für die Bewertung von Bilanzpositionen die Bezugsgröße darstellen. Aufgrund ihrer wirtschaftlichen Bedeutung sind klare Methoden und Governancestrukturen notwendig. Daher werden die Referenzzinssätze mittels Benchmark-Verordnung der EU grundlegend reformiert. Hierbei wird der sehr wesentliche Tagesgeld-Referenzzinssatz EONIA durch den €STR (Euro Short-Term Rate) ersetzt. Die Definition und die Berechnungsmethode für den ebenso wichtigen EURIBOR-Referenzzinssatz für unbesicherte Kredite auf dem Interbankenmarkt werden überarbeitet.

Der €STR soll hierbei wiedergeben, was eine Bank für eine unbesicherte Übernacht-Geldaufnahme bezahlen muss. Hierbei beruht der Zinssatz im Gegensatz zum EONIA nicht nur auf Transaktionen zwischen einer geringen Anzahl von Banken, sondern auch auf Transaktionen mit Geldmarkt- und Investmentfonds oder auch Zentralbanken. Basis sind die verpflichtenden Meldungen von Finanzmarktteilnehmern über abgeschlossene Geldmarktgeschäfte an die Zentralbank. Durch diese breitere Basis ist eine verlässlichere Abbildung gewährleistet, die vor Manipulationen schützt. Währenddessen beruht der EURIBOR auf freiwilligen Meldungen von Geschäftsbanken an einen Bankenverband. Eine ausreichende Zahl von meldenden Instituten ist nicht gewährleistet.

7.3 Risikokennzahlen

Die folgenden Risikokennzahlen werden in der Praxis eingesetzt, um die Auswirkung einer Zinsniveauänderung auf den Barwert einer verzinslichen Anlage abzuschätzen. Die Kennzahlen gehen dabei von einer flachen Zinsstrukturkurve aus.

7.3.1 Duration

Die Duration eines Zahlungsstroms nach Macaulay entspricht dem Schwerpunkt der Barwerte der einzelnen enthaltenen Zahlungen. Die Duration eines Zahlungsstromes kann als die durchschnittliche Kapitalbindungsdauer interpretiert werden. Nach dieser Zeitspanne ist die Hälfte des investierten Barwertes an den Investor zurückgeflossen.

Zur Errechnung wird eine jede Zahlung Z_t mit ihrem Zeitpunkt t gewichtet. Das Ergebnis ist eine Angabe in Jahren, bzw. allgemeiner in Kuponperioden. Beispielhaft soll die Duration einer Anleihe mit einer Restlaufzeit von fünf Jahren und einem Kupon von drei bei einem Marktzins von ebenfalls 3 % ermittelt werden (Tabelle 7.1).

t	CFt	BW (CFt)	t*BW(CFt)
1,00	3,00	2,91	2,91
2,00	3,00	2,83	5,66
3,00	3,00	2,75	8,24
4,00	3,00	2,67	10,66
5,00	103,00	88,85	444,24
	Summen:	100,00	471,71
	Duration D =	471,71 / 100,00	**=4,72 Jahre**
Marktzins i = 3 %			

Tab. 7.1: Berechnung der Duration

Die Berechnung kann alternativ mit der folgenden geschlossenen Formel erfolgen.

$$D = \sum_{t=1}^{T} \frac{t \cdot z_t}{(1+i)^t} / \sum_{t=1}^{T} \frac{Z_t}{(1+i)^t}$$

Bei einer Nullkuponanleihe (Zerobond) entspricht die Duration seiner Restlaufzeit, da im Zeitpunkt ihrer Fälligkeit die einzige Zahlung während ihrer Laufzeit fließt.

7.3.2 Modified Duration

Auf Basis der Duration lassen sich weitere Kennzahlen ermitteln. Die Modified Duration (MD) steht für die prozentuale Barwertänderung bei einer Änderung des Marktzinses um 1 % absolut, d. h. um 100 Basispunkte. MD ergibt sich aus der Duration D wie folgt:

$$MD = \frac{D}{1+i}$$

Betrachten wir wieder das Beispiel der oben genannten Anleihe. Die MD errechnet sich mittels $\frac{4{,}72}{1{,}03} = 4{,}58$. Dies bedeutet, dass bei einer Erhöhung des Marktzinses um 1 %-Punkt (von 3 % auf 4 %) der Barwert der Anleihe um näherungsweise 4,58 % sinkt. Umgekehrt steigt der Barwert der Anleihe um etwa 4,58 %, sollte der Marktzins um 1 %-Punkt sinken. Die exakten rechnerischen Barwertänderungen betragen −4,45 % bzw. 4,71 %. Sie differieren aufgrund der Konvexität der Preis-Rendite-Kurve durch die große Zinssatzänderung von einem ganzen Prozentpunkt.

7.3.3 Elastizität

Ein ähnliches Konzept verfolgt die Elastizität ε. Diese liefert ebenfalls die prozentuale Barwertänderung allerdings für den Fall, dass sich die Marktverzinsung um 1 % relativ ändert, beispielsweise von 3,00 % auf 3,03 %.

$$\varepsilon = -\frac{i}{1+i} \cdot D$$

Bei genannter Zinserhöhung verringert sich der Barwert um $\varepsilon = -\frac{0{,}03}{1{,}03} \cdot 4{,}72 = -0{,}1374\ \%$. Dies entspricht einer Reduktion um 13,74 Cent, wenn man von einem Barwert von 100 Euro ausgeht, und liegt aufgrund der kleinen Änderung sehr dicht am rechnerischen Wert von 13,73 Cent.

7.3.4 Basispunktwert

Der Basispunktwert (Basis Point Value, BPV) liefert hingegen keine prozentuale, sondern eine absolute Barwertänderung, wenn sich der Marktzins um den viel kleineren Betrag von einem Basispunkt (0,01 %-Punkte) ändert. Hierbei steht der Preis P für den aktuellen Barwert.

$$BPV = -\frac{D}{1+i} \cdot \frac{P}{10{,}000}$$

Für die oben genannte Anleihe mit einem Barwert von 100 ergibt sich der Basispunktwert $BPV = -\frac{4{,}72}{1{,}03} \cdot \frac{100{,}00}{10.000} = -0{,}0458$. Bei einer Zinserhöhung um einen Basispunkt sinkt der Barwert der Anleihe folglich um etwa 4,58 Cent. Der rechnerische Barwertverlust liegt ebenfalls bei 4,58 Cent, und damit, dank der äußerst kleinen Änderung von nur einem Basispunkt, sehr dicht am Näherungswert.

7.4 Swaps

Swaps dienen der Absicherung bestehender Geschäfte oder der Spekulation. Bei einem Zinsswap vereinbaren die beiden Kontraktpartner, künftige Zinszahlungen zu tauschen. Damit beide Kontraktpartner zum Eingehen des Swaps bereit sind, muss dieser fair bepreist sein, das heißt, die Barwerte beider zugrunde liegender Zahlungsreihen müssen identisch sein. Häufig fließt bei Vertragsschluss keine Zahlung, in diesem Fall wurde der Swap durch das Ermitteln eines passenden Festzinssatzes (Swapsatz) oder durch Auf- bzw. Abschläge auf den variablen Zinssatz (Spreads) bepreist. Alternativ ist das Einpreisen einer zusätzlichen Vorauszahlung (Up-Front Payment) bzw. eine Vorauserstattung (Up-Front Redemption) möglich, welche sich dann entsprechend auf den Swapsatz auswirkt. Während der Laufzeit des Swaps werden dann Zahlungsverpflichtungen und -ansprüche als ein saldierter Betrag gezahlt. Die zu leistende Zahlung liegt dabei regelmäßig bei nur einem Bruchteil des vereinbarten Nominalbetrages des Swaps.

Bei einem Währungsswap hingegen werden feste oder variable Zinsen in einer Währung gegen feste oder variable Zinsen in einer anderen Währung getauscht. Zusätzlich kommt es zu einem Tausch der zugrunde liegenden Nominalbeträge zu Beginn und zu einem Rücktausch am Ende der Laufzeit.

Kuponswaps

Der Kuponswap (Plain-Vanilla-Swap oder Straight Swap) ist der am häufigsten eingesetzte Swap. Hier werden feste gegen variable Zinszahlungen getauscht, wobei Letztere mittels eines Auf- oder Abschlages an einen Referenzzins (z. B. 3-Monats-EURIBOR) gekoppelt sind. Der Nominalbetrag beider Zahlungsreihen ist identisch, dieser wird nicht getauscht. Ein Kuponswap kann somit als Portfolio aus einer gekauften Anleihe und eines emittierten Floaters betrachtet werden. Ein Swap ist für denjenigen Kontraktpartner, der eine feste Zahlung leistet, ein sogenannter Payerswap. Erhält man hingegen eine festverzinsliche Zahlung, so handelt es sich um einen Receiverswap.

Beispiel: Der Emittent eines Floaters (variabel-verzinsliche Anleihe) möchte sich gegen schwankende Zinszahlungen absichern, denn bei steigenden Zinsen würde sich der zu zahlende Kupon erhöhen. Dazu schließt er mit einem Kontraktpartner, z. B. einer Bank, einen Kuponswap als Payerswap ab. Der Swap ist dabei vom abzusichernden Geschäft komplett unabhängig. Künftig muss er somit eine feststehende Zinszahlung an den Kontraktpartner des Swaps leisten und erhält im Gegenzug von diesem eine variable Zahlung, die in der Höhe identisch mit der Zahlung an die Anleihegläubiger ist. An dieser Stelle sei an das Adressenrisiko des Swappartners hingewiesen. Außerdem muss betont werden, dass der Emittent des Floaters zwar einerseits das Risiko steigender Zinsen eliminiert, gleichzeitig jedoch auch die Chance fallender Zinsen.

Basisswap

Dieser Swap tauscht einen variablen Zinssatz, z. B. 3-Monats-EURIBOR, in einen anderen variablen Zinssatz, z. B. 6-Monats-LIBOR.

Step-up-Swap mit unterschiedlichen Zinsbeträgen

Der Step-up-Swap unterscheidet sich von einem Kuponswap dadurch, dass er auf jährlich abweichenden Nominalbeträgen basiert. Zur Berechnung des Swapsatzes müssen die Nominalbeträge jedoch vor Vertragsschluss feststehen. Der feste Zinssatz (Swapsatz) wird dann gegen einen variablen Referenzzinssatz getauscht.

Step-up-Swap mit unterschiedlichen Nominalbeträgen

Im Unterschied zum vorhergehenden Swap ist der Nominalbetrag hier über die Laufzeit konstant, allerdings erhält bzw. zahlt der Partner auf der Festzinsseite einen zusätzlichen Spread.

Swap mit Up-Front-Payment

Dieser Swap unterscheidet sich vom Kuponswap dadurch, dass ein Kontraktpartner zu Beginn der Laufzeit eine Vorauszahlung erhält bzw. leistet. Hierfür wird der Swapsatz (fester Zinssatz) derart justiert, dass der Barwert der beabsichtigten Vorauszahlung dem Unterschied im Barwert der künftigen Cashflows entspricht.

Forward-Swap

Hierbei handelt es sich um einen Kuponswap, der jedoch für einen Zeitraum geschlossen wird, der wie ein Forwarddarlehen erst nach einer Frist beginnt. Er kann als Portfolio aus einer Forwardanleihe und einem Forward-Floater angesehen werden.

7.5 Forward Rate Agreements (FRA)

Ein Forward Rate Agreement (FRA) sichert heute (in t_0) einen Zinssatz für die Laufzeit eines Geschäftes, das jedoch erst in einem zukünftigen Zeitpunkt t_a beginnt und bis t_b läuft. Gedanklich kann das FRA als eine Geldaufnahme von t_0 bis t_b und eine Geldanlage von t_0 bis t_a konstruiert werden. Da die Zinssätze für diese beiden Geschäfte heute bereits feststehen, lässt sich daraus auch der für den Zeitraum t_a bis t_b gültige Forwardzinssatz bestimmen. Üblich ist eine Vorlaufzeit von 1 bis 18 Monaten und ein Absicherungszeitraum von 3 bis 12 Monaten. Wie auch beim Swap wird nicht das zugrunde liegende Kapital getauscht, sondern es fließt zu Beginn des Absicherungszeitraumes lediglich eine Ausgleichszahlung, deren Höhe sich nach der Differenz zwischen dem vereinbarten Zinssatz und dem aktuellen Stand des Referenzzinssatzes richtet. Durch das Verketten mehrerer Geschäfte kann auch ein längerer Zeitraum abgesichert werden. Wie bereits der Swap hat auch das FRA einen fixen Charakter, d. h., das Geschäft ist auch dann bindend, wenn es sich während der Laufzeit als nachteilig erweist.

7.6 Optionen

Optionen sind bedingte Termingeschäfte, bei denen der Inhaber das Recht hat, einen vorher definierten Basiswert (Underlying) zu einem festgelegten Basispreis (Strike Price) zu kaufen (Kaufoption, Call) bzw. zu verkaufen (Verkaufsoption, Put). Bei amerikanischen Optionen hat der Käufer der Option jederzeit während der Laufzeit das Recht ausüben, bei europäischen Optionen hingegen nur am Ende der Laufzeit, also bei Fälligkeit. Die meisten an den Finanzmärkten gehandelten Optionen sind amerikanische. Der Verkäufer der Option wird auch als Stillhalter bezeichnet. Er muss das Underlying zum festgelegten Preis liefern, wenn der Käufer die Option ausübt.

Der Preis einer Option setzt sich aus dem inneren Wert und dem Zeitwert zusammen. Der innere Wert verkörpert den Vorteil, den der Optionsinhaber gegenüber dem Handel des Underlyings am Markt hätte. Hat ein Call beispielsweise einen Basispreis von 10 Euro, und das Underlying wird am Markt aktuell für 12 Euro gehandelt, so beträgt der innere Wert der Option näherungsweise 2 Euro. Der Optionsinhaber kann die Aktie dann vom Stillhalter für 10 Euro kaufen, obwohl der Preis am Markt aktuell 12 Euro beträgt. Der Preis dieser Option liegt jedoch in der Regel über 2 Euro, z. B. bei 3 Euro, da neben dem inneren Wert noch der Zeitwert eingerechnet ist. Dieser repräsentiert die Chancen, dass sich der Preis des Underlyings bis zum Ende der Laufzeit der Option noch zum Vorteil des Optionsinhabers entwickelt.

Im eben genannten Fall ist der Call im Geld (in-the-money), denn er hat einen inneren Wert. Liegt der Kurs des Underlyings in der Nähe des Basispreises der Option, so ist die Option am Geld (at-the-money). Hat die Option keinen inneren Wert, weil der Kurs des Underlyings unterhalb des Basispreises des Calls liegt, so ist die Option aus dem Geld (out-of-the-money). In diesem Fall hat die Option keinen inneren Wert, der Preis der Option besteht nur aus dem Zeitwert. Der Inhaber wird die Option nur dann ausüben, wenn diese im Geld ist. Ist die Option hingegen aus dem Geld, also liegt der Aktienkurs bei unter 10 Euro, so kann er die Aktie günstiger am Markt kaufen als vom Stillhalter.

Bei einer Verkaufsoption ist die Lage umgekehrt. Angenommen, ein Put hat einen Basispreis von 60 Euro, so hat der Inhaber das Recht, dem Stillhalter die Option für 60 Euro anzudienen, d. h. zu verkaufen. Das ist vor allem dann vorteilhaft, wenn die Option im Geld ist, d. h., der Aktienkurs liegt unter 60 Euro. Im Gegensatz dazu wird der Inhaber die Option nicht ausüben, wenn der Aktienkurs z. B. bei 70 Euro liegt (die Option ist aus dem Geld), denn dann kann er die Aktie für 70 Euro am Markt verkaufen. Eine Putoption kann daher als Instrument zur Absicherung gegen sinkende Kurse einer bestehenden Position verwendet werden, oder zur Spekulation auf fallende Kurse, wenn das entsprechende Underlying im Portfolio nicht vorhanden ist.

Die Abwicklung (Settlement) von ausgeübten Aktienoptionen erfolgt in der Regel durch eine Zahlung der Wertdifferenz (Cash Settlement), denn dies ist für beide Kontraktpartner einfacher zu realisieren als die Übertragung des Eigentums an einer Aktie. Zeitgleich sei darauf verwiesen, dass Optionen häufig eher verkauft als ausgeübt werden, da bei Ausübung lediglich der innere Wert realisiert werden kann, während beim Verkauf auch der Zeitwert mit vergütet wird.

Zur Bewertung von (europäischen) Finanzoptionen kommt üblicherweise das Black-Scholes-Modell, alternativ auch das Binomialmodell oder das Bernoullimodell zum Einsatz. Daneben kann auch eine Monte-Carlo-Simulation zur Optionsbewertung verwendet werden, basierend auf dem Wiener Prozess (geometrische Brown'sche Bewegung).

Das Black-Scholes-Modell ist das am weitesten verbreitete Modell zur Bestimmung von Preisen für Kauf- und Verkaufsoptionen, da es sich sehr praktikabel implementieren lässt. In die expliziten Formeln zur Ermittlung der Preise gehen der aktuelle Kurs S der zugrunde liegenden Aktie, der Basispreis X der Option, ein geeigneter Zinssatz i, die Restlaufzeit t sowie die Volatilität σ der Renditen der zugrunde liegenden Aktie. Allerdings gilt das Modell laut seinen Annahmen lediglich für europäische Optionen, welche nur am Ende der Laufzeit ausgeübt werden können. Des Weiteren dürfen während der Laufzeit der Option keine Dividendenzahlungen stattfinden. Viele marktgängige Optionen sind hingegen amerikanische, deren Preis aufgrund der zusätzlichen Möglichkeit zur jederzeitigen Ausübung jedoch nur leicht über dem Preis einer europäischen Option liegt. In der Realität kann der ermittelte Wert einer Option auch bei Veränderungen der Volatilität der in die Berechnung eingehenden Renditen oder bei Zinsänderungen abweichen.

Bei negativen Zinsen ist die Anwendung von lognormalverteilten Daten nicht mehr angemessen. Daher werden viele Modelle auf normalverteilte Daten umgestellt, z. B. bei der Bewertung von Kündigungsrechten durch Zinsoptionen. In der Praxis wird hingegen häufig das lognormalverteilte Modell weiterverwendet; die Zinsen werden dann mithilfe von Shiftmatrizen umgerechnet und darauf die Volatilitäten berechnet, wie etwa in Thomson Reuters durch die »Shift +200 Matrix«.

7.7 Erweiterungen des Black-Scholes-Modells

Bei amerikanischen Optionen kann der Inhaber jederzeit während der Laufzeit ausüben. Deshalb ist ihr Wert mindestens so hoch wie jener einer europäischen Option, kann aber auch höher liegen. Da sich der Inhaber in jedem Zeitpunkt zwischen Ausübung und Fortsetzung entscheiden muss, kommt dem Fortführungswert entscheidende Bedeutung zu. Dieser lässt sich am einfachsten in das Binomialmodell integrieren. Hierzu ist in jedem Iterationsschritt das Maximum aus innerem Wert und Fortsetzungswert zu bilden.

7.8 Monte Carlo-Simulation zur Bewertung exotischer Optionen

Exotische Optionen unterscheiden sich von einfachen Calls und Puts. Der Wert dieser Optionen lässt sich oft weder per Erwartungswert noch in geschlossener Form darstellen. Dennoch lässt sich ein Preis über numerische Verfahren ermitteln, zum Beispiel über die Monte Carlo-Simulation. Diese basiert auf dem Gesetz der großen Zahl, welches besagt, dass das arithmetische Mittel unabhängiger, gleichverteilter Zufallsvariablen nahezu sicher gegen den Erwartungswert konvergiert. Simuliert werden zahlreiche Preispfade (Kursverläufe) des Basiswertes über den Betrachtungszeitraum.

7.9 Das Copula-Modell zur Bewertung von Kreditderivaten

Gegen Ende der 90er Jahre wurden Asset Backed Securities (ABS) immer populärer. Zur Bewertung ihres Risikos muss die gemeinsame Ausfallwahrscheinlichkeit vieler Kreditnehmer berechnet werden. Aufgrund der Komplexität der ABS-Struktur stellte sich hierfür jedoch das Portfoliomodell nach Markowitz als ungeeignet heraus. Der Versicherungsmathematiker Li benutzte im Jahr 2000 erstmals Copulas, um ABS-Papiere risikogerecht zu bewerten. Copulas können einerseits die Frage nach der Risikostruktur beantworten, sowie andererseits nach dem Preis beantworten, welcher für diese Risikostruktur zu zahlen ist. Bei einer Copula handelt es sich mathematisch um eine mehrdimensionale Verteilungsfunktion, deren eindimensionale Randverteilungen auf dem Intervall [0;1] gleichverteilt sind. Somit ist es mittels einer Copula möglich, aus den bekannten Werten der Randverteilungen auf die gemeinsame Verteilung zu schließen. Die Copula liefert auf Basis von Inputvariablen einen Wert für die Ausfallwahrscheinlichkeit eines Portfolios, welcher zwischen 0 und 1 liegt. Hierfür bezieht sie die Korrelation zwischen den enthaltenen Papieren ein.

Beispiel: Ein Portfolio enthalte zwei Anleihen, deren Ausfallwahrscheinlichkeiten für sich 5 % beträgt. Bei Unabhängigkeit der Ausfallereignisse beträgt die Ausfallwahrscheinlichkeit des Portfolios 5 % · 5 % = 0,25 %. Jedoch können die Ausfallereignisse miteinander korreliert sein, z. B. mit einem Korrelationskoeffizient von 0,3. Auf Basis der zweidimensionalen Normalverteilung ergibt sich eine Ausfallwahrscheinlichkeit von 0,71 %. Diese liegt deutlich über dem Wert von 0,25 %, für den eine Korrelation von 0 angenommen wurde. Bei sehr hoch korrelierten Papieren steigt die Ausfallwahrscheinlichkeit des Portfolios bis auf 5 % an, denn der Ausfall einer Anleihe geht mit dem Ausfall der anderen einher.

7.10 Die Martingalmethode

Die Martingalmethode findet in der Portfoliooptimierung Anwendung, zum Beispiel in folgender Situation: Ein Investor muss sich entscheiden, in welche Wertpapiere er welche Menge an Kapital investiert und wie viel er für Konsum zurückhält. Der Investor kann in jedem Zeitpunkt während der Laufzeit über seine Transaktionen entscheiden. Er kennt die Kursverläufe der Vergangenheit sowie die Marktkoeffizienten. Insiderinformationen besitzt er nicht und kennt auch keine zukünftigen Aktienkurse. Mithilfe der Martingalmethode wird das zeitlich-dynamische Portfolioproblem in zwei Teile zerlegt, nämlich in die statische Berechnung der optimalen Anteile inklusive Endvermögen einerseits sowie die Bestimmung eines Portfolioprozesses zur Realisierung dieses Endvermögens andererseits.

7.11 Maximum-Likelihood-Methode

Die Maximum-Likelihood-Methode dient dem Schätzen von Parametern wie Mittelwert und Standardabweichung in parametrischen Modellen. Sie basiert auf dem Einsatz von Maximum-Likelihood-Schätzern (MLS). Man wählt diejenigen Parameter für die Grundgesamtheit aus, unter denen die realisierte Stichprobe die größte Wahrscheinlichkeit hat.

7.12 Big Data

Bei Big Data handelt es sich streng genommen nicht selbst um ein Verfahren. Big Data hingegen bezeichnet große Datenmengen, die gesonderte Verfahren zur Ablage und Auswertung benötigen. Die Daten stammen aus Bereichen wie zum Beispiel der Finanzbranche, der Energiewirtschaft, dem Gesundheitswesen oder den sozialen Medien. Die Zielsetzung variiert je nach Anwendungszweck, jedoch geht es zumeist um die Identifikation oder den Nachweis allgemeingültiger Phänomene.

Aufgaben zur Lernkontrolle

- Erklären Sie verschiedene Arten der Verzinsung.
- Was versteht man unter dem Multi-Curve Approach
- Welche Probleme treten bei sehr niedrigen positiven und negativen Zinssätzen auf?
- Welches Problem wird durch den Einsatz von Copulas gelöst?
- Nennen und erläutern Sie die verschiedenen Arten von Swap-Verträgen.

Literatur

Bianchetti, M. (2010): Two curves, one price: Pricing & hedging interest rate derivatives.

Hagan, P. S./West, G. (2006): Interpolation methods for curve construction. Applied mathematical finance, Juni 2006.

Korn, R. (2014): Moderne Finanzmathematik – Theorie und praktische Anwendung, Band 1 – Optionsbewertung und Portfolio-Optimierung, Springer, Wiesbaden.

Desmettre, S./Korn, R. (2018): Moderne Finanzmathematik – Theorie und praktische Anwendung, Band 2 – Erweiterungen des Black-Scholes-Modells, Zins, Kreditrisiko und Statistik, Springer, Wiesbaden.

ESMA/EBA (2017): Leitlinien zur Bewertung der Eignung von Mitgliedern des Leitungsorgans und Inhabern von Schlüsselfunktionen, EBA/GL/2017/12. Deutsche Übersetzung vom 21.03.2018.

EZB (2018): Leitfaden zur Beurteilung der fachlichen Qualifikation und persönlichen Zuverlässigkeit, Mai 2018.

EZB (2019a): Key ECB interest rates, https://www.ecb.europa.eu/stats/policy_and_exchange_rates/key_ecb_interest_rates/html/index.en.html (Zugriff am 12.09.2019)

EZB (2019b): Benchmark Rates, https://www.ecb.europa.eu/explainers/tell-me-more/html/benchmark_rates_qa.de.html (Zugriff am 08.10.2019)

Hahn (2012): Portfoliotheorie und Erweiterungen: Portfoliobildung mit Copulas, in: Hockmann, H.-J./Thießen, F. (2012), Investmentbanking, S. 143–186.

Heidorn (2017): Finanzmathematik in der Bankpraxis, 7. A., Springer Gabler, Wiesbaden.

Hull (2019): Optionen, Futures und andere Derivate, 10. A., Pearson Studium.

Luderer, B. (2012): Mathematische Grundlagen des Investmentbankings, in: Hockmann, H.-J./Thießen, F. (2012), Investmentbanking, S. 111–142.

II Beratungs- und Finanzierungsgeschäfte

8 Corporate Finance Advisory[1]

LERNZIELE

- Sie können einem Interessierten die historische Entwicklung des Advisory-Geschäftes von Investmentbanken darlegen und begründen.
- Sie können die Wettbewerbsvorteile von Investmentbanken im Beratungsgeschäft ableiten.
- Sie können die Unterschiede zwischen der US-amerikanischen und der europäischen Sicht von Corporate Finance Advisory erklären.
- Sie können die Anbietergruppen von Corporate Finance Advisory-Leistungen aufzählen und ihre Stärken und Schwächen erklären.

8.1 Einführung

Unter dem Oberbegriff *Corporate Finance* wird ein breites Angebot verschiedener Hilfsmittel verstanden, die eingesetzt werden, um die

- Analyse,
- Bewertung,
- Kapitalstruktursteuerung und
- Finanzierung

eines Unternehmens durchzuführen. Die Stakeholder von Unternehmen haben mannigfaltige Interessen, die nicht immer mit »Plain-Vanilla«-Strategien zum Ausgleich gebracht werden können. Dazu kommen die unterschiedlichsten externen Kräfte, die auf Unternehmen einwirken. Aus diesem Grund hat sich eine große Vielfalt sehr unterschiedlicher Ansätze entwickelt, Unternehmen zu finanzieren. Diese Vielfalt von Einflussfaktoren beeinflusst den Einsatz von Corporate-Finance-Instrumenten. Sie ist der Grund, warum Investmentbanken ein Beratungsgeschäft aufbauen konnten mit dem Ziel, Stakeholdern zu optimalen Lösungen zu verhelfen.

Ein Finanzmanager eines Unternehmens ist grundsätzlich aufgefordert, allen Wirkungskräften ein geschlossenes Planungs- und Finanzierungskonzept gegenüberzustellen, sodass idealerweise alle Stakeholder (nicht nur die Aktionäre oder Shareholder)

- mit qualitativen Argumenten und
- mit einem aussagefähigen Zahlenwerk

transparent informiert werden können. Die Strategie des Unternehmens sollte sich daraus ableiten und umsetzen lassen.

1 Autor: Jan P. Weidner.

Im angelsächsischen Raum hat Corporate Finance für Finanzmanager eine noch stärker hervorgehobene Rolle als in Europa. In den USA liegt der Fokus stärker bei der Rolle der Kapitalgeber, seien es Aktionäre oder Private Equity Investoren. Dies ist durch die deutlich stärkere Kapitalmarktorientierung der US-amerikanischen Unternehmen bedingt. Damit rückt der Einsatz des Cashflows eines Unternehmens in den Mittelpunkt. Instrumente und Strategien zur Steuerung des Cashflows sind stärker ausgeprägt als in Europa und Asien (Brealey u. a., 2016, S. 9).

Die unterschiedlichen Schwerpunkte belegen zwei Definitionen von Corporate Finance, die in Europa und in den USA gebräuchlich sind:

Definition (Europa)

Corporate Finance ist die Planung, Bewertung und Finanzierung von Unternehmen (Eayrs u. a., 2011).

Definition (USA)

Corporate Finance ist Capital Budgeting, Capital Structuring und Working Capital Management von Unternehmen (Hillier u. a., 2017).

8.2 Die Corporate-Finance-Beratung: Geschichte

Wie sind Investmentbanken zum Corporate-Finance-Beratungsgeschäft gekommen? Im Folgenden wird kurz die historische Entwicklung aufgezeigt. Sie belegt beispielhaft, welche Umstände dazu beitragen können, neue Geschäftsfelder zu entwickeln.

Ausgangspunkt war das Emissionsgeschäft von Anleihen in der zweiten Hälfte des 19. Jahrhunderts in den USA. Die Investmentbanken, welche die Anleihen verkauften, stellten fest, dass es sich nicht um Einmalgeschäfte handelte. Vielmehr war das Überleben der Bank von wiederholten Emissionen abhängig. Dazu mussten Banken bei den Abnehmern der Anleihen eine gute Reputation besitzen. Anleihen von Unternehmen, die eine Bank verkaufte, sollten ordnungsgemäß von den Schuldnerunternehmen zurückgezahlt werden. Dies führte dazu, dass Banken enge Beziehungen zu den emittierenden Unternehmen hielten, um darauf zu achten, dass sie ordentlich geführt wurden. Investmentbanken waren in den Aufsichtsräten vertreten und wirkten aktiv in die Unternehmen hinein, um negative Entwicklungen zu unterbinden (»Investmentbanker-Aktivismus«).

Dies waren erste *Beratungsleistungen* im eigenen Interesse. Wissenschaftliche Studien zeigten, dass Aktien von Unternehmen, in deren Boards Vertreter von JP Morgan & Co. saßen, einen 30 % höheren Aktienpreis hatten und liquider waren als Aktien vergleichbarer Unternehmen ohne Investmentbanker im Board.

Besonders intensiv waren Investmentbanker im Beratungsgeschäft bei solchen Unternehmen aktiv, die sich in »Financial Distress« befanden. Dies waren Ende des 19. Jahrhunderts häufig Unternehmen – insbesondere Eisenbahnen – die zu viel Schulden aufgehäuft hatten und bei unvorhergesehenen Krisen in Finanzschwierigkeiten gerieten. Da Schulden oft im Wege der Anleihefinanzierung gemacht wurden, waren die Investmentbanken indirekt betroffen.

Anleihen waren meist besichert (Covered Bonds), aber es hatte sich noch kein effizientes Insolvenzverfahren entwickelt. Ein Gläubiger, der z. B. ein Recht auf 2 km Schienenstrecke bekam, konnte damit wenig anfangen.

Kapitalgeber begannen daraufhin, sich zusammenzuschließen, um ihre Rechte gemeinsam auf vernünftige Weise auszuüben. Investmentbanker wurden oft gewählt, die Leitung solcher Vereinigungen zu übernehmen. Oft wurden die Stimmrechte der Aktionäre gebündelt (»Voting Trusts«) und auf drei bis fünf Trustees übertragen, welche die Reorganisation der Unternehmen koordinierten. Damit wurden häufig Investmentbanker – insbesondere von J. P. Morgan oder Kuhn, Loeb & Co – betraut, die dann zugleich auch die Interessen der Anleihegläubiger vertraten. Es kam oft zu größeren Umstrukturierungen; die Geschäfte wurden auf neue Gesellschaften übertragen, an denen die Aktionäre und Gläubiger der alten Unternehmen Anteile erhielten.

Schließlich entwickelte sich die Usance, zentrale »Reorganisation Committees« zu haben, die von Investmentbankern geführt wurden. Sie entwickelten im Laufe der Zeit diverse Techniken zur Lösung der Unternehmensprobleme und wirkten auch auf die Gesetzgebung ein, das Insolvenzrecht zu verbessern.

Für ihre Bemühungen verlangten die Investmentbanker Gebühren, sodass man von einem ersten echten kommerziellen Beratungsgeschäft sprechen kann. Es ist überliefert, dass J. P. Morgan 1895 für die Reorganisation einer Eisenbahngesellschaft 500.000 US-Dollar verlangte.

Insgesamt brachte das Beratungsgeschäft den Investmentbanken folgende Vorteile:
- Beratungsgebühren
- Renommee im Anleiheemissionsgeschäft mit entsprechenden Emissionseinnahmen
- Hausbankfunktion bei reorganisierten Unternehmen (Commercial Banking)

8.3 Corporate-Finance-Beratung: Gegenwart

In einem breit aufgestellten Unternehmen hat der Finanzvorstand als oberster Verantwortlicher für das Corporate Finance einen Stab an Spezialisten, die ihm die Finanzinformationen des Unternehmens strukturiert nach seinen Vorgaben aufbereiten und übermitteln, sodass der Finanzvorstand diese bei der Kommunikation mit den verschiedenen Stakeholdern und bei der Finanzmittelbeschaffung einsetzen kann.

Bei einer Reihe von Unternehmen ist dies nicht möglich, z. B. weil die Kapazitäten dieser Unternehmen nicht ausreichen, um adäquate Analysen zu erstellen. In diesen Fällen greifen Unternehmen häufig auf externe Spezialisten zu, die sich ihnen als Corporate-Finance-Berater anbieten.

Was die **Anbieter von Corporate-Finance-Beratungsleistungen** anbetrifft, lassen sich drei zentrale Gruppen unterscheiden:

1. Strategische Unternehmensberatungen,
2. Wirtschaftsprüfer bzw. deren Beratungsabteilungen,
3. Investmentbanken.

Um einen bestmöglichen Nutzen von der Beratung zu haben, versuchen Unternehmen im Vorhinein, (i) den eigenen Beratungsbedarf sowie (ii) die Ausgangs- und Motivationslage der angesprochenen Berater zu analysieren, um deren Leistungsangebot realistisch einschätzen zu können.

Es hat sich in den letzten Jahren gezeigt, dass alle Berater »methodisch« einen sehr ähnlichen «Werkzeugkasten« benutzen. Sie haben gelernt, die unterschiedlichen methodischen Ansätze ineinander überzuleiten. Die Berater unterscheiden sich je nach Herkunft aus einer der o. g. Gruppen (nur) darin, die Methoden mit unterschiedlichen Schwerpunkten in ihrem Leistungskatalog einzusetzen.

Strategische Unternehmensberatungen

Diese Gruppe von Anbietern kommt aus der klassischen, strategischen Unternehmensberatung und hat das Thema Corporate Finance seit der Jahrtausendwende in ihr Angebot aufgenommen. Der Schwerpunkt liegt auf einer *holistischen Unternehmensplanungsanalytik*. Corporate-Finance-Themen ergänzen die strategischen Planungstools bzw. bilden den finanziellen Output der erarbeiteten Planung bzw. Strategie ab. Eine direkte Umsetzungsunterstützung, sei es in das bilanzielle Planungswerk oder als strategische Transaktionsumsetzung, ist i. d. R. nicht im Angebot. Corporate Finance ist daher nicht im Zentrum der Beratung.

Wirtschaftsprüfer

Die großen Wirtschaftsprüfungskanzleien, die sogenannten »Big Four« (Ernst & Young, Deloitte, KPMG, PWC), haben in den vergangenen Jahren große Anstrengungen unternommen, ihr Beratungsangebot zu verbreitern. Neben klassischen Fragen zum immer komplexer werdenden Thema der *Unternehmensbilanzierung*, insbes. nach IFRS, werden diese Unternehmen oder Kanzleien insbesondere beim Thema *Unternehmensbewertung* eingesetzt. Dies liegt insbesondere daran, dass jedem Finanzmanager die zugrunde liegende Bewertungssystematik – im deutschsprachigen Raum z. B. IDWS1 – geläufig ist und daher gerne als Vergleichsmaßstab eingesetzt wird. Bei der Transaktionsumsetzung, d. h. der Begleitung von M&A-Projekten oder Börsengängen, haben diese Kanzleien in der Regel zusätzlich eine unterstützende Funktion, z. B. bei Due-Diligence-Prüfungen. Echte Transaktionsberatung findet eher bei kleineren bis mittelgroßen Transaktionen statt.

Investmentbanken

Internationale Investmentbanken waren traditionell die Ersten, die Corporate Finance als Beratungsthema bei Unternehmen vorgestellt und umgesetzt haben. Dies war insbesondere deshalb der Fall, weil Investmentbanken ein wichtiges Transmissionsrad zwischen Kapitalgebern (EK und FK) und Kapitalnehmern sind und eine tiefe Kenntnis der Kapitalmärkte vorweisen können. Sie haben Erfahrungen bei M&A Transaktionen, kennen daraus die Unternehmensbelange und können oft auf ein internationales Transaktionsnetzwerk zugreifen.

Organisatorisch teilen sich Investmentbanken in

- *Kundenbetreuungsteams*, die auf die Unternehmen zuerst zugehen und
- *Produktspezialisten*, die später hinzugezogen werden.

Die folgenden Entwicklungen haben das Verhalten der Investmentbanken im Beratungsgeschäft stark beeinflusst:

- *Regulierung:* Zunehmende Regulierung der Investmentbanken, die zu einer scharfen Trennung der Handelsbereiche, der Analystentätigkeiten und der Beratungstätigkeiten geführt hat. Die Folge war, dass die Investmentbanken dazu übergingen, ihr Angebot weniger ganzheitlich, als vielmehr produktspezifisch aufzubauen und die notwendigen Finanzierungsinstrumente auch produktspezifisch bereitzustellen. Die Folge davon ist, dass der Kundenbetreuer nur bedingt incentiviert ist, den Unternehmenskunden mit einer ganzheitlichen, d. h. neutralen, Corporate-Finance-Beratung zu unterstützen.
- *Deal Flow:* Zunehmende Fokussierung der Kundenbetreuung auf (i) große Kapitalsammelstellen, (ii) Private Equity Fonds und (iii) institutionelle Anleger, da diese Kundengruppen für einen regelmäßigen Dealflow sorgen. Klassische Unternehmenskunden sind nur unregelmäßig im Emissions- und M&A-Geschäft präsent, sodass sich kein regelmäßiges Beratungsgeschäft für die Investmentbanken ergibt.
- *Geschäftskonzentration:* Es ist eine Konzentration der Beratung auf die Transaktionsberatung für M&A zu beobachten, weil diese mit größeren Erträgen verbunden ist.

Im Ergebnis müssen Unternehmen mit Beratungsbedarf das Produktangebot der jeweiligen Investmentbank im Vorhinein eruieren, um die zu erwartende Beratungsleistung richtig einschätzen zu können.

PRAXISBEISPIEL UNTERNEHMENSBEWERTUNG

Exemplarisch beleuchtet das Thema Unternehmensbewertung die Probleme des Beratungsgeschäftes aus Sicht der Beratenen (Eayrs u. a., 2011, S. 283):
Den einen richtigen Unternehmenswert gibt es nicht. Der Unternehmenswert ist abhängig von Prämissen, insbesondere von Annahmen zur Unternehmensplanung, Handlungsalternativen, Markteinschätzung, Risikoneigung des Entscheidungsträgers bzw. der Aktionäre, individuelle Besteuerung, Einschätzung von Synergien bei Unternehmenstransaktionen.
Die verschiedenen Anbietergruppen von Beratungsleistungen gehen diese Handlungsfelder unterschiedlich an, weil sie auf verschiedenen Gebieten ihre starken und schwächeren Seiten haben. Deshalb kommen sie auch zu unterschiedlichen Ergebnissen für den Unternehmenswert. Je nach Berater erhält man unterschiedliche Werte.
In der Quintessenz heißt dies für den Finanzmanager eines Unternehmens bei der Bearbeitung von Corporate-Finance-Themen:

- pro-aktive Entwicklung eines eigenen, spezifisch auf das Unternehmen zugeschnittenen Corporate Finance Rahmens,
- ex ante sorgfältige Analyse des Einsatzes eines externen Beraters, um diesen dem Anlass gemäß einzusetzen,
- »One Size Fits All« bei der Beraterauswahl führt zu Fehlallokation von Ressourcen.
- Wenn Unternehmen zu klein sind und die interne Personalausstattung zu schwach für eigene Analysen ist, dann muss ein sog. »Stand By«-Beraterteam aufgebaut werden, das die Unternehmensgegebenheiten kennt und die Verbindung zu den eigentlichen Corporate-Finance-Beratern herstellt.
- Sorgfältige Stakeholder-Analyse und -Betreuung gemeinsam mit der Geschäftsführung, um sowohl transparente Kommunikation sicher zu stellen, als auch im Finanzierungs- und M&A-Geschäft transaktionsfähig zu bleiben

PRAXISBEISPIEL FUSION

Der Vorstand der XY Versicherung AG diskutiert die Fusion mit der AB Versicherung. XY ist börsennotiert, während AB als privater Versicherungsverein geführt wird. Beide Unternehmen haben einen ähnlichen Umsatz und eine ähnliche Profitabilität. Allerdings liegen die Schwerpunkte der XY Versicherung auf der Sachversicherung mit starkem Maklervertrieb, während die AB Versicherung stark im Lebensversicherungsgeschäft mit Vertretervertrieb ist. Die Synergien liegen in der Komplementarität der Geschäftsmodelle. Außerdem können Overhead- und IT-Kosten reduziert werden.
Jedes der beiden M&A Teams ist von dem jeweils höheren Wert des eigenen Unternehmens überzeugt. Die Verhandlungen sind festgefahren. Um sich dem

Thema »salomonisch« zu nähern und die Fusion nicht zu gefährden, überlegen die beiden Vorstandsvorsitzenden, die jeweils höchste Unternehmensbewertung als Maßstab zu nehmen, um das Austauschverhältnis zu bestimmen. Die Logik dahinter ist, dass es auf das Wertverhältnis ankomme, das sich durch die hohen Bewertungen nicht ändern würde.
Sie werden als neutraler Corporate-Finance-Berater dazugezogen und müssen zu folgenden Fragen Stellung nehmen:

- Stimmen Sie dieser Bewertungs- und Transaktionslogik zu?
- Welche Problemkreise stellen sich jeweils für die XY AG und die AB VVaG?
- Was wäre ein geordneter Prozess, um die Dilemmata zu lösen?
- Welcher der o. g. Beratergruppen würden sie welche Aufgabe zuweisen?
- Welche weiteren Themen haben die Vorstände übersehen?

Aufgaben zur Lernkontrolle

1. Welche Unterschiede gibt es im Corporate-Finance-Advisory in Europa und in den USA?
2. Welche Beratergruppen unterscheidet man im Corporate-Finance-Advisory?
3. Welche Stärken zeichnen die verschiedenen Gruppen aus?
4. Wie wirkt sich die unterschiedliche Herkunft der Gruppen auf deren Leistungen im M&A-Geschäft aus?
5. Gibt es Konsequenzen für die Unternehmenswerte? Begründen Sie Ihre Ansicht.

Literatur

Hillier, D./Clacher, I./Ross, S. A./Westerfield, R. (2017): Fundamentals of Corporate Finance, 3rd edition, New York.

Eayrs, W. E./Ernst, D./Prexl, S. (2011): Corporate Finance Training, 2. Auflage, Stuttgart.

Brealey, R. A./Myers, S. C./Allen, F. (2016): Principles of Corporate Finance, 12. Auflage, New York.

9 Mergers & Acquisitions: Die M & A-Beratung[1]

LERNZIELE

- Sie können eine Begriffsbestimmung von M&A vornehmen und die rechtlichen Rahmenbedingungen erläutern.
- Sie können mehrere Mandatsarten von Banken unterscheiden.
- Sie können Besonderheiten des Marktes für M&A-Transaktionen erklären.
- Sie unterscheiden den Transaktionsablauf bei Verkauf- und Kaufmandaten.
- Sie begründen Vor- und Nachteile des Auktionsverfahrens.
- Sie ordnen die Grundlagen des WpÜG in das M&A-Geschäft ein.
- Sie können den Ablauf eines öffentlichen Übernahmeangebots und die Besonderheiten bei feindlichen Übernahmen erklären.
- Sie können Varianten der Unternehmensbewertung und ihre Bedeutung in M&A-Prozessen unterscheiden.

9.1 Begriffsbestimmung und rechtliche Rahmenbedingungen

Der Begriff Mergers & Acquisitions (M & A) ist weder im deutschen noch im internationalen Sprachgebrauch eindeutig definiert. Grundsätzlich scheint die Definition recht einfach.

Definition

M & A – auf Deutsch Fusionen und Erwerbe von Unternehmen oder Unternehmensanteilen – steht für alle Vorgänge im Zusammenhang mit der Übertragung und Belastung von Eigentumsrechten an Unternehmen einschließlich der Konzernbildung, der Umstrukturierung von Konzernen, der Verschmelzung und Umwandlung im Rechtssinne, dem Squeeze-out, der Finanzierung des Unternehmenserwerbs, der Gründung von Gemeinschaftsunternehmen sowie der Übernahme von Unternehmen.

Eine *Fusion* ist der Zusammenschluss von Unternehmen zu einer rechtlichen und wirtschaftlichen Einheit mit oder ohne vorherigen Anteilskauf.

Eine *Akquisition* hingegen stellt den Kauf von Unternehmenseinheiten oder eines ganzen Unternehmens und deren anschließende Eingliederung in den Unternehmensverbund des Erwerbers dar. Zentrales Element ist jeweils der Übergang von aktiv wahrgenommenen Leitungs- und Kontrollrechten.

1 Autor: Philipp Mohr.

Im Einzelfall kann es allerdings schwierig sein, eine eindeutige Zuordnung vorzunehmen, ob es sich bei einer Transaktion um eine Fusion oder eine Akquisition handelt. So wurde etwa die Transaktion, die zur Übernahme der Dresdner Bank durch die Commerzbank führte, von manchem Beobachter als Akquisition beschrieben, da die Commerzbank die Anteile an der Dresdner Bank durch eine Reihe von Rechtsgeschäften von der Allianz erwarb, von anderen Beobachtern, insbesondere vom Vorstand des Erwerbers, hingegen als Fusion bezeichnet.[2]

Reglementiert werden M & A-Transaktionen allgemein durch gesetzliche Bestimmungen zu Unternehmensübernahmen, einzelne Regelungen des Kapitalmarktrechts – insbesondere im Gesetz über den Wertpapierhandel (WpHG) – und des Außenwirtschaftsgesetzes, durch das Kartellrecht, das Steuerrecht sowie bei Übernahmen von börsennotierten Gesellschaften durch das Wertpapiererwerbs- und Übernahmegesetz (WpÜG).

9.2 Zielsetzung von M & A-Transaktionen

Die Gründe für die Durchführung einer M & A-Transaktion können bei den beteiligten Unternehmen vielfältig sein. Sie unterscheiden sich auf der Verkäufer- und Käuferseite.

Aus Verkäufersicht:
- Freisetzung von Liquidität,
- Fokussierung des Geschäfts durch Verkauf von Randbereichen,
- Sicherung der Nachfolgeplanung in Familienunternehmen.

Aus Käufersicht:
- Konsolidierung im bestehenden Markt/Ausbau der Marktposition,
- Erweiterung des eigenen Portfolios (mit neuen Produkten oder durch geographische Expansion),
- Investition in einen neuen Geschäftsbereich/Diversifikation des Geschäfts.

Die Interessenlage von Verkäufer und Käufer sind im M & A-Prozess naturgemäß eher gegensätzlich. Auf der einen Seite steht der Verkäufer, der die Bewertung des Zielunternehmens maximieren, möglichst wenig sensible Daten offenlegen, den Einfluss auf das Tagesgeschäft gering halten sowie wenige Garantien im Kaufvertrag zugestehen möchte. Auf der anderen Seite ist der Käufer, der einen möglichst geringen Kaufpreis bezahlen möchte, möglichst viel Informationen erhalten will und umfangreiche Garantien und Gewährleistungen im Kaufvertrag anstrebt.

2 Hierzu u. a. Bartz/Clausen: Glücklich vereint, Financial Times Deutschland, 01.09.2008, S. 23, sowie die Commerzbank Pressemitteilung vom 03.09.2010.

9.3 Arten von Mandaten in der M & A-Beratung

Aus Sicht eines Unternehmens ist der An- und Verkauf von Unternehmen und Unternehmensteilen ein strategisches Instrument der Konzernsteuerung. In einer Vielzahl von insbesondere größeren Unternehmen gibt es eine Abteilung M & A, die bei Aktiengesellschaften zumeist beim Vorstandsvorsitzenden oder beim Finanzvorstand aufgehängt ist.

Bei der Durchführung von M & A-Transaktionen werden von Verkäufer und Käufern regelmäßig M & A-Berater eingeschaltet. Sie unterstützen und beraten bei finanziellen Aspekten einer Transaktion. Diese Dienstleistungen beinhalten Unternehmensbewertungen und Analysen möglicher Transaktionsstrukturen, die Koordination aller beteiligten Parteien in einem M & A-Prozess und vor allem die taktische und strategische Beratung bei den Verhandlungen. Aus Sicht einer Investmentbank besteht M & A-Beratung aus einer Reihe von Dienstleistungen (siehe Abbildung 9.1).

Beratungsdienstleistungen				
Verkauf	Kauf	Öffentliche Übernahmen	Defence	Fairness Opinion
Taktische Beratung während des gesamten Prozesses				
* Prozessmanagement * Marketing „Material" - Teaser - Confidential Information Presentation („CIP") * Investorenansprache * Bewertung * Verhandlungen	* Prozessmanagement * Identifizierung möglicher Übernahmekandidaten * Ansprache * Bewertung * Verhandlungen	* Prozessmanagement * Identifizierung möglicher Übernahmekandidaten * Analyse der Aktionärsstruktur * Bewertung * Verhandlungen	* Entwicklung einer Defence-Strategie * Analyse von Aktionnärsstruktur, Equity Story und Kapitalmarktkommunikation und Kapitalmarktperception * Bewertung * Mögliche andere Bieter/Partner * Rechtliche Möglichkeiten	* Bewertung der finanziellen Angemessenheit * Finanzanalyse anhand üblicher Bewertungsmethoden

Abb. 9.1: M & A-Beratungsdienstleistungen einer Investmentbank
Quelle: William Blair

Die Beratungsdienstleistungen beim Verkauf oder Kauf von Unternehmen oder Unternehmensteilen, bei öffentlichen Übernahmen oder der Abwehr öffentlicher Übernahmen sowie bei der Bewertung der finanziellen Angemessenheit von Transaktionen durch eine Fairness Opinion werden von Investmentbanken oder sonstigen Anbietern von Corporate-Finance-Dienstleistungen erbracht.

9.4 Arten des Unternehmenserwerbs

Es werden grundsätzlich zwei Arten von Unternehmenserwerben unterschieden: Share Deal und Asset Deal.

Share Deal
Bei einem Share Deal wird eine Gesellschaft in ihrer Gesamtheit als Rechtseinheit verkauft. Der Käufer übernimmt also z. B. eine GmbH oder eine Aktiengesellschaft. Dieser Gesellschaft wiederum gehören die Vermögensgegenstände, Maschinen und das geistige Eigentum, die zum Betrieb des Geschäfts notwendig sind. Bei der Gesellschaft sind auch die Mitarbeiter angestellt.

Bei einem Share Deal übernimmt der Käufer alle Rechte und Pflichten der übernommenen Gesellschaft.

Der Merger ist oftmals die Folgetransaktion eines Share Deals. Hierbei geht eine der Gesellschaften auf die andere Gesellschaft über und wird zumeist auf diese verschmolzen.

Asset Deal
Von einem Asset Deal spricht man, wenn der Käufer nicht die rechtliche Einheit einer Gesellschaft kauft, sondern lediglich bestimmte Vermögensgegenstände. Diese einzelnen Vermögensgegenstände werden bei einem Asset Deal präzise definiert. Der Kaufvertrag eines Asset Deals umfasst in aller Regel umfangreiche Auflistungen der Vermögensgegenstände, die der Käufer als Teil der Transaktion erwirbt. Diese Listen umfassen auch die Mitarbeiter, die Teil eines solchen Asset Deals sind.

Im Unterschied zum Share Deal gehen damit nicht alle Rechte und Pflichten einer rechtlichen Einheit über, sondern nur das Eigentum an den definierten Assets/Vermögensgegenständen.

Ein Asset Deal kommt zum Beispiel dann infrage, wenn ein Unternehmen einen Teilbereich verkaufen möchte, der sich nicht in einer separaten rechtlichen Gesellschaftseinheit befindet. Sind die Vermögensgegenstände und Mitarbeiter klar vom restlichen Geschäft abzugrenzen, kann in einem solchen Fall der entsprechende Bereich im Rahmen eines Asset Deals verkauft werden.

9.5 Der Markt für M & A-Transaktionen

Der Markt für M & A-Transaktionen in Deutschland hat seit 1990 an Momentum gewonnen. In dieser Zeit haben große Industrieunternehmen verstärkt ihr Geschäft ausgebaut und in neue Geschäftsfelder investiert – »Big was beautiful«. Beispiele großer M & A-Transaktionen sind die Übernahme von Krupp durch Thyssen oder von Chrysler durch Daimler. Ende der 90er-Jahre gipfelte die Übernahmewelle in der Übernahme von Mannesmann durch Vodafone im Jahr 2000. Das Volumen dieser einen Transaktion lag bei über 175 Mrd. Euro und ist damit noch heute die größte M & A-Transaktion, die jemals in Deutschland durchgeführt wurde.

In dieser Zeit begannen auch Finanzinvestoren in Deutschland im Rahmen von M & A-Transaktionen an Bedeutung zu gewinnen. Der Hauptunterschied zu strategischen Investoren besteht darin, dass Finanzinvestoren typischerweise für einen begrenzten Zeitraum in Unternehmen investieren. Unternehmen, die von einem Finanzinvestor gekauft wurden, werden nach einer Halteperiode von in der Regel drei bis sieben Jahren wieder verkauft. Ein Verkauf kann sowohl als M & A-Transaktion als auch über die Börse erfolgen. Hierdurch ergeben sich im M & A-Markt »wiederkehrende Transaktionen«. So erwarb beispielsweise der Finanzinvestor CVC 1997 den Wursthüllenhersteller Kalle von der Hoechst AG, veräußerte diesen dann 2004 an den Finanzinvestor Montagu, dieser wiederum verkaufte Kalle 2009 an den Finanzinvestor Silverfleet, der seinerseits das Unternehmen 2016 an den Finanzinvestor Clayton, Dubilier & Rice (CD&R) veräußerte. Das »Weiterreichen« eines Unternehmens von einem Finanzinvestor an den nächsten ist nicht selten, ein sogenannter »Quartiary«, also der vierte Erwerb durch einen Finanzinvestor, hingegen schon.

Bedeutender Bestandteil bei Transaktionen von Finanzinvestoren ist der substanzielle Einsatz von Fremdkapital (zumeist von Banken, zuweilen von speziellen Fonds), um dadurch die Rendite auf das eingesetzte Eigenkapital zu erhöhen (vgl. auch im Folgenden die Ausführungen zur LBO-Bewertung).

Jahr	Volumen (€ Mrd.)	Anzahl
1991	22,7	1253
1992	17,8	1138
1993	18,6	1062
1994	12,8	1509
1995	27,9	2145
1996	33,5	1945
1997	69,2	1515
1998	146,1	1566
1999	484,3	2559
2000	250,6	3078
2001	145,5	2069
2002	97,3	1636
2003	59,0	1580
2004	67,3	1657
2005	131,8	1921
2006	237,7	2364

Jahr	Volumen (€ Mrd.)	Anzahl
2007	179,1	2694
2008	102,3	2273
2009	83,8	1770
2010	41,8	1759
2011	53,3	2082
2012	73,1	1876
2013	74,6	1778
2014	139,1	2028
2015	104,6	2032
2016	199,4	2175
2017	125,8	2102
2018	131,4	2238
2019	134,1	2239

Tab. 9.1: M & A-Transaktionen in Deutschland – 1991 bis 2019
Quelle: Institute for Mergers, Acquisitions and Alliances

In den Jahren um die Jahrtausendwende wurde der M & A-Markt in besonderem Maße durch die hohen Bewertungen von Technologieunternehmen getrieben. Mit dem Einbruch des Neuen Marktes ging das Volumen im Anschluss deutlich zurück. Nach einer Erholungsphase in den Jahren 2004 bis 2007 kam es jedoch zu einem signifikanten Rückgang des M & A-Marktes durch die globale Finanzkrise.

Seit 2008 ist der Markt gut gewachsen und ziemlich robust. Strategen, die strategisch sinnvolle Transkationen tätigten, sind – sofern sie börsengelistet waren – am Kapitalmarkt oft »belohnt« worden. Finanzinvestoren konnten – begünstigt durch überschaubare Renditen in anderen Investitionsfeldern – substanzielle Geldmittel einsammeln und wollen und »müssen« diese auch einsetzen. Dies führte zu einem starken und robusten M & A-Umfeld. Sogenannte Experten bezeichnen dies als »Verkäufermarkt«, da erzielte Preise bei Unternehmensverkäufen sich in den letzten Jahren relativ kontinuierlich »nach oben« entwickelt haben.

Bei der Durchführung von M & A-Transaktionen werden von Verkäufern und Käufern regelmäßig M & A-Berater eingeschaltet. Sie unterstützen und beraten bei finanziellen Aspekten einer Transaktion. Die Dienstleistungen beinhalten Unternehmensbewertungen und Analysen möglicher Transaktionsstrukturen, die Koordination der beteiligten Parteien in einem M & A-Prozess (insbesondere Wirtschaftsprüfer, Anwälte und Strategieberater) und vor allem die taktische und strategische Beratung bei Verhandlungen.

Global dominieren US-Banken wie Goldman Sachs, Morgan Stanley, Bank of America Merrill Lynch und J. P. Morgan sowie »Boutiquen« wie Rothschild das M &A-Beratungsgeschäft. Regional gibt es hingegen große Unterschiede (siehe etwa den League Table 2 für US-Verkaufsmandate mit Private Equity Beteiligung oder League Table 3 für DACH (DeutschlandAustriaCH=Schweiz) für Verkaufsmandate mit Private Equity Beteiligung). Banken sind zuweilen recht kreativ, wenn es um einen »positiven Spin« bei der Auslegung und Interpretation von League Tables geht.

	Global		Mittelstand US Sell Side (<1 Bn. € Deal Value)		Mittelstand DACH Sell Side (<1 Bn. € Deal Value)	
Rang	Bank	Deal Count	Bank	Deal Count	Bank	Deal Count
1	Rothschild	393	Houlihan Lokey	99	Rothschild	16
2	Goldman Sachs & Co. LLC	354	Robert W. Baird & Co.	78	William Blair & Company	10
3	Morgan Stanley	248	William Blair & Company	70	ALANTRA	8
4	Houlihan Lokey	236	Raymond James	64	GCA	7
5	Citi	229	Jefferies	61	Houlihan Lokey	5
6	JP Morgan	227	Goldman Sachs & Co. LLC	60	Lazard	5
7	Lazard	214	Barclays	44	PwC	5
8	Credit Suisse	209	Piper Jaffray	44	Lincoln International	5
9	PwC	204	Moelis	43	DC Advisory	5
10	KPMG	186	Lincoln International	43	Raymond James	5

Abb. 9.2: League Tables M & A-Transaktionen
Quelle: Dealogic – M & A League Tables 2017

9.6 Unternehmensverkauf im Auktionsverfahren

Die Beratung von Verkäufern und möglichen Käufern bei sog. Auktionsverfahren bildet einen wichtigen Bestandteil der Aktivitäten der M & A-Abteilungen einer Investmentbank. Zu unterscheiden ist das breite Auktionsverfahren, in dem eine Vielzahl möglicher Bieter angesprochen wird sowie eine limitierte Auktion, bei der nur eine begrenzte Anzahl möglicher Käufer adressiert wird (in der Regel zwischen fünf und fünfzehn). In Branchen mit wenigen oder »offensichtlichen« möglichen Käufern kommt es daneben zuweilen zu sogenannten bilateralen Situationen, in denen Verkäufer exklusiv nur mit einem möglichen Käufer verhandeln.

Darüber hinaus gibt es mit dem *Dual Track* eine Besonderheit. Hierbei werden ein M & A-Prozess sowie ein IPO-Prozess parallel vorangetrieben. Ein »Dual Track« ist arbeitsintensiv und aufwendiger als ein normaler M & A- oder IPO-Prozess. Wenn ein limitiertes Bieterfeld im M & A-Prozess erwartet wird, kann ein IPO als zusätzliches kompetitives Element genutzt werden. Beispielhaft lässt sich der Verkauf von Kabel Baden-Württemberg durch den Finanzinvestor EQT an Liberty Global im Jahr 2011 nennen. In diesem Prozess hatte EQT neben einem möglichen Verkauf auch ein IPO vorbereitet und sich erst spät im Prozess für den Verkauf an Liberty Global entschieden.

Hauptziel eines Dual Tracks ist (zumeist) die Maximierung des Verkaufserlöses für die Anteile des Gesellschafters. Aus Sicht des Veräußerers spricht für die Durchführung eines

M & A-Prozesses die Möglichkeit, 100 % seiner Anteile zu einem besonders attraktiven Preis verkaufen zu können, denn insbesondere strategische Käufer können oftmals eine Prämie bezahlen, soweit sie Synergiepotenzial haben. Diese Prämie wird zuweilen als *Kontrollprämie* bezeichnet. Bei einem IPO ist es hingegen üblich, dass der Altaktionär noch einen substanziellen Anteil behält, da eine vollständige Abgabe seiner Aktien vom Kapitalmarkt im Regelfall nicht positiv aufgenommen wird. Außerdem droht ein IPO-Discount statt einer Kontrollprämie. Andererseits kann nach einem IPO der Altaktionär bei nachfolgenden Sekundarplatzierungen von einem möglicherweise gestiegenen Kursniveau profitieren.

Auch aus Sicht des Managements eines Portfoliounternehmens kann ein Börsengang manche Vorteile haben. So hat der Vorstand einer börsengelisteten AG größere Unabhängigkeit aufgrund der aus der aktienrechtlichen Kompetenzverteilung folgenden weitgehenden Weisungsfreiheit als das Management in anderen Situationen. Weiterhin kann ein Börsengang von einer Kapitalerhöhung begleitet werden, die aus Finanzierungssicht Vorteile bringen kann. Außerdem hat das Unternehmen anschließend den Zugriff auf die »Akquisitionswährung Aktien«.

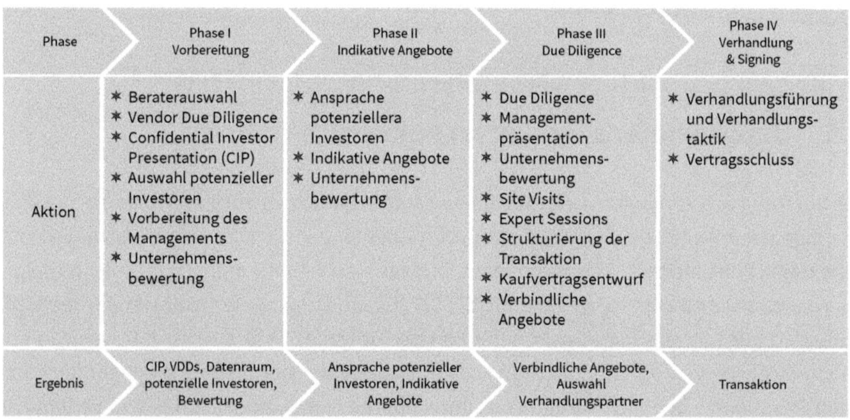

Abb. 9.3: Ablauf eines M & A-Auktionsverfahrens
Quelle: William Blair

Bei der Auswahl des geeigneten Prozesses findet sich der Verkäufer oft im Spannungsfeld zwischen Wertmaximierung sowie Vertraulichkeit und Minimierung der Auswirkungen auf das Tagesgeschäft des Zielunternehmens. Grundsätzlich erhöht eine Vielzahl von Bietern in einem Prozess den Bieterwettbewerb. Auf der anderen Seite erhöht sich mit jedem Bieter der Aufwand für das Management des Zielunternehmens sowie die Wahrscheinlichkeit, dass der Verkaufsprozess öffentlich wird.

In aller Regel werden Unternehmensverkäufe durch die Ansprache mehrerer möglicher Käufer durchgeführt. Der Ablauf eines klassischen Auktionsverfahrens lässt sich in vier

Phasen unterteilen. Ein Verkaufsprozess wird durch die beratende Investmentbank grundsätzlich an die jeweilige Gegebenheit angepasst. Dabei sind der Status der Vorbereitungen, die Erfahrung des Managements, das bestmögliche Zeitfenster sowie die Zielsetzung des Verkäufers entscheidende Faktoren.

9.6.1 Phase I – Vorbereitung

Während der Vorbereitungsphase gibt es in der Regel noch keinen Kontakt zwischen dem Verkäufer und potenziellen Interessenten. Der Verkäufer wählt Berater aus und es wird die Prozessdokumentation erstellt.

Dazu gehört u. a. die *Confidential Investor Presentation* (das »CIP«). Es wird von der unterstützenden Investmentbank erstellt, und auf der Basis dieses Dokuments werden potenzielle Käufer eingeladen, in der Phase II des Prozesses indikative Angebote abzugeben. Ebenfalls in der Vorbereitungsphase werden sogenannte *Vendor-Due-Diligence-Berichte* vorbereitet (»VDD-Berichte«). VDD-Berichte werden von externen Beratern – je nach Thema von Wirtschaftsprüfern, Rechtsanwälten oder Steuerberatern – angefertigt und umfassen üblicherweise die Bereiche

- Finanzen,
- Recht und
- Steuern.

Darüber hinaus gibt es oftmals einen Commercial-VDD-Bericht. Insbesondere

- Marktgröße,
- Marktstruktur und
- Marktwachstum

sind im Fokus dieses C-VDD-Berichts, um (branchenfremden) Finanzinvestoren und deren finanzierenden Banken einen Überblick über das Sektorumfeld zu geben. Mögliche weitere Themengebiete für VDD-Berichte können, abhängig vom Sektor und der Geschäftstätigkeit des Zielunternehmens, z. B. Versicherungs- und Umweltthemen sein.

VDD-Berichte erleichtern einen strukturierten Due-Diligence-Prozess. Außerdem werden durch diesen vorgelagerten (Vendor-)Due-Diligence-Prozess auf Verkäuferseite mögliche für den weiteren Prozessverlauf relevante Themen schon frühzeitig vor offiziellem Prozessbeginn erkannt und können adressiert werden.

Die Arbeit der Berater an den VDD-Berichten erlaubt auch eine effiziente und strukturierte Vorbereitung des Datenraums, der in der dritten Phase des Prozesses für die Parteien geöffnet wird.

Der *Datenraum* beinhaltet wichtige Dokumente zu dem Zielunternehmen, die für die Beurteilung einer möglichen Akquisition bedeutsam sind. Heutzutage werden Datenräume virtuell (online) eingerichtet, und es gibt hierfür professionelle Anbieter, die die Verwaltung der Dokumente und einen sicheren und geschützten Zugriff nur für bestimmte Parteien sicherstellen.

Im Rahmen der Verkaufsvorbereitung wird auch die Liste der anzusprechenden möglichen Investoren abgestimmt. Eine wichtige Rolle nimmt hierbei die Investmentbank ein, die durch ihre Erfahrung aus vergangenen Transaktionen und über ihr Branchen-Knowhow gut einschätzen kann, welche möglichen Käufer angesprochen werden sollten. In der Regel verfügt die Investmentbank auch über relevante Kontakte zu den möglichen Käufern. Bei der Bestimmung der möglichen Käufer müssen drei Fragen geklärt werden: *Will er? Kann er? Darf er?* »Will er« bezieht sich auf das grundsätzliche Interesse des Käufers an der Transaktion und die Wahrscheinlichkeit eines Abschlusses. »Kann er« stellt die Frage nach der notwendigen finanziellen Ausstattung des Käufers zur Durchführung der Transaktion. Und »darf er« bezieht sich darauf, ob einer Akquisition durch einen bestimmten Käufer kartellrechtliche Bedenken im Wege stehen könnten.

Die Investmentbanken nehmen in der Phase der Vorbereitung eine Bewertung des Zielunternehmens vor. Hierdurch gewinnt der Verkäufer bereits eine erste Einschätzung zu dem möglichen Wert. Die Bewertung wird auch genutzt, um im Verlauf des Prozesses die eingehenden Angebote besser einschätzen zu können.

9.6.2 Phase II – Investorenansprache und Indikative Angebote

In der zweiten Phase eines strukturierten Auktionsverfahrens werden die identifizierten potenziellen Investoren angesprochen.

Nach Unterzeichnung einer *Vertraulichkeitsvereinbarung* wird den potenziellen Käufern das CIP zur Verfügung gestellt. Dieses enthält eine Übersicht der Aktivitäten des Zielunternehmens, einen Überblick zum Marktumfeld, finanzielle Eckdaten sowie den Businessplan der Gesellschaft.

Auf Basis der zur Verfügung gestellten Informationen sollen Investoren in die Lage versetzt werden, zu einer ersten Bewertungseinschätzung des Zielunternehmens zu gelangen. Sie werden eingeladen, ein indikatives Angebot abzugeben.

Nach Abgabe der *indikativen Angebote* wertet die Investmentbank diese aus. Der Verkäufer entscheidet, mit welchen Investoren die Gespräche in der kommenden Runde fortgesetzt werden sollen. Es kommt somit im Verlauf eines M & A-Prozesses zu einer immer weiteren Verengung des Bieterfelds.

9.6.3 Phase III – Management-Präsentation und Due Diligence

In dieser Phase des Prozesses wird den Investoren üblicherweise eine *Management-Präsentation* angeboten. Diese Präsentation bereitet das Management des Zielunternehmens zusammen mit den Investmentbanken des Zielunternehmens vor. Sie wird vom Management für jeden Bieter, dessen Berater und finanzierende Banken einzeln gehalten. Die Investoren sollen die Möglichkeit erhalten, das Management kennenzulernen und weitere Details über das Geschäft und die Strategie zu erfahren.

In der Phase der *Due Diligence* erhalten die Investoren ebenfalls Zugang zum Datenraum und den VDD-Berichten. In der Regel finden auch Expertengespräche mit den Beratern, die die VDD-Berichte erstellt haben, statt. Dies erhöht die Effizienz der Due Diligence , da erste Fragen der Bieter beantwortet werden und das Management dadurch in der Due Diligence erheblich entlastet werden kann.

Im Nachgang zu diesen Diskussionen haben die Bieter im Rahmen des Datenraumzugangs die Möglichkeit, die vorhandene Dokumentation zu analysieren. Hierbei können weitere Fragen zu speziellen Themengebieten oder spezifischen Dokumenten im Datenraum an das Management gestellt werden.

Ziel der Due-Diligence-Phase ist es, von den Bietern finale *bindende Angebote* zu erhalten. Diese Angebote detaillieren die Rahmenbedingungen unter denen ein Bieter bereit ist, die Transaktion abzuschließen. Daher erhalten die Bieter in dieser Phase des Prozesses auch einen Kaufvertragsentwurf. Als Teil der bindenden Angebote werden von der Investmentbank neben der Bewertung auch die Anmerkungen zum Kaufvertragsentwurf abgefragt. Auf diese Weise hat der Verkäufer einen umfänglichen Überblick über die finanziellen und rechtlichen Ausgestaltungen der bindenden Angebote.

Nach Eingang der bindenden Angebote erfolgt die Auswertung der Angebote durch die Investmentbanken und die Rechtsanwälte des Verkäufers. Auf dieser Grundlage entscheidet der Verkäufer, mit welchen Bietern Vertragsverhandlungen geführt werden.

9.6.4 Phase IV – Verhandlungen und Abschluss

Im Rahmen der Verhandlungen werden Details des Kaufvertrags zwischen den Rechtsanwälten (und den »Principalen«) verhandelt. In dieser Phase wird neben der rechtlichen Ausgestaltung der Verträge – vor allem dem Umfang von Garantien, die der Verkäufer gegenüber dem Käufer abgibt – weiter über die finale Bewertung verhandelt. Eine wesentliche Rolle übernimmt dabei die Investmentbank.

Parallel zu den Vertragsverhandlungen findet die bestätigende Due Diligence statt. Äußerst sensible Informationen und Dokumente werden dem Käufer erst in dieser späten Phase des Prozesses zugänglich gemacht.

Der Verkäufer strebt zumeist an, Verhandlungen mit mindestens noch zwei Bietern zu führen, um eine Wettbewerbssituation herzustellen, die es ihm ermöglicht, den Deal auf der Zielgeraden zu seinen Gunsten zu beeinflussen. Der Käufer auf der anderen Seite wird versuchen, möglichst frühzeitig Exklusivität zu erhalten, d. h. er will erreichen, dass der Verkäufer zustimmt, für einen bestimmten Zeitraum nur noch mit ihm zu verhandeln.

Am Ende des M & A-Prozesses steht die Unterschrift der ausgehandelten Verträge (*Signing*). Um die Transaktion dann noch zu vollziehen (*Closing*), müssen eine Reihe von Bedingungen aus den Verträgen erfüllt werden. Während der Verkäufer im Regelfall versucht, Closing Conditions wie Gremienvorbehalte auf der Käuferseite auszuschließen, ist die erforderliche Zustimmung der Kartellämter eine der üblicherweise verbleibenden Closing Conditions.

PRAXISBEISPIEL

Ratiopharm

Ein gut vorbereiteter und geführter und wettbewerbsintensiver Prozess kann für den Verkäufer äußerst wertsteigernd sein. Das nachfolgende Beispiel zeigt den Verlauf der Bewertungserwartungen beim Verkauf des Generikaherstellers Ratiopharm anhand der parallel zum M & A-Prozess erfolgten Presseberichte. Der letztlich erzielte Verkaufserlös lag hierbei deutlich über den ursprünglich erwarteten Unternehmensbewertungen. Zu Beginn des Prozesses wurden Schätzungen der Bewertung für Ratiopharm in Höhe von 2,0 bis 2,5 Mrd. Euro berichtet. Im Verlauf des Prozesses erhöhten sich die Kaufpreisspekulationen in der Presse auf bis zu 3,0 Mrd. Euro. Der finale Kaufpreis (Enterprise Value) lag am Ende des Prozesses dann bei 3,625 Mrd. Euro.

9.7 Transaktionsablauf bei Kaufmandaten

Neben der Beratung von Verkäufern im Rahmen eines Auktionsverfahrens arbeiten Investmentbanken auch für die potenziellen Käufer, um diese bei möglichen Akquisitionen beratend zu unterstützen.

Der Ablauf solcher Mandate unterscheidet sich vor allem in den Phasen I und II von der Beratungstätigkeit bei strukturierten Verkaufsprozessen.

Phase I – Identifikation möglicher Zielunternehmen
In dieser Phase berät die Investmentbank ihren Kunden bei seiner M & A-Strategie und bei der Definition von Akquisitionskriterien. Auf dieser Basis werden mögliche Übernahmekandidaten identifiziert. Die Bank stellt zu diesen Unternehmen Detailinformationen aus öffentlich verfügbaren Quellen zusammen. Dies umfasst u. a. eine Übersicht des Produktportfolios, die Gesellschafterstruktur, die strategische Ausrichtung und die finanzielle Entwicklung. Die Liste potenzieller Übernahmekandidaten wird mit dem Kunden diskutiert, um zu entscheiden, welche Kandidaten angesprochen werden sollen.

Phase II – Ansprache möglicher Zielunternehmen
Die Gesellschafter möglicher Akquisitionskandidaten werden durch die Investmentbank kontaktiert. Es werden erste Gespräche zu der Bereitschaft, das Unternehmen zu verkaufen, geführt. Bei positivem Verlauf dieser Gespräche wird die folgende Due Diligence eingeleitet.

Es ist auch möglich, dass der Kunde der Investmentbank bereits über eine Liste möglicher Akquisitionskandidaten verfügt und das Mandat direkt in dieser Phase beginnt.

Phase III – Due Diligence
Im Rahmen der Due Diligence wird eine detaillierte Prüfung des Zielunternehmens durchgeführt. Dies beinhaltet auch eine detaillierte Bewertung des Unternehmens durch die Investmentbank.

Phase IV – Verhandlungen und Abschluss
Nach Abschluss der Due Diligence steigen die Parteien in die konkreten Verhandlungen ein. Es wird ein Kaufvertrag angefertigt und verhandelt, der nach Abschluss der Verhandlungen unterschrieben wird.

Die Inhalte der Phasen III und IV sind bei einem Kaufmandat vergleichbar zu einem Auktionsverfahren. Allerdings läuft ein solches Mandat oftmals weniger strukturiert von Verkäuferseite ab. Es gibt selten ein CIP, VDD-Berichte oder einen fertig vorbereiteten Datenraum. Insofern dauern die Due Diligence und die Verhandlungen oftmals länger. Andererseits gibt es in vielen Fällen keinen Bieterwettbewerb, ein Vorteil aus Sicht des Käufers. Der damit einhergehende Nachteil ist die größere »Unsicherheit«, ob es tatsächlich zu einer Transaktion kommt.

9.8 Die Übernahme börsennotierter Aktiengesellschaften

Die Übernahme einer börsennotierten Aktiengesellschaft ist ein Sonderfall des Unternehmenskaufs, auf den daher alle üblichen Vorüberlegungen eines Unternehmenskaufes Anwendung finden. Bei der Übernahme einer Aktiengesellschaft erfolgt der Unternehmenskauf in Form eines Anteilserwerbs (Share Deal), im Gegensatz zu der Alternative, Unternehmensgegenstände zu erwerben (Asset Deal). Neben der Kategorisierung des Übernahmeangebots als Anteilserwerb können als Besonderheiten des Übernahmeangebots bei börsennotierten Aktiengesellschaften herausgestellt werden, dass

- normalerweise eine Vielzahl unbekannter Verkäufer (Aktieneigentümer) vorhanden sind (freie Aktionäre im sogenannten Streubesitz, »Free Float«),
- der Markt bei der börsennotierten Zielgesellschaft ständig wechselnde Preise für das Kaufgut Aktie vorgibt, die den Erfolg eines Übernahmeangebots naturgemäß stark beeinflussen,
- ein Übernahmeverfahren regelmäßig eine erhebliche Öffentlichkeitswirkung entfaltet (nicht zuletzt weil nur so die Kommunikation mit den unbekannten Verkäufern möglich wird).[3]

Die Übernahme börsennotierter Gesellschaften, insbesondere solcher Gesellschaften, die bereits vor der Transaktion im Blickpunkt der Wirtschaftspresse stehen, erfährt eine intensive Berichterstattung durch Tageszeitungen und Wirtschaftspublikationen. Prominentestes Beispiel war die feindliche Übernahme der Mannesmann AG durch die britische Vodafone plc, die sich zu der wohl bekanntesten Übernahmeschlacht Europas entwickelte. Gerade diese Übernahme veranlasste auch die damalige Bundesregierung zur Berufung einer Expertenkommission, die dann im Mai 2000 die Eckpunkte für ein zukünftiges Übernahmegesetz veröffentlichte.[4] Diese Eckpunkte bildeten einen wesentlichen Ausgangspunkt für die Entwicklung des WpÜG, das im Januar 2002 in Kraft trat.

Auch seit der Einführung des WpÜG, auf das im Weiteren noch detailliert eingegangen wird, kam es zu mehreren Übernahmeschlachten wie etwa Macquarie/Techem (2006), Schaeffler/Continental (2008), Porsche/VW (2008–2009), ACS/Hochtief und Terex/Demag Cranes (beide 2010–2011) sowie STADA/Bain Capital & Cinven (2017).

9.8.1 Rechtliche Rahmenbedingungen

In Deutschland wird unterschieden zwischen den allgemeinen Regeln des Kapitalmarktrechtes, die immer gelten, und dem Übernahmeverfahren, das erst durch die förmliche Ankündigung eines Angebots eingeleitet wird. Öffentliche Erwerbs- und Übernahmeangebote liegen daher im Schnittfeld von Gesellschafts- und Kapitalmarktrecht. Hierbei greifen Regelungen des Aktiengesetzes, des Wertpapierhandelsgesetzes (WpHG), des WpÜG, des Kartellrechts und des Umwandlungsrechts ineinander.[5]

3 So etwa Zschocke/Schuster, Bad Homburger Handbuch zum Übernahmerecht, 2003, S. 22.
4 Vgl. Pressemitteilung Nr. 237/2000 vom 17. Mai 2000 des Bundespresseamtes »Expertenkommission verabschiedet Eckpunkte eines Gesetzes zur Regelung von Unternehmensübernahmen«.
5 Hierzu vgl. Hirte/Heinrich, Rn 79 ff, S. 54 ff. in Kölner Kommentar zum WpÜG, 2. Aufl., 2010.

Wesentliche Rechtsvorschriften und Umstände, die bei der Übernahme deutscher börsennotierter Zielgesellschaften von besonderer Bedeutung sein können, sind:

- Sorgfaltspflicht und Verantwortlichkeit der Vorstandsmitglieder, § 93 AktG, sowie Verhinderungsverbot gemäß § 33 WpÜG,
- Beteiligungsschwellen und die damit verbundenen Minderheitsaktionärsrechte sowie die allgemeinen und speziellen Aktionärsrechte,
- Veröffentlichungspflicht gemäß § 15 WpHG und Ad-hoc-Publizität gemäß § 10 WpÜG,
- Informationsbedürfnis des Marktes, § 21 WpHG und die Möglichkeit des »Anschleichens«,
- Grundlagen der Regelung von Unternehmensübernahmen nach dem WpÜG.

9.8.2 Sorgfaltspflicht und Verantwortlichkeit der Vorstandsmitglieder, § 93 AktG, sowie Verhinderungsverbot gemäß § 33 WpÜG

Die Vorschrift des § 93 AktG verpflichtet Vorstände, die über »Geheimnisse der Gesellschaft, namentlich Betriebs- und Geschäftsgeheimnisse, die ihnen durch ihre Tätigkeit im Vorstand bekanntgeworden sind, (…) Stillschweigen zu bewahren«. Im Fall einer »feindlichen Übernahme« hat der Vorstand einer Zielgesellschaft daher eine gute Rechtsgrundlage, jegliche Informationsverschaffung, die über den Stand öffentlicher Informationen hinausgeht, zu unterbinden. Hierzu gehört auch der Zugang zu weiteren Daten im Rahmen einer Due Diligence. Demgegenüber kann der Vorstand bei freundlichen Übernahmen einen Vorstandsbeschluss fassen, der die Offenlegung sensibler Geschäftsdaten gegenüber dem Erwerber ermöglicht. Ebenso kann er einem möglichen »weißen Ritter«, also einem Unternehmen oder Investor, der aus Sicht des Zielunternehmens ein »besserer Erwerber« ist als der »feindliche« Investor, Unternehmensdaten zur Verfügung stellen. Andererseits müssen Vorstand und Aufsichtsrat die Rahmenbedingungen des Verhinderungsverbots gemäß § 33 Absatz 1 beachten.[6] Ob und unter welchen Voraussetzungen die Verwaltung einer Zielgesellschaft Maßnahmen gegen ein von ihr abgelehntes (= »feindliches«) Übernahmeangebot ergreifen darf, war bereits vor Inkrafttreten des WpÜG Gegenstand einer intensiven rechtspolitischen und -dogmatischen Diskussion in Deutschland. Die Verabschiedung des WpÜG hat diese Diskussion zwar nicht beendet, aber erreicht, dass sich die Diskussion nunmehr auf die Auslegung und kritische Würdigung des positiven Rechts konzentriert.[7]

9.8.3 Übersicht der Beteiligungsschwellen

Abbildung 9.4 gibt einen Überblick über den Erwerb von Aktien oberhalb bestimmter Beteiligungsschwellen und die damit verbundenen Aktionärsrechte.

---

6 Hierzu vgl. Röh, § 33 WpÜG, in: Haarmann/Schüppen: Frankfurter Kommentar zum WpÜG, 3. Aufl. 2008, Rn. 1ff. m. w. N.

7 So Röh, ebenda, Rn. 3.

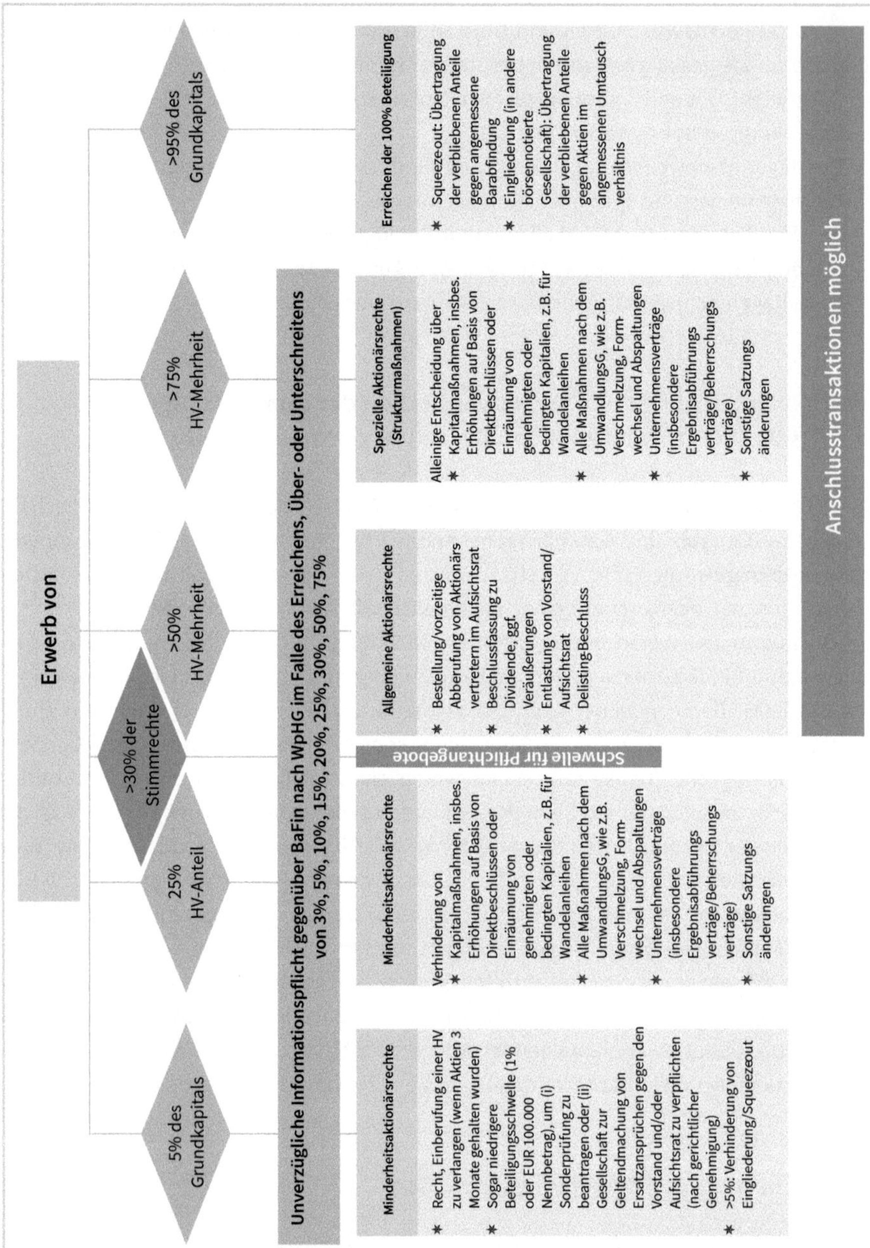

Abb. 9.4: Beteiligungsschwellen und Aktionärsrechte
Quelle: William Blair

9.8.4 Veröffentlichungspflichten gemäß § 15 WpHG und Ad-hoc-Publizität bei öffentlichen Übernahmen gemäß § 10 WpÜG

Normalerweise ist es das Bestreben aller Transaktionsbeteiligten, Informationen über eine beabsichtigte Transaktion möglichst lange geheim zu halten. Dies gilt insbesondere dann, wenn es sich um eine von beiden Parteien, also der Erwerber- und der Zielgesellschaft, gewollte Transaktion handelt. In Abhängigkeit vom Fortschritt der Transaktion kann diesem verständlichen Wunsch jedoch § 15 WpHG zuwiderlaufen, denn demgemäß hat die Zielgesellschaft »unverzüglich eine neue Tatsache (zu) veröffentlichen, die in (ihrem) Tätigkeitsbereich eingetreten und nicht öffentlich bekannt ist, (...und) den Börsenpreis der zugelassenen Wertpapiere (...) erheblich (...) beeinflussen kann«. Entscheidend ist insoweit, was eine kursbeeinflussende Tatsache i. S. d. § 15 WpHG ist. Während es außer Frage stehen dürfte, dass ein Übernahmeangebot grundsätzlich eine kursbeeinflussende Tatsache ist, können die Transaktionsbeteiligten eine Nichtveröffentlichung gut begründen, solange noch Zweifel bestehen, dass es wirklich zu einem Übernahmeangebot kommt. Stehen noch wichtige Entscheidungen aus, beispielsweise Gremienvorbehalte bei der Erwerbergesellschaft, kann von einer Veröffentlichung abgesehen werden. Bedeutsam ist insoweit aber auch, dass der Entscheidung zur Abgabe eines Angebots vorausgehende Vorgänge beim Bieter eine Pflicht zur Ad-hoc-Veröffentlichung auslösen können, etwa bereits die Absicht des Vorstandes, ein Übernahmeangebot abzugeben.[8] Insoweit ist der Vorstand einer Bietergesellschaft gut beraten, die für eine Ad-hoc-Publizität notwendige Konkretisierung im Hinblick auf den Gesamtsachverhalt der geplanten Übernahme ebenso wie das Kursbeeinflussungspotenzial bezogen auf die jeweilige Vorbereitungshandlung als »Zwischenschritt« zu qualifizieren. So stellt insbesondere die Beauftragung von externen Beratern wie Banker und Rechtsanwälte keine Insiderinformation dar, sondern ist nur eine »Vorbereitungsmaßnahme«. Dies gilt auch für nicht bindende Angebotsschreiben an Großaktionäre der Zielgesellschaft.[9]

9.8.5 Informationsbedürfnis des Marktes, § 21 WpHG, die Möglichkeit des Anschleichens und das Fehlen der Put-up-or-shut-up-Regel

Die Vorschrift des § 21 WpHG ist von Bedeutung für den Erwerber, der sich unbemerkt über den Markt bei der Zielgesellschaft beteiligen möchte. Denn bereits bei einer Beteiligung ab 3 % der Stimmrechte an der börsennotierten Gesellschaft ist der BaFin und der Zielgesellschaft diese Tatsache unverzüglich schriftlich anzuzeigen.[10] Allerdings haben gerade die Fälle Porsche/Volkswagen und Schaeffler/Continental in den letzten Jahren gezeigt, dass sich der deutsche Gesetzgeber mit dem Thema »Anschleichen« auseinandersetzen

8 Hierzu Pfüller, § 15 WpHG, in: Fuchs: Kommentar WpHG, 2. Aufl. 2016, Rn 243.
9 Ebenda, Rn. 244.
10 Sofern die Gesellschaft im amtlichen oder geregelten Markt gehandelt wird (nicht hingegen im Freiverkehr).

muss. Denn während das deutsche WpÜG, das ab der Entscheidung zur Abgabe eines Übernahmeangebots das weitere Vorgehen detailliert regelt, international als durchaus gelungen eingeschätzt wird, wurde augenfällig, dass das Fehlen klarer Regeln, die sich auf erwogene Übernahmen beziehen, »Stirnrunzeln und Schmunzeln« im In- und Ausland hervorrief.[11] Denn bei Porsche/Volkswagen und Schaeffler/Continental erwarben die Bieter bekanntlich bar abzuwickelnde (Cash settled) Derivate, um eine signifikante wirtschaftliche Interessensposition zu erlangen, ohne einen maßgeblichen Stimmrechtsbesitz melden zu müssen. Das war rechtlich zulässig, denn die geltenden Meldepflichten beschränkten sich auf solche derivativen Positionen, bei denen der Inhaber verlangen kann, dass ihm Aktien übertragen werden.[12]

Das britische Kapitalmarktrecht geht insoweit deutlich weiter, denn es verbietet den Einsatz von bar abgewickelten Derivaten zur Förderung von Übernahmen praktisch ganz, indem es diese dem Insiderhandelsverbot unterwirft. Des Weiteren werden bar abgewickelte Derivate mitgezählt bei der Berechnung der 30%-Schwelle, ab der – wie in Deutschland – ein Angebot vorgelegt werden muss.[13] Daher hat sich auch der deutsche Gesetzgeber entschieden, den unbemerkten Aufbau von Beteiligungen an börsennotierten Aktiengesellschaften – also das sog. Anschleichen – zu erschweren. Bis dahin waren lediglich das Halten von Stimmrechten sowie das Halten von solchen Finanzinstrumenten mitzuteilen, die ihrem Inhaber das Recht verliehen, mit Stimmrechten verbundene Aktien zu erwerben. Mit dem Anlegerschutz- und Funktionsverbesserungsgesetz vom April 2011 gelten nunmehr die Mitteilungspflichten auch für bislang nicht erfasste Finanzinstrumente, die lediglich das Recht auf einen Zahlungsausgleich enthalten, sowie für Geschäfte mit ähnlicher Wirkung.[14]

Festzuhalten ist, dass ein potenzieller Bieter in Deutschland in aller Regel nicht melden muss, ob er eine Übernahme plant. Das WpÜG sieht eine förmliche Meldung erst dann vor, wenn der Bieter entschieden hat, das Angebot zu machen. Dies kann ein geschickter Bieter lange hinauszögern, da insbesondere bei mehrstufigen Entscheidungsprozessen grundsätzlich auf die Letztentscheidung, also beispielsweise die Zustimmung durch den Aufsichtsrat (bei einer deutschen AG) oder den Board of Directors (bei einer US Corporation) abgestellt werden kann und die »Zwischenschritte« entsprechend als »Vorbereitungsmaßnahmen« qualifiziert werden.

11 Hierzu Mohr/Stengel: Frühes Informationsbedürfnis bei Übernahmeplänen, Börsen-Zeitung, 14.07.2010, S. 2.

12 Vgl. ausführlich Schiessl, Beteiligungsaufbau mittels Cash-settled Total Return Equity Swaps – neue Modell und Einführung von Meldepflichten, Der Konzern, 2009, S. 291 ff.

13 Vgl. Mohr/Stengel: Frühes Informationsbedürfnis bei Übernahmeplänen, Börsen-Zeitung, 14.07.2010, S. 2.

14 Vgl. hierzu ausführlich Heinrich, § 25a, Rn 1ff. in Kölner Kommentar zum WpHG, 2. Aufl. 2014, sowie Cascante/Bingel: Verbesserte Beteiligungstransparenz (nicht nur) vor Übernahmen, NZG 2011, S. 1086 ff., sowie Merkner/Sustmann: Erste »Guidance« der BaFin zu den neuen Meldepflichten nach §§ 25, 25a WpHG, NZG 2012, S. 241 ff.

Das Informationsbedürfnis des Marktes beginnt jedoch früher. Das Risikobegrenzungsgesetz will den Aufbau größerer Beteiligungen adressieren, indem derjenige, der 10 % der Aktien einer börsennotierten Gesellschaft erwirbt, inzwischen melden muss, welche Ziele er mit seiner Beteiligung verfolgt. Davon werden aber die häufigsten Fälle von Marktgerüchten und Spekulationen zur Übernahme nicht erfasst. Der britische City Code on Take-over and Mergers (Rule 2) gibt hingegen dem Take-over-Panel, der als Regulierungsinstanz fungiert, das Recht, vom möglichen Bieter eine Stellungnahme zu verlangen. Meist genügt eine unverbindliche Stellungnahme. Doch kann der Take-over-Panel dem Bieter auch im sogenannten »put up or shut up« eine Frist setzen, innerhalb derer er das Angebot entweder formal ankündigen oder absagen muss. An diese Absage ist er dann sechs Monate gebunden.[15] Diese Regel, die es leider in Deutschland nicht gibt, hätte beispielsweise das Vorgehen von Porsche im Fall VW unterbunden oder zumindest erschwert.

9.8.6 Grundlagen der Regelung von Unternehmensübernahmen nach dem WpÜG

Ziel des WpÜG ist es laut Begründung im Regierungsentwurf, »Rahmenbedingungen bei Unternehmensübernahmen und anderen öffentlichen Angeboten zum Erwerb von Wertpapieren in Deutschland zu schaffen, die den Anforderungen der Globalisierung der Finanzmärkte angemessen Rechnung tragen und hierdurch den Wirtschaftsstandort und Finanzplatz Deutschland auch im internationalen Wettbewerb weiter stärken«.[16] Das WpÜG dient also zur Herstellung eines verlässlichen Rechtsrahmens für Übernahmen in Deutschland, für den § 3 die allgemeinen Grundsätze statuiert:

- *Gleichbehandlung:* Nach § 3 Abs. 1 sind alle Aktionäre einer Aktiengattung der Zielgesellschaft gleichzubehandeln.
- *Gewährleistung umfassender Transparenz*: Gemäß § 3 Abs. 2 sollen die Inhaber von Wertpapieren der Zielgesellschaft über genügend Zeit und ausreichend Informationen verfügen, um in Kenntnis der Sachlage über das Angebot entscheiden zu können. Den Bieter treffen daher umfassende Informationspflichten, insbesondere ist er verpflichtet, alle für die Entscheidung über das Angebot wesentlichen Informationen in einer Angebotsunterlage niederzulegen. Des Weiteren hat der Bieter während und unmittelbar nach Beendigung des Übernahmeverfahrens Informationspflichten.
- *Pflichten der Leitungsorgane*: § 3 Abs. 3 stellt klar, dass die Leitungsorgane der Zielgesellschaft auch während des Angebotsverfahrens im Interesse der Gesellschaft handeln müssen und den im AktG zugrunde gelegten Pflichten unterliegen. Insoweit

15 Vgl. Mohr/Stengel: ebenda, mit Verweis auf einige Fälle in England in den Jahren 2009 und 2010, die die Bedeutung dieser Regelung anschaulich machen.

16 Begr RegE, Allgemeiner Teil, BT-Drucks. 14/7034, S. 28. Hierzu ausführlich Hirte/Heinrich, Einleitung, Rn 84 ff., in: Kölner Kommentar zum WpÜG, 2. Aufl. 2010.

sind die Interessen aller »Stakeholder«, also der Aktionäre, der Arbeitnehmer und der Gesellschaft insgesamt zu berücksichtigen.

- *Sicherstellung rascher Verfahren:* Gemäß §3 Abs. 4 ist das Angebotsverfahren vom Bieter und der Zielgesellschaft rasch durchzuführen. Dies soll sicherstellen, dass sich der durch das Angebotsverfahren entstehende Schwebezustand im Interesse der Verfahrensbeteiligten und des Kapitalmarkts auf einen möglichst kurzen Zeitraum beschränkt.
- *Verhinderung von Marktverzerrungen:* Nach §3 Abs. 5 dürfen beim Handel mit Wertpapieren der Zielgesellschaft, der Bietergesellschaft oder anderen von dem Angebot betroffenen Gesellschaften keine Marktverzerrungen geschaffen werden, da hierdurch Wertpapierinhaber zu sachlich ungerechtfertigten Entscheidungen verleitet werden könnten.[17]

9.8.7 Ablauf des Übernahmeverfahrens

Das Übernahmeverfahren kann aus Sicht des Praktikers in drei Phasen aufgeteilt werden:

- Phase 1: Vorbereitung, d. h. indikative Bewertung, Entwicklung der Transaktions- und Finanzierungsstruktur und gegebenenfalls Kontakt mit der Zielgesellschaft,
- Phase 2: das eigentliche Übernahmeverfahren sowie
- Phase 3: das Squeeze-out-Verfahren.

Zur frühzeitigen Information der Öffentlichkeit über marktrelevante Daten und zur Verhinderung des Ausnutzens von Spezialwissen stellt das Gesetz Verfahrensregeln auf, die ein geordnetes Übernahmeverfahren sicherstellen. Eine detailliertere Darstellung des Übernahmeverfahrens findet sich in der Abbildung 9.5.

17 Hierzu ausführlich Hirte/Heinrich, Einleitung, Rn 94., in: Kölner Kommentar zum WpÜG, 2. Aufl. 2010.

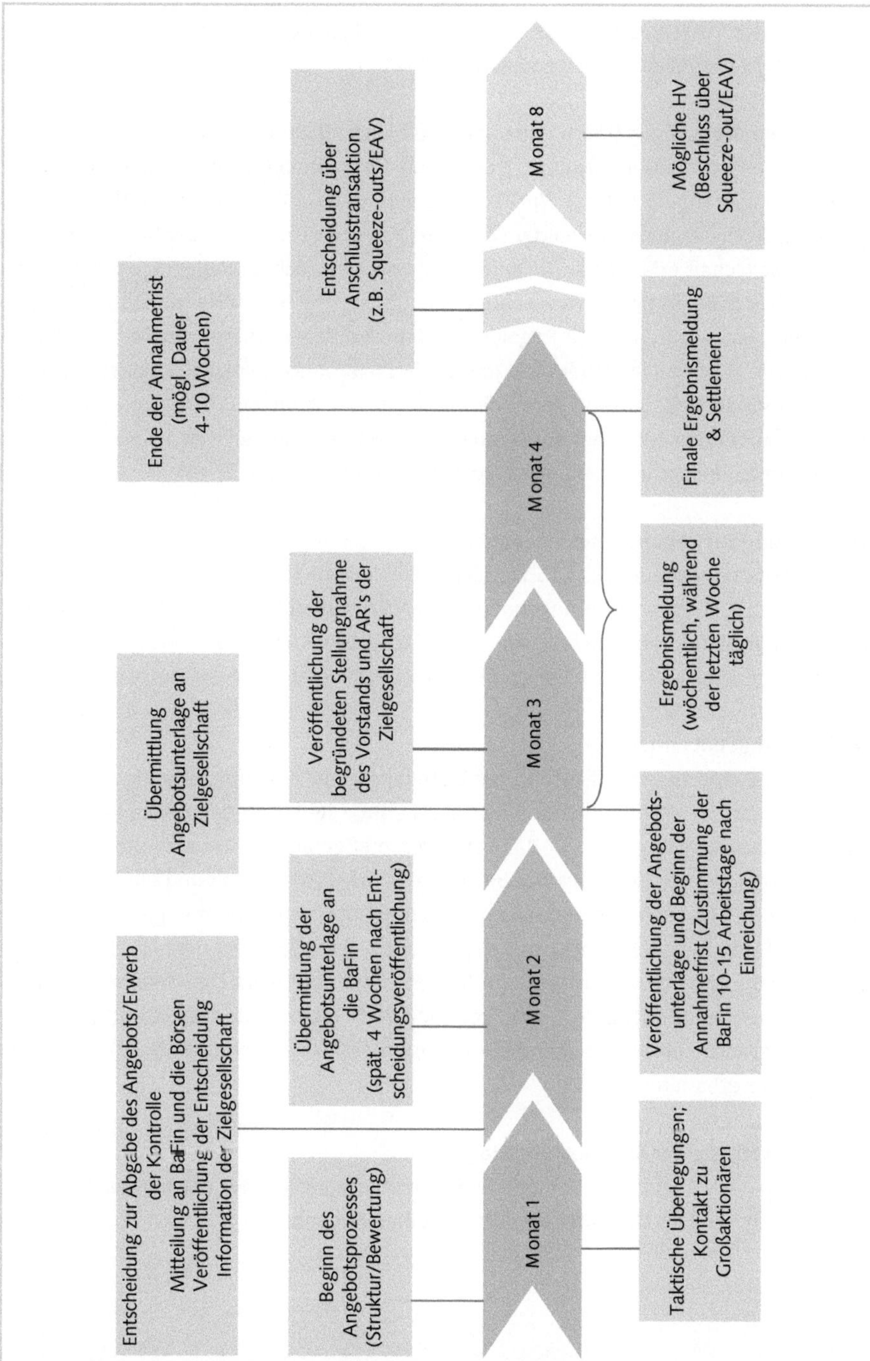

Abb. 9.5: Detaillierte Darstellung des Ablaufs eines Übernahmeverfahrens
Quelle: William Blair

Die wichtigsten *Vorschriften zum Ablauf und den Pflichten* der Beteiligten bei einem Übernahmeverfahren sind die im Folgenden aufgeführten.

Regelung von freiwilligen Übernahmeangeboten und Pflichtangeboten
Das WpÜG unterscheidet zwischen freiwilligen Übernahmeangeboten und sogenannten Pflichtangeboten (§ 2 Abs. 1 WpÜG). Hierbei wird die Verpflichtung zur Abgabe eines Pflichtangebots ausgelöst, wenn der Bieter die Kontrolle, d. h. 30 % der Stimmrechte an der Zielgesellschaft erlangt hat. Diese Grenze orientiert sich an Regelungen in anderen europäischen Staaten und berücksichtigt auch Präsenzen in den Hauptversammlungen deutscher Unternehmen. Diese Regelung bedeutet einen starken Eingriff in das Eigentumsrecht des Kontrollerwerbers, der jedoch durch Interesse gerechtfertigt ist, die in die »faktische Minderheitsposition geratenen Aktionäre zu schützen«.[18] Das freiwillige Übernahmeangebot kann entweder auf einen Kontrollerwerb oder auf einen einfachen, nicht auf eine Kontrollposition abzielenden Aktienbestand gerichtet sein.

Entscheidung zur Abgabe eines Angebots
Gemäß dem der Regelung des § 15 WpHG nachgebildeten § 10 WpÜG hat der Bieter seine Entscheidung zur Abgabe eines Angebots unverzüglich zu veröffentlichen, allerdings kommt es auf die oben bereits angesprochene »Letztentscheidung« an und über die beschriebenen »Zwischenschritte« kann die Pflicht zur Publizität lange herausgezögert werden.

Inhalt der Angebotsunterlage
In § 11 WpÜG sind die Verpflichtung zur Erstellung einer Angebotsunterlage und deren Inhalt geregelt. Die Veröffentlichung dieser Unterlage stellt das eigentliche Angebot dar und bildet das Kernstück der für das Verfahren maßgeblichen Transparenzregelungen. Ziel ist hierbei, die von dem Angebot Betroffenen, die Öffentlichkeit und die Aufsichtsbehörde über den genauen Inhalt des Angebots und über die mit dem Angebot verfolgten Ziele zu informieren. § 11 WpÜG soll sicherstellen, dass das Spannungsverhältnis zwischen dem Informationsbedürfnis der Adressaten und der Übersichtlichkeit und Lesbarkeit der Angebotsunterlage Rechnung getragen wird. Insbesondere sollen die Aktionäre der Zielgesellschaft eine hinreichende Grundlage für ihre Entscheidung über die Annahme des Angebots erhalten.[19]

Frist zur Erstellung der Angebotsunterlage
Der Bieter hat die Angebotsunterlage der BaFin innerhalb von vier Wochen nach der Veröffentlichung der Entscheidung zur Abgabe eines Angebots zu übermitteln. Bei einem

18 Vgl. Hirte, Einleitung, Rn 119 m. w. N., in: Kölner Kommentar zum WpÜG,.
19 Vgl. ausführlich Seydel, § 11 Rn 18 ff., in: Kölner Kommentar zum WpÜG, 2. Aufl. 2010.

grenzüberschreitenden Angebot oder bei der Notwendigkeit einer Kapitalmaßnahme kann diese Frist verlängert werden (§ 14 Abs. 1 WpÜG). Die Arbeiten an der Angebotsunterlage sind zum Zeitpunkt der Veröffentlichung der Entscheidung oftmals weit fortgeschritten, sodass die 4-Wochen-Frist zumeist unproblematisch ist.

Prüfung der Angebotsunterlage

Die eingereichte Angebotsunterlage wird durch die BaFin entsprechend § 11 Abs. 2 WpÜG geprüft. Die Prüfungsfrist beträgt in der Regel 10 Werktage, danach erfolgt die Veröffentlichung des Angebots im Internet sowie in einem Börsenpflichtblatt (§ 14 Abs. 2 WpÜG). Zudem hat eine Übermittlung der Angebotsunterlage an den Vorstand der Zielgesellschaft zu erfolgen.

Stellungnahme des Vorstands und Aufsichtsrats

Nach der unverzüglichen Übermittlung der Angebotsunterlage an die Zielgesellschaft hat der Vorstand und der Aufsichtsrat der Zielgesellschaft eine Stellungnahme zu dem Übernahmeangebot abzugeben (§ 27 WpÜG) und die Arbeitnehmer bzw. deren Vertreter zu unterrichten (§ 14 Abs. 4 S. 2 WpÜG).

Zulässigkeit von Abwehrmaßnahmen

Gemäß § 33 WpÜG darf der Vorstand der Zielgesellschaft »(n)ach Veröffentlichung der Entscheidung zur Abgabe eines Übernahmeangebotes bis zur Veröffentlichung des Ergebnisses (…) keine Handlungen vornehmen, durch die der Erfolg des Angebotes verhindert werden könnte. Dies gilt nicht für Handlungen, die auch ein ordentlicher und gewissenhafter Geschäftsleiter einer Gesellschaft, die nicht von einem Übernahmeangebot betroffen ist, vorgenommen hätte, für die Suche nach einem konkurrierenden Angebot sowie für Handlungen, denen der Aufsichtsrat der Zielgesellschaft zugestimmt hat«. Dies gilt für Handlungen, die objektiv geeignet sind, den Erfolg eines Übernahmeangebotes zu verhindern, ohne dass es auf eine Verhinderungsabsicht ankommt. Diese Regelung zur beschränkten Zulässigkeit von Abwehrmaßnahmen, die nur während der Dauer des formellen Übernahmeverfahrens gilt, wird teilweise als Ausprägung der »Neutralitätspflicht« bezeichnet. Dies ist jedoch missverständlich, denn Vorstand und Aufsichtsrat sind keineswegs verpflichtet, gegenüber einem Übernahmeangebot eine neutrale Haltung einzunehmen. Vielmehr sollen die Organe sich gerade eine eigene Meinung bilden und diese in ihrer Stellungnahme erläutern. Weiterhin ist es dem Vorstand erlaubt, für seine Position und seine Strategie zu werben, wie sich unmittelbar aus der Vorschrift des § 28 WpÜG ergibt. Schließlich darf er sich – so konkret § 33 Abs. 1 S. 2 WpÜG – um ein konkurrierendes Angebot (»White Knight«) oder eine signifikante und gegebenenfalls »blockierende« Minderheitsbeteiligung (»White Squire«) bemühen. Mithin geht es gerade nicht um eine generelle Neutralität, sondern um die Frage, in welchem Umfang der Vorstand aufgrund seiner Geschäftsleitungskompetenz (§ 76 AktG) befugt ist, durch Maßnahmen der Zielgesellschaft eine erfolgreiche Übernahme zu be- bzw. zu verhindern und damit in die Entscheidungsfreiheit der Aktionäre einzugreifen. Zu den grundsätzlich verbotenen Abwehrmaßnahmen kommen danach insbesondere der Erwerb (zur Schaffung kartellrechtlicher (Genehmigungs-)Probleme) und die Veräußerung wesentlicher Beteiligungen (bei Veräußerung auch als Crown Jewels bezeichnet) sowie sonstige wesentliche Veränderungen des Aktiv- oder Passivbestandes der Gesellschaft in Betracht.[20]

Annahmefrist

Mit der Veröffentlichung der Angebotsunterlage beginnt die Annahmefrist. Diese darf nicht weniger als vier Wochen und höchstens zehn Wochen betragen (§ 16 WpÜG).

Änderungen des Angebots und Verlängerung der Annahmefrist

Fristverlängerungen können sich durch Änderungen des Übernahmeangebots wie etwa die Erhöhung der Gegenleistung oder das wahlweise Anbieten einer anderen Gegenleistung, das Herabsetzen der Akzeptanzschwelle oder der Verzicht auf Bedingungen sowie bei Abgabe konkurrierender Angebote ergeben (§§ 21 ff. WpÜG).

Informationspflichten während des Übernahmeverfahrens

Nach Veröffentlichung der Angebotsunterlage ist der Bieter verpflichtet, wöchentlich sowie in der letzten Woche vor Ablauf der Annahmefrist täglich, ferner unverzüglich nach Ablauf der Annahmefrist und unverzüglich nach Ablauf der »Zaunkönigsfrist«, die Anzahl der erworbenen Anteile zu veröffentlichen (§ 23 Abs. 1 WpÜG). Diese Veröffentlichungspflicht umfasst sämtliche ihm, den mit ihm gemeinsam handelnden Personen und Tochterunternehmen zustehenden Wertpapiere der Zielgesellschaft einschließlich der Höhe der jeweiligen Anteile und der ihm zustehenden und nach § 30 WpÜG zuzurechnenden Stimmrechtsanteile sowie die sich aus den ihm zugegangenen Annahmeerklärungen ergebende Anzahl der Wertpapiere, die Gegenstand des Angebots sind, einschließlich der Höhe der Wertpapier- und Stimmrechtsanteile.

Abschluss des Übernahmeverfahrens

Das Übernahmeverfahren endet mit dem Ablauf der Annahmefrist. Ist das Angebot erfolgreich, können die Aktionäre der Zielgesellschaft, die bis zu diesem Zeitpunkt das Angebot noch nicht angenommen haben, das Angebot innerhalb von zwei Wochen annehmen (§ 16 Abs. 2 WpÜG). Diese sogenannte »Zaunkönigsregelung« ermöglicht Aktionären, die das Ergebnis des Übernahmeverfahrens zunächst abwarten wollen, bei einer erfolgreichen Übernahme doch noch ihre Aktien einzureichen. Gleichzeitig hat der Bieter die Chance, durch diese Nachfrist seine Beteiligung am Zielunternehmen weiter zu erhöhen.[21]

20 Vgl. hierzu Hirte, § 33 Rn 58, in: Kölner Kommentar zum WpÜG, 2. Aufl. 2010.
21 Vgl. hierzu Hasselbach, § 16 Rn. 41ff., Kölner Kommentar zum WpÜG, 2. Aufl. 2010.

9.8.8 Squeeze-out

Nachdem das WpÜG dem Erwerber einer Kontrollbeteiligung die Pflicht auferlegt, allen anderen Aktionären den Erwerb ihrer Aktien anzubieten, war es sinnvoll, dem Erwerber über die Regelungen der §§ 327a bis f AktG auch die Möglichkeit einzuräumen, alle übrigen Aktien zu übernehmen. Denn außerhalb dieses Ausschlussverfahrens war es zuvor kaum möglich, den Erwerb aller ausstehenden Aktien sicherzustellen. Die §§ 327a bis f AktG erlauben es dem Großaktionär, der mindestens 95 % des Kapitals einer AG oder KG auf Aktien hält, die verbliebenen Minderheitsaktionäre zwangsweise gegen Zahlung einer angemessenen Barabfindung aus der Gesellschaft auszuschließen. Dies wird als (aktienrechtlicher) Squeeze-out bezeichnet.

Die Regelung im AktG knüpft wie die Eingliederung an eine Beteiligung von mindestens 95 % des Grundkapitals. Wenn ein Hauptaktionär über mindestens 95 % der Anteile verfügt, kann er von der AG verlangen, eine Hauptversammlung einzuberufen, um einen Beschluss zur Übertragung der »übrigen« Aktien auf den Hauptaktionär zu fassen.

Voraussetzungen dafür sind:

- ein schriftlicher Bericht des Hauptaktionärs über die Erfüllung der Voraussetzungen und die Gründe des Ausschlusses sowie die Angemessenheit der Barabfindung (§ 327c Abs. 2 AktG),
- der Bericht eines vom Gericht zu bestellenden Wirtschaftsprüfers über die Überprüfung der Angemessenheit der Barabfindung sowie
- das Vorliegen einer Gewährleistungserklärung (Bürgschaft oder Garantie) eines Kreditinstituts, das die Barabfindung innerhalb der Gewährleistungsfrist (drei Jahre nach Eintragung des Squeeze-outs in das Handelsregister) garantiert.

Außer dem aktienrechtlichen Squeeze-out (§§ 327a ff. AktG) und dem übernahmerechtlichen Squeeze-out (§§ 39a ff. WpÜG) gibt es noch den verschmelzungsrechtlichen Squeeze-out (§ 62 Abs. 5 UmwG). Letzterer ist eine Kombination aus dem Ausschluss der Minderheitsaktionäre einer AG und einer anschließenden konzerninternen Verschmelzung dieser AG auf die übernehmende Gesellschaft (Hauptaktionär). Voraussetzung ist hierbei, dass die übernehmende Muttergesellschaft (Hauptaktionär) mindestens 90 % am Grundkapital der zu übertragenden Tochtergesellschaft halten muss, wobei eigene Anteile der übertragenden Gesellschaft vom Grundkapital abzuziehen sind.[22]

22 Vgl. hierzu Hüffer/Koch, § 327a, Rn. 3, in: Kommentar zum Aktiengesetz, 13. Aufl. 2018.

9.9 Feindliche Übernahmen und Verteidigungskonzepte

Unter feindlichen Übernahmen werden Übernahmen verstanden, bei denen das Management der Zielgesellschaft den Wechsel des Eigentümers nicht befürwortet. Dies kann sich allerdings im Verlauf eines Übernahmeverfahrens ändern und ein zunächst feindliches Übernahmeangebot kann zu einem späteren Zeitpunkt möglicherweise von Vorstand und Aufsichtsrat »empfohlen« werden.

Feindliche Übernahmen gehörten in den 80er-Jahren in den USA und Großbritannien bereits zur Normalität. Es lassen sich seitdem mehrere Phasen erkennen:

Die sogenannte »*Raider-Phase*«, bei der Finanzinvestoren Bewertungsdiskrepanzen zwischen Börsen- und Buchwerten bei unterbewerteten Konzernen ausnutzten, um insbesondere durch Assetverkäufe Werte zu heben.

Die »*Synergie-Phase*« in den 90er-Jahren, bei der feindliche Übernahmen vornehmlich durch »industrielle Logik« und dem Streben nach der Realisierung von Synergieeffekten getrieben waren.

Feindliche Übernahmen deutscher Gesellschaften fanden hingegen nicht statt, weil verschiedene institutionelle Regelungen eine feindliche Übernahme erschwerten. Hierzu gehörte das Fehlen verbindlicher Übernahmeregeln, das Depotstimmrecht der Banken, die Unabhängigkeit des Vorstands nach deutschem Aktienrecht, die Schwierigkeiten beim Austausch von Aufsichtsräten, Stimmrechtsbeschränkungen, der Konsensansatz der deutschen Wirtschaft (= Deutschland AG), mangelnde Transparenz der Bilanzierung und das Fehlen einer Squeeze-out-Regelung.

Diese »Probleme« sind jedoch seit geraumer Zeit vom Tisch. Der deutsche Kapitalmarkt hat sich dem angelsächsischen »Vorbild« angepasst, sodass viele der aufgezählten Tatbestände gegenstandslos geworden sind. Das deutsche Übernahmerecht hat sich seit seiner Einführung 2002 vielfach bewährt und wird international als gelungen eingeschätzt, der Einfluss des Depotstimmrechts ist reduziert, Stimmrechtsbeschränkungen sind abgeschafft, Unternehmensinformationen weit transparenter. Auch vom Bestehen einer Deutschland AG kann nicht mehr gesprochen werden. Es gab einige Übernahmen, die zumindest zunächst feindlich waren, wie etwa Macquarie/Techem (2006), Mercks gescheiterte Übernahme von Schering, die dann zu der Übernahme Scherings durch den White Knight Bayer führte (2006), Schaeffler/Continental (2008), Porsche/VW (2008–2009) und zuletzt ACS/Hochtief und Terex/Demag Cranes (beide 2010–2011).

9.9.1 Verteidigungskonzept und Abwehrmaßnahmen

Wie bereits bei der Behandlung von § 33 WpÜG angeführt, darf der Vorstand der Zielgesellschaft nach Veröffentlichung der Entscheidung zur Abgabe eines Übernahmeangebotes bis zur Veröffentlichung des Ergebnisses keine Handlungen vornehmen, durch die der Erfolg des Angebotes verhindert werden könnte. Ebenso ist darauf hingewiesen worden, dass dies nicht gilt für Handlungen, die auch ein ordentlicher und gewissenhafter Geschäftsleiter einer Gesellschaft, die nicht von einem Übernahmeangebot betroffen ist, vorgenommen hätte. Weiterhin ist die Suche nach einem konkurrierenden Angebot erlaubt. So war etwa Schering bei seiner Suche nach einem White Knight erfolgreich und konnte Bayer überzeugen, ein attraktiveres und letztlich erfolgreiches Übernahmeangebot vorzulegen.

Der Vorstand kann also sehr wohl tätig werden. Vor der Veröffentlichung der Entscheidung zur Abgabe eines Übernahmeangebotes ist er »freier« als danach, da er ab diesem Zeitpunkt die Beschränkung durch § 33 WpÜG beachten muss.

Aus Sicht einer Investmentbank, die Unternehmen bei ihrer »Defence-Strategie« beraten, ist daher zwischen proaktiven und defensiven Ansatzpunkten zu unterscheiden, wobei es bei der proaktiven Beratung vor allem um die Vermeidung eines Übernahmeversuchs geht. Denn wenn es zu einem Übernahmeangebot kommt, ist eine Übernahme oftmals nicht mehr zu vermeiden, es geht dann zumeist »nur noch« um eine Erhöhung des Angebotspreises.

9.9.2 Proaktive Ansatzpunkte einer Defence-Beratung

Zu den grundsätzlichen proaktiven Ansatzpunkten einer Defence-Beratung gehören:
- Analyse der Ausgangssituation,
- Entwicklung einer proaktiven Strategie,
- Erarbeitung der Abwehrstrategie/-maßnahmen sowie
- Umsetzung und Dokumentation der Strategie/Maßnahmen.

Analyse der Ausgangssituation
Zur Analyse der Ausgangssituation gehört vor allem die Bestimmung des Gefährdungspotenzials eines Unternehmens. Hierbei wird ermittelt, ob angesichts unterschiedlicher

Faktoren ein Unternehmen einem besonderen Risiko eines unerwünschten Angebots ausgesetzt ist:

- *Sektorcharakteristika*: Wie sind die Umfeldbedingungen des Sektors? Wie verhalten sich die Wettbewerber im Sektor und sind diese besonders akquisitiv? Gibt es einen hohen Konsolidierungsgrad? Gibt es signifikante Kartellrisiken? Handelt es sich um einen Sektor, in dem Finanzinvestoren besonders aktiv sind?
- *Bewertung und Kapitalmarkteinschätzung*: Liegt eine Unterbewertung im Vergleich mit anderen Unternehmen im Sektor vor? Welches Kurspotenzial sehen die Analysten? Wie wird das Management eingeschätzt?
- *Finanzielle und operative Leistung und Ausblick*: Gibt es hohes Effizienzsteigerungspotenzial? Gibt es nicht genutztes Wachstumspotenzial? Wie ist das Unternehmen im Vergleich mit seinen Peers aufgestellt? Ist das Unternehmen »best in class« oder hinkt es hinterher?
- *Aktionärsstruktur*: Gibt es einen hohen Free Float? Gibt es viele institutionelle Aktionäre? Ist die Aktionärsbasis loyal? Gibt es Ankerinvestoren?
- *Universum möglicher Käufer*: Gibt es offensichtliche strategische Käufer? Welches Potenzial hätten Finanzinvestoren? Wie viel zusätzliches Leverage ist denkbar?
- *Rechtliche Überlegungen*: Welche Defence-Maßnahmen sind denkbar? Welche Kapitalmaßnahmen sind denkbar? Könnte ein White Squire über bedingtes Kapital bedient werden?

Bei der Analyse der Ausgangssituation gibt es demnach zahlreiche Erwägungen, die angestellt werden können, um zu determinieren, ob bei dem zu analysierenden Unternehmen ein hoher oder ein eher niedriger Gefährdungsgrad vorliegt.

Entwicklung einer proaktiven Strategie

Unternehmen haben die Möglichkeit, sich im Vorfeld auf mögliche feindliche Übernahmen einzustellen. Sie können in folgenden Bereichen aktiv werden: Hinsichtlich der *eigenen Bewertung* sollte ein Unternehmen

- seinen Businessplan regelmäßig überarbeiten und eine DCF-Bewertung des eigenen Unternehmens nach Marktusancen und unter Hinzuziehung von Analysten »griffbereit« haben,
- die Bewertung durch die Analysten regelmäßig analysieren, um zu wissen, wie der Kapitalmarkt das Unternehmen sieht und versteht,
- eine Bewertung auf Multiplikatoren-Basis regelmäßig überarbeiten, um auch insoweit zu wissen, wie das Unternehmen »dasteht«.

Für *strategische Wertsteigerungsmaßnahmen* bedarf es einer Portfolio-Analyse des eigenen Unternehmens:

- Gibt es Akquisitionsmöglichkeiten?
- Sollen ausgewählte Geschäftsbereiche verkauft werden?

Analyse von möglichen Käufern und *White Knights/White Squires*:

- Potenzielle Käufer-Analyse – Strategen und Finanzinvestoren (Wer will? Wer kann? Wer darf?). Hierbei sind Strategien, Synergiepotenziale und Kartellhürden zu evaluieren.
- Gibt es potenzielle White Knights? Wer ist der ideale Partner? Welche Vorbereitungen sind notwendig, um einen etwaig gewünschten »Einstieg« zu ermöglichen?

Hinsichtlich der *Finanzkommunikation* und der *Investoren* sind folgende Maßnahmen zu überlegen:

- Kritische Überprüfung der eigenen Equity-Story.
- Überprüfung der Analysten-Empfehlungen.
- Analyse der Hauptinvestoren und deren Ziele.
- Vorbereitung für die Kommunikation in einer Übernahmesituation.

Dann sind *rechtliche Vorbereitungsmaßnahmen* zu treffen:

- Vorbereitung Aktienrückkauf.
- Vorbereitung Kapitalerhöhung (mit und ohne Ausschluss des Bezugsrechts).
- Mehrheitsverhältnisse in der Satzung regeln.
- Vorstandsverträge überprüfen und erneuern.
- Aufsichtsratszusammensetzung und mögliche Entsenderechte regeln.

Zu empfehlen ist die Erstellung eines Defence-Handbuchs, das folgende Gliederung haben kann:

Inhaltsverzeichnis

Kapitel

Allgemeine Vorbemerkungen zur Übernahmesituatition

A. Status Quo
- I. Übersicht in Betracht kommender Abwehrmaßnahmen
- II. Szenario des (unerwünschten) Erwerbers einer Minderheitsbeteiligung

B. Organisatorische Maßnahmen
- I. Benennung und Aufgabe des Defence Teams
- II. Mitglieder des Defence Teams, Kontaktdaten und Telefonnummern
- III. Vorbereitung Infrastruktur
- IV. Nutzung eines elektronischen Datenraums
- V. Ausgewählte Kontaktadressen – national und international

C. Laufende weitere Vorbereitung einer Übernahmesituation
- I. Regulärer Maßnahmenkatalog / Verantwortlichkeiten
- II. Aktuelle Übersicht Aktionärsstrukturen
  1. Kommentar zur Aktionärsstruktur der ABC AG
  2. Übersicht »Großaktionäre«
  3. Summary
  4. Executive Summary
  5. Institutional Holdings
- III. Aktuelle Bewertung der ABCAG
- IV. Übersicht detaillierte Analysen möglicher Bieter / White Knights und White Squires

D. Kontaktphase
- I. Sofortige Maßnahmen unmittelbar nach einer ersten, vorläufigen Kontaktaufnahme / anderweitigen Informationen (Gerüchte) bezüglich eines bevorstehenden Übernahmeangebots
  1. Gesprächs- und Verhaltensregeln
  2. Notiz Insiderregeln
  3. Aktuelle Insiderrichtlinie
  4. Aktuelle Kommunikationsrichtlinie
  5. Muster Projekt-Insiderverzeichnis
  6. Muster Aufklärungsschreiben
- II. »Talk Sheet« für das erste Gespräch mit dem Bieter
- III. Organisatorische Maßnahmen (Ablaufplan)
- IV. Indikativer Detailzeitplan am »Tag 1«
- V. Tagesordnungspunkte für die erste Sitzung des Defence Committees
- VI. Tagesordnungspunkte für die zweite Sitzung des Defence Committees
- VII. Entwürfe Sprachregelungen
  1. Angekündigtes Übernahmeangebot
  2. Gerüchte
- VIII. Entwürfe Ad-hoc-Mitteilungen
- IX. Entwürfe Informationsschreiben an den Aufsichtsrat
  1. Anderweitige Informationen über ein potenzielles Übernahmeangebot
  2. Angekündigtes Übernahmeangebot
  3. Veröffentlichte Angebotsabsicht
- X. Entwürfe Mitarbeiterinformationen
- XI. Entwürfe Aktionärs-Newsletter

E. Angebotsphase
- I. Rechte und Pflichten von Vorstand und Aufsichtsrat
- II. Satzung, Geschäftsordnung für den Vorstand, Geschäftsordnung für den Aufsichtsrat, Geschäftsordnung für den Prüfungsausschuss
  1. Satzung
  2. Geschäftsordnung für den Vorstand
  3. Geschäftsordnung für den Aufsichtsrat
  4. Geschäftsordnung für den Prüfungsausschuss
- III. Übersicht Ablaufplan einer öffentlichen Übernahme in Deutschland
  1. Indikativer Zeitplan
  2. Ablaufbeschreibung
  3. Zeit-Maßnahmen-Plan Übernahmeangebot
- IV. Detailgliederung einer ablehnenden Stellungnahme von Vorstand und Aufsichtsrat nach § 27 WpÜG
- V. Entwürfe Sprachregelungen
- VI. Entwürfe Ad-hoc-Mitteilungen
- VII. Entwürfe Informationsschreiben an den Aufsichtsrat
- VIII. Entwürfe Mitarbeiterinformationen
- IX. Entwürfe Aktionärs-Newsletter
- X. Kommunikation / Kapitalmarkt / Roadshows
- XI. Anzeigen

F. Freundliches Übernahmeangebot mit Barzahlung als Gegenleistung
- I. Ablaufplan für ein Übernahmeangebot

Abb. 9.6: Detaillierte Gliederung eines Defence-Handbuchs
Quelle: William Blair

9.10 Unternehmensbewertung

Die Thematik der Unternehmensbewertung hat einen hohen Stellenwert im Rahmen von M & A-Prozessen. Der Umstand, dass Käufer und Verkäufer den Wert eines Unternehmens in aller Regel unterschiedlich einschätzen, erhöht die Komplexität der Bewertung in M & A-Prozessen. Was ist der Wert eines Unternehmens?

Definition

Der Wert eines Unternehmens ist der Preis, den der »beste« Käufer im Rahmen eines M & A-Prozesses bereit ist zu bezahlen.

Die Bewertung eines Unternehmens ist eine wesentliche Aufgabe einer Investmentbank. Die Zielrichtung ist dabei abhängig von der Partei, die beraten wird sowie der jeweiligen Situation. Bei Kaufmanndaten wird in Zusammenarbeit mit dem Kunden entweder der von dem Verkäufer vorgelegte Businessplan des Zielunternehmens analysiert oder ein Businessplan erstellt. Auf dieser Basis erstellt die Investmentbank die Bewertung. Diese berücksichtigt dann der Käufer bei seinen (indikativen oder finalen) Angeboten an den Verkäufer sowie für die nachfolgenden Verhandlungen.

Bewertungen werden im Laufe eines M & A-Prozesses laufend aktualisiert. Vor allem bei Kaufmandaten kann sich durch neue Informationen die Einschätzung des Businessplans und damit die Bewertung verändern. Synergien können aus der Sicht eines Käufers einen weiteren wichtigen Wertbeitrag leisten.

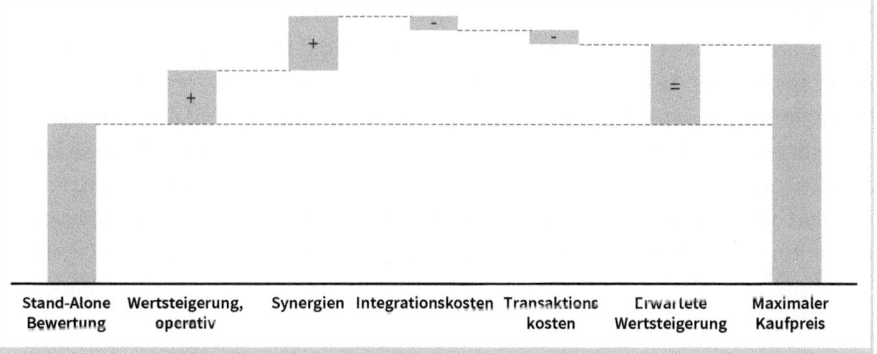

Abb. 9.7: Bewertung aus Käufersicht
Quelle: William Blair

Bei Beratungen eines Verkäufers gibt die Bewertung des zu verkaufenden Unternehmens zu Beginn des M & A-Prozesses eine erste Indikation des möglichen Verkaufspreises. Bei Vorlage indikativer und finaler Angebote dient die Bewertung der Investmentbank zur finanziellen Einordnung der vorliegenden Angebote.

Im Zusammenhang mit öffentlichen Übernahmen kommt der Unternehmensbewertung eine besondere Bedeutung zu. Im Falle eines Defence-Mandats für einen börsennotierten Kunden wird die Investmentbank zunächst eine Stand-alone-Bewertung durchführen, um eine mögliche Unterbewertung des Unternehmens durch den Aktienmarkt aufzuzeigen. Ebenfalls wird aus der Sicht möglicher Käufer analysiert, welcher Übernahmepreis zu erwarten sein könnte. Diese Analyse ist gegebenenfalls wichtig für die wertsteigernden Verhandlungen mit einem möglichen Übernehmer.

Bei Durchführung einer öffentlichen Übernahme werden Investmentbanken darüber hinaus oft von Vorstand oder Aufsichtsrat des zu übernehmenden Unternehmens engagiert, um eine *Fairness Opinion* anzufertigen. Eine Fairness Opinion ist eine detaillierte Bewertung des Zielunternehmens mit dem Ziel, die finanzielle Angemessenheit des Übernahmeangebots einzuschätzen.

9.10.1 Grundverständnis ausgewählter Bewertungsmethoden

Bei der Bewertung von Unternehmen fokussieren sich Investmentbanken meist auf die folgenden Bewertungsmethoden:

1. Börsenmultiplikatoren,
2. Transaktionsmultiplikatoren,
3. Discounted Cashflow sowie
4. Leveraged-Buy-out-Bewertung.

In aller Regel liefern die verschiedenen Bewertungsmethoden in der Praxis unterschiedliche Ergebnisse. Investmentbanken berücksichtigen die Methoden je nach Bedeutung in der spezifischen Situation. Zusammen mit qualitativen Faktoren ergibt sich auf diese Weise ein vollständiges Bild der Unternehmensbewertung. Diese wird dann mit dem Kunden erörtert. Eine Zusammenfassung der verschiedenen Bewertungsergebnisse könnte aussehen wie in Abbildung 8.9 gezeigt. Die dargestellten Bewertungsbereiche können z. B. durch eine +/-10 %-Spanne um den Mittelwert errechnet werden. Beim DCF-Verfahren wird zumeist der WACC variiert und entsprechende Sensitivitätsanalysen erstellt.

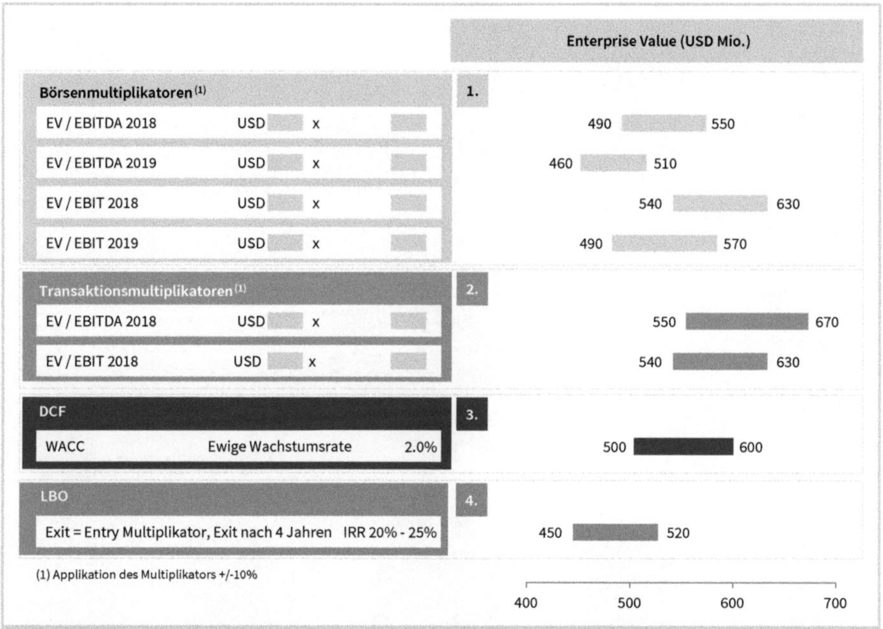

Abb. 9.8: Zusammenfassende Darstellung einer Unternehmensbewertung (das »Fussballfeld«)
Quelle: William Blair

Die Einflussfaktoren auf die Bewertung eines Unternehmens sind vielfältig. Neben quantitativen Faktoren wie insbesondere dem Businessplan des Unternehmens mit Umsatzwachstum, Margenentwicklung und erwarteten Investitionen, spielen auch qualitative Faktoren eine wichtige Rolle. Dazu zählen u. a. die Qualität des Businessplans, das allgemeine Sektorumfeld und die Qualität des Managements.

Während sich der Discounted Cashflow und die Leveraged-Buy-out-Bewertung auf die für sich genommene Entwicklung des Cashflows des Unternehmens konzentrieren, werden die Bewertungen über Börsenmultiplikatoren und Transaktionsmultiplikatoren von externen Faktoren beeinflusst. Im Nachfolgenden werden die Methoden und deren Funktionsweise im Detail beleuchtet.

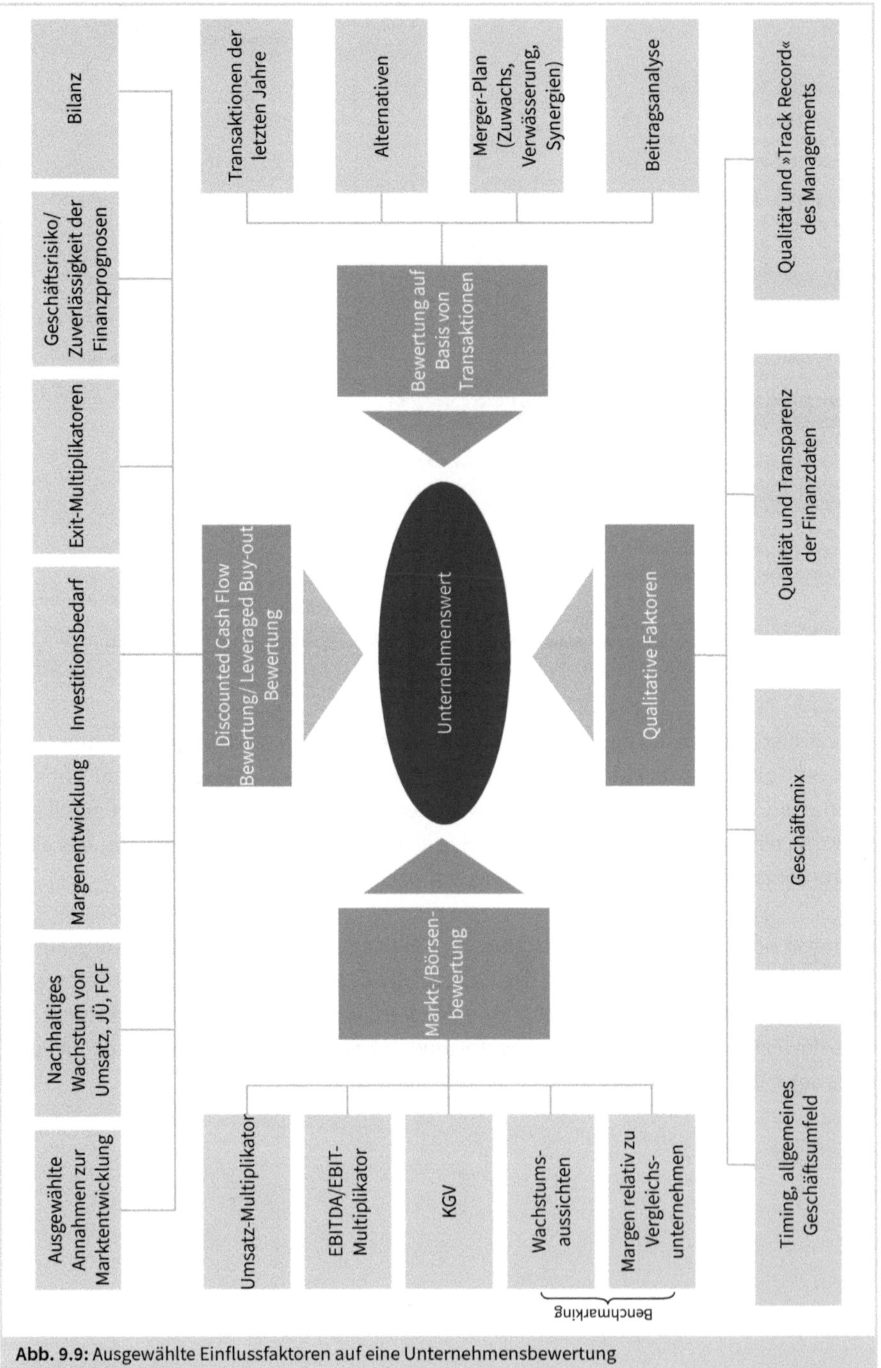

Abb. 9.9: Ausgewählte Einflussfaktoren auf eine Unternehmensbewertung
Quelle: William Blair

9.10.2 Bewertung auf der Basis von Multiplikatoren

Bei der Bewertung mithilfe von Multiplikatoren wird eine relative Bewertung eines Unternehmens erstellt. Der Unternehmenswert wird mit verschiedenen Finanzkennzahlen aus den Werten anderer Unternehmen abgeleitet. Übliche Finanzkennzahlen, die für Multiplikatoren verwendet werden, sind

- Umsatz,
- EBITDA,
- EBIT und
- Nettoergebnis.

Es werden in der Bewertung sogenannte Enterprise-Value- und Equity-Value-Multiplikatoren unterschieden.

Mit *Enterprise-Value-Multiplikatoren* wird der Gesamtwert des Unternehmens (also Eigenkapital *und* Fremdkapital) berechnet. Entsprechend muss die verwendete Finanzkennzahl beide Bestandteile abbilden, also das Zinsergebnis noch beinhalten. Das trifft auf Umsatz, EBITDA und EBIT zu.

Mit *Equity-Value-Multiplikatoren* auf der anderen Seite wird nur das Eigenkapital bewertet. Insofern muss die Finanzkennzahl eine um das Zinsergebnis bereinigte Zahl sein. Hierbei wird das Nettoergebnis eines Unternehmens in Relation zum Wert des Eigenkapitals gesetzt.

Der Vorteil von Enterprise-Value-Multiplikatoren gegenüber Equity-Value-Multiplikatoren ist, dass sie nicht durch die Finanzierungsstruktur eines Unternehmens beeinflusst werden. Equity Multiplikatoren sind leichter nachvollziehbar und errechenbar. Sie finden insbesondere Anwendung im Bereich der Bewertung von Aktieninvestments.

Bei der Überleitung des Enterprise-Values auf den Equity-Value wird das Fremdkapital vom Enterprise-Value abgezogen. Cash-Bestände eines Unternehmens werden hinzuaddiert. Ein vereinfachtes Umrechnungsschema ist Folgendes:

Enterprise-Value	
–	Fremdkapital
–	sonstige finanzielle Verbindlichkeiten
+	Zahlungsmittel (Kassenbestände, Sichtguthaben, kurzfristige Finanzanlagen)
=	**Equity-Value**

Die Berechnung erfolgt im Rahmen der Bewertung auch in die andere Richtung. Bei börsennotierten Gesellschaften wird der Equity-Value als Multiplikation aus der Anzahl der ausstehenden Aktien und dem Aktienkurs errechnet. Hierauf werden die finanziellen Verbindlichkeiten addiert und Cash subtrahiert, um den Enterprise-Value zu erhalten.

Die Positionen zur Überleitung von Enterprise-Value auf den Equity-Value können aus dem Jahresabschluss einer Gesellschaft abgelesen werden. Die Abbildung 9.10 zeigt eine Abgrenzung zwischen operativen Verbindlichkeiten (nicht zu berücksichtigen) und finanziellen Verbindlichkeiten (zu berücksichtigen). Es muss angemerkt werden, dass es im Detail immer wieder Verhandlungsbedarf zwischen Käufern und Verkäufern hinsichtlich der Behandlung einzelner Positionen geben kann.

Operative Verbindlichkeiten	Finanzielle Verbindlichkeiten
* Verbindlichkeiten, die im Rahmen der gewöhnlichen Geschäftstätigkeit eingegangen wurden	* Verbindlichkeiten, die Finanzierungscharakter haben und meist zinstragend sind
Beispiele	**Beispiele**
Verbindlichkeiten aus Lieferungen und Leistungen	Verbindlichkeiten gegenüber Kreditinstituten
Rückstellungen	Mezzanine
Steuerrückstellungen	Anleihen
Sonstige Abgrenzungsposten	Wechsel
	Pensionsrückstellungen

Abb. 9.10: Überleitung des Enterprise-Value auf den Equity Value
Quelle: William Blair

Im Rahmen einer Multiplikatorenbewertung werden sowohl die Bewertungen vergleichbarer börsennotierter Unternehmen (Börsenmultiplikatoren) als auch Bewertungen, die in vergangenen M & A-Transaktionen (Transaktionsmultiplikatoren) gezahlt wurden, analysiert. Diese beiden Arten der Multiplikatorenbewertung werden in den beiden folgenden Abschnitten näher erläutert.

Börsenmultiplikatoren

Bei der Bewertung mit Börsenmultiplikatoren werden die Bewertungen vergleichbarer Unternehmen an der Börse analysiert. Dazu müssen zunächst geeignete Unternehmen identifiziert werden. Die zugrunde gelegten börsennotierten Unternehmen sollten mit dem zu bewertenden Unternehmen möglichst vergleichbar sein. Primäre Kriterien bei der Auswahl der Vergleichsunternehmen sind

- die Branche bzw. Geschäftstätigkeit,
- der regionale Fokus,
- die Wachstumsdynamik und
- das Margenprofil.

Historische Daten der Unternehmen erhält man in den Geschäftsberichten der Gesellschaften. Die Planzahlen der börsennotierten Unternehmen ergeben sich aus den Schätzungen der Aktienanalysten. Es gibt professionelle Anbieter, z. B. FactSet, die eine Vielzahl von Analystenschätzungen sammeln. Von diesen Anbietern erhält man einen Mittelwert der Schätzungen, den Markt-Konsensus.

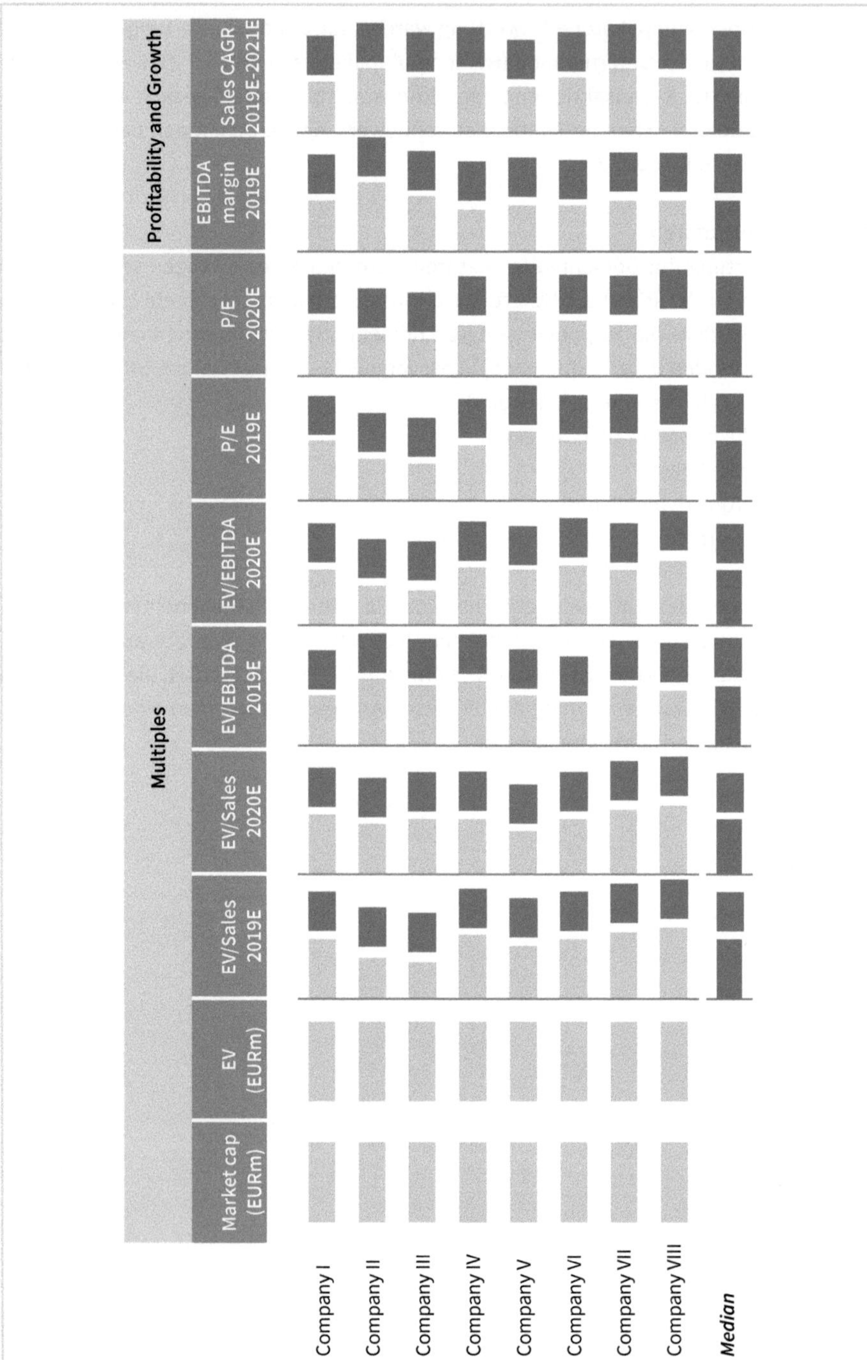

Abb. 9.11: Beispiel Börsenmultiplikatoren
Quelle: William Blair

Bei der Berechnung der Multiplikatoren ist es wichtig, bei den Finanzkennzahlen Vergleichbarkeit herzustellen. Insbesondere sollten die Finanzkennzahlen der Unternehmen um Einmal- oder *Sondereffekte* bereinigt werden. Darüber hinaus sollten die Finanzkennzahlen der Unternehmen auf ein einheitliches Geschäftsjahresende bezogen sein.

Nach der ersten Zusammenstellung einer möglichen Liste vergleichbarer Unternehmen kann es durchaus sinnvoll sein, diese Unternehmen weiter zu strukturieren. Dabei können Subgruppen der Unternehmen gebildet werden, um ein noch besseres Bild von Bewertungsunterschieden und den Gründen hierfür zu erhalten. Unternehmen mit einer hohen Wachstumsdynamik und überdurchschnittlichen Margen weisen in der Regel eine Bewertungsprämie auf.

Multiplikatorauswahl

Die Auswahl des geeigneten Multiplikatorwertes erfolgt in der Praxis auf unterschiedliche Weise.

- *Median.* Oftmals wird, um Ausreißer auszublenden, über die errechneten Multiplikatoren der Peer Group ein Median errechnet.
- *Best Peer.* Ebenfalls möglich ist die Identifizierung der »best Peers« innerhalb der Vergleichsgruppe, also der am ehesten vergleichbare Unternehmen. In diesen Fällen wird die Bewertung auf Basis dieser »best Peers« herangezogen.

Bei Börsenmultiplikatoren werden vor allem die Bewertungsmultiplikatoren auf Basis der ersten beiden Planjahre analysiert. D. h. im Jahr t werden vor allem die Multiplikatoren basierend auf den Schätzungen für die Jahre t und t + 1 berücksichtigt.

Werden die Börsenmultiplikatoren für die Bewertung eines Unternehmens herangezogen, so wird der Durchschnitt bzw. Median der Peer Group mit der Finanzkennzahl des jeweiligen Jahres aus dem Businessplan des zu bewertenden Unternehmens multipliziert. Je nach Verwendung eines Enterprise- oder Equity-Value-Multiplikators wird der Enterprise-Value oder der Equity-Value des Unternehmens berechnet.

Die Herausforderungen bei der Bewertung mit Börsenmultiplikatoren liegt zum einen in der Identifikation der Peer Group. Kein Unternehmen gleicht dem anderen, und die Bewertung ist stark durch die Auswahl der Peer Group beeinflusst.

Darüber hinaus stellen die Bewertungen eine Zeitpunktbetrachtung dar. Es wird die Bewertung an einem bestimmten Tag analysiert. Diese ist durch das Umfeld am Aktienmarkt oder die allgemeine wirtschaftliche Situation beeinflusst.

Transaktionsmultiplikatoren

Bei der Bewertung mit Transaktionsmultiplikatoren werden M & A-Transaktionen analysiert, die in der Vergangenheit stattgefunden haben.

Im ersten Schritt werden dazu M & A-Transaktionen identifiziert, die in dem Sektor stattgefunden haben, in dem auch das zu bewertende Unternehmen tätig ist. Durch Recherche in unterschiedlichen Datenbanken wie z. B. Dealogic und Mergermarket werden Informationen zu den gezahlten Kaufpreisen (Enterprise-Values) und den Finanzzahlen des erworbenen Unternehmens gesammelt. Dabei werden die Multiplikatoren auf die Finanzzahlen der vergangenen 12 Monate berechnet, sogenannte *Last-Twelve-Months-Multiplikatoren* (»LTM Multiplikatoren«).

					Enterprise Value			
Datum	Käufer	Zielunternehmen	Übernommener Anteil	EV (100%)	Umsatz	EBITDA	EBIT	EBITDA Marge
Mrz 19	Acquirer I	Target I	100%	1,534.2	1.43x	13.4x	18.2x	10.7%
Feb 19	Acquirer II	Target II	100%	1,296.9	1.21x	10.9x	20.6x	11.1%
Dez 18	Acquirer III	Target III	100%	946.0	1.63x	15.9x	21.4x	10.3%
Aug 18	Acquirer IV	Target IV	75%	397.1	1.13x	12.4x	18.3x	9.1%
Apr 18	Acquirer V	Target V	100%	118.3	1.20x	13.9x	24.9x	8.6%
Nov 17	Acquirer VI	Target VI	100%	1,495.3	0.86x	8.4x	16.0x	10.2%
Sep 17	Acquirer VII	Target VII	100%	1,344.1	0.93x	8.9x	17.0x	10.4%
Mai 17	Acquirer VIII	Target VIII	100%	1,206.7	2.36x	17.8x	30.1x	13.3%
Apr 17	Acquirer IX	Target IX	93%	407.5	1.28x	10.8x	20.0x	11.9%
Jan 17	Acquirer X	Target X	100%	1,364.4	1.01x	10.9x	25.7x	9.3%
Jan 17	Acquirer XI	Target XI	100%	432.2	1.29x	11.5x	22.0x	11.2%
Dez 16	Acquirer XII	Target XII	100%	855.5	1.34x	13.2x	27.8x	10.2%
Nov 16	Acquirer XIII	Target XIII	100%	894.2	1.56x	14.5x	26.5x	10.8%
Nov 16	Acquirer XIV	Target XIV	100%	954.7	1.07x	11.7x	24.2x	9.1%
Okt 16	Acquirer XV	Target XV	100%	1,517.8	0.78x	6.7x	15.3x	11.6%
Sep 16	Acquirer XVI	Target XVI	100%	205.6	1.18x	12.5x	21.0x	9.4%
Aug 16	Acquirer XVII	Target XVII	86%	167.7	1.67x	14.7x	26.5x	11.4%
Jul16	Acquirer XVIII	Target XVIII	100%	398.1	1.80x	15.7x	29.3x	11.5%
Mai 16	Acquirer XIX	Target XIX	100%	1,323.3	0.87x	8.9x	13.7x	9.8%
Dez 15	Acquirer XX	Target XX	100%	1,587.9	1.00x	10.9x	25.0x	9.2%

Median	**1.21x**	**12.1x**	**21.7x**
Average	1.28x	12.2x	22.2x
High	2.36x	17.8x	30.1x
Low	0.78x	6.7x	13.7x

Abb. 9.12: Beispiel Transaktionsmultiplikatoren
Quelle: William Blair

Die Bewertungen, die bei M & A-Transaktionen erzielt werden, sind oftmals höher als Börsenbewertungen zum gleichen Zeitpunkt. Eine solche Bewertungsprämie kann unterschiedliche Gründe haben. Zum einen enthalten die Bewertungen von M & A-Transaktionen eine Kontrollprämie, da der Käufer 100 % oder zumindest die Mehrheit erwirbt. M & A-Transaktionen, bei denen Minderheitenanteile erworben wurden, werden in der Analyse vergangener Transaktionen üblicherweise nicht berücksichtigt. Zum anderen können die Bewertungen strategische Prämien beinhalten. Wenn sich ein Unternehmen durch den Kauf Synergien auf der Umsatz- oder Kostenseite erwartet, kann dies in die Bewertung einfließen.

Neben den reinen Bewertungsinformationen liefert die Analyse von vergangenen Transaktionen auch Informationen darüber, welche Bieter in einem speziellen Sektor aktiv sind. Die Analyse kann auch Aufschluss über M & A-Strategien in einem Sektor geben.

Die Herausforderungen bei der Bewertung anhand von Transaktionsmultiplikatoren sind vor allem:

- Die *Vergleichbarkeit* der identifizierten Transaktionen. Wie bei den Börsenmultiplikatoren wird angenommen, dass das zu bewertende Unternehmen vergleichbar mit den identifizierten Transaktionsobjekten ist.
- *Spezifische Bewertungseinflüsse* bei ausgewählten Transaktionen. Gerade bei der Analyse von M & A-Transaktionen über einen längeren Zeitraum können die Bewertungen durch spezifische Faktoren beeinflusst worden sein, z. B. durch erwartete Synergien strategischer Investoren. Bei Finanzinvestoren sind die Bewertungen immer auch durch die zu dem jeweiligen Zeitpunkt herrschende Finanzierungssituation beeinflusst.
- *Datenverfügbarkeit*. Bei vielen Transaktionen werden die zur Berechnung von Multiplikatoren notwendigen Informationen, insbesondere der Kaufpreis, nicht veröffentlicht.

9.10.3 Discounted Cashflow

Die Discounted-Cashflow(DCF)-Bewertung eines Unternehmens betrachtet ein Unternehmen autonom für sich. Es wird keine relative Bewertung im Vergleich zu anderen Unternehmen erstellt.

Grundlage für die DCF-Bewertung bildet der Businessplan des zu bewertenden Unternehmens. Im Rahmen der DCF-Bewertung werden die zukünftigen Cashflows des Unternehmens auf den Bewertungszeitpunkt abgezinst.

Es gibt unterschiedliche Methoden der DCF-Bewertungen, die – richtig angewandt – alle zum gleichen Ergebnis führen. In der Praxis hat sich die sogenannte *Entity-Methode* durchgesetzt. Im Folgenden wird diese Methode dargestellt.

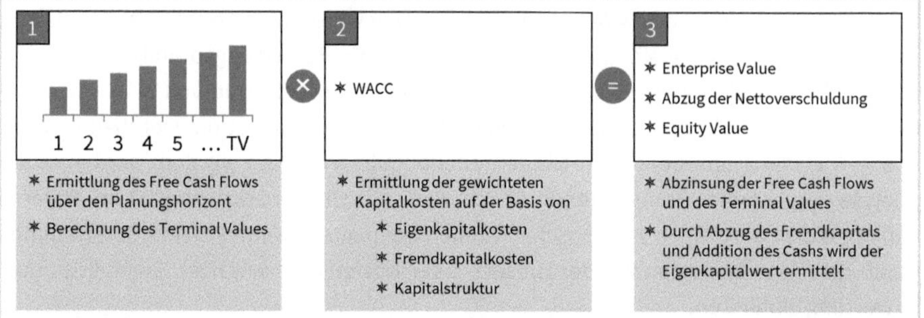

Abb. 9.13: Funktionsweise DCF-Bewertung – Entity-Methode
Quelle: William Blair

Bei der *Entity-Methode* wird zunächst ein *Businessplan* für das Unternehmen vorbereitet. Dieser umfasst

- eine Gewinn- und Verlustrechnung,
- eine Bilanz sowie
- die daraus resultierende Cashflow-Rechnung.

Oftmals liegt keine volle Bilanzplanung vor. In diesen Fällen müssen mindestens die Positionen Working Capital und die Investitionen geplant werden. Der Cashflow wird um das Zinsergebnis und den resultierenden Steuereffekt bereinigt. Durch diese Bereinigung steht der resultierende Cashflow sowohl Eigenkapital- als auch Fremdkapitalgebern zu. Im Anschluss wird der Zinssatz für die Abzinsung bestimmt. Mit diesem werden die zukünftigen Cashflows auf den Bewertungszeitpunkt abgezinst.

EBIT	
–	Steuern auf das EBIT
+	Abschreibungen
+/–	Rückgang / (Zunahme) des Working Capital
=	Operativer Cashflow
–	Investitionen
=	Free Cashflow

Tab. 9.2: Berechnung Free Cashflow

Der Businessplan erstreckt sich in der Regel über einen Zeitraum von bis zu fünf Jahren. Nach Ablauf dieses Zeitraums wird der Free Cashflow in den Terminal Value übergeleitet. Der Terminal Value berechnet sich wie folgt:

$$TV = \frac{FCF_{T+1}}{(WACC - g)}$$

Mit dem Terminal Value wird der Cashflow mit einer konstanten Wachstumsrate »*g*« in die Zukunft fortgeschrieben. Durch den im Vergleich kurzen Planungshorizont des detaillierten Businessplans, repräsentiert der Terminal Value in vielen Fällen einen erheblichen Teil der Gesamtbewertung eines Unternehmens einer DCF-Bewertung.

Durch die weitere Extrapolation des Businessplans um z. B. weitere fünf Jahre kann diese Abhängigkeit vom Terminal Value etwas reduziert werden. Darüber hinaus ist es wichtig, zu jeder DCF-Bewertung umfangreiche Sensitivitätsanalysen anzufertigen. Diese helfen zu verstehen, wie sich beispielsweise die Unternehmensbewertung verändert, wenn die ewige Wachstumsrate des Terminal Values verändert wird. Die Auswahl der ewigen Wachstumsrate hat einen erheblichen Einfluss auf das Resultat der Unternehmensbewertung und die Höhe des Wachstums sollte daher stets kritisch hinterfragt werden.

Die ermittelten Free Cashflows müssen nun auf den Bewertungszeitpunkt abgezinst werden. Dafür müssen die gewichteten Kapitalkosten des Unternehmens errechnet werden. Diese stellen eine Kombination aus Eigenkapital- und Fremdkapitalkosten dar.

Die Eigenkapitalkosten eines Unternehmens errechnen sich auf der Grundlage des Capital-Asset-Pricing-Model (CAPM).

$$r_{EK} = r_f + \beta \times (r_m - r_f)$$

Der risikofreie Zins stellt den aktuellen Martktzins dar. In Deutschland wird hierfür die Rendite zehnjähriger Staatsanleihen herangezogen. In Zeiten besonders hoher oder niedriger Zinsen werden oft auch langfristige Durchschnitte dieses Zinses für die Berechnung genutzt.

Die Marktrisikoprämie (r_m - r_f) gibt die Differenz zwischen erwarteter Rendite des Marktportfolios und der risikofreien Anlage wider. Es existiert eine Reihe von Studien zu der Höhe der Marktrisikoprämie mit unterschiedlichen Resultaten. In der Praxis wird meist eine Prämie zwischen 4 % und 5 % angesetzt.

Das Beta (β) misst das systematische, d.h. nicht unternehmensspezifische, Risiko. Das Marktportfolio hat ein Beta von 1. Betas werden in der Regel von professionellen Anbietern (z. B. BARRA oder Bloomberg) errechnet. Bei Unternehmen, die nicht börsennotiert sind, werden Betas von Vergleichsunternehmen oder des Sektors herangezogen.

Die Fremdkapitalkosten eines Unternehmens errechnen sich wie folgt:

$$r_{FK} = r_i \times (1 - s)$$

Der Fremdkapitalkostensatz vor Steuern r_i wird dabei um den Steuereffekt durch die Abzugsfähigkeit der Fremdkapitalzinsen bereinigt. Der Steuersatz s repräsentiert alle Ertragssteuern, also Körperschaft- und Gewerbesteuern.

Der Kapitalkostensatz WACC (*Weighted Average Cost of Capital*) ergibt sich aus den Eigenkapital- und Fremdkapitalkosten gewichtet mit der Kapitalstruktur des betrachteten Unternehmens.

$$WACC = r_{EK} \times \frac{EK}{(EK+FK)} + r_{FK} \times \frac{FK}{(EK+FK)}$$

Der Wert des Eigen- und des Fremdkapitals sollte in der Formel durch die Marktwerte angegeben werden. Hieraus resultiert bereits die erste Herausforderung, da die Bewertung des Eigenkapitals erst das Ergebnis der gesamten Bewertung ist. Aus diesem Grund wird an dieser Stelle die Zielstruktur zwischen Eigenkapital und Fremdkapital genutzt. Ein Benchmarking vergleichbarer Unternehmen oder des Sektors kann bei den Annahmen unterstützen.

Nach Errechnung der WACC können die zukünftigen Cashflows des Unternehmens abgezinst werden. Die komplette DCF-Formel nach der Entity-Methode lautet dann:

$$EV = \sum_{t=1}^{T} \frac{FCF_t}{(1+WACC)^t} + \frac{FCF_{T+1}}{(WACC-g)\times(1+WACC)^T}$$

In der Theorie liefert die DCF-Bewertung die »sauberste« Bewertung eines Unternehmens. Sie ist die flexibelste Methode und kann jede vorkommende (Zahlungs-)Struktur von Unternehmen berücksichtigten. Es ergeben sich jedoch große Herausforderungen im praktischen Einsatz.

Die obige Darstellung zeigte bereits die Vielzahl von externen Einflussfaktoren und Annahmen, die in eine DCF-Bewertung einfließen. Es ist eine der Schwierigkeiten dieser Bewertungsmethode. Es bedarf eines detaillierten Businessplans, genauen Annahmen im Hinblick auf den Terminal Value sowie eine komplexe Berechnung der gewichteten Kapitalkosten des Unternehmens.

Kleine Änderungen der einfließenden Annahmen können eine große Auswirkung auf das Ergebnis der Unternehmensbewertung haben. Insbesondere eine Abweichung im WACC oder der Wachstumsrate des Terminal Value treiben die Bewertung in die eine oder andere Richtung.

9.10.4 Leveraged-Buy-out

Ein Leveraged-Buy-out (LBO) ist eine Übernahme eines Unternehmens oder Teilbereichs, der zu großen Teilen durch speziell für diesen Zweck aufgenommenes Fremdkapital finanziert wird. LBO-Transaktionen werden durch Finanzinvestoren durchgeführt.

Die sogenannte LBO-Bewertungsmethode ist eine Bewertungstechnik, die aus der speziellen Sichtweise von Finanzinvestoren bei LBO-Transaktionen resultiert.

Definition

Das Ergebnis einer Leveraged-Buy-out-Bewertung ist der maximale Kaufpreis, den ein Finanzinvestor bezahlen kann, ohne seine Zielrendite zu unterschreiten.

Im Rahmen von M & A-Transaktionen werden solche Analysen auch von Verkäufern durchgeführt, um zu sehen, wie viel Finanzinvestoren für ihr Unternehmen maximal bezahlen können. Grundlage für die LBO-Analyse bildet der Businessplan des Unternehmens. Wesentliche Treiber für den IRR in einem LBO sind die zukünftige Entwicklung des EBITDA, der Anteil des Kaufpreises, der mit Fremdkapital finanziert werden kann, sowie die angenommene Bewertung des Unternehmens bei einem späteren Verkauf (Exit-Multiplikator). Abbildung 9.14 verdeutlicht die Zusammenhänge.

	Akquisitionszeitpunkt	Exit nach 5 Jahren	Kommentar
EBITDA	20	30	Steigerung des EBITDA durch operative Verbesserungen und Wachstum
Multiplikator	10x	11x	Mögliche Veränderung des Multiplikators durch Repositionierung, Timing
Enterprise Value	200	330	
	↓	↓	
Fremdkapital (50%)	100	70	Rückführung der Verschuldung aus Cash Flow
Eigenkapitalwert	100	260	

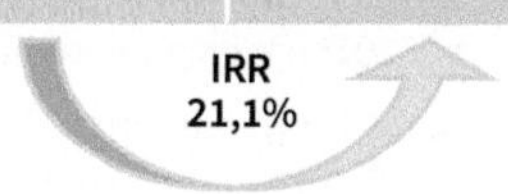

Abb. 9.14: Bewertungskalkulation bei einem LBO mit geplanter Haltedauer von fünf Jahren
Quelle: William Blair

Wie in Abbildung 9.14 zu sehen ist, ergibt sich die Rendite eines Finanzinvestors aus der Differenz des Verkaufserlöses und des Einstandspreises. Kennt man die vom Finanzinvestor angestrebte Rendite, kann man aus dem für den zum Exitzeitpunkt erwarteten Verkaufserlös (Eigenkapitalwert in Abbildung 9.14) mit der gegebenen Rendite auf den maximal möglichen Kaufpreis zurückrechnen.

Ähnlich wie die DCF-Bewertung basiert die LBO-Bewertung auf einer ganzen Reihe von Annahmen, angefangen von einem langfristigen Businessplan der Zielgesellschaft über die Finanzierungsstruktur und vor allem der Annahme hinsichtlich der Bewertung beim Weiterverkauf.

Aufgaben zur Lernkontrolle

1. Welche rechtlichen Rahmenbedingungen sind bei M & A-Transaktionen zu beachten?
2. Nennen Sie die Arten von Mandaten in der M & A-Beratung.
3. Skizzieren Sie grob einen Transaktionsablauf bei Verkauf- und Kaufmandaten.
4. Nennen Sie Besonderheiten bei der Übernahme börsennotierter Aktiengesellschaften.
5. Erläutern Sie die Grundlagen des WpÜG.
6. Welche Besonderheiten hat der Vorstand eines Targets bei einem feindlichen Übernahmeversuch zu beachten?
7. Skizzieren Sie die Bedeutung der Unternehmensbewertung in einem M & A-Prozess.
8. Zeigen Sie, mit welchen Formeln DCF-Bewertungen i. d. R. durchgeführt werden.

Literatur

Assmann, H.-D./Schneider, U. (2019): Wertpapierhandelsrecht, 7. Aufl., Köln.

Assmann, H.-D./Pötzsch, T./Schneider, U. (Hrsg.) (2013): Wertpapiererwerbs- und Übernahmegesetz. Kommentar, 2. Aufl., Köln.

Baums, T./Thoma, G./Verse, D. (Hrsg.) (2017): WpÜG. Kommentar zum Wertpapiererwerbs- und Übernahmegesetz, Stand September, Köln.

Fuchs, A. (Hrsg.) (2016): Wertpapierhandelsgesetz (WpHG). Kommentar, 2. Aufl., München.

Haarmann, W./Schüppen, M. (Hrsg.) (2008): Frankfurter Kommentar zum Wertpapiererwerbs- und Übernahmegesetz (WpÜG), 3. Aufl., Frankfurt am Main.

Hirte, H./von Bülow, C. (Hrsg.) (2010): Kölner Kommentar zum WpÜG, 2. Aufl., Köln.

Hirte, H./Möllers, T. (Hrsg.) (2014): Kölner Kommentar zum WpHG, 2. Aufl., Köln.

Hüffer, U./Koch, J. (Hrsg.) (2018): Aktiengesetz. Beck'sche Kurz-Kommentare, 13. Aufl., München.

Jansen, S. (2016): Mergers & Acquisitions: Unternehmensakquisitionen und -kooperationen. Eine strategische, organisatorische und kapitalmarkttheoretische Einführung, 6. Aufl., Wiesbaden.

Just, C./Voß, T./Ritz, C./Becker, R. (Hrsg.) (2015): Wertpapierhandelsgesetz (WpHG), München.

Picot, G. (2012): Handbuch Mergers & Acqusitions. Planung – Durchführung – Integration, 5. Aufl., Stuttgart.

Schiessl, P. (2009): Beteiligungsaufbau mittels Cash-settled Total Return Equity Swaps – neue Modelle und Einführung von Meldepflichten, Der Konzern, 2009, S. 291 ff.

Weston, J./Mitchell, M./Mulherin, H. (2013): Takeovers, Restructuring and Corporate Governance, 4. Aufl., London.

Zschocke, C./Schuster, S. (2003): Handbuch zum Übernahmerecht, Heidelberg.

10 Private Equity[1]

LERNZIELE

- Sie können zwischen Private Capital und Private Equity unterscheiden.
- Sie können Varianten der Beteiligungsfinanzierung erläutern.
- Sie können die Arbeitsweise von Kapitalbeteiligungsgesellschaften skizzieren.
- Sie können die Bedeutung des Deal Flow darlegen.
- Sie können die Bedeutung von Leverage und Leverage-Finanzierung im Kontext von Private Equity-Investitionen einordnen.
- Sie können Methoden der Projektprüfung erläutern.
- Sie können Bewertung von Projekten und Berechnung der Anteile der Partner durchführen.
- Sie können anhand geeigneter Kriterien die Qualität eines Businessplanes überprüfen.

10.1 Begriffsbestimmungen

Private Equity oder *Beteiligungsfinanzierung* ist der zusammenfassende Begriff für eine Anlageklasse im breiteren Spektrum der »Alternative Assets« d. h. von Investments außerhalb der i. d. R. börsengehandelten klassischen Gattungen Aktien, Anleihen, Währungen, Geldmarkt. Neben Private Equity gelten als Alternative Assets noch Immobilien, nicht gelistete Schuldtitel/Kredite, Infrastrukturinvestitionen und Rohstoffe (Prequin, 2018).

Das Volumen der verwalteten Alternative Assets weltweit ist von 2,3 Billionen US-Dollar 2007 auf knapp 5 Billionen US-Dollar 2017 angewachsen. Private Equity hat davon den größten Anteil. Das Volumen des verwalteten Private Equity Vermögens stieg von ca. 1,5 Billionen US-Dollar 2007 auf ca. 2,9 Billionen US-Dollar 2017 (Prequin Online Products). Insgesamt beträgt das Transaktionsvolumen des Private Equity Marktes ca. 20 % des globalen M&A Marktes konstant über alle Konjunkturzyklen hindurch.

Der größte Markt zwischen 2007 und 2017 für Private Equity ist Nord Amerika (55 %), gefolgt von Europa (19 %), Asien (16 %) und dem Rest der Welt (10 %) (vgl. Prequin, 2018).

In Deutschland kümmert sich sehr stark, aber nicht ausschließlich der Bundesverband Deutscher Kapitalbeteiligungsgesellschaften – German Venture Capital Association e. V. (www.bvk-ev.de) um Private Equity und Beteiligungskapital. An der Definition des BVK orientiert sich die nachfolgende Abgrenzung des Begriffes »Beteiligungsfinanzierung«.

1 Autor: Jan P. Weidner.

Definition

Beteiligungsfinanzierung ist die Finanzierung von Unternehmen über Eigenmittel, die von außerhalb des organisierten Kapitalmarktes, also der Börsen, eingebracht werden.
Die Kapitaleinlage ist mit erheblichen Kontroll-, Informations- und Mitentscheidungsrechten verbunden, die bis hin zur laufenden Managementunterstützung reichen können.

Unternehmen, die gewerbsmäßig und ausschließlich die Beteiligungsfinanzierung betreiben, werden Kapitalbeteiligungsgesellschaften oder angelsächsisch Private Equity Funds (KBG) genannt.

Definition

Kapitalbeteiligungsgesellschaften sind Unternehmen, die anderen Unternehmen Eigenmittel gegen Gewährung von Anteilsrechten zur Verfügung stellen, um mittelfristig an der Wertentwicklung dieser Gesellschaften zu partizipieren.

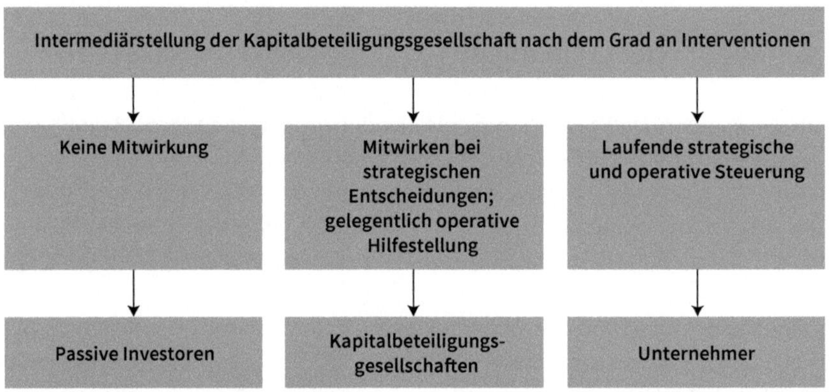

Abb. 10.1: Kapitalbeteiligungsgesellschaften und ihre Stellung

Was sind Eigenmittel? Als *Eigenmittel* werden Direktbeteiligungen in Form von Anteilen an Gesellschaften (AG-, GmbH- oder Personengesellschaftsanteile, insbes. KG oder GmbH & Co. KG), eigenkapitalähnliche Mittel, sogenannte Mezzanine (wie Stille Gesellschaften) verstanden, soweit sie die genannten Mitbestimmungs- und Mitwirkungsrechte gewähren. Unter Mezzanine versteht man Finanzierungspakete, die sowohl eigenkapitalähnliche Elemente (Mitspracherechte, gewinnabhängige Vergütung) als auch Fremdkapitalelemente (begrenzte Laufzeit, Festvergütung etc.) enthalten.

Synonym für Beteiligungskapital wurden oft die Begriffe »Wagniskapitalfinanzierung«, »Private Equity« und »Venture Capital« verwendet. Derzeit entwickeln sich die Begriffe aber inhaltlich auseinander. Folgende Verwendungen sind anzutreffen:

- *Venture Capital* wird nur noch für Finanzierungen im Hochtechnologiebereich und im Frühphasenbereich gebraucht.
- *Private Equity* ist der Oberbegriff für alle Arten von Kapitalbeteiligungen an nicht börsennotierten Unternehmen. Der Begriff grenzt sich vom *Public Equity* ab, worunter Anteile (Aktien) an öffentlich gehandelten Unternehmen verstanden werden.

10.2 Varianten der Beteiligungsfinanzierung

Nach *zeitlichen Phasen* der Finanzierung (zur Erklärung der Phasenabgrenzung siehe unten »Milestone Financing«) untergliedert man:

- *Seed -Finanzierung*. Finanzierung der Umsetzung einer Idee in verwertbare Resultate bis zum Geschäftskonzept für ein zu gründendes Unternehmen.
- *Start-up-Finanzierung*. Gründungsfinanzierung; Erstausstattung.
- *Early-Stage-Finanzierung*. Finanzierung der Ausgaben nach der Gründung zur Aufrechterhaltung des Unternehmensbetriebes.
- *Expansion (Development Capital)*. Wachstumsfinanzierung nach Erreichen des Break-even-Points. Die Geldmittel werden z. B. zur Finanzierung von zusätzlichen Produktionskapazitäten, für Produktdiversifikation oder zur Marktausweitung und/oder für weiteres Working Capital verwendet.
- *Leveraged-Buy Out/Buy-out*. Investitionen in Unternehmen mit starkem Wachstum und/oder starker Cashflow-Generierung mit einem optimierten Mix aus Eigen- und Fremdkapital.
- *Bridge-Finanzierung*. Vorbereitung von Börsengängen. Finanzielle Mittel, die einem Unternehmen im Vorfeld eines Börsengangs zur Verfügung gestellt werden.
- *Public-to-Private (Going Private)*. »Delisting« von börsennotierten Gesellschaften.
- *Turn Around/Restrukturierung*. Finanzierung von Unternehmen, die sich zur Überwindung von Schwierigkeiten im Rahmen einer Sanierung wieder aufwärts entwickeln sollen.

Venture Capital ist dabei die Summe aus Seed-, Start-Up-, Early Stage-, und Expansion-Finanzierung.

Die Finanzierungsmittel werden in der Regel in Fonds gesammelt. Diese werden oft in steuerlich vorteilhaften Standorten (Luxemburg, Niederlande, Cayman Islands) aufgesetzt. Die die Mittel verwaltende Gesellschaft (KBG) hat ihren Sitz dagegen in der Nähe der Investoren, oft an großen Finanzplätzen. Sie ruft die Mittel aus den jeweiligen Fonds ab, um sie in Eigenkapital zu investieren. Rückflüsse aus den Investments durch Verkäufe und Dividenden oder Rekapitalisierungen der Fonds durch die Investoren fließen den Fonds wieder zu. In der Regel werden die Fonds nur für einen speziellen Investmentzweck gegründet und nach Abruf aller Mittel und der danach im Zeitablauf erfolgten Liquidierung der Investitionen auch wieder geschlossen. Die Einlagen in diese Fonds werden überwiegend von institutionellen Anlegern (Pensionskassen, Versicherungen, etc.) geleistet.

Die Anteile an einem Fonds sind veräußerbar und werden durch sogenannte »Secondary Funds« bei Bedarf aufgekauft. Die Bewertung der Anteile bemisst sich am intrinsischen Wert des investierten Kapitals.

Um vermögenden Privatpersonen und kleineren Institutionen die Möglichkeit zum Investment in diese Anlageklasse zu ermöglichen, wurden in der Vergangenheit sogenannte »Fund of Funds« aufgelegt, die eingeworbene Investorengelder mit mehr Diversifikation investieren, indem sie sie auf verschiedene KBG's verteilen. Aufgrund der hohen Vertriebskosten wird dieses Modell meistens nur noch von spezialisierten Online-Investment-Plattformen angeboten.

In der Regel wird zwischen folgenden Transaktionsformen im Private Equity unterschieden:

- *Leveraged-Buy-out (LBO).* Unternehmensübernahme durch KBG durch eine optimierte Kombination auf Eigen- und Fremdkapital.
- *Management-Buy-out (MBO).* Unternehmensübernahme durch das vorhandene Management und Finanzierung durch eine KBG.
- *Management-Buy-in (MBI).* Unternehmensübernahme durch ein externes Management mithilfe einer KBG.
- *Trade Sale.* Veräußerung von Unternehmensanteilen der KBG an einen industriellen oder strategischen Investor.
- *Spin-off.* Rechtliche Abspaltung von Unternehmens- oder Konzernteilen und Verkauf an eine KBG.
- *Secondary/Tertiary Sale.* Abkauf von Beteiligungen durch eine KBG von einer anderen KBG, z. B. weil die Finanzierungsphase beendet ist, auf die sich die abgebende KBG spezialisiert hat.

10.3 Anbietergruppen von Beteiligungskapital

Die Anbietergruppen unterscheiden sich im Wesentlichen durch die Merkmale ihrer Trägerschaft, d. h. durch ihren Gesellschafterhintergrund.

Unabhängige Kapitalbeteiligungsgesellschaften (Independent Funds)
Dies sind KBGs mit Gesellschafterteams, die unabhängig von Nebeninteressen sind und sich auf die Renditegenerierung fokussieren. Die KBGs treten als Berater der investierenden Fonds auf. Die KBGs reichen von kleinen Teams von 5–10 Mitarbeitern bis zu global agierenden Assetmanagern mit 100 Mitarbeitern und mehr. Die verwalteten Vermögen können wenige Dutzend Millionen bis zu dreistelligen Milliardenbeträgen Euro groß sein. Beispiele für große KBGs sind KKR, Blackstone, Apollo, Carlyle, Softbank, die teilweise auch eine eigene Börsennotierung haben. Das Management der Independent Funds wird in der Regel über Leistungsanreize, insbesondere variable und erfolgsabhängige Vergütungsregelungen, gesteuert.

Öffentliche Kapitalbeteiligungsgesellschaften
Öffentliche KBGs betreiben die Beteiligungsfinanzierung zum Zwecke der Wirtschaftsförderung, um z. B. strukturschwachen Gebieten zur Ansiedlung von jungen Unternehmen zu verhelfen oder um Hochtechnologieunternehmen in einer Region anzusiedeln; sie haben oft eine regionale oder branchenspezifische Ausrichtung. Träger sind öffentlich-rechtliche Körperschaften.

10.4 Organisatorische Aspekte

Zwei Aspekte sind vor allem anderen zu diskutieren:
- Trennung von Fonds und Management,
- Rolle der Banken im Kapitalbeteiligungsgeschäft.

10.4.1 Trennung von Fonds und Management

Die Regel ist eine Trennung von Fonds- und Managementgesellschaft, d. h. das Beteiligungskapital und dessen Management werden in unterschiedlichen Gesellschaften geführt.
- *Fondsgesellschaft.* Es wird eine Fondsgesellschaft gegründet, in die das verfügbare Beteiligungskapital (»Investorenkapital«) eingebracht wird. Die Fondsgesellschaft erwirbt die gewünschten Beteiligungen.
- *Management-Gesellschaft.* Es wird eine Management-Gesellschaft errichtet, die die Fondsgesellschaft bei den Investments des Fonds berät. Sie erhält dafür jährlich ca. 2 % Management Fee des Fondsvolumens und wird am Erfolg des Fonds – bisweilen erst nach Erreichen einer Mindestverzinsung des Investorenkapitals – beteiligt. Bei einigen Fonds wird die Management Fee auf das eingeworbene Beteiligungskapital der Investoren gerechnet, bei anderen auf das Gesamtkapital, das aus dem Investorenkapital und Krediten (zur Realisierung des Leverageeffektes) besteht. Bedingt durch den Wettbewerbsdruck sind die Gebühren »unter Druck«. Die Mindestverzinsung (Hurdle Rate) liegt i. d. R. zwischen 15 und 25% IRR (Internal Rate of Return) oder zeitgemäßer, 2x »Money on invested capital« (MOIC), der Cashrückzahlung auf das eingesetzte Kapital. Die Ertragsbeteiligung der Management-Gesellschaft an Fondserfolgen liegt zwischen 15 und 25 %. Dies wird Carried Interest genannt.

10.4.2 Rolle der Banken im Kapitalbeteiligungsgeschäft

Mit Blick auf die Herkunft der Mittel lässt sich das Beteiligungsgeschäft der Banken in zwei Arten unterscheiden:
- Bereitstellung von Fremdfinanzierung,
- Beratung bei Ankauf und Verkauf von Beteiligungen der KBGs.

Die Bereitstellung von Fremdkapital für Private Equity Investments stellt eine wesentliche Dienstleistung der Banken im Private Equity Umfeld dar. Die Bank of England schätzt in ihrem Bericht vom 25. Januar 2019 die Summe der derzeit ausgereichten Leveraged Loan Kredite auf ca. 2,2 Billionen US-Dollar. Die Kreditaufnahme zur Realisierung des Leverageeffektes wird durch das sehr niedrige Zinsniveau begünstigt. Aber nicht nur die Fonds arbeiten mit einem Leverage, sondern auch die durch die KBGs erworbenen Unternehmen verzeichnen steigende Verschuldungsgrade. In den USA ist der durchschnittliche Verschuldungsgrad auf ca. 4,5x EBITDA zum Zeitpunkt des Erwerbs angestiegen, wobei fast 60 % der Transaktionen einen Leverage von mehr als 6x EBITDA aufweisen. Der Fremdkapitaleinsatz schwankt je nach Geschäftsmodell und Cashflow-Generierung des erworbenen Unternehmens stark (Bain, 2018).

Die Beratung von KBGs bei Ankauf und Verkauf von Beteiligungen ist ein Geschäftsbereich, der i. d. R. von Investmentbanken bzw. spezialisierten Investmentboutiquen als reines Beratungsgeschäft durchgeführt wird.

10.5 Die Arbeitsweise von Kapitalbeteiligungsgesellschaften

Die Wertschöpfungskette zeigt den Ablauf der wichtigsten Schritte im Prozess der Beteiligungsfinanzierung auf:

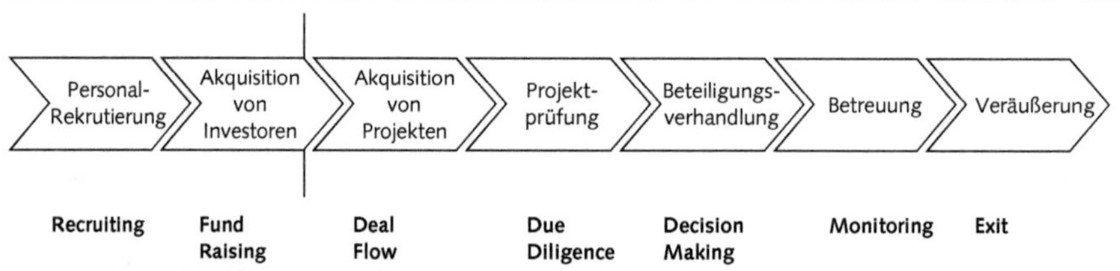

Abb. 10.2: Ablauf der Beteiligungsfinanzierung

10.5.1 Recruiting

Dem Management-Team der KBG kommt für dessen Erfolg entscheidende Bedeutung zu, da es in der Lage sein muss, mit einem überschaubaren Aufwand aus einer Vielzahl von Beteiligungsmöglichkeiten Erfolg versprechende Geschäftskonzepte herauszufiltern und im weiteren Verlauf den betreuten Beteiligungsunternehmen Managementunterstützung zu leisten (Added Value).

Beteiligungsmanager betreuen durchschnittlich 5–8 Unternehmensbeteiligungen, wobei sie die einzelnen Projekte in der Regel bis zum Exit über eine Zeitspanne von 2–5 Jahren begleiten. Sie widmen durchschnittlich (i) zirka 40 % ihrer Arbeitszeit der Auswahl und dem Abschluss neuer Projekte, (ii) 40 % der Betreuung von Beteiligungsunternehmen inklusive Exit und (iii) ca. 20 % sonstigen Aufgaben, wie Fundraising und KBG-internen Maßnahmen.

Beteiligungsmanager sollten neben finanzwirtschaftlichem Know-how vor allem über branchenspezifische Kenntnisse verfügen, die es ihnen ermöglichen, den erwarteten Added Value auch wirklich zu leisten. Sie müssen komplexe Situationen aufgrund ihres Erfahrungshintergrundes in effizienter und effektiver Weise verarbeiten. Der Beteiligungsmanager muss darüber hinaus über kommunikative Fähigkeiten verfügen, um in der Lage zu sein, in den Informationsprozess der Beteiligungsunternehmen eingebunden zu werden. Er bewegt sich im Spannungsfeld verschiedener fachlicher Anforderungen und hat die wichtige Rolle eines Mittlers zwischen den »Stakeholdern«. Er sollte daher eher ein Generalist sein, der sich auf Basis seines Grundlagenwissens von Fall zu Fall spezialisieren kann.

Added Value
Der Added Value ist der Beitrag zur Rendite eines Beteiligungsunternehmens durch einen mehr oder weniger stark ausgeprägten Begleitungsumfang (Mitwirkung, Unterstützung, Kontrolle) des Beteiligungsunternehmens. Die Bandbreite der Unterstützung erstreckt sich hierbei über

- passive Begleitungs- und Kontrollmaßnahmen (Hands-off-Support; Anbahnung von Geschäftskontakten, Präsenz in Beiratsgremien) bis zum
- aktiven Eingriff in das operative Geschäft des Beteiligungsunternehmens (Hands-on-Support, Eingriff in die bzw. Übernahme der Geschäftsführung).

Der Umfang der Einbringung des Beteiligungsmanagers in die Beteiligungsprojekte ist u. a. von der Strategie der KBG (Spezialisierungs- versus Diversifikationsstrategie) und ihrer phasenspezifischen Ausrichtung (Early Stage vs. Later Stage) abhängig. Frühphasenprojekte sind in der Regel betreuungsintensiver. Breit diversifizierte KBGs greifen bei der Unterstützung verstärkt auf spezialisierte Dienstleister (Logistik, Sourcing, Marketingberater) zu. In Krisenzeiten nimmt der Betreuungsaufwand für das Beteiligungsunternehmen erheblich zu.

10.5.2 Akquisition von Investoren/Fund Raising

Die Einwerbung von Investitionsmitteln steht in direktem Zusammenhang mit dem Gesellschafterhintergrund der KBG.

- Die *Independent Funds* erhalten ihre Finanzmittel von privaten Investoren, wie bereits oben beschrieben.
- Die von der *öffentlichen Hand* finanzierten KBGs erhalten die Finanzmittel durch Zuweisungen aus öffentlichen Haushalten nach haushaltsrechtlichen Gegebenheiten.

Für die Einwerbung von Investoren gibt es dem Grundsatz der Vertragsfreiheit folgend keine besonderen gesetzlichen Regeln. Es hat sich aber am Markt ein mehr oder weniger standardisiertes Verfahren herausgebildet.

Memorandum

Zunächst wird ein Private-Placement-Memorandum erstellt. Dieses Memorandum ist ein Prospekt, das die geplante Investitionspolitik des Fonds, insbesondere die Kriterien, nach denen Investitionsentscheidungen gefällt werden, erläutert. Daneben wird die Struktur des Fonds in rechtlicher und steuerlicher Hinsicht dargestellt. Es gibt im Private Equity Markt keine Prospekthaftung wie bei öffentlichen Angeboten, weil die Investoren nicht anonym sind, sondern individuell persönlich angesprochen und informiert werden. Investoren haben Schadensersatzansprüche aus Beratungshaftung und wenn Zusicherungen später nicht eingehalten werden.

Vertrieb

Nach Fertigstellung des Memorandums beginnt die Kundenansprache. Üblich ist die Direktansprache über eigene Kontakte oder die Einschaltung von Vertriebsgesellschaften und spezialisierte »Fundraiser«, die auch Placement Agents genannt werden.

- KGBs von Großbanken akquirieren Investoren oftmals über das Filialnetz der Mutter.
- Unabhängige KBGs akquirieren Investoren in der Regel über Fundraiser.

Für die Vermittlung von Investoren wird eine Placement Fee von ca. 1–2 % der eingeworbenen Mittel bezahlt.

Closing

Hat die Management-Gesellschaft das anvisierte Kapitalvolumen akquiriert, dann erklärt sie das Final Closing des Fonds. Weitere Investoren werden dann nicht mehr zugelassen. Der Closing-Prozess kann stufenweise erfolgen.

Einzahlung

Die Einzahlung des Fondskapitals durch die Investoren erfolgt meist nicht in einer Summe, sondern in Tranchen je nachdem, wie es der Managementgesellschaft gelingt, Projekte zu finden, in die das Kapital fließen soll. Der Abruf der von den Investoren zugesagten Mittel wird Drawdown genannt. Es ist nicht Ziel der Management-Gesellschaft, liquide Mittel zu verwalten (Verwaltungskosten, geringe Rendite). Außerdem haben die Investoren über das anfängliche Zurückhalten der Mittel die Möglichkeit, die ordnungsgemäße Fondsverwaltung zu kontrollieren. Treten Unregelmäßigkeiten auf, kann beispielsweise der nächste Drawdown verweigert werden.

10.5.3 Akquisition von Projekten/Deal-Flow

Wie kommt nun eine KBG an Projekte heran, die sich zu finanzieren lohnen?

- *Deal Flow.* Als Deal Flow bezeichnet man den Strom von Projektvorschlägen, die eine Kapitalbeteiligungsgesellschaft erreichen.
- *Screening.* Screening ist das systematische aktive Eruieren finanzierungswürdiger Vorhaben.

Der Deal Flow speist sich im Allgemeinen aus folgenden Quellen:

- *Direkte* Kontaktaufnahme interessierter Unternehmen, initiiert durch die Reputation und das Netzwerk der KBG. Die KBG bzw. der Investmentmanager agiert aktiv, um sich Zugang zu interessanten Unternehmen bereits in der Frühphase eines möglichen Verkaufs zu sichern bzw. diesen exklusiv durchzuführen.
- *Netzwerk.* Indirekte Kontaktaufnahme über das Netzwerk der KBG (Multiplikatoren, insbesondere Investmentbanken, eigene Industrieberater, andere KBGs, Muttergesellschaft etc.).
- *Auktion.* Teilnahme an »Auktionsverfahren« durchgeführt von M & A-Beratern, in denen Beteiligungsprojekte interessierten KBGs vorgestellt werden, und diese (teilweise entsprechend vorgegebener Kriterien; Unternehmensbewertung etc.) Gebote abgeben können.

Der Generierung eines qualitativ hochwertigen Deal Flows kommt unter den strategischen Erfolgsfaktoren der KBGs erhebliche Bedeutung zu, da sich hierdurch der Aufwand für das Screening (Projektauswahl) und die spätere Prüfung (Due Diligence) beteiligungswürdiger Projekte erheblich reduzieren lässt. Beteiligungsmanager bekommen im Schnitt jährlich mehrere Hundert Beteiligungsanfragen zur Prüfung vorgelegt. KBGs können über Werbung in Fachzeitschriften oder Informationsveranstaltungen ihre grundsätzliche strategische Ausrichtung dem Markt mitteilen und so Signale geben, welche Art von Beteiligungsprojekten für sie interessant sind. In diesem Zusammenhang weist eine (Branchen-)Spezialisierung gegenüber einer breit auf Diversifikation angelegten Beteiligungsstrategie Wettbewerbsvorteile auf, um interessante Projekte zu attrahieren. Daneben hat es sich bewährt, ein Netzwerk sogenannter »Multiplikatoren« (Unternehmensberater, Wirtschaftsprüfungsgesellschaften, Investmentbanken, Finanzierungsbanken und andere KBGs etc.) aufzubauen, um vom Deal Flow der Netzwerkteilnehmer zu profitieren.

KBGs versuchen, den direkten Wettbewerb um Beteiligungsprojekte mit anderen Eigenkapitalgebern (KBGs etc.) zu vermeiden, da sich der hierdurch ergebende Verhandlungsdruck in der Regel nachteilig auf die Ausgestaltung der Beteiligungskonditionen (Preis, Mitspracherechte etc.) auswirkt. Daher ist es wichtig, durch ein entsprechendes Signalling (Image, Herausstellen des Added-Value der KBG) vor anderen KBGs in Kontakt mit beteiligungswürdigen Unternehmen zu gelangen.

10.5.4 Projektprüfung/Due Diligence

Nachdem beteiligungswürdige Projekte gefunden wurden, beginnt die Projektprüfung. Die Projektprüfung gehört mit zu den Herzstücken der Beteiligungsfinanzierung:

- Gute Projekte, die durch das Raster fallen, bedeuten entgangene Gewinne.
- Schlechte Projekte, die unzureichend geprüft werden, schmälern die Fondsrendite.
- Aufwendige Projektprüfungen haben erhebliche Kosten zur Folge.

Abbildung 10.3 zeigt den typischen Ablauf einer Beteiligungsprüfung. Der Beteiligungsentscheidungsprozess muss jedoch nicht immer streng sequenziell angelegt sein. Einzelne Prüfungsschritte können simultan ablaufen, oder es kann erforderlich sein, den Prozess bei Nichterfüllung einzelner Kriterien revolvierend zu gestalten und einzelne Phasen erneut zu durchlaufen. Von der Kontaktaufnahme bis zum Vertragsabschluss können in Abhängigkeit vom Informationsstand, der eine Beteiligungsentscheidung ermöglicht, mehrere Wochen bis Monate vergehen.

<table>
<tr><th colspan="7">Elemente des Informations- und Entscheidungsprozesses (IEP)</th></tr>
<tr><td colspan="3">Prüfung der Beteiligungswürdigkeit</td><td rowspan="2">Gestaltung der Beteiligung/ Verhandlung</td><td rowspan="2">Auswahl des Beteiligungsnehmers</td><td rowspan="2">Vollzug der Beteiligung – Vertragsabschluss</td><td rowspan="2">Permanente Überwachung des Engagements</td></tr>
<tr><td>Kontakt</td><td>Grob-analyse</td><td>Detail-analyse</td></tr>
<tr><td colspan="4">Entscheidungsvorbereitung</td><td>Entscheidungsfindung</td><td>Realisation</td><td>Kontrolle</td></tr>
<tr><td colspan="6">Pre-Investitionsphase</td><td>Post-Investitionsphase</td></tr>
<tr><td colspan="6">Beurteilungs- und Auswahlfunktion der KBG</td><td>Betreuungs-funktion</td></tr>
</table>

Abb. 10.3: Elemente des Beteiligungsentscheidungsprozesses

Grobanalyse

In der Grobanalysephase werden Beteiligungsprojekte zeitnah anhand der die Beteiligungsstrategie und -politik der KBG determinierenden Auswahlkriterien hinsichtlich ihrer Beteiligungswürdigkeit geprüft. Hierbei kann bereits die Nichteinhaltung eines Kriteriums (insbesondere Renditeerwartung) zu einer Ablehnung des Projektes führen.

Typische Kriterien bei der Auswahl von Projekten während der Grobanalyse sind:

- Industrie-/branchenspezifische Ausrichtung,
- Regional-/landesspezifische Ausrichtung,
- Phasenspezifische Ausrichtung (z. B. Spezialisierung auf Frühphasenprojekte),

- Angestrebtes Beteiligungsvolumen (absolut und relativ in Prozent des Gesellschaftskapitals, Minder- oder Mehrheitsbeteiligung),
- Beteiligungsart (Direkte/Stille Beteiligung),
- Renditeerwartung und
- Angestrebte Einflussnahme auf die Geschäftsentwicklung.

Wissenschaftliche Untersuchungen haben gezeigt, dass die Kriterien der Grobanalysephase signifikant mit dem späteren Erfolg eines Investments verbunden sind. Der Grund: Häufig profitieren Private Equity Investitionen von Zyklen der Märkte. Wer zur richtigen Zeit – also am Beginn eines Zyklus/Aufschwungs – in die richtige Kategorie von Unternehmen investiert – also die vom Aufschwung besonders profitiert – der wird erfolgreich.

Detailanalyse

Im Rahmen der Detailanalyse, die bereits mit erheblichen Kosten verbunden sein kann, wird der Beteiligungsnehmer auch unter Hinzuziehung externer Spezialisten in den unterschiedlichsten Segmenten der Unternehmensebene untersucht. In der Regel wird der Due-Diligence-Prozess in folgende Bereiche zerlegt:

- *Legal-Due-Diligence*. Analyse der Unternehmensverträge, Patente, mögliche Haftungs-, Gewährleistungsansprüche.
- *Insurance-Due-Diligence*. Analyse möglicher versicherungstechnischer Risiken.
- *Management-Due-Diligence*. Analyse der Beziehung zwischen Organen des Zielunternehmens.
- *Technical-Due-Diligence*. Untersuchung der technischen Realisierungsfähigkeit der entwickelten Technologie bzw. des entwickelten Produktes.
- *Commercial-Due-Diligence*. Untersuchung des Wettbewerbs-, Marktumfelds.
- *Tax-Due-Diligence*. Analyse der steuerlichen Situation; Steuerbescheide, latente Steuern, Steuerguthaben etc.
- *Financial-Due-Diligence*. Analyse der Jahresabschlüsse, Geschäfts-(plan)-zahlen.

Abbildung 10.4 gibt die Selektionsrate im Beteiligungsentscheidungsprozess wieder und macht deutlich, welcher Aufwand bis zum Abschluss eines beteiligungswürdigen Projektes seitens der KBG betrieben werden muss. Hier wird auch die Bedeutung eines qualitativ hochwertigen Deal Flows ersichtlich, da sich auf diese Weise die Prüfungskosten in erheblichem Maße reduzieren lassen.

Phase	Entscheidungsprozess	Anzahl in %
Grobanalyse	Eingegangene Projektanfragen	100 %
	Projekte, die innerhalb von zwei Wochen abgelehnt werden	60 %
	Projekte, die nach telefonischen Erkundigungen abgelehnt werden	25 %

Phase	Entscheidungsprozess	Anzahl in %
Detailanalyse	Projekte, die im Detail analysiert werden	15 %
	Projekte, die im Laufe dieser Phase abgelehnt werden	7 %
Beteiligungsverhandlungen	Projekte, bei denen ernste Beteiligungsverhandlungen geführt werden	8 %
	Projekte, bei denen ein Angebot formuliert wird	4 %
Vertragsabschluss	Projekte, in die letztlich investiert wird	2 %

Tab. 10.1: Selektionsrate im Entscheidungsprozess

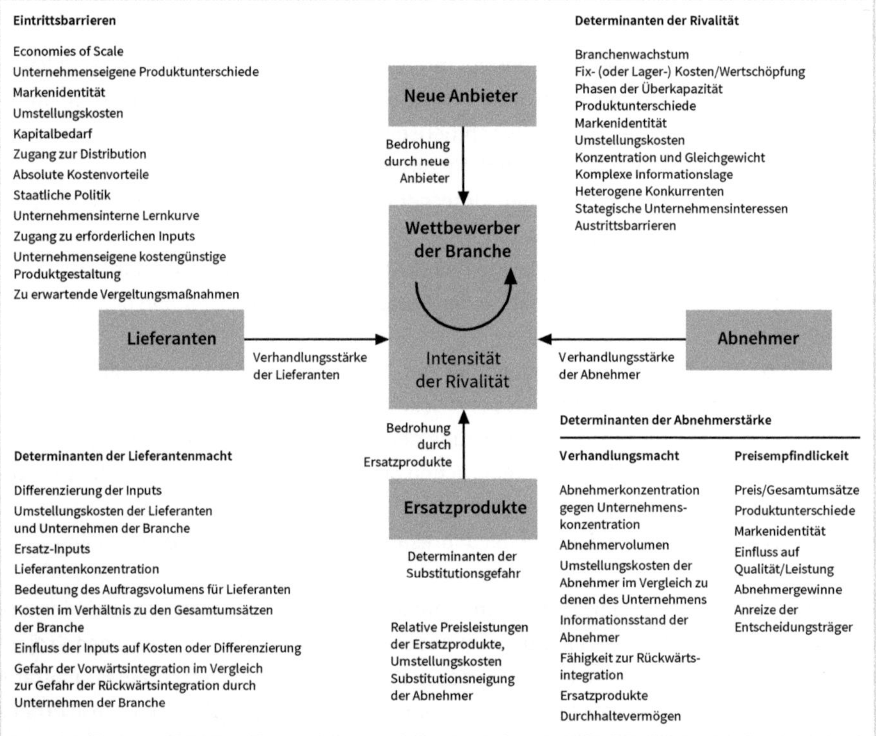

Abb. 10.4: Übersicht über entscheidungsrelevante Erfolgskriterien des wirtschaftlichen Umfeldes des Beteiligungsunternehmens

Mangel an Beteiligungsunternehmen

Von Zeit zu Zeit gibt es Phasen, an denen Investoren bereit sind, Private Equity Gesellschaften Geld zu geben, während Letztere dieses dann nicht in Zielunternehmen investieren. Beispielhaft sei die ausklingende Boomphase 2017 bis 2019 genannt. Obwohl ausreichend Kapital zur Finanzierung von Beteiligungsprojekten zur Verfügung stand, wurden Engagements nur in eingeschränktem Maße vorgenommen. Im Jahr 2017 waren global 921 Private Equity Funds 453 Mrd. US-Dollar an Kapital von Investoren zugesagt worden, wobei 28 % davon an die zehn größten Fonds allokiert wurden. Insgesamt lag 2018 ca. 1.000 Mrd. US-Dollar sogenanntes »Dry Powder«, also zugesagtes, aber noch nicht investiertes Kapital, bei KBG's weltweit bereit (Preqin Report 2018). Ein wesentlicher Grund für das zurückhaltende Investitionsverhalten lag an der Liquiditätsschwemme der Zentralbanken und den im Gefolge stark gestiegenen Unternehmenspreisen: Am Ende eines Zyklus bei hohen Preisen noch »einzusteigen«, ist unvernünftig oder erfordert außergewöhnliche Zielunternehmen, die es nicht häufig gibt. Die Erfolgsbeurteilung erfordert Prognosen von zahllosen Einflussfaktoren wie beispielsweise dem Innovationsgrad des Produktes, dem Marktrisiko oder dem »Human Factor« mit so hohen Unsicherheitsgraden, dass aufgrund der eingeschränkten Möglichkeiten der Risikoeinschätzung Beteiligungen häufig abgelehnt werden.

Kapazitätsmangel des Beteiligungsmanagers, Voreingenommenheit und Beeinflussbarkeit stellen Begrenzungen des erreichbaren Rationalitätsgrades dar. Subjektiven Faktoren wie Intuition und Erfahrung kommt daher in der Praxis ein hohes Gewicht zu. Da Beteiligungsmanager aber trotz »begrenzter Rationalität« Entscheidungen treffen müssen, versuchen sie, durch die Strukturierung des Auswahlprozesses den vorgenannten Unzulänglichkeiten Rechnung zu tragen.

10.5.5 Geschäftskonzept/Businessplan

Um sich einen Eindruck von dem Potenzial des Beteiligungsunternehmens zu bilden, wird der Beteiligungsmanager stets einen Geschäftsplan (Businessplan) anfordern. Ein Businessplan sollte Auskunft zu folgenden Themenbereichen geben:

- Unternehmen (interne Abläufe, Informationssysteme, Controlling),
- Produkt und verwendete Technologie,
- Unternehmer und Management-Team und
- Markt und Wettbewerbssituation.

Neben verbalen Erläuterungen muss der Businessplan einen Zahlenanhang enthalten, der die Gewinn- und Verlustrechnungen, Bilanzen sowie Cashflow Projektionen für drei bis fünf Planjahre umfasst.

Die Planzahlen des Businessplanes sind die Basis für die Einstiegsbewertung der KBGs. Die Planungsprämissen werden daher von den Beteiligungsmanagern eingehend hinsichtlich ihrer Plausibilität geprüft.

Zur Unternehmenswertermittlung werden u. a. folgende Methoden herangezogen:

- Substanzwert,
- Multiplikatorenmethode,

- Etragswertmethode und
- Discounted-Cashflow-Methode.

Diese Methoden werden an anderer Stelle in diesem Buch ausführlich behandelt. Es sei darauf hingewiesen, dass die erwarteten Verkaufserlöse den Wert der Beteiligungsunternehmen erheblich beeinflussen. Die detaillierte Überprüfung der Exitmöglichkeiten ist daher schon in der frühen Bewertungsphase ein unentbehrlicher Analyseschritt.

Um den Unwägbarkeiten der in der Zukunft liegenden Entwicklungsmöglichkeiten Rechnung zu tragen, werden oft

- *verschiedene Bewertungsmethoden* verwendet (meist verschiedene Multiplikatoren plus DCF) und daraus ein mittlerer Wert berechnet,
- *Szenarioanalysen* angefertigt und die zugrunde liegenden Planungsprämissen in »Best-«, »Real-« und »Worst«-Case-Simulationen verändert.

Businessplan	
Executive Summary	Zusammenfassung der wichtigsten Argumente und Finanzdaten
Ist-Daten	• Unternehmensgegenstand • Rechtsform, Standort • Produkt- und Leistungsangebot • Schlüsselpersonal, Lebensläufe
Plan-Daten	• Unternehmensphilosophie • Marketing- und Vertriebsplanung inkl. Wettbewerbsanalyse – Produktgestaltung – Kommunikationspolitik – Preispolitik – Distributionspolitik • Finanzierungsplanung – Investitionsplan, Kapitalbedarfsplan – Finanzierungsplan – Liquiditätsplan – Planbilanzen und Planerfolgsrechnungen
Resümee	Abschließendes Urteil

Tab. 10.2: Gestaltung eines Businessplans

PRAXISBEISPIEL

Preisfindungspolitik im Konjunkturverlauf

Da sich auch am Markt für Beteiligungskapital der Preis des Beteiligungsengagements an Angebot und Nachfrage ausrichtet, kann eine konservative Bewertung in »Übertreibungsphasen« dazu führen, dass KBGs nicht zum Beteiligungsabschluss kommen. In einem durch Kapitalüberhang und »Übertreibungen«

geprägten Wettbewerbsumfeld können sich KBGs daher veranlasst sehen, von langjährigen Durchschnittsbewertungsansätzen abzuweichen. Dieses Verhalten birgt jedoch ein nicht unbeachtliches Risiko, da »überpreiste« Beteiligungsprojekte nach einer Marktberuhigung nur gegen Inkaufnahme niedrigerer Bewertungen Anschlussfinanzierungen und Exitmöglichkeiten finden. Um den Ausweis von Verlusten zu vermeiden, kann die KBG die Zielunternehmen dann nicht veräußern – sie werden zum Dauerinvestment. Die Anteilseigner der Fonds erhalten ihr Geld nicht zurück.

PRAXISBEISPIEL

Wertermittlung und Anteilsberechnung (vereinfachte Darstellung)

Wie sieht der Zusammenhang zwischen (i) Wertermittlung des Unternehmens, (ii) der Höhe der Kapitaleinlage durch die KBG und (iii) der Zahl geforderter Anteile am Unternehmen aus? Dies sei an einem Beispiel erläutert:

- Angenommen eine KBG erwarte eine interne Soll-Rendite von 25 %.
- Ein Beteiligungsunternehmen habe einen Eigenkapitalbedarf von 4 Mio. Euro.
- Das Beteiligungsunternehmen werde Post Money mit 10 Mio. Euro bewertet. Post Money bedeutet, dass der Wert des Unternehmens inklusive der Kapitalinjektion von 4 Mio. Euro errechnet wurde.
- Der geplante Veräußerungszeitpunkt sei fünf Jahre später.
- Ausschüttungen werden bis zum Veräußerungsgewinn nicht erwartet.
- Für den Exitzeitpunkt in t_5 wird ein Unternehmenswert von 30,52 Mio. Euro erwartet.

Wie viele Anteile benötigt die Kapitalbeteiligungsgesellschaft nun in t_0 für die Einlage von 4 Mio. Euro?

Bei einer erwarteten internen Rendite von 25 % möchte die KBG in t_5

4 Mio. Euro $\cdot$ $1{,}25^5 = 12{,}21$ Mio. Euro

erlösen. 12,21 Mio. Euro entsprechen bei einem erwarteten Unternehmenswert zum Exitzeitpunkt von 30,52 Mio. Euro einem Anteil von

12,21 Mio. Euro/30,52 Mio. Euro = 40 %

Die KBG wird also für die Kapitaleinlage 40 % der Anteile der Gesellschaft fordern. Fordert sie weniger, kann sie ihre Renditezielvorgabe von 25 % IRR nicht erreichen.

10.5.6 Beteiligungsverhandlung: Anreizstrukturen

Obwohl die KBG die Möglichkeit hat, das Beteiligungsunternehmen einer eingehenden Prüfung zu unterziehen, ergeben sich u. a. durch die Unsicherheit über das zukünftige Verhalten der Unternehmensführung Unwägbarkeiten, die sich auf die Qualität der bereitgestellten Informationen auswirken können. So besteht beispielsweise für den Unternehmer der Anreiz, sein Unternehmen besser darzustellen, als es in Realität ist, bzw. Risiken und Schwächen zu verheimlichen, um einen höheren Kaufpreis zu erzielen. Um diesem Verhalten entgegenzuwirken und damit zumindest subjektiv wahrheitsgemäße Informationen von dem Beteiligungsnehmer zu erhalten, muss die KBG Anreize für ein »faires« Verhalten schaffen. In diesem Zusammenhang kann versucht werden, vertragliche Regelungen zu implementieren, die dazu führen, dass eine absichtliche Benachteiligung der KBG durch den Beteiligungsnehmer letztendlich zu dessen eigenen Lasten geht. Folgende Maßnahmen sind üblich:

Performanceabhängige Anteilskorrektur

Hierbei wird festgelegt, dass in Abhängigkeit von der geschäftlichen Entwicklung des Beteiligungsunternehmens eine Anteilskorrektur erfolgt. Übertrifft das Beteiligungsunternehmen die der Unternehmensbewertung der KBG zum Einstiegszeitpunkt zugrunde gelegten Geschäftsplanung, erhält der Unternehmer/Mitgesellschafter von der KBG (bisweilen unentgeltlich) Geschäftsanteile übertragen (»Sweet Equity«). Unterschreitet er die Vorgaben, muss er im Gegenzug Anteile an die KBG abgeben. Der Unternehmer wird sich in der Praxis jedoch nur bis zu einem gewissen Schwellenwert auf die Abgabe von Anteilen einlassen. Durch diese Maßnahme besteht für den Unternehmer bereits in der Verhandlungsphase ein Anreiz, möglichst realistisch zu planen, möchte er vermeiden, ex post für zu optimistische Planvorgaben bestraft zu werden. Neben der Motivationskomponente für den Unternehmer eröffnet diese Maßnahme der KBG die Möglichkeit, im Falle einer nachteiligen Unternehmensentwicklung ex post zumindest eine teilweise Kompensation für eine möglicherweise überhöhte Einstiegsbewertung zu erhalten.

Stufenweise Mittelbereitstellung (Milestone Financing)

KBGs können entsprechend dem Erreichen von Planvorgaben (Milestones) eine stufenweise Freigabe der Beteiligungsmittel vereinbaren, wobei der Betrag mit jeder Finanzierungsrunde steigt. Der gerade investierte Teilbetrag sollte ausreichen, das Beteiligungsunternehmen in den nächsten Entwicklungsschritt zu führen, bevor es erneut Kapital benötigt. Die Mehrperiodenbetrachtung hat zur Folge, dass opportunistischem Verhalten (u. a. unkontrollierte Investition der gesamten Mittel) vorgebeugt wird, weil das Beteiligungsunternehmen nur über geringe freie Mittel verfügt.

Kombination von Direktbeteiligung und Mezzanine-Kapital

Es kann vereinbart werden, dass die KBG nur einen Teilbetrag der Mittel direkt in das Eigenkapital des Beteiligungsunternehmens investiert, während die Restsumme als Mezzanine-Kapital zur Verfügung gestellt wird. Als Mezzanine-Kapital werden hybride Finanzierungsmittel bezeichnet, die Fremdkapital- und Eigenkapitaleigenschaften aufweisen. Üblich sind Stille Beteiligungen oder Convertible Bonds. Mezzanine-Kapital muss laufend verzinst werden. Es kann mit dem Erreichen vereinbarter »Milestones« in Direktkapital gewandelt werden.

Finanzielles Engagement des Managements
Durch den Einsatz »eigener Mittel« signalisiert der Unternehmer Zuversicht in die Entwicklung seiner Gesellschaft. Eine KBG sollte darauf dringen, dass sich der Unternehmer und/oder das Management substanziell – das heißt bis zur »subjektiven Schmerzgrenze« – finanziell engagiert. Eine übermäßige Belastung kann jedoch auch kontraproduktiv wirken, da sie eine Tendenz zur Risikovermeidung nach sich ziehen kann. In der Regel sind Managementbeteiligungen von 10–20 % des Unternehmenskapitals üblich und werden auch vom Management akzeptiert.

Monitoring und Einflussnahme auf die geschäftliche Entwicklung
Um die Möglichkeit zu haben, Fehlentwicklungen frühzeitig zu erkennen, sollte eine regelmäßige Berichterstattung zur geschäftlichen Entwicklung des Beteiligungsunternehmens etabliert werden (Monitoring). Darüber hinaus ermöglicht eine Präsenz in den Beiratsgremien des Beteiligungsunternehmens der KBG, auf strategische Entwicklungen Einfluss zu nehmen und zeitnah über wichtige geschäftspolitische Entscheidungen informiert zu werden.

10.5.7 Beteiligungsbetreuung: Value Added

Das Beteiligungsfinanzierungskonzept verbindet die Finanzmittelbereitstellung mit der Komponente der Managementunterstützung. Hierdurch setzt sich die Beteiligungskapitalfinanzierung von der klassischen Dienstleistung eines passiven Finanzintermediärs ab.

Nach der Intensität der Betreuungstätigkeit unterscheidet man:
- *Hands-on.* Die KBG unterstützt das gesamte Spektrum unternehmerischer Tätigkeit mit Beratung und Know-how-Transfer in den Bereichen Produktentwicklung, Strategie/Planung, Finanzierung, Marketing, Vertrieb, Personalentwicklung. Hier wird vermehrt auf externe, spezialisierte Berater zurückgegriffen. Systematisch wird in die genannten Bereiche eingegriffen, um die Performance der erworbenen Unternehmen unmittelbar zu steigern. Man spricht von sogenannten »Alpha« Prozessen.
- *Hands-off.* Keine Managementunterstützung.
- *Semi-active-Support.* Mittlere Unterstützungsintensität oft nur in einzelnen ausgewählten betriebswirtschaftlichen Funktionen.

Der Intensitätsgrad hängt von den Problemen und dem Unterstützungsbedarf des Beteiligungsunternehmens ab; des Weiteren spielen Kosten-Nutzen-Überlegungen eine Rolle. Übergreifendes Ziel der Betreuung ist es, die Unternehmensentwicklung zu beschleunigen, da Kosten und Dauer der Planungsverwirklichung den Kapitalbedarf und das Risiko maßgeblich bestimmen. Über die Betreuung und Begleitung der Beteiligungsunternehmen versucht die KBG, das Risiko ihrer Beteiligung durch die Einbindung in den Informationsfluss zu reduzieren und zur Wertsteigerung – z. B. über die Anbahnung von Geschäftskontakten – des Beteiligungsunternehmens beizutragen. Der Umfang der Einbindung und der Einflussnahme reicht entsprechend der strategischen Ausrichtung der KBG von der Präsenz in den Beiratsgremien der Gesellschaft bis hin zur aktiven Mitwirkung in der Geschäftsführung des Beteiligungsunternehmens.

10.5.8 Beteiligungsveräußerung/Exit

Für die Rendite im Beteiligungsfinanzierungsgeschäft spielt der Veräußerungserlös der Beteiligung die entscheidende Rolle. Grundsätzlich bestehen folgende Exitvarianten:

- *Going Public.* Durch eine Platzierung des Beteiligungsunternehmens am institutionalisierten Kapitalmarkt wird die Fungibilität der zuvor gering liquiden Beteiligung erhöht. Für die KBG besteht hierbei die Möglichkeit, im Zuge oder in der Folge des Börsengangs ihre Beteiligung ganz oder teilweise abzuschichten. So gern diese Variante in den Vordergrund gerückt wird, wird sie nur in ca. 10 % der Beteiligungen durchgeführt und auch nur in guten Börsenjahren.
- *Trade Sale.* Dies ist in der Vielzahl der Fälle das Mittel der Wahl für einen Exit. Hier eröffnet sich für die KBG im Zuge des Verkaufs von Teilen oder des gesamten Beteiligungsunternehmens an einen Industrie- oder strategischen Investor die Möglichkeit zur Veräußerung ihrer Beteiligung. Oft wird der Trade Sale im Rahmen eines Wettbewerbsprozesses parallel zum Börsengang betrieben, manchmal auch in Konkurrenz dazu (Dual Track Process).
- *Buy Back.* Hierunter wird der Verkauf der Beteiligung der KBG an die Mitgesellschafter, i. d. R. den Hauptgesellschafter verstanden. Im Vergleich zu den anderen Exitkanälen sind hier aufgrund der in der Regel eingeschränkten Finanzierungsmöglichkeiten der Gesellschafter die relativ niedrigsten Verkaufserlöse zu erwarten.
- *Secondary Purchase.* Hierunter wird der Verkauf der Beteiligung der KBG an eine andere KBG bzw. an einen Finanzinvestor verstanden. So kann etwa eine auf Early-Stage-Finanzierungen spezialisierte KBG ein Unternehmen an eine auf Later-Stage-Finanzierungen spezialisierte KBG weiterveräußern.

Aufgaben zur Lernkontrolle

1. Welche Gruppen treten als Anbieter von Beteiligungskapital auf und welche Ziele verfolgen sie?
2. Grenzen Sie die zeitlichen Phasen der Beteiligungsfinanzierung voneinander ab.
3. Was versteht man im Rahmen der Beteiligungsfinanzierung unter Value Added.
4. Welchen Anteil am Beteiligungsunternehmen muss eine KBG bei Einlage von 5 Mio. Euro (Unternehmenswert nach Einlage 15 Mio. Euro) fordern, wenn eine interne Rendite von 20 % erreicht werden soll und das Unternehmen nach drei Jahren für 24 Mio. Euro veräußert werden kann?

Literatur

Bain (2019): Global Private Equity Report 2019, Bain & Company.

BVK (2018): Private Equity-Prognose 2018 – Erwartungen der deutschen Beteiligungsgesellschaften, Bundesverband Deutscher Kapitalbeteiligungsgesellschaften, Berlin.

Eilers, S., u. a. (2012): Private Equity: Unternehmenskauf, Finanzierung, Restrukturierung, Exitstrategien, München.

Kaserer C., u. a. (2009): Private Equity in Deutschland: Rahmenbedingungen, ökonomische Bedeutung und Handlungsempfehlungen, Technische Universität München.

Preqin (2018): Preqin Global Private Equity & Venture Capital Report 2018/2019, London.

PWC (2018): Private Equity Report 2019 – Powering through uncertainty, Price Waterhouse Coopers, London.

Schüppen, M./Ehlermann, C. (2000): Corporate Venture Capital, Köln.

Stadler, W. (Hrsg.) (1999): Beteiligungsfinanzierung, 2. Aufl., Wien.

Weimerskirch, P. (2000): Finanzierungsdesign bei Venture-Capital-Verträgen, 2. Aufl., Wiesbaden.

Weitnauer, W. (Hrsg.) (2007): Handbuch Venture Capital, 3. Aufl., München.

11 Financial Distress – finanzielle Restrukturierung[1]

LERNZIELE

- Sie können die Ziele aufzählen, die bei Restrukturierungen verfolgt werden.
- Sie können Geschäftsmodelle von Investmentbanken mit Distressed Capital erklären.
- Sie können anhand eines Praxisfalls Ansatzpunkte für Restrukturierungsmaßnahmen aufzeigen.
- Sie können typische Probleme vorinsolvenzlicher Restrukturierungstransaktionen nennen.
- Sie können die Bedeutung sogenannter Treuhandmodelle bei der Restrukturierung notleidender Unternehmen und Projekte erläutern.
- Sie können zehn wichtige Maßnahmengruppen der Restrukturierung beschreiben.
- Sie können einen Organisationsvorschlag für ein Restrukturierungsprojekt erstellen.

11.1 Einführung

Im Investmentbanking werden u.a. wertpapierbasierte Lösungen entwickelt, um das Wachstum von Unternehmen zu finanzieren. In diesem Zusammenhang arrangieren Investmentbanken auch Kapitalmarktlösungen zur finanziellen Restrukturierung für den Fall einer Unternehmenskrise. Um diese Restrukturierung von Schuldnern, die in Probleme geraten sind, haben sich diverse Geschäftsmodelle entwickelt. Berühmt geworden sind die sog. *Vulture-Funds*. Dabei handelt es sich um Private-Equity-Unternehmen oder Hedgefonds, die Eigenkapitaltitel schwacher Unternehmen zum Barwert aufkaufen und versuchen, durch Restrukturierungen eine Wertsteigerung zu erreichen. Alternative Bezeichnungen für derartige Geschäftsmodelle sind »*Distressed Debt Funds*« oder »*Special Situation Funds*«. Daneben gibt es in Investmentbanken auf Restrukturierungen spezialisierte – und im Übrigen oft sehr profitabel arbeitende – Abteilungen, die insbesondere kapitalmarktorientierte Unternehmen bei der finanziellen Neuausrichtung beraten.

Das Geschäft mit Restrukturierungen (auch »*Special Situations*« genannt) hat seit der Finanzmarkt- und Wirtschaftskrise im Jahr 2008/2009 einen Aufschwung erfahren: Viele Unternehmen hatten in den Jahren zuvor entweder teure Übernahmen getätigt und sich deshalb

1 Autor: Rüdiger Theiselmann.

hoch verschuldet oder waren selber von Private Equity Investoren übernommen worden und mussten an der Finanzierung des Kaufpreises mitwirken – mit der Folge, dass sie in konjunkturell schwierigen Zeiten kaum noch in der Lage waren, den Kapitaldienst zu erbringen. Zwar hat sich der Restrukturierungsbedarf deutscher Unternehmen in den vergangenen Jahren aufgrund des allgemeinen wirtschaftlichen Aufschwungs abgeschwächt, wird sich aber nun aufgrund der Coronapandemie ab 2020/21 signifikant erhöhen. Der folgende Beitrag zeigt auf, welche Möglichkeiten die Märkte entwickelt haben, in Schwierigkeiten befindliche Schuldner insbesondere mithilfe von wertpapierbasierten Lösungen zu restrukturieren.

11.2 Geschäftsmodelle im Investmentbanking mit Distressed Capital

In praktischer Hinsicht stellt sich bei kapitalmarktbezogenen Restrukturierungen typischerweise die Ausgangssituation, dass das Unternehmen einen syndizierten Kredit aufgenommen hatte, um beispielsweise eine Akquisition zu finanzieren. Ist der Kapitaldienst in wirtschaftlich guten Zeiten noch zu bewältigen, so werden Zinsen und Tilgung in konjunkturellen Krisenphasen oft zum Problem: Werden weniger Waren oder Dienstleistungen verkauft oder müssen Margenzugeständnisse gemacht werden, so sinken Umsätze oder Gewinne – und dies oft drastisch.

Bleiben Zinsen und Tilgung in dieser Situation konstant hoch, kann das Unternehmen in eine gefährliche Schieflage geraten. Bei einem börsennotierten Unternehmen oder für den Fall, dass mittels eines syndizierten Kredits oder einer börsennotierten Schuldverschreibung eine Vielzahl von Investoren angesprochen wurde, kann die Krise zudem eine Eigendynamik entwickeln, weil die mit einer Kapitalmarktorientierung verbundene Transparenz und Öffentlichkeit seitens des Vorstands des kriselnden Unternehmens mitunter zu nicht mehr kontrollierbaren Entwicklungen führen kann: Marktgerüchte und Medienberichterstattungen können den Kurs der emittierten Wertpapiere stark beeinflussen. Zudem entscheiden sich Investoren mit teils divergierenden Interessen kurzfristig dazu, ihre Positionen zu veräußern, um Wertverluste einzudämmen. Da sich kapitalmarktorientierte Unternehmen oft einer Vielzahl von Stakeholdern gegenübersehen (neben Aktionären sind dies vor allem Kreditgeber in verschiedenen Rangstufen, Schuldschein-Gläubiger, Anleihe-Gläubiger oder Mezzanine-Kapitalgeber), stellt die damit verbundene Komplexität für finanzielle Restrukturierungen eine Herausforderung dar.

11.2.1 Der Initiator

Zeichnet sich ab, dass ein Kreditnehmer gegen die im Kreditvertrag enthaltenen Regelungen (»*Covenant Breach*«) verstoßen wird, informiert die Geschäftsleitung des Kreditnehmers die Konsortialbanken. Daraufhin treten die Beteiligten meist unter Einschaltung von

Anwälten für beide Seiten in Verhandlungen, wobei der Kreditnehmer in größeren Fällen und insbesondere mit Blick auf Kapitalmarktlösungen meist spezialisierte Restrukturierungsberater engagiert, die die Moderation der Verhandlungen übernehmen.

11.2.2 Die Beteiligten

Seitens der Banken sind in die Verhandlungen verschiedene Bereiche involviert. Dazu gehört die Marktseite, das Risikomanagement, der Bereich Intensive Treatment bzw. Intensive Care sowie die Rechtsabteilung. In der Regel wird ein *Steering Committee* gebildet, in dem ein oder mehrere Repräsentanten aller oder der führenden Banken die Interessen ihres jeweiligen Hauses vertreten. Es finden gemeinsame Sitzungen mit den Anwälten sowie dem Kreditnehmer und dessen Restrukturierungsberater statt. Dabei wird zunächst über einen sog. *Waiver* verhandelt, d. h. einen Verzicht der Banken auf die Ausübung ihres vertraglich möglichen Kündigungsrechts. Der entsprechende Beschluss des Bankenkonsortiums erfordert üblicherweise eine 2/3-Mehrheit. Kommt der Waiver zustande, so erklärt der Agent (d. h. die koordinierende Bank im Konsortium) den Verzicht namens aller Kreditgeber gegenüber dem Kreditnehmer. Banken, die sich gegen den Waiver entschieden haben und zur Minderheit gehören, geben damit erfahrungsgemäß oft zu erkennen, dass sie bei einem möglicherweise anstehenden Anschlusskredit das Konsortium verlassen werden. Für das Management des Kreditnehmers ist dies ein wichtiges Signal, um frühzeitig einen Bankenkreis für die künftige Finanzierung anzusprechen. Mit der Suche von neuen Banken wird der Restrukturierungsberater betraut.

11.2.3 Die Restrukturierungsstrukturen

Nachdem ein Waiver als Mindestvoraussetzung für eine Restrukturierung vereinbart worden ist, werden in der Folgezeit alle in Betracht kommenden Restrukturierungslösungen sondiert. In der Regel entwickelt der Restrukturierungsberater ein Konzept, das meist aus verschiedenen Komponenten besteht. Hierzu wird auf Basis einer ggf. adjustierten Unternehmensplanung zunächst der *Kapitalbedarf* auf mittelfristige Sicht ermittelt, um dann die geeigneten Finanzierungsinstrumente bestimmen zu können. Zum einen wird der bisherige syndizierte Kredit typischerweise durch einen *Sanierungskredit* refinanziert. Zudem kommt eine Refinanzierung mittels einer hochverzinslichen Schuldverschreibung (*High Yield Bond*) als Kapitalmarktinstrument in Betracht. Neben diesem Wertpapier kann eine börsennotierte Gesellschaft zudem an eine Kapitalerhöhung oder an die Begebung einer Wandelanleihe denken.

11.2.4 Erfolge und Verdienstmöglichkeiten

Haben sich die Beteiligten auf ein Restrukturierungskonzept verständigt (was mitunter mehrere Monate dauern kann), setzen die Banken nach interner Abstimmung mit ihren Kreditgremien und – mit Blick auf Kapitalmarktlösungen – unter Zuziehung der jeweils zuständigen Bereiche (z. B. Equity Capital Markets für Kapitalerhöhungen) das Konzept für den Kreditnehmer um. Neben den für eine Anpassung der Kreditfinanzierung anfallenden Gebühren (u. a. *Waiver Fee*) verdienen die Banken beispielsweise *Provisionen* an der Arrangierung einer Kapitalerhöhung oder einer Schuldverschreibung. Darüber hinaus erzielen sowohl der Restrukturierungsberater als auch die beratenden Anwälte teils erhebliche *Honorare* für ihre Beratungsleistungen.

Die Erfolge der Restrukturierung zeigen sich unmittelbar anhand des neuen Sanierungskredits mit einer Laufzeit von meist zwei bis drei Jahren mit zweimaliger Verlängerungsoption oder der Refinanzierung des Kredits durch einen High Yield Bond sowie an dem direkten Zufluss frischen Eigenkapitals beispielsweise aufgrund einer Kapitalerhöhung oder mittelfristig aufgrund einer Wandelanleihe.

11.3 Ziele und Ansatzpunkte der Restrukturierung

11.3.1 Ziele

Das Ziel einer finanziellen Restrukturierung ist es, eine Insolvenz des in der Krise befindlichen Unternehmens zu verhindern und es durch Anpassung von Aktiva und Passiva sowie durch Liquiditätsentlastung so auszurichten, dass es künftig profitabel arbeiten kann.

Phasen von Unternehmenskrisen

- Phase 1 – strategische Krise: Ist-Umsätze weichen von Plan-Umsätzen ab. Diese Symptome treten oftmals nach unternehmerischen Fehlentscheidungen, fehlender oder unzulänglicher Planung oder fehlendem Monitoring auf. Wenn eine Krise aufgrund solcher Defizite nicht frühzeitig genug erkannt wird und keine Gegenmaßnahmen getroffen werden (z. B. Abbau des Lagerbestands oder Hebung von Synergien in der Produktion), gerät das Unternehmen meist rasch und unbemerkt in die nächste Krisenphase.
- Phase 2 – operative Krise: Das Unternehmen arbeitet defizitär (erkennbar an der Gewinn- und Verlustrechnung) und verzehrt Eigenkapital (siehe Bilanz). Spätestens in dieser Phase sind konsequente Maßnahmen zur Reduktion von Verbindlichkeiten oder zur Verbesserung der Liquidität beispielsweise durch den Verkauf von Randbereichen erforderlich.

- Phase 3 – Liquiditätskrise: Bleiben Maßnahmen in der operativen Krise aus oder schlagen sie fehl, so kommt es daraufhin in der Regel zu Zahlungsstockungen und zu einer drohenden Zahlungsunfähigkeit. In praxi offenbart sich eine Liquiditätskrise oft dadurch, dass das Unternehmen die unter einem bestehenden Kreditvertrag vereinbarten Finanzkennziffern (Financial Covenants) nicht einhält und dieser als »Covenant Breach« bezeichnete Vertragsbruch den Kreditgebern angezeigt wird. Diese fordern spätestens in dieser Phase vollumfängliche Transparenz und teils wöchentliche Berichte der Geschäftsleitung zur finanziellen Situation. Darüber hinaus werden oft Sanierungsberater eingesetzt, die nach Analyse der Ausgangssituation geeignete Maßnahmen zur operativen und/oder finanziellen Restrukturierung konzipieren sowie die Sanierungsfähigkeit und -würdigkeit des schuldnerischen Unternehmens in einem Sanierungsgutachten überprüfen. Parallel verhandeln die Kreditgeber mit dem in Schieflage geratenen Unternehmen über die Erteilung eines sog. Waivers, d. h. einen Verzicht auf eigentlich bestehende Kündigungsrechte der Kreditgeber aufgrund des Covenant Breach, sowie über einen Überbrückungs- und Sanierungskredit.
- Phase 4 – Insolvenz: Lässt sich die Liquiditätskrise nicht überwinden, gerät das Unternehmen meist zwangsläufig in die Insolvenz. Das deutsche Recht sieht mit der drohenden Zahlungsunfähigkeit, der tatsächlichen Zahlungsunfähigkeit sowie der Überschuldung drei Insolvenzgründe vor. Ist zumindest einer dieser Tatbestände erfüllt, müssen bei Kapitalgesellschaften (u. a. GmbH und AG/KGaA/SE) die Geschäftsführung oder der Vorstand sowie – im Fall der Führungslosigkeit die Gesellschafter – der Aufsichtsrat (bei der AG) spätestens innerhalb von drei Wochen ab Eintritt des Insolvenzgrundes einen Insolvenzantrag stellen. Andernfalls machen sich die nicht oder zu spät handelnden Organmitglieder strafbar.

Insolvenzgründe

- Zahlungsunfähigkeit i. S. v. § 17 Abs. 2 S. 1 Insolvenzordnung (InsO) liegt vor, wenn das Unternehmen nicht über die Mittel verfügt, seine Verbindlichkeiten dauernd und zu einem wesentlichen Teil zu erfüllen. Dies ist der Fall, wenn die fälligen Verbindlichkeiten höher sind als die kurzfristig verfügbaren Zahlungsmittel (ab einer Liquiditätslücke von zehn Prozent der fälligen Gesamtverbindlichkeiten). Eine bloße Zahlungsstockung (d. h. binnen drei Wochen können benötigte Mittel beschafft werden) reicht nicht aus.
- Drohende Zahlungsunfähigkeit i. S. v. § 18 Abs. 2 InsO erfordert, dass das schuldnerische Unternehmen voraussichtlich nicht in der Lage ist, die bestehenden Zahlungsverpflichtungen zu erfüllen. Mit Sicherheit entstehende, aber noch nicht fällige und noch nicht begründete Zahlungsverpflichtungen sind höher als die zufließenden Einnahmen zzgl. vorhandener liquider Mittel. Dies beurteilt sich anhand eines Finanz- und Liquiditätsplans für einen Prognosezeitraum von i. d. R. 24 Monaten.
- Überschuldung i. S. v. § 19 Abs. 2 InsO ist eingetreten, wenn das Unternehmensvermögen die bestehenden Verbindlichkeiten nicht mehr deckt – es sei denn, dass die

Fortführung des Unternehmens nach den Umständen überwiegend wahrscheinlich ist. Bei positiver Fortführungsprognose (d. h. die Finanzkraft reicht nach überwiegender Wahrscheinlichkeit aus, um mittelfristig innerhalb der nächsten 24 Monate das Unternehmen fortführen zu können) scheidet eine Überschuldung aus. Ist die Fortführungsprognose allerdings negativ, liegt eine Überschuldung vor, wenn das Gesellschaftsvermögen die bestehenden Verbindlichkeiten nicht deckt. Dabei werden Liquidationswerte angesetzt und stille Reserven einbezogen.

11.3.2 Ansatzpunkte

Welche *Ansatzpunkte* für Restrukturierungsstrategien gibt es? Im Folgenden werden die nachstehenden Maßnahmen behandelt, die in der Praxis die größte Bedeutung besitzen:

- Restrukturierung der Aktivseite
  - Veräußerung von Beteiligungen (*Distressed M&A-Geschäft*)
  - Übertragung von Beteiligungen in eine Treuhand-Lösung
  - Veräußerung von Forderungen (*Securitization*)
- Restrukturierung der Passivseite
  - Eigenkapitalbeschaffung durch Kapitalerhöhung
  - Eigenkapitalbeschaffung über Debt Equity Swaps
  - Restrukturierung von syndizierten Krediten
  - Restrukturierung von Schuldscheindarlehen
  - Restrukturierung von Schuldverschreibungen.

11.3.2.1 Distressed Mergers & Acquisitions

Unter den Aktiva in einer Unternehmensbilanz finden sich im Anlagevermögen und dort in den Finanzanlagen die Beteiligungen. Zur Beschaffung frischer Liquidität in der Krise, zur Reduktion von Verbindlichkeiten oder schlicht zur Eliminierung von Verlustquellen kann es sinnvoll sein, sich von Beteiligungen zu trennen. Das Geschäft mit dem Kauf/Verkauf von Unternehmen bzw. Eigentumsrechten an Unternehmen, die sich in finanziellen Schwierigkeiten befinden, wird »*Distressed M&A*«-Geschäft genannt.

Der Verkauf von Beteiligungen oder Unternehmensteilen in einer Krise kann aus mehreren Gründen vorteilhaft sein. Zum einen gehen in Insolvenznähe oft die wichtigsten Mitarbeiter von Bord, sodass sich die Situation tendenziell verschlechtert. Zum anderen ist der Wert solcher Unternehmen oft drastisch gesunken, da das Eigenkapital durch operative Verluste meist weitgehend aufgezehrt ist und zudem in Krisenzeiten die Bewertungsmultiplikatoren (»Multiples«) oft unter dem branchenüblichen Multiple für gesunde Unternehmen liegen. Dies ist für die Eigentümer des betreffenden Unternehmens zwar misslich, kann aber aus Sicht neuer Investoren oder Strategen schon im Sinne von Multiple-Arbitrage attraktiv sein.

Unternehmensverkäufe kriselnder Unternehmen können *vor* der Insolvenz oder *innerhalb* des Insolvenzverfahrens in Betracht kommen.

Vorinsolvenzliche Transaktionen

M&A-Transaktionen vor einer Insolvenz sind deshalb vorteilhaft, weil sie nicht den Zwängen der Insolvenzordnung (InsO) unterliegen. Die durch eine Insolvenzeröffnung üblicherweise ausgelösten Reputations- und Werteinbußen sind noch nicht eingetreten. Spätestens bei Stellung des Insolvenzantrags kündigen üblicherweise Warenkreditversicherer, was die Beziehungen zu Lieferanten meist sofort beendet und das betreffende Unternehmen vor Probleme bei der Produktion stellt. Zudem erodieren in einer Insolvenz die Kundenbeziehungen und damit die Erträge. Durch rechtzeitige Veräußerung des Unternehmens, von Unternehmensteilen oder Beteiligungen können diese Folgen vermieden werden.

Darüber hinaus hat eine außerinsolvenzliche M&A-Transaktion auch insofern Vorteile, als dass noch exklusive Verhandlungen geführt werden und Informationen vertraulich behandelt werden können. Demgegenüber wird ein Insolvenzverwalter selten Exklusivität gewähren. Er muss die Transaktionsdokumentation dem Gläubigerausschuss zur Beschlussfassung vorlegen. Demgegenüber ist der Verkäufer hinsichtlich des Verkaufspreises und der Transaktionsgestaltung (z. B. Earn-out-Klauseln) grundsätzlich frei.

Allerdings besteht bei einer vorinsolvenzlichen M&A-Transaktion stets das Risiko einer Insolvenzanfechtung wegen einer vermeintlichen Gläubigerbenachteiligung aufgrund eines zu niedrigen Kaufpreises und somit einer Gläubigerbenachteiligung, sofern der Käufer von dem Vorliegen eines Insolvenzgrundes weiß und der Kaufvertrag innerhalb von drei Monaten vor Insolvenzantragstellung geschlossen wurde. Aus diesem Grund sollte der Kaufpreis dem tatsächlichen Unternehmenswert entsprechen und ein zu starkes Entgegenkommen beim Kaufpreis vermieden werden, um das Anfechtungsrisiko zu reduzieren.

Ansonsten bestehen bei einem Unternehmensverkauf vor der Insolvenz keine grundlegenden Unterschiede im Vergleich mit einer typischen M&A-Transaktion (siehe Kapitel M&A). Nachfolgend wird daher der Schwerpunkt auf übertragende Sanierungen, d. h. M&A-Transaktionen im Insolvenzverfahren gelegt.

Beteiligungsveräußerung im Insolvenzverfahren

Die »*übertragende Sanierung*« ist eine Form der Liquidation des schuldnerischen Vermögens. Ihr Vorteil im Vergleich mit einer Zerschlagung liegt darin, dass die Insolvenzmasse für den Verkauf eines funktionierenden Unternehmens in der Regel mehr erhält als für den Verkauf einzelner Vermögensgegenstände an unterschiedliche Erwerber. Gleichwohl reicht der erzielte Erlös meist nicht aus, um alle Forderungen zu befriedigen, sodass es sich um eine Optimierung der Insolvenzmasse handelt und die Insolvenzgläubiger den überwiegenden Teil des Sanierungsbeitrags leisten.

Eine *übertragende Sanierung* zielt darauf ab, die Verbindlichkeiten beim alten Rechtsträger zurück zu lassen und mit dem Kaufpreis die Insolvenzmasse anzureichern. Vor diesem Hintergrund werden übertragende Sanierungen nahezu immer als Sachkauf (»Asset Deal«) umgesetzt, d. h. sämtliche oder ausgewählte Vermögensgegenstände und Kundenbeziehungen werden veräußert, nicht hingegen die Geschäftsanteile des bisherigen Rechtsträgers. Zur Umsetzung eines Asset Deals sind im Kaufvertrag die jeweiligen Kaufobjekte möglichst exakt zu bestimmen, wobei dies nach einfachen, äußeren Abgrenzungskriterien erfolgen kann (beispielsweise »alle Maschinen in einer bestimmten Fabrikhalle«). Des Weiteren wird in aller Regel vereinbart, dass der Insolvenzverwalter als Verkäufer keinerlei Gewährleistungs- oder Schadensersatzverpflichtungen übernimmt. Nach erfolgter Umsetzung der Transaktion bleibt die insolvente GmbH oder AG als Rechtsträger mit den bestehenden Verbindlichkeiten und dem Verkaufserlös zwecks Befriedigung der Forderungen von Insolvenzgläubigern zurück – allerdings gilt dies auch für etwaige behördliche Genehmigungen, die grundsätzlich beim Rechtsträger verbleiben. Deshalb sollte der Erwerber vorab prüfen, ob die Nutzung der erworbenen Vermögensgegenstände ohne Weiteres möglich ist.

Im Eröffnungsverfahren sind Unternehmensverkäufe selten, da sich der schwache Insolvenzverwalter keinen erhöhten Haftungs- bzw. Insolvenzanfechtungsrisiken aussetzen möchte. Nur unter besonderen Umständen, etwa bei einem bloßen Erwerb des Warenlagers oder Auftragsbestands ist in dieser Situation eine übertragende Sanierung zu empfehlen. Dennoch sind solche Transaktionen grds. möglich, wenn das Insolvenzgericht zustimmt. Erfahrungsgemäß lassen sich kleinvolumige Distressed M&A-Transaktionen von geringer Komplexität schon vor Insolvenzantragstellung oder im Eröffnungsverfahren vorbereiten und dann direkt mit Verfahrenseröffnung umsetzen. Die Abläufe sind im Vergleich mit Transaktionen aus einem bereits eröffneten Insolvenzverfahren weitgehend identisch.

Haftungsrisiken aus Transaktionen vor der Insolvenz oder aus dem Eröffnungsverfahren

Wird ein Unternehmen vor einer Insolvenz oder aus dem Eröffnungsverfahren heraus erworben, so stellen sich für den Erwerber folgende Haftungsrisiken:

Haftung wegen Firmenfortführung: Führt der Erwerber das erworbene Unternehmen unter der bisherigen Firma (also der Bezeichnung des Unternehmens, ggf. mit einem Zusatz – z. B. GmbH) fort, so können ihn die Gläubiger des Unternehmens für alle geschäftlichen Verbindlichkeiten des früheren Inhabers haftbar machen (§ 25 Abs. 1 S. 1 HGB).

Diese Folge lässt sich vermeiden, indem der Erwerber mit dem Verkäufer einen Haftungsausschluss vereinbart und diesen ins Handelsregister eintragen sowie bekannt machen lässt gemäß § 25 Abs. 2 HGB.

Haftung wegen Betriebsübergangs: Wie bei jedem anderen Unternehmenskauf tritt der Erwerber gemäß § 613a BGB voll in die vor dem Verkauf bestehenden Arbeitsverhältnisse ein; wie der Bundesgerichtshof im Jahr 2002 entschieden hat, sind Ausnahmen hiervon auch in Krisensituationen nicht möglich. Zudem besteht auch eine Haftung des Erwerbers für Verbindlichkeiten aus Insolvenzgeld gegenüber der Bundesagentur für Arbeit.

Steuerrechtliche Haftung: Im Hinblick auf Steuern, die auf dem Betrieb des Unternehmens beruhen und die seit Beginn des letzten, vor der Übertragung liegenden Kalenderjahrs entstanden sind, haftet der Erwerber nach § 75 AO im Grundsatz. Eine Ausnahme besteht für den Fall, dass die eigentlich nur für das eröffnete Insolvenzverfahren gedachte Haftungsprivilegierung gemäß § 75 Abs. 2 AO greift. Die herrschende Meinung wendet diese Regelung auch auf das Eröffnungsverfahren an, sofern der Verkauf und die Verfahrenseröffnung zeitlich eng zusammenliegen. Hierzu erfolgt in praxi meist eine enge Abstimmung zwischen dem Insolvenzverwalter und Insolvenzgericht.

Entfallende Risiken für Transaktionen aus dem Insolvenzverfahren

Ist das Insolvenzverfahren demgegenüber bereits eröffnet worden, so entfallen die vorstehend genannten Problemfelder, sodass M&A-Transaktionen in diesem Stadium deutlich leichter und rechtssicherer sind. Eine Haftung wegen Firmenfortführung fällt weg, da § 25 Abs. 1 S. 1 HGB nach Eröffnung des Insolvenzverfahrens nicht mehr gilt. Die steuerrechtliche Haftung entfällt, da sich der Erwerber nach Eröffnung des Insolvenzverfahrens uneingeschränkt auf die Haftungsprivilegierung nach § 75 Abs. 2 AO berufen kann. Des Weiteren droht auch keine Haftung für Altforderungen aus Arbeitsverhältnissen wegen Betriebsübergangs nach § 613a BGB mehr. Infolgedessen haftet der Erwerber nur für rückständige Löhne und Gehälter, die ab Insolvenzeröffnung bis zum Betriebsübergang zu zahlen sind. Insoweit teilt er sich diese Beträge mit dem Insolvenzverwalter. Gleichwohl gehen die Arbeitsverhältnisse gemäß § 613a BGB auf den Erwerber grundsätzlich über – es sei denn, dass mit einer Transfergesellschaft (auch »Beschäftigungs- und Qualifizierungsgesellschaft« genannt) gearbeitet wird, die eine partielle Übernahme der Beschäftigten durch den Erwerber zum Zweck hat.

Erwerb durch Insolvenzplanverfahren als alternative Handlungsoption

Anstatt einer übertragenden Sanierung lässt sich die Veräußerung eines insolventen Unternehmens auch im Wege eines *Insolvenzplanverfahrens* durchführen. Bei einem *Insolvenzplan* handelt es sich um einen Vertrag zwischen dem Insolvenzschuldner und den Gläubigern und beruht auf den Regelungen der §§ 217 ff. InsO.

Der wesentliche Unterschied liegt darin, dass es bei einem Insolvenzplan nicht zu einem Asset Deal kommt, sondern entweder vorbestehende Geschäftsanteile der Altgesellschafter übertragen oder neue Geschäftsanteile per Kapitalerhöhung der Zielgesellschaft ausgegeben werden. In der Regel werden die früheren Eigentümer verdrängt durch den – im Rahmen eines Debt Equity Swap ebenfalls gebräuchlichen – Kapitalschnitt durch kurzzeitige Herabsetzung des Stamm- bzw. Grundkapitals auf null mit anschließender Kapitalerhöhung zugunsten des neuen Investors. Zugleich wird die finanzielle Restrukturierung der Zielgesellschaft durch den Insolvenzplan beschlossen. Die Insolvenzgläubiger erhalten auf dieser Basis eine vertraglich definierte Planquote; der Investor stellt frisches Kapital bereit, um die Planquote zu erhöhen und die operative Restrukturierung der Zielgesellschaft zu finanzieren.

Bei einem Insolvenzplan bestehen die gleichen Gestaltungsmöglichkeiten wie in einem herkömmlichen Insolvenzverfahren. Allerdings ist die Zustimmung der Gläubiger zwingend erforderlich, wobei die Möglichkeit zur Bildung von *Gläubigergruppen* besteht und bei der Abstimmung in Gruppen die Kopf- und Summenmehrheit der jeweiligen Gruppe entscheidend ist. Das Insolvenzplanverfahren ist vergleichsweise zeitaufwendiger als eine übertragende Sanierung, denn zum Abschluss eines Insolvenzplans sind je nach Umfang und Komplexität des Einzelfalls mindestens zwei bis vier Monate für die Planerstellung und zusätzlich sechs bis acht Wochen für Stellungnahme- und Ladungsfristen einzuplanen. Hinzu kommt die Dauer bis zur Rechtskraft des Planbestätigungsbeschlusses. Das Insolvenzplanverfahren kann mithin eine gute Alternative zur übertragenden Sanierung sein, sofern kein akuter Zeitdruck besteht und – beispielsweise zur Wahrung öffentlich-rechtlicher Genehmigungen – die Veräußerung des Rechtsträgers entscheidend ist. Allerdings birgt das Insolvenzplanverfahren auch Unwägbarkeiten mit Blick auf die Zustimmung der Gläubiger und die Möglichkeit des Rechtsmittels einer sofortigen Beschwerde. Durch geschickte Gruppenbildung und einen interessengerechten Insolvenzplan lassen sich diese Risiken indes handhaben.

11.3.2.2 Treuhandmodelle

In Krisenzeiten sind je nach Marktlage nicht immer kurzfristig Investoren zu finden, die sich an einem Unternehmen in Schieflage beteiligen. Zudem bestehen zwischen den finanzierenden Banken einerseits sowie den Eigentümern und dem Management des krisenbefangenen Unternehmens andererseits meist abweichende Interessen und nicht selten ein zerrüttetes Vertrauensverhältnis.

Um solche Phasen zu überbrücken, das Unternehmen zu stabilisieren bzw. den Betrieb mithilfe neuer Kredite aufrechtzuerhalten und die divergierenden Interessen zu managen, bieten sich Treuhandmodelle an. Diese haben in den vergangenen Jahren zunehmende Relevanz gehabt.

Grundmodell
Die *Treuhand* als Institution ist nicht gesetzlich geregelt, sodass den Beteiligten erheblicher Gestaltungsspielraum bleibt.

Im Grundmodell überträgt der bisherige Gesellschafter und Eigentümer des Unternehmens (»Treugeber«) einem Treuhänder die Vermögensgegenstände (»Treugut«) – in praxi meist die Geschäftsanteile – oder räumt ihm daran zumindest eine Rechtsmacht durch Vollmacht oder Verfügungsermächtigung ein. Hierbei werden die Befugnisse des Treuhänders zur Verfügung gegenüber Dritten durch den Treugeber beschränkt.

Zweck dieses Vorgehens ist es, vor dem Hintergrund eines Vertrauensverlustes der Kreditgeber die Einflussnahmemöglichkeiten durch die bisherigen Gesellschafter zu reduzieren und zugleich die Suche nach einem Investor durch den unabhängigen Treuhänder zu ermöglichen.

Weitergehende Modelle
Die Ausgestaltung des Treuhandmodells über das beschriebene Grundmodell hinaus ist je nach Befugnissen des Treuhänders unterschiedlich – insoweit gibt es in der Praxis die folgenden vier Varianten.

Einfache Vollmachtstreuhand: Es erfolgt kein Eigentumswechsel des Treuguts, sondern der Treugeber behält seine umfassende Rechtsmacht. Vielmehr erteilt er dem Treuhänder eine einfache Vollmacht mit einem detaillierten Katalog an Vorgaben, sodass dieser in seinem Handlungsspielraum stark eingeschränkt ist und stets im Namen des Treugebers handelt. Da dieses Modell die Einflussnahme des Gesellschafters nur unzureichend begrenzt, hat es sich in praxi nicht durchsetzen können.

Unechte (Ermächtigungs-)Treuhand: Auch in dieser Variante erfolgt kein Eigentumswechsel des Treuguts; allerdings ist der Treuhänder zu Verfügungen in eigenem Namen ermächtigt. Meist bleibt aber der unmittelbare Besitz beim Treugeber, sodass die Position der Treuhänder auch in diesem Fall zu schwach ist.

Fiduziarische (echte) Treuhand: Das Treugut wird rechtlich auf den Treuhänder übertragen, sodass dieser neuer Eigentümer sowie Forderungs- und Rechtsinhaber wird. Sofern es sich beim Treugut um Geschäftsanteile handelt, muss er die damit verbundenen Rechte (insbesondere die Stimmrechte) in der vom Treugeber bestimmten Weise ausüben. Somit besteht auch in dieser Variante zumindest mittelbarer Einfluss des Treugebers.

Doppelnützige Treuhand: Neben der Übertragung des Eigentums an dem Treugut auf den Treuhänder wird vereinbart, dass der Treuhänder sowohl im Interesse des Treugebers als auch der Kreditgeber (»Begünstigte«) tätig wird. Zudem wird vertraglich ein sog. Sicherungsfall festgelegt, d. h. bestimmte Konstellationen einer Verschlechterung oder Verbesserung der Situation (Letzteres betrifft insbesondere die Verkaufsreife). Bis zum Eintritt des Sicherungsfalls agiert der Treuhänder im Sinne des Treugebers, wobei das Eigentum wirtschaftlich und steuerlich bei diesem verbleibt. Ist der Sicherungsfall eingetreten, d. h. hat der Treuhänder beispielsweise einen Erwerber gefunden und steht somit eine M&A-Transaktion bevor, handelt der Treuhänder im Interesse der Begünstigten. Denn diese sollen in erster Linie von dem Verkaufserlös profitieren.

Spezifika bei börsennotierten Gesellschaften

Handelt es sich bei dem Treugut um Aktien an einer börsennotierten AG, so kann der Treuhänder zur Abgabe eines Pflichtangebots (§ 35 Abs. 1 S. 1 WpÜG) an die übrigen Aktionäre verpflichtet sein, wenn er einen Stimmrechtsanteil von 30 Prozent erreicht oder überschreitet.

Von diesem Grundsatz gibt es in Krisensituationen die Ausnahme der sog. Sanierungsbefreiung gemäß § 37 Abs. 1 WpÜG i. V. m. § 9 S. 1 Nr. 3 WpÜG-Angebotsverordnung. Um eine solche Befreiung vom Pflichtangebot zu erlangen, muss der Bieter (hier: der Treuhänder) einen schriftlichen Antrag auf Erteilung einer Sanierungsbefreiung an die BaFin stellen. Dies ist bereits vor Kontrollerlangung möglich und angesichts des meist erheblichen Zeitdrucks auch üblich. Beizufügen sind die Begründung für die Inanspruchnahme der Sanierungsbefreiung sowie die erforderlichen Unterlagen (u. a. Sanierungsgutachten eines Wirtschaftsprüfers).

Voraussetzungen für die Sanierungsbefreiung

- Erste Voraussetzung für die Erteilung einer kapitalmarktrechtlichen Sanierungsbefreiung ist eine »Sanierungsbedürftigkeit« der Zielgesellschaft. Insoweit hat die BaFin ein enges Verständnis und setzt voraus, dass eine Fortführung der Zielgesellschaft ohne Sanierung unmöglich ist. Dazu muss ein Wirtschaftsprüfer »bestandsgefährdende Risiken« im Sinne von § 322 Abs. 2 S. 3 HGB attestieren – dies setzt voraus, dass innerhalb eines Jahres Anlass zur Beantragung eines Insolvenzverfahrens oder zur Liquidation besteht. Daneben kann auch der drohende Verlust der Hälfte des Grundkapitals ein Indiz für eine Sanierungsbedürftigkeit sein. Damit die BaFin die Sanierungsbedürftigkeit prüfen kann, muss der Bieter ein Sanierungskonzept vorlegen einschließlich einer Prognose über die wirtschaftliche Entwicklung der Zielgesellschaft in der Zukunft auf Basis eines Gutachtens des Wirtschaftsprüfers. Beispiele für geeignete Sanierungsmaßnahmen: Zusammenlegung von Verwaltungs- und Produktionseinheiten oder Bündelung des Einkaufs.
- Eine weitere Voraussetzung für die Erteilung der Sanierungsbefreiung ist das Kriterium der »Sanierungsfähigkeit«. Insoweit kommt es darauf an, dass die Sanierung nicht von vornherein aussichtslos ist. Hierfür sind das Sanierungskonzept

des Bieters sowie das Gutachten eines Wirtschaftsprüfers entscheidend. Darüber hinaus darf nicht eine reine Zerschlagung seitens des Bieters zu erwarten sein.

- Als dritte Voraussetzung der Sanierungsbefreiung prüft die BaFin, ob der Bieter einen »eigenen Sanierungsbeitrag« leistet. Dazu genügt es grundsätzlich nicht, mit dem Gesellschafterwechsel zu argumentieren – eine Ausnahme gilt für den Fall, dass die finanzierenden Banken dies nachweislich zur Bedingung für eine fortgesetzte Finanzierung machen. Vielmehr wird seitens der BaFin vom Bieter ein eigener, angemessener finanzieller Beitrag zur kurzfristigen Wiederherstellung der Liquidität der Zielgesellschaft gefordert. Dieser Beitrag muss zwar nicht die Höhe eines hypothetischen Pflichtangebots erreichen. Allerdings ist es erforderlich, dass der Bieter einen signifikanten Beitrag zur finanziellen Gesundung leistet z. B. durch Zeichnung einer Kapitalerhöhung der Zielgesellschaft, durch Stellung von Sicherheiten (u. a. Patronatserklärungen), durch Übernahme bzw. Umwandlung von Verbindlichkeiten (Debt Equity Swap), durch Forderungsstundung oder durch Verzicht auf Rückzahlungsansprüche.
- Abschließend nimmt die BaFin noch eine Interessenabwägung vor, bei der sie die Folgen der Befreiung vom Übernahmeangebot mit den Folgen einer Insolvenz vergleicht. Dabei kann für eine Befreiung beispielsweise ein potenzieller Verfall des Aktienkurses sprechen. In praxi wird üblicherweise vorab mit der BaFin geklärt, ob die Voraussetzungen für eine Sanierungsbefreiung erfüllt sind.

Verwertung im Sicherungsfall

Im Treuhandvertrag werden die Bedingungen zur Verwertung des Treuguts festgelegt. Dabei werden als Sicherungsfall z. B. die Kündigung von Kreditlinien durch Finanzierer oder die Verfehlung von Sanierungszielen sowie Mindestkaufpreis-Größenordnungen für einen Verkauf des Unternehmens an Dritte vereinbart.

Die Verwertung des Treuguts – beispielsweise der Geschäftsanteile im Wege einer M&A-Transaktion – kann außerhalb der Insolvenz durch Versteigerung oder freihändigen Verkauf erfolgen. Für eine Versteigerung muss

- Pfandreife i. S. v. §§ 1273 Abs. 2, 1228 Abs. 2 BGB vorliegen, d. h. eine gesicherte Forderung muss fällig geworden sein durch Nichtzahlung trotz Fälligkeit (z. B. Zahlungseinstellung oder Insolvenz);
- Verwertung angedroht worden sein nach § 1234 Abs. 1 BGB und
- Ablauf der einmonatigen Wartefrist erfolgt sein (§ 1234 Abs. 2 BGB).

Bei einem freihändigen Verkauf einigen sich die Pfandgläubiger und der Inhaber des Geschäftsanteils, dass ein Verkauf zum laufenden Preis erfolgt. Mit Blick auf Aktien an einer börsennotierten AG ist hierbei der Börsenkurs die Untergrenze.

11.3.2.3 Securitization und Working Capital Management

Um ein Unternehmen finanziell außerhalb der Insolvenz zu restrukturieren, eignet sich der Verkauf von Forderungen zur zeitnahen Schaffung von Liquidität. Hierzu bieten sich drei Instrumente an:

- Forfaitierung,
- Factoring,
- kapitalmarktbezogene Verbriefungen (Securitization).

Forfaitierung. Einzelne kurz- bis mittelfristige Forderungen werden durch regresslose Zession mit bilanzentlastender Wirkung veräußert. Die Refinanzierung erfolgt entweder über das Treasury des Forfaiteurs oder den Sekundärmarkt.

Factoring. Eine Vielzahl meist kurzfristiger, heterogener und kleinvolumiger Einzelforderungen wird nach einzelfallbezogener Prüfung der Forderungsbonität durch regresslose Zession mit grundsätzlich bilanzentlastender Wirkung veräußert. Die Refinanzierung erfolgt über die Bilanz des Factors.

Securitization. Ein möglichst homogenes und risiko-diversifiziertes Portfolio an Forderungen von etwa 50 Mio. Euro bis zu mehreren Milliarden Euro Nennvolumen und Laufzeiten ab 60 Tagen bis zu mehreren Jahrzehnten wird durch stille regresslose Zession mit bilanzentlastender Wirkung und Forderungseinziehung durch den Verkäufer veräußert. Die Refinanzierung erfolgt über Kapitalmarktpapiere mit Rating in verschiedenrangigen Wertpapierklassen und mittel- bis langfristigen Laufzeiten (Verbriefung).

Mit Blick auf Verbriefungen mit Restrukturierungsbezug hat die Risikoanalyse aus Sicht des Forderungskäufers eine gesteigerte Bedeutung. Denn es liegt in seinem ureigenen Interesse, dass die in dieser Situation nicht unwahrscheinliche Insolvenz des Forderungsverkäufers keine negativen Auswirkungen auf die erworbenen Forderungen und etwaige Sicherheiten hat. So geht der Forderungskäufer leer aus oder erlöst aus dem Forderungseinzug weniger als vorgesehen, sofern ein Forderungsverkauf in ein Darlehensgeschäft umqualifiziert wird (»Non-True Sale«). Der angestrebte »True Sale« erfordert, dass das zivilrechtliche und wirtschaftliche Eigentum an den Forderungen auf den Erwerber übergeht. Der Verkäufer muss also den Kaufpreis endgültig und unwiderruflich behalten dürfen.

Die Insolvenzfestigkeit des Forderungserwerbs im Rahmen von Verbriefungstransaktionen ist in finanziellen Restrukturierungen deshalb bedeutsam, weil dem Forderungserwerber bei einer Insolvenz des Verkäufers für den Fall, dass der Forderungsverkauf als besichertes Darlehen angesehen wird, lediglich ein Absonderungsrecht (§ 51 Nr. 1 InsO) zusteht. In diesem Fall darf der Insolvenzverwalter anstelle des Forderungserwerbers die Forderungen verwerten und hierfür typischerweise etwa zehn Prozent vom Verwertungserlös verlangen.

Um eine »Insolvenzfestigkeit« zu erreichen, ist in praxi sorgfältig zu prüfen, ob und welche vertraglichen Ausfallgarantien und Rücknahmepflichten vereinbart werden.

11.3.2.4 Eigenkapitalbeschaffung, Kapitalerhöhung

Im Rahmen von finanziellen Restrukturierungen haben Lösungen auf der Passivseite im Vergleich mit Aktiva-Lösungen die größere Praxisbedeutung, da sich eine Stärkung des Eigenkapitals oder eine Neuordnung des Fremdkapitals oft kurzfristiger realisieren lassen, als der Verkauf des Unternehmens. Zudem haben die finanzierenden Banken und Investoren oft ein gesteigertes Interesse, ihre eigenen Positionen (konkret: Geschäftsanteile oder Rückzahlungs- und Zinsansprüche) möglichst frühzeitig zu sichern.

Mit Blick auf eine Stärkung des im Insolvenzfall nicht rückzahlbaren und grundsätzlich nachrangigen Eigenkapitals kommen insbesondere Kapitalerhöhungen und Debt Equity Swaps in Betracht.

Grundüberlegungen

Für börsennotierte Aktiengesellschaften ist eine Stärkung des Eigenkapitals im Wege einer Bar-Kapitalerhöhung durch Altaktionäre oder externe Investoren besonders praxisrelevant. Hierbei stellt sich neben der Sanierungsbedürftigkeit und -fähigkeit vor allem die Frage nach

- dem Volumen der Kapitalerhöhung und somit dem Liquiditäts- und Eigenkapitalbedarf,
- den vorhandenen Vorratskapitalien (Kapitalerhöhung aus genehmigtem Kapital möglich oder Beschluss der Hauptversammlung),
- dem Zeithorizont und somit, wann die Eigenkapital-Zufuhr erforderlich ist sowie
- der Bereitschaft von Großaktionären zur Unterstützung der Kapitalerhöhung.

Prüfschritte

Der Vorstand der krisenbefangenen Aktiengesellschaft wird zunächst den zur finanziellen Restrukturierung erforderlichen Eigenkapitalbedarf beziffern und – in praxi meist unter Einschaltung externer Berater – prüfen, welches Kapitalerhöhungsvolumen auf dieser Basis sowie unter Berücksichtigung der Abschläge auf den angenommenen Aktienkurs nach der Emission junger Aktien nach einer Kapitalerhöhung (Theoretical ex-right price, TERP) erforderlich und realistisch ist.

Zugleich muss der Vorstand die rechtlichen Rahmenbedingungen für Kapitalerhöhungen von Aktiengesellschaften im Blick behalten. Denn nicht immer sind die bisherigen Ankeraktionäre in der Lage, eine Kapitalerhöhung zu zeichnen. Zudem stellt sich die Frage, welche Vorratsbeschlüsse in früheren Hauptversammlungen gefasst worden sind.

Kapitalerhöhungsarten

Zur finanziellen Restrukturierung bietet eine bezugsrechtsfreie Kapitalerhöhung in praxi die größte Flexibilität, allerdings ist der Mittelzufluss wegen der Begrenzung auf maximal zehn Prozent des Grundkapitals nur gering. Sind größere Volumina erforderlich, lässt sich dies durch eine Bezugsrechtsemission realisieren, wobei der Zeitaufwand mindestens zehn Wochen einschließlich der Veröffentlichung der Einladung zur Hauptversammlung, Eintragung des Hauptversammlungsbeschlusses sowie Bezugsfrist beträgt.

Insgesamt sind bei einer AG/SE folgende drei Arten der Kapitalerhöhung gebräuchlich:

- Bezugsrechtsfreie Kapitalerhöhungen um bis zu 10 % des Grundkapitals,
- Bezugsrechtsemission um bis zu 50 % des Grundkapitals,
- Bezugsrechtsemission um mehr als 50 % des Grundkapitals.

Welche der drei Varianten gewählt wird, hängt von dem gesamten Refinanzierungskonzept ab und ist folglich auch im Zusammenhang mit Kreditrestrukturierung zu entscheiden. Der Erfolg der Kapitalerhöhung wird überdies von der Attraktivität der Aktie und damit von einer interessanten Equity Story bestimmt. Erfolgsrelevant und strategisch bedeutsam ist zudem die Bereitschaft von Großaktionären oder Investoren, die Kapitalerhöhung zu zeichnen.

Vorplatzierung

Ist der Eigenkapitalbedarf für die finanzielle Restrukturierung höher als das auf Basis des genehmigten Kapitals mögliche Volumen, so erfordert dies einen Hauptversammlungsbeschluss. Für den Emittenten besteht zusätzlich das Problem, dass zwischen Einladung und Durchführung der Hauptversammlung mindestens zehn Wochen liegen, und ein sinkender Aktienkurs das gewünschte Zielvolumen reduzieren würde. Darüber hinaus muss der Vorstand aus aktienrechtlichen Gründen den Kapitalerhöhungsbetrag und die Zahl der jungen Aktien im Kapitalerhöhungsbeschluss exakt beziffern.

Eine Lösung für dieses Problem kann darin bestehen, die Kapitalerhöhung durch *Vorplatzierungen* bei Investoren zu realisieren und etwaige Kursrisiken aus genehmigtem Kapital abzufedern. Als Alternative kann sich eine sog. »Bis zu«-Kapitalerhöhung anbieten, bei der die Hauptversammlung über ein Maximalvolumen der Kapitalerhöhung mit beispielsweise dem folgenden Wortlaut beschließt: *»Das Grundkapital wird um bis zu € 100 Mio. erhöht«* oder *»Das Grundkapital wird um bis zu € 100 Mio. erhöht, mindestens jedoch um € 50 Mio.«*

Aktienrechtlich ist es bei einer solchen Bis-zu-Kapitalerhöhung erforderlich, beispielsweise durch die Begrenzung des Zeitraums für die Kapitalerhöhung eine Abgrenzung zum genehmigten Kapital vorzunehmen. In diesem Zusammenhang wird eine Zeitbegrenzung von sechs bis neun Monaten als zulässig erachtet, um dem Vorstand zur finanziellen Restrukturierung in schwierigem Marktumfeld einen angemessenen Spielraum im

Sinne des Unternehmensinteresses zu ermöglichen. Des Weiteren darf die Festlegung des genauen Erhöhungsbetrags nicht völlig im Ermessen des Vorstands liegen, sondern dieser hat einen Mindestbezugspreis je Aktie und den maximalen Umfang der Kapitalerhöhung im Hauptversammlungsbeschluss (Zielerlösumfang) anzugeben.

Festsetzung des Bezugspreises
Hinsichtlich der Höhe des Ausgabepreises der jungen Aktien ist zunächst zu beachten, dass der Vorstand grundsätzlich den höchsten erzielbaren Bezugspreis festzusetzen hat. Allerdings kann es bei großer Nachfrage problematisch sein, ob der Vorstand den Bezugspreis *oberhalb* des aktuellen Börsenkurses festsetzen darf. Denn ein erhöhter Bezugspreis würde es den Altaktionären de facto erschweren, an der Kapitalerhöhung teilzunehmen, um eine Verwässerung ihrer Stimmrechte zu vermeiden.

Wird der Ausgabepreis vom Vorstand zu hoch angesetzt, könnte dies ein »faktischer Bezugsrechtsausschluss« für die Altaktionäre sein – was jedoch nicht der Fall ist, wenn der Bezugspreis dem inneren Wert der Aktie entspricht oder der Bezugspreis unter dem inneren Wert der Aktie festgelegt wird. In diesem Zusammenhang kommt es auf Unternehmensbewertungen (z. B. anhand des DCF-Verfahrens oder des IDW S1, indikativer Kaufangebote von Investoren oder Consensus-Kursziele in Research Reports) an.

Zur finanziellen Restrukturierung kann für Investoren ein Anreiz zur Ausübung gesetzt werden, indem der Bezugspreis *niedriger* als der aktuelle Aktienkurs angesetzt wird. Insoweit sind das Verbot der Einlagenrückgewähr (§ 57 AktG), das Sondervorteilsverbot (§ 243 Abs. 2 AktG) und die allgemeine aktienrechtliche Sorgfaltspflicht (§§ 93 Abs. 1 S. 1, 116 AktG) relevant. Die Ausgabe der jungen Aktien darf zwar grundsätzlich nur zum höchstmöglichen Aktienkurs erfolgen; der Vorstand hat dabei allerdings auch ein weites Ermessen hinsichtlich des Bezugspreises. Gibt es keinen anderen Weg, das erforderliche Zielvolumen mit vergleichbarer Transaktionssicherheit durch eine Kapitalerhöhung zu erreichen (was im Einzelfall zu dokumentieren ist), darf der Vorstand den Bezugspreis auch unterhalb des aktuellen Börsenkurses festlegen.

Investorenauswahl
Darf der Vorstand die jungen Aktien im Rahmen einer Kapitalerhöhung an bestimmte Investoren ausgeben? Diese Frage ist gerade bei finanziellen Restrukturierungen bedeutsam, weil für die Kapitalzufuhr aufgrund der Zeitknappheit und zur Begrenzung der Komplexität einzelne Investoren gewonnen werden sollen.

Im Grundsatz ist eine Auswahl bestimmter Investoren zulässig; eine Platzierung der Kapitalerhöhung muss nicht zwingend breit gestreut erfolgen. Unzulässig sind jedoch Platzierungen, die zu Veränderungen bei der Einflussnahme auf die AG führen. Aus diesem Grund darf es nicht zu einer deutlichen Aufstockung oder zum Aufbau von Beteiligungen mit mehr als zehn Prozent kommen. Überdies sollte die Verwässerung der Stimmrechte bisheriger Großaktionäre begrenzt bleiben. Vor diesem Hintergrund sind Beteiligungen in Restrukturierungsfällen mit einem Umfang von fünf bis zehn Prozent grundsätzlich unproblematisch. Ferner kann im Einzelfall das Interesse der AG an dem Mittelzufluss das Interesse der übrigen Altaktionäre überwiegen. Infolgedessen kann im Einzelfall auch eine Überschreitung der 10-Prozent-Schwelle gerechtfertigt sein.

Ausnahme vom Pflichtangebot per Sanierungsbefreiung

Wird durch eine Kapitalerhöhung ein Stimmrechtsanteil von 30 Prozent erreicht oder überschritten, so hat der betreffende Investor grundsätzlich ein Pflichtangebot abzugeben – es sei denn, er kann die bereits beschriebene kapitalmarktrechtliche Sanierungsbefreiung nutzbar machen.

11.3.2.5 Debt Equity Swap

Eine Stärkung des Eigenkapitals in der Krise lässt sich ferner durch einen sogenannten *Debt Equity Swap* erreichen. Hierbei ist es das Ziel, eine zu hohe Verschuldung und die daraus resultierende Liquiditätsbelastung in Form von Zinszahlungen zu reduzieren, indem bestehende Verbindlichkeiten (»Debt«) per Sachkapitalerhöhung in neues Eigenkapital (»Equity«) umgewandelt (»Swap«) werden. Gläubiger werden auf diese Weise zu neuen Gesellschaftern. Zu einer solchen Maßnahme bedarf es im Grundsatz der Zustimmung seitens der Altgesellschafter bzw. Altaktionäre. Eine Ausnahme gilt jedoch im Insolvenzplanverfahren, im Zuge dessen sich ein Debt Equity Swap auch gegen den Willen der bisherigen Anteilseigner durchsetzen lässt.

Vorgehensweise

Technisch wird ein *Debt Equity Swap* im Wege der Sachkapitalerhöhung realisiert, indem statt einer Sache eine Forderung eingebracht wird. Dazu wird ein sog. Kapitalschnitt vorgenommen, sodass das Grund- bzw. Stammkapital kurzzeitig ggf. auf null herabgesetzt wird, um eine Unterbilanz zu vermeiden. Zugleich verpflichtet sich der Schuldner, eine Sachkapitalerhöhung zugunsten des bisherigen Forderungsinhabers vorzunehmen. Gegenstand der Kapitalerhöhung ist die jeweilige Forderung, die noch zum Erlöschen gebracht werden muss – insoweit bieten sich zwei Vorgehensweisen an:

- *Konfusion.* Der bisherige Gläubiger bzw. der Erwerber der Forderung tritt diese an den Kreditnehmer ab, sodass sich Schuldner und Gläubiger vereinen und es zur »Konfusion« bzw. zum Erlöschen der Forderung kommt.
- *Erlassvertrag.* Der bisherige Forderungsinhaber und der Schuldner schließen einen Erlassvertrag.

Zur Vornahme der Kapitalherabsetzung und der anschließenden Sachkapitalerhöhung muss das Management des Schuldners eine Hauptversammlung bzw. Gesellschafterversammlung einberufen und ihr die Maßnahme zur Entscheidung vorlegen. Daraufhin kann die Kapitalerhöhung zur Eintragung ins Handelsregister angemeldet werden. Handelt es sich bei dem Schuldner um eine börsennotierte AG, so erfolgt abschließend die Zulassung der neuen Aktien.

Forderungsbewertung

Vor der Einbringung einer Forderung wird sie in der Praxis regelmäßig von einem Wirtschaftsprüfer bewertet, wobei dies aus gesellschaftsrechtlicher Sicht nicht zwingend ist.

Gründe für einen Verzicht auf eine Bewertung

Ob eine Bewertung der einzubringenden Forderung nötig ist, wurde bislang selten hinterfragt und schlichtweg aus Sorge vor einer Nachhaftung wegen fehlerhafter Kapitalaufbringung vorgenommen.

Allerdings lässt sich ein rechtliches Erfordernis zur Forderungsbewertung bezweifeln aufgrund der Tatsache, dass die relevanten Vorschriften (§ 19 Abs. 4 GmbHG bzw. § 27 Abs. 3 AktG) ausschließlich die Gesellschaftsgläubiger schützen sollen. Wenn aber der Debt Equity Swap für die Gläubiger insofern ausschließlich vorteilhaft ist, als dass der neue Gesellschafter seine Forderung verliert und somit im »Wettbewerb« um die Haftsumme wegen Wegfalls von Gläubigern bessergestellt wird, kommen erhebliche Zweifel an dem Bewertungserfordernis auf. Zudem beträgt der Equity Value in der Krise ohnehin oft null, sodass die bisherigen Anteilseigner keinen Nachteil erleiden, wenn ein neuer Aktionär bzw. Gesellschafter hinzutritt. Es sprechen somit gute Gründe dafür, die Forderung ohne Bewertung zu ihrem Nennwert per Debt Equity Swap einzubringen.

Aus Vorsichtsgründen wird sich die Praxis jedoch meist weiterhin auf Bewertungsgutachten stützen. Denn sofern das Unternehmen nach einem Debt Equity Swap doch noch insolvent werden sollte, dürfte ein späterer Insolvenzverwalter prüfen, ob die Forderung werthaltig gewesen ist. Sofern der Forderungswert unter dem Wert der neu ausgegebenen Geschäftsanteile bzw. Aktien liegt, haftet der neue Anteilseigner für einen Zeitraum von zehn Jahren für eine etwaige Differenz.

Soll die einzubringende Forderung dennoch bewertet werden, hängt die Methode der Bewertung in praxi von der jeweiligen Forderungsart ab. Geht es um eine Darlehensverbindlichkeit und ist diese durch vollständige Verpfändung der Anteile an dem Kreditnehmer (»*Share Pledge*«) besichert, wird in aller Regel zunächst eine Unternehmensbewertung anhand des DCF-Verfahrens vorgenommen. Hierbei wird auf die Unternehmensplanung und einen adäquaten Zinsfuß abgestellt, der (siehe M&A-Kapitel) von der jeweiligen Peer Group abhängt.

Führt die Unternehmensbewertung zu einem positiven Equity Value, so ist die Forderung als 100 Prozent werthaltig anzusehen und kann ohne Abschlag in das Unternehmen eingebracht werden. Ist demgegenüber ein Equity Value von null gegeben, so lässt sich der Wert der Darlehensforderung auf Basis von Marktusancen taxieren. In diesem Zusammenhang können so genannte »*Recovery Rates*« auf Grundlage von historischen Verwertungsquoten bei Krediten herangezogen werden, um den Forderungswert zu ermitteln. Für die Höhe der Abschläge kommt es auf die jeweilige Branche und den Grad der Besicherung an. Wenn die finanzierenden Banken beispielsweise besicherte Senior Lenders sind, kommen Abschreibungen i. H. v. 30 % bis 50 % in Betracht.

Durchschnittliche Recovery Rates bei Corporate Debt*						
Gläubigerposition	**auf Emittenten bezogen**			**auf Nominalbetrag bezogen**		
	2017	**2016**	**1983-2017**	**2017**	**2016**	**1983–2017**
Bankkredite						
Senior-besichert (1st Lien)	69,04 %	75,05 %	67,07 %	74,73 %	77,95 %	63,74 %
Nachrangig besichert (2nd Lien)	17,87 %	22,50 %	30,38 %	30,29 %	22,50 %	27,73 %
Senior-unbesichert (Senior Unsecured)	9,00 %	k. a.	45,87 %	9,00 %	k. a.	40,21 %
Anleihen						
Senior-besichert (1st Lien)	62,43 %	48,72 %	53,62 %	66,21 %	40,89 %	53,80 %
Nachrangig besichert (2nd Lien)	52,75 %	34,07 %	45,18 %	36,61 %	35,82 %	43,63 %
Senior-unbesichert (Senior Unsecured)	53,85 %	31,45 %	37,74 %	39,79 %	27,10 %	33,48 %
Senior-nachrangig unbesichert (Senior Subordinated)	38,00 %	36,72 %	31,10 %	50,62 %	56,10 %	26,34 %
Nachrangig unbesichert (Subordinated)	74,38 %	24,50 %	32,05 %	76,37 %	24,50 %	27,55 %
Junior-nachrangig (Junior Subordinated)	17,50 %	0,63 %	22,79 %	4,84 %	0,63 %	13,97 %
* Gemessen an Marktpreisen 30 Tage nach Default						

Tab. 11.1: Recovery Rates bei Corporate Debt
Quelle: Moody's, Annual Default Study: Corporate Default and Recovery Rates, 1920–2017, February 2018, S. 8

Das Nachrangproblem bei teilweiser Einbringung von Forderungen

Speziell aus Sicht finanzierender Banken kann sich bei Debt Equity Swaps insofern das weitere Problem des insolvenzrechtlichen Nachrangs stellen, sofern nur ein Teil der Forderung in Eigenkapital gewandelt wird und die Anteile die Schwelle von zehn Prozent überschreiten. In diesem Fall ist das restliche Darlehen bei einer etwaigen Insolvenz grds. nachrangig gegenüber anderen Gläubigern – eine Folge, die Kreditgeber üblicherweise vermeiden wollen. Allerdings ist in jedem Einzelfall zu prüfen, ob und in welchem Umfang es tatsächlich noch andere Gläubiger außer den Banken gibt. Vermeiden lässt sich ein Nachrang auf zweierlei Weise:

»Sanierungsprivileg« nach § 39 Abs. 4 S. 2 InsO. Hier kann der neue Gesellschafter nachweisen, dass er die Anteile zum Zweck der Sanierung erworben hat. Er gerät grds. nicht in den Nachrang. Hierzu hat der Gläubiger im Insolvenzfall ein Gutachten des Wirtschaftsprüfers vorzulegen, wonach eine Sanierungsbedürftigkeit und Sanierungsfähigkeit bestätigt wird.

»Kleinbeteiligungsprivileg« nach § 39 Abs. 5 InsO. Hier ist der Neugesellschafter ein nicht-geschäftsführender Gesellschafter oder war er vor dem Anteilserwerb weder ein Gesellschafter noch eine gleichgestellte Person. So kann ebenfalls ein Nachrang vermieden werden, sofern der neu erworbene Anteil bei maximal zehn Prozent liegt. Bei syndizierten Krediten ist zu beachten, dass bei einem Debt Equity Swap aus dem Bankenkonsortium heraus die Anteile mehrerer Gläubiger wohl zusammengerechnet werden, selbst wenn die einzelnen Banken jeweils für sich genommen weniger als zehn Prozent der Anteile nach einem Debt Equity Swap halten.

Steuerliche Aspekte

Bei einem Debt Equity Swap sind darüber hinaus steuerliche Aspekte zu beachten, weil der bisherige Schuldner von einer Verbindlichkeit befreit wird. Dies wird steuerlich als *Einlage* (§§ 4 Abs. 1 S. 7, 6 Abs. 1 Nr. 5 EStG) und *tauschähnlicher Vorgang* betrachtet, die bzw. der beim einbringenden Investor und der schuldnerischen Kapitalgesellschaft *zum steuerlichen Zeitwert zu bewerten* ist. Ist ein solcher als Sanierungsgewinn jedoch in der Krise zu versteuern, so kann sich der daraus resultierende Liquiditätsabfluss beim Schuldner krisenverschärfend auswirken. Es bieten sich zwei Lösungen an: Steuerstundung nach § 222 AO und Steuererlass nach § 227 AO.

Debt Mezzanine Swap (Genusskapitalswap)

Als Alternative zu einem Debt Equity Swap kann handelsbilanzielles Eigenkapital geschaffen werden, das steuerlich wie Fremdkapital behandelt wird. Hierbei handelt es sich dann um Genussrechte statt um Eigenkapital.

Es ergeben sich folgende Konsequenzen:

- Genussrechte bieten meist keine Beteiligung am Liquidationserlös.
- Genussrechte sind relativ zu anderen Gläubigern nachrangig, aber zu Eigenkapitalgebern vorrangig.
- Genussrechtskapital nimmt i. d. R. vollumfänglich an etwaigen Verlusten des Unternehmens teil.
- Die vereinbarte Vergütung ist grundsätzlich erfolgsabhängig. Dazu darf der Genussrechtsinhaber aber nur aus solchen Bestandteilen des Eigenkapitals von Leistungen profitieren, die nicht gegen Ausschüttungen besonders geschützt sind.
- Die Kapitalüberlassung hat längerfristigen Charakter (Mindestlaufzeit: fünf Jahre; Mindestkündigungsfrist: zwei Jahre).

Pflichtangebot und Sanierungsbefreiung

Handelt es sich bei der Zielgesellschaft eines Debt Equity Swap um eine börsennotierte Aktiengesellschaft, so muss der bisherige Gläubiger und neue Aktionär grundsätzlich ein Pflichtangebot abgeben, sofern er durch die Umwandlung von Fremd- in Eigenkapital auf einen Stimmrechtsanteil von mindestens 30 Prozent kommt. In Restrukturierungsfällen kann jedoch ein Antrag bei der BaFin auf Erteilung der bereits beschriebenen Sanierungsbefreiung gestellt werden.

Reverse Debt Equity Swap als Alternative

Nachhaftung, Steuerfolgen und Pflichtangebot als Nachteile eines Debt Equity Swap lassen sich teilweise vermeiden durch einen sog. »Reverse Debt Equity Swap«. Im ersten Schritt bringen die bisherigen Gläubiger hierzu ihre Forderungen per Sacheinlage gegen Ausgabe neuer Anteile in eine von ihnen neu gegründete Zweckgesellschaft ein.

Im zweiten Schritt wird der gesamte Betrieb oder ein Betriebsteil des schuldnerischen Krisenunternehmens einschließlich Verbindlichkeiten per Ausgliederung in die Zweckgesellschaft eingebracht; an dieser erhält das Krisenunternehmen zugleich einen Geschäftsanteil. Folglich wird die Vorgehensweise im Vergleich mit einem Debt Equity Swap insofern umgekehrt, als dass sich die Gläubiger nicht an dem schuldnerischen Unternehmen beteiligen, sondern dieses gemeinsam mit den bisherigen Gläubigern zum Mitgesellschafter an einem Gemeinschaftsunternehmen wird, das dann das operative Geschäft des Krisenunternehmens aufnimmt.

11.3.2.6 Restrukturierung von syndizierten Krediten

Bei einem syndizierten Kredit handelt es sich um ein Großdarlehen von in der Regel mehr als 250 Mio. Euro, das mehrere Banken als Konsortium vergeben. Die Laufzeit beträgt meist drei oder fünf Jahre, die Verzinsung ist variabel und hängt von der Kreditwürdigkeit des Schuldners sowie dem Refinanzierungszinssatz ab. Typischerweise vereinbaren die

Vertragsparteien ein bis drei Financial Covenants (z. B. Net Debt/EBITDA). Die Umsetzung der Transaktion erfolgt meist innerhalb von zehn Wochen.

Was passiert, wenn solche Kredite notleidend werden? Ist es zu einem Bruch von Financial Covenants gekommen oder zeichnet sich ein solcher ab, zeigt der Kreditnehmer dies den Konsortialbanken an. Daraufhin beginnen Verhandlungen über einen Waiver bzw. eine Anpassung des Kreditvertrags, um die Banken zu einem Verzicht auf Kündigungsrechte gegen Vornahme von strukturellen Maßnahmen zu bewegen. Oft wird dabei auch der Zinssatz erhöht und der Zeitraum für Informationen an die Banken verkürzt.

Stundungs- und Stillhaltevereinbarungen

Am Anfang einer finanziellen Restrukturierung von syndizierten Krediten steht in aller Regel die Stundungs- bzw. Stillhalteverpflichtung (auch »Moratorium« genannt). Dabei verpflichten sich die Kreditgeber, die aufgrund des Covenant Breach zu streichenden Kreditlinien für einen bestimmten Zeitraum aufrechtzuerhalten. Zwar ändert sich dadurch nichts an der Höhe der Verbindlichkeiten, allerdings sichert der Kreditnehmer auf diese Weise zumindest vorerst sein finanzielles Überleben.

Überbrückungs- und Sanierungskredit

Ein Moratorium geht in den meisten Fällen einher mit einem Überbrückungskredit, der im weiteren Verlauf in einen Sanierungskredit übergeht, sofern der Kreditnehmer sanierungsfähig ist.

- ***Überbrückungskredit***: Hierbei handelt es sich um eine lediglich kurzfristige Kapitalspritze, um die Sanierungsfähigkeit des Unternehmens durch einen Wirtschaftsprüfer prüfen zu lassen. Ein derartiger Kredit ist in aller Regel auf drei bis vier Wochen zu befristen; in komplexen Ausnahmefällen kann die Prüfungsphase mitunter auf bis zu einem Vierteljahr ausgeweitet werden. Der Grund für die Befristung liegt darin, dass der Überbrückungskredit ggf. als sittenwidrig eingestuft werden könnte, sofern der Kreditnehmer später doch in die Insolvenz gerät. Der Kreditgeber des Überbrückungskredits könnte in diesem Fall von anderen Gläubigern des Kreditnehmers auf Schadensersatz in Anspruch genommen werden.
  Die Bereitstellung eines Überbrückungskredits wird in aller Regel von einem eigenen finanziellen Beitrag der Gesellschafter abhängig gemacht; hierzu gehören insbesondere ein Verzicht auf Entnahmen bzw. auf Ausschüttungen oder Dividenden sowie ggf. Rangrücktrittserklärungen, neue Gesellschafterkredite und Kapitalerhöhungen. Zudem werden oft zusätzliche Sicherheiten für den neu gewährten Überbrückungskredit bestellt, was in angemessenem Umfang nicht sittenwidrig ist, auch wenn Unternehmen später in Insolvenz geraten sollte.
- ***Sanierungskredit***: Nach Gewährung des Überbrückungskredits untersucht der Wirtschaftsprüfer, ob der kriselnde Kreditnehmer sanierungsfähig ist. Dabei stützt er sich vor allem auf den letzten testierten Jahresabschluss, aktuelle Zwischenberichte und die Geschäftsplanung. Bei der Sanierungsfähigkeit geht es um das wirtschaftliche

Potenzial des Kreditnehmers und somit um eine positive Fortführungsprognose. Es wird geprüft, ob das Unternehmen auf der Grundlage eines Sanierungskonzepts des Managements kapitaldienstfähig ist und das Eintreten eines Insolvenzgrundes vermieden werden kann. Die Ergebnisse fasst der Wirtschaftsprüfer in einem Sanierungsgutachten (»Restructuring Report«) zusammen. Die Bestätigung der Sanierungsfähigkeit knüpft er dabei oft an den Eintritt bestimmter Bedingungen (z. B. an den erfolgreichen Verkauf von Beteiligungen oder die Umsetzung von Kapitalerhöhungen).

Payment in Kind, Kapitalisierung von Zinsen

Im Laufe der vergangenen Jahre haben – insbesondere mit Blick auf Private Equity Investments mit hohem Verschuldungsgrad und somit erheblicher Liquiditätsbelastung durch hohe Zinszahlungen – sog. Payment in Kind (PIK) Strukturen mit Blick auf die Restrukturierung von Krediten zunehmend an Bedeutung gewonnen. Hierbei handelt es sich um die Vereinbarung anwachsender, anstelle periodisch fällig werdender und direkt zu zahlender Zinsen. Kurzum: Die Zinszahlungen werden nicht – wie üblich – über den Zeitraum in Raten verteilt, sondern werden kapitalisiert und fallen am Ende der vereinbarten Laufzeit zusammen mit dem Nominalbetrag zur Rückzahlung an.

Diese Lösung wird vor allem zur finanziellen Restrukturierung von syndizierten Krediten gewählt, um die Liquiditätsbelastung durch Zinszahlungen zu reduzieren und somit über eine akute Schwächephase im operativen Geschäft hinwegzuhelfen. Die Zinsen werden dergestalt kapitalisiert, dass sie den am Ende der Laufzeit zur Rückzahlung stehenden Nominalbetrag erhöhen.

Forderung am Jahresanfang		Forderung am Jahresende
Jahr 1: 100 GE + 10 % Zinsen	=	110 GE
Jahr 2: 110 GE + 10 % Zinsen	=	121 GE
Jahr 3: 121 GE + 10 % Zinsen	=	133 GE
Jahr 4: 133 GE + 10 % Zinsen	=	146 GE
Jahr 5: 146 GE + 10 % Zinsen	=	161 GE
Erläuterung: GE = Geldeinheit		

Tab. 11.2: Zinskapitalisierung: Zinseszinseffekt

Das vereinfachte Beispiel veranschaulicht, wie sich der bei einer PIK-Struktur zum Tragen kommende Zinseszins-Effekt (»Compounding Effect«) auf den Forderungsbestand im Zeitablauf auswirkt.

Vor diesem Hintergrund stellt sich in rechtlicher Hinsicht in Deutschland das Problem des Zinseszins-Verbots (§ 248 BGB), wonach *im Vorhinein* nicht wirksam vereinbart werden kann, Zinsen auf Zinsen zu erheben. Mit dieser Regelung soll der Schuldner vor einer Zinskumulation geschützt und Zinsklarheit sichergestellt werden. Zulässig ist es indes, sich im Nachhinein über Zinseszinsen zu einigen. Deshalb gibt es in der Praxis zwei verschiedene Vertragsmodelle:

- ***Zurechnungsmodell***: Der Kreditvertrag sieht vor, dass am letzten Tag einer Zinsperiode der Zinsanteil, der in seiner Höhe der für diesen Zeitraum angelaufenen PIK-Marge entspricht, dem Darlehensbetrag zugerechnet wird. In der darauffolgenden Zinsperiode wird die PIK-Marge auf den Betrag errechnet, der sich aus dem Darlehensbetrag und dem kapitalisierten Zins ergibt.
- ***Interest Capitalisation Notice***: Der Kreditnehmer teilt dem Facility Agent am Ende einer Zinsperiode schriftlich mit, wie die Kapitalisierung der Zinsen zu erfolgen hat. Er bestätigt somit im Nachhinein, dass er zur Zahlung von Zinsen auf Zinsen verpflichtet ist.
- ***Pay if you can***: Anstelle einen festen Anteil oder sämtliche Zinsen zu kapitalisieren, kann dem Kreditnehmer auch das Recht gewährt werden, die Zinsen nur insoweit zu kapitalisieren, wie er sie nicht bar zahlen kann, ohne dass eine Liquiditätslücke entsteht.

Eine Alternative zu diesen Modellen ist, dass für PIK-Klauseln eine Teilrechtswahl dahin gehend vereinbart wird, dass insoweit nicht deutsches Recht zur Anwendung kommt. Auf diese Weise soll eine Nichtigkeit gemäß § 248 BGB vermieden werden, wobei hinsichtlich einer solchen Spaltung des Vertragsstatus auch rechtliche Unsicherheiten bestehen.

Forderungsverzicht

Eine weitere Lösung zur finanziellen Restrukturierung von syndizierten Krediten kann in einem zumindest teilweisen Verzicht der Kreditgeber auf ihre Forderungen liegen, wobei sich dies auf die Darlehensforderung und auf Zinszahlungen erstrecken kann. Hierzu ist ein Erlassvertrag zu schließen, der je nach Gestaltung für den Schuldner und seinen Gesellschafter sowie für Bürgen unterschiedliche Folgen haben kann:

Im Zweifel wird mit einem Erlassvertrag ausschließlich der in dem Vertrag genannte Schuldner befreit. Das bedeutet dann, dass gegenüber weiteren Schuldnern, z. B. Bürgen, kein Erlass ausgesprochen wurde. Alternativ kann aber auch geregelt werden, dass der Erlass für alle Schuldner gilt. Dies wird auch bei nicht ausdrücklicher Regelung angenommen, wenn der Gläubiger gegenüber einem Gesamtschuldner auf seine Forderung verzichtet und davon weiß, dass der Gesamtschuldner intern gegenüber weiteren Schuldnern haftet.

Forderungsverzichte werden oft mit einem »Besserungsschein« kombiniert. Ein solcher führt dazu, dass bei einer Besserung der Situation oder bei plötzlichen Großaufträgen der Kreditgeber an der Genesung wirtschaftlich partizipiert. Aus Sicht des Kreditnehmers sinken auf diese Weise aufgrund der erlöschenden Forderung sofort die Netto-Finanzverbindlichkeiten sowie die damit zusammenhängenden Zinsverpflichtungen. Demgegenüber ist die Verpflichtung aus dem Besserungsschein nicht in der Bilanz zu passivieren, sondern nur im Anhang des Jahresabschlusses zu vermerken. Somit verbessern sich die Bilanzkennzahlen; zugleich wird dem Kreditgeber eine Beteiligung am künftigen Unternehmenserfolg geboten.

11.3.2.7 Restrukturierung von Schuldscheindarlehen

Schuldscheindarlehen sind in den vergangenen Jahren zunehmend von deutschen Unternehmen als Finanzierungsinstrument genutzt worden. Vor allem große mittelständische Unternehmen sind am deutschen Schuldschein-Markt aktiv, um Finanzierungsbedarfe von bis zu 250 Mio. Euro zu decken. Darüber hinaus sind auch Großkonzerne beispielsweise aus dem DAX in diesem Bereich aktiv und lassen mitunter hohe Volumina von teilweise mehr als einer Milliarde Euro platzieren, statt eine Anleihe zu begeben.

Ausstattung von Schuldscheindarlehen
Schuldscheindarlehen sind – anders als Schuldverschreibungen/Anleihen – keine Wertpapiere oder börslich handelbare Finanzinstrumente. Vielmehr handelt es sich bei einem Schuldscheindarlehen um die Bündelung einzelner Kreditverträge mittels einheitlicher Vertragsdokumentation. Hierzu stellt der Kreditnehmer der arrangierenden Bank einen Schuldschein aus, den diese wiederum an andere Gläubiger vollständig oder partiell abtritt.

Aufgrund der Abtretbarkeit ist ein Handel mit Schuldscheindarlehen unter Investoren durchaus möglich – jedoch nicht mit einem tagesaktuellen Kurs über die Börse oder einen Regulierten Markt. In Anbetracht der meist breiten Investorenschaft – früher meist Sparkassen, Volksbanken und deutsche Niederlassungen ausländischer Banken und nunmehr auch internationale Banken oder Versicherungen sowie Spezial-Institute – sind Schuldscheindarlehen häufig der erste Schritt an den Kapitalmarkt. Für die Aufnahme eines solchen Instruments werden keine Sicherheiten bestellt; auch werden nicht zwingend Financial Covenants vereinbart, wobei solche Regelungen in praxi (speziell bei Unternehmen, die zugleich einen syndizierten Kredit aufgenommen haben) meist getroffen werden, um einen Gleichlauf der vertraglichen Regelungen zu erreichen.

Covenant Breach
Wurde ein Schuldscheindarlehen aufgenommen und gerät das betreffende Unternehmen in die Krise, so kann es bei einem Covenant Breach zu Refinanzierungsproblemen kommen: Bei einem Schuldscheindarlehen nimmt jeder Gläubiger – anders als bei syndizierten Krediten – seine Rechte für sich selbst wahr. Mehrheitsentscheidungen zur Vornahme von Vertragsanpassungen sind nicht möglich.

Wenn aber jeder einzelne Gläubiger bei einem Bruch der Financial Covenants berechtigt ist, den Kreditvertrag für sein jeweiliges Einzelengagement zu kündigen und Rückzahlung zu verlangen, kann dies – sofern jeweils größere Beträge wegfallen – die Restrukturierung des Schuldners deutlich erschweren. Praxiserfahrungen zeigen, dass manche Gläubiger diese Situation ausnutzen, um mit einem relativ geringen Anteil am gesamten Volumen des Schuldscheindarlehens nicht unerheblichen Druck auszuüben und ggf. Sonderleistungen für eine Zustimmung zu erzwingen. Diese Situation lässt sich vermeiden, indem – wie bei Schuldscheindarlehen neueren Typs üblich – schon von Anfang an ein sog. Margin Step-up vereinbart wird, wonach sich der vereinbarte Zinssatz bei einer Überschreitung definierter Finanzkennzahlen (z. B. Leverage, d. h. Net Debt/EBITDA) erhöht. Auf diese Weise lässt sich das Störpotenzial einzelner Gläubiger ausschalten, was jedoch durch eine erhöhte Liquiditätsbelastung im Fall eines Covenant Breach aufgrund des dann steigenden Zinssatzes »erkauft« wird.

Bildung einer Gläubigergemeinschaft

Um eine Restrukturierung von Schuldscheindarlehen anzugehen, wird in aller Regel wie bei Konsortialkrediten zunächst ein Stillhalteabkommen mit Verzicht auf Kündigungen getroffen. Daraufhin verhandeln Kreditnehmer und Gläubiger über eine Anpassung der Konditionen, eine Refinanzierung durch alternative Instrumente oder die Zusammenführung mit anderen Finanzierungsinstrumenten mittels einheitlicher Dokumentation.

- ***Zusammenführung mit anderen Instrumenten:*** Sofern ein syndizierter Kredit parallel besteht, kann das Schuldscheindarlehen mit diesem kombiniert werden. Infolgedessen wird die für einen syndizierten Kredit typische Konsortialdisziplin hergestellt, sodass einzelne Gläubiger des Schuldscheindarlehens nicht mehr ihr Einzelkündigungsrecht ausüben könnten. Gegen diese Lösung spricht, dass die isolierte Rechtsposition den Schuldschein-Gläubigern Flexibilität und Sicherheit vermittelt. Zudem müssten sie sich auf eine deutlich umfangreichere und meist englischsprachige Dokumentation des syndizierten Kredits einlassen.
- ***Anpassung der Konditionen:*** Um von den Gläubigern eines Schuldscheindarlehens eine Zustimmung zu erhalten, muss das schuldnerische Unternehmen angesichts fehlender Konsortialbindung mit jedem einzelnen Gläubiger verhandeln und zur Findung einer einheitlichen Lösung für alle Gläubiger etwas bieten. Hierzu kommen verbesserte Konditionen oder eine Beteiligung der Gläubiger an einer künftigen Steigerung des Unternehmenswerts in Betracht. Sind einzelne Gläubiger nicht bereit, einer Verlängerung der Laufzeit (ggf. unter Aufstockung des bereitgestellten Betrags zur Überbrückung der Krisenphase), einer Stundung von Zins- und Tilgungszahlungen oder einer Anpassung der Covenants zuzustimmen, müssen Auffanglösungen gebildet werden. Die Komplexität eines solchen Vorgehens lässt auch diese Variante in praxi selten zur Anwendung kommen.
- **Refinanzierung durch alternative Instrumente:** Eine vorzeitige Ablösung des Schuldscheindarlehens und deren Refinanzierung durch ein anderes Instrument (z. B. durch einen neuen Kredit oder Aufstockung eines bestehenden Kredits) kommt schließlich als praxistaugliche Lösung in Betracht. Mithilfe des neuen Fremdkapitals werden die Gläubiger des Schuldscheindarlehens sofort abgelöst, was bei variabler Verzinsung

unproblematisch ist. Sofern ein Festzins vereinbart ist, kann die zu zahlende Vorfälligkeitsentschädigung indes zu erheblichem Aufwand führen, sofern die Darlehensgeber nicht ganz oder teilweise darauf verzichten. Dies ist im Einzelfall zu ermitteln und zu verhandeln.

11.3.2.8 Restrukturierung von Schuldverschreibungen

In Krisenzeiten werden mitunter auch börsennotierte Unternehmensanleihen notleidend, wenn der Emittent nicht mehr zu Zinszahlungen in der Lage ist oder er gegen eine der vertraglichen Pflichten verstößt. In diesem Fall hat jeder Anleihegläubiger wie bei Schuldscheindarlehen ein eigenes Kündigungsrecht, das jedoch in den Anleihebedingungen durch das Erfordernis eines Quorums, welches 25 Prozent des Nennwerts der Anleihe nicht überschreiten darf, beschränkt werden kann. Auf diese Weise soll ein »Wettrennen« einzelner Anleihegläubiger verhindert werden.

Auf Anleihen, die nach dem 05.08.2009 emittiert wurden, ist das Schuldverschreibungsgesetz (SchuldVG) anwendbar, wonach folgende ausgewählte Regelungen gelten:

- Beschlüsse über nachträgliche Anpassungen von Schuldverschreibungen werden grundsätzlich in Gläubigerversammlungen gefasst, wobei diese physisch und virtuell abgehalten werden können.
- In den Anleihebedingungen kann bereits ein gemeinsamer Vertreter bestellt werden, der (neben dem Emittenten) eine Versammlung der Anleihegläubiger einberufen kann.
- Hierzu ist er verpflichtet, sofern mindestens fünf Prozent der Anleihegläubiger dies verlangen und ein besonderes Interesse (z. B. Wahl/Abberufung eines gemeinsamen Vertreters, Entfallen der Wirkung einer Kündigung der Anleihe) haben.
- Beschlussfähig ist die Gläubigerversammlung, sofern mindestens 50 Prozent des stimmberechtigten Nennwerts der Anleihe vertreten sind.
- Wird dieses Quorum nicht erreicht, muss die Versammlung erneut einberufen werden und ist in diesem Fall ohne Erreichung eines Quorums im Grundsatz beschlussfähig.
- Eine Ausnahme gilt für Beschlüsse, die eine qualifizierte Mehrheit erfordern; insoweit ist es erforderlich, dass mindestens 25 Prozent des stimmberechtigten Nennwerts der Anleihe vertreten sind.
- Für Beschlüsse über Sanierungsbeiträge bedarf es einer qualifizierten Mehrheit, d. h. mindestens 75 Prozent der anwesenden Stimmen oder einer entsprechenden Ermächtigung des gemeinsamen Vertreters.
- Hat die Gläubigerversammlung mit dem eingangs erwähnten Quorum die Anleihe gekündigt, kann die Wirkung der Kündigung binnen drei Monaten durch Beschluss der Gläubigerversammlung mit einfacher Mehrheit wieder beseitigt werden. Ob der Emittent innerhalb dieses Zeitraums ein Recht hat, die Leistung zu verweigern, ist umstritten.

Restrukturierungslösungen

Welche Maßnahmen lassen sich nun ergreifen, wenn eine Schuldverschreibung restrukturiert werden soll?

Für die Restrukturierung von Anleihen sieht das SchuldVG verschiedene Instrumente vor, die sich insbesondere aus § 5 Abs. 3 SchuldVG ergeben:

- ***Stundung und Herabsetzung sowie Verzicht auf Zinsen:*** Die Liquidität wird vorübergehend oder dauerhaft durch Zinsanpassungen entlastet.
- ***Stundung und/oder Verringerung der Hauptforderung:*** Der Nennwert der Anleihe wird angepasst oder Tilgungen ausgesetzt; ggf. ist auch ein vollständiger Verzicht auf die Hauptforderung möglich.
- ***Nachrangerklärung:*** Die Anleihegläubiger erklären sich bereit, im Insolvenzfall erst nach sonstigen Gläubigern befriedigt zu werden.
- ***Debt Equity Swap, Debt Asset Swap, Debt Debt Swap:*** Es erfolgt ein Umtausch der Verbindlichkeiten aus der Anleihe in neue Geschäftsanteile oder Vermögenswerte des Emittenten. Alternativ wird in andere Verbindlichkeiten umgeschuldet.
- ***Freigabe oder Austausch von Sicherheiten:*** Die Gläubigerversammlung gibt ggf. bestellte Sicherheiten frei, sodass diese beispielsweise als Sicherheiten für neue Kredite oder für Verkäufe verwendet werden können.
- ***Änderung der Währung***: Im Einzelfall kann es für einen internationalen Emittenten aus Kostengründen attraktiver sein, seine Anleihe in die Währung eines Landes zu ändern, in denen er Finanzierungsbedarf hat. Auf diese Weise spart der Emittent teils erhebliche Hedging Aufwendungen.
- ***Verzicht auf oder Beschränkung von Kündigungsrechten:*** Der Emittent kann sich durch eine solche Maßnahme eines engen Korsetts entledigen und größeren Spielraum bei der Unternehmensfinanzierung erhalten.
- ***Austausch des Schuldners***: Die Übernahme der Verbindlichkeit durch eine Mutter-, Tochter- oder Schwestergesellschaft kann im Einzelfall vorteilhaft sein.
- ***Änderung oder Aufhebung von Nebenbestimmungen:*** Der Emittent kann beispielsweise von gelockerten oder entfallenden Informationspflichten profitieren.

Die vorstehend genannten Lösungen sind nicht abschließend, da das Gesetz von »insbesondere« spricht. Ausgeschlossen ist es hingegen, Nachschüsse durch die Gläubigerversammlung beschließen zu lassen.

Aufgaben zur Lernkontrolle

1. Skizzieren Sie Geschäftsmodelle im Investmentbanking mit Distressed Capital.
2. Welche Kapitalerhöhungsarten stehen dem Vorstand eines kriselnden Unternehmens zur Verfügung und welche Prüfschritte muss er vor Beginn der Kapitalerhöhung durchführen?
3. Was versteht man unter einem Treuhandmodell?
4. Erläutern Sie die Vorgehensweise bei einem Debt Equity Swap.

5. Muss eine Forderung, die als Sacheinlage eingebracht wird, bewertet werden? Und welche Gründe gibt es für einen Verzicht auf eine Bewertung?
6. Welche Unterschiede haben Restrukturierungsmaßnahmen bei Schuldscheinen und Schuldverschreibungen?

Literatur

Blöcker, K./Schlitt, M. (2020): Neuordnung des Fremdkapitals, in: Theiselmann, R., Praxishandbuch des Restrukturierungsrechts, 4. Aufl. (Juli 2020), Köln.

Bruchner H./Krepold, H. (2011): §§ 40–41, 78–80, in: Schimansky, H./Bunte, H./Lwowski, H., Bankenrechts-Handbuch, 4. Aufl., München.

Busch, T. (2017): Kapitalmaßnahmen in: Marsch-Barner, R./Schäfer, F. A., Handbuch Börsennotierte AG, 4. Aufl., S. 1443–1733, Köln.

Grell, F./Schormair, F. (2020): Bankenbeiträge in der Krise, in: Theiselmann, R., Praxishandbuch des Restrukturierungsrechts, 4. Aufl. (Juli 2020), Köln.

Hagebusch, A./Knittel, C. (2020): Treuhandlösungen, in: Theiselmann, R., Praxishandbuch des Restrukturierungsrechts, 4. Aufl. (Juli 2020), Köln.

Holzborn, T./Israel, A. (2004): Die Befreiung vom Pflichtangebot aufgrund eines Sanierungsfalls, in Wertpapier-Mitteilungen (WM), Heft 7/2004, S. 309–316.

Huntemann, E. (2010): Sanierung, in: Heybrock, H., Praxiskommentar zum GmbH-Recht, 2. Aufl., Bonn.

Kraft, E.-T./Krieger, G. (2015): Steuerrecht, Konzernrecht des Aktiengesetzes, in Hoffmann-Becking, M., Münchener Handbuch des Gesellschaftsrechts, Band 4, Aktiengesellschaft, 4. Aufl., München.

Laufersweiler, J./Taupitz, C. (2020): Asset Stripping – M&A Transaktionen zu Restrukturierungszwecken, in: Theiselmann, R., Praxishandbuch des Restrukturierungsrechts, 4. Aufl. (Juli 2020), Köln.

Theiselmann, R. (2009): Corporate Finance Recht für Finanzmanager, München.

Theiselmann, R. (2011): Praktische und strategische Aspekte der finanziellen Restrukturierung, in: Weber, J./Vater, H./Schmidt, W./Reinhard, H., Turnaround – Navigation in stürmischen Zeiten, S. 111–133, Weinheim.

III Finanzierungszentrierte Geschäfte

12 Akquisitionsfinanzierung und Leveraged Transactions[1]

LERNZIELE

- Sie können Akquisitionsfinanzierungen nach Anlass und Erwerber unterscheiden.
- Sie können das Zielverhältnis der Eigenkapitalgeber und der Fremdkapitalgeber erklären.
- Sie können Finanzierungsinstrumente nach rechtlicher Rangigkeit unterscheiden.
- Sie können den Einfluss auf Akquisitionsfinanzierungen durch die Leveraged Lending Guidelines der Europäischen Zentralbank erklären.
- Sie kennen die Bedeutung der Due Diligence und der Finanzmodelle bei der Analyse.

12.1 Grundlagen

12.1.1 Das Problem der Akquisitionsfinanzierung

Mit einer Akquisitionsfinanzierung geht in der Regel eine bedeutende Erhöhung des Verschuldungsgrades des Kreditnehmers einher. Die Ziele der beteiligten Parteien – des Eigenkapitalgebers und des Fremdkapitalgebers – befinden sich in einem Konfliktverhältnis.

Um die persönliche Haftung des Erwerbers zu minimieren, wird in der Regel eine Transaktionsstruktur mit einer Einzweckgesellschaft gewählt, womit die Haftung des Erwerbers auf die Eigenkapitaleinlage in der Einzweckgesellschaft begrenzt werden kann.

Das zieht Konsequenzen nach sich: Da der Schuldendienst der Akquisitionsfinanzierung bei einer Transaktionsstruktur mit einer Einzweckgesellschaft von der erworbenen Gesellschaft erbracht werden muss, fällt der Cashflow-Analyse der erworbenen Gesellschaft eine zentrale Bedeutung zu.

Die Cashflow-Analyse erfolgt im Rahmen von Finanzmodellen, die auf den Ergebnissen der Due Diligence beruhen und in denen verschiedene Szenarien der operativen Sphäre in Projektionen für die zukünftige Bilanz, Gewinn- und Verlustrechnung und Cashflow-Rechnung abgebildet werden.

---

1 Autoren: Christian Rodde und Erik Holzmann.

12.1.2 Anlässe für Akquisitionsfinanzierungen

Im Folgenden werden Anlässe für Akquisitionsfinanzierungen nach dem Impulsgeber für eine Transaktion unterschieden. Impulsgeber sind:

- Alteigentümer,
- Neueigentümer oder
- Sonstige.

Initiative beim Alteigentümer

Spin-off: Unter einem Spin-off wird die Ausgliederung eines Unternehmensbereichs in eine meist neu gegründete Tochtergesellschaft verstanden. Oftmals erachtet die Muttergesellschaft den Unternehmensgegenstand der ausgegliederten Tochtergesellschaft nicht mehr als Teil ihrer Kernkompetenz. Es kommt dann nach der Ausgliederung häufig zum Verkauf der Tochtergesellschaft.

Generationswechsel in Familienunternehmen: Fehlt in einem Familienunternehmen die Nachfolgegeneration oder entschließt sich die Nachfolgegeneration, das Unternehmen nicht zu übernehmen, kommt es häufig zum Verkauf des Unternehmens.

Initiative beim Neueigentümer

Add-on-Akquisition: Im Gegensatz zum erstmaligen Erwerb steht der Zuerwerb eines Unternehmens (Add-on-Aquisition), das artverwandt mit einem oder mehreren Unternehmen im Unternehmensportfolio des Erwerbers ist, im Rahmen einer vom Käufer aktiv betriebenen sogenannten Buy-and-Build-Strategie.

Sonstige Finanzierungsanlässe

Da in der Praxis der Akquisitionsfinanzierung der Umgang mit der teils erheblichen Erhöhung des Verschuldungsgrades des Unternehmens im Vordergrund steht, rechnet man auch die folgenden Transaktionen in den Aufgabenbereich einer Abteilung für Akquisitionsfinanzierungen ein:

- *Außerordentlicher Investitionsaufwand:* Ein Unternehmen plant ein Investitionsvorhaben in außerordentlicher Höhe, dessen Finanzierung aus dem bestehenden Kassenbestand nicht bestritten werden kann. Eine mögliche Lösung ist die Fremdfinanzierung über einen Kredit. Wenn der Verschuldungsgrad durch eine solche Transaktion in etwa der gleichen Höhe wie bei der Kreditfinanzierung einer Akquisition steigt, so wird deutlich, warum ein Investitionsvorhaben (in Sachanlagevermögen) mit einem Akquisitionsvorhaben (in Finanzanlagevermögen, wie bei einem Share-Deal) gleichzusetzen ist.
- *Außerordentliche Einmalausschüttung an die Gesellschafter und/oder Ablösung bestehender subordinierter Finanzierungen durch neue Fremdfinanzierungen (Recapitalisation oder Releverage)*: Erfolgt eine außerordentliche Einmalausschüttung an die Gesellschafter und/oder die vorzeitige Ablösung von bestehenden (hochverzinsli-

chen) subordinierten Finanzierungen der Gesellschafter (z. B. Gesellschafterdarlehen) oder anderer Investoren (z. B. Mezzanine-Kapital) durch neue Fremdfinanzierungen, so spricht man bei diesem Passivtausch von einer Rekapitalisierung (Recapitalisation) oder »Wiederverschuldung« (Releverage).

12.1.3 Erwerber von Unternehmen und ihre Ziele

Wer sind die Erwerber, d. h. Käufer ganzer Unternehmen? Es haben sich die folgenden vier typischen Erwerbergruppen herausgebildet:

- *Internes Management* (Management-Buy-out – MBO). Das bestehende Management eines Unternehmens beabsichtigt, das Unternehmen von den bestehenden Gesellschaftern zu erwerben.
- *Externes Management* (Management-Buy-in – MBI). Ein bisher externes Management beabsichtigt, das Unternehmen von den bestehenden Gesellschaftern zu erwerben.
- *Unternehmen aus der gleichen oder einer anderen Branche* (Trade Buyer). Ein Wettbewerber aus der gleichen Branche oder ein branchenfremdes Unternehmen erwirbt ein Unternehmen. Wenn der Geschäftsgegenstand dieses Erwerbers nicht ausschließlich in dem Erwerb von Beteiligungen an Unternehmen liegt, spricht man von einem Trade Buyer.
- *Finanzinvestor* (Private Equity Investor). Liegt der Geschäftsgegenstand des Erwerbers ausschließlich oder vorrangig in dem Erwerb von Beteiligungen an Unternehmen, spricht man von sogenannten Finanzinvestoren. Anders als Trade Buyer definieren Finanzinvestoren bereits bei Erwerb ihren angestrebten Verkauf der Beteiligung (Exit) sowohl im Hinblick auf den Zeitpunkt (in der Regel nach vier bis sieben Jahren) als auch im Hinblick auf die Art (z. B. Weiterverkauf an einen Trade Buyer, einen anderen Finanzinvestor oder Börseneinführung). Bei einer Akquisition durch einen Finanzinvestor spricht man gelegentlich auch von einem IBO (Institutional Buy-out). IBO und MBO oder MBI werden grundsätzlich kombiniert, d. h. die Finanzinvestoren binden das bestehende oder neue Management der Zielgesellschaft mit in den neuen Gesellschafterkreis ein.

12.2 Ziele und Interessen der Kapitalgeber

Es überrascht nicht, dass die Ziele der beiden Hauptparteien bei der Finanzierung einer Akquisition, des Eigenkapitalgebers und des Fremdkapitalgebers, voneinander abweichen, vielmehr sogar ein Zielkonflikt besteht. Die Ziele der beiden Parteien werden im Folgenden beschrieben.

12.2.1 Ziele des Eigenkapitalgebers

Rentabilität
Der Finanzierungsbedarf der Akquisition ist vorgegeben.

Mittelverwendung (MV)	Mittelherkunft (MH)
Kaufpreis für Anteilserwerb (MV 1)	
Ablösung bestehender Finanzverbindlichkeiten (MV 2)	Eigenkapital (MH 1)
Transaktionskosten (MV 3)	
Investitionsmittelfinanzierung (MV 4)	Nachrangiges Fremdkapital (MH 2)
Betriebsmittelfinanzierung (MV 5)	Vorrangiges Fremdkapital (MH 3)

Tab. 12.1: Mittelverwendung und Mittelherkunft einer Akquisitionsfinanzierung

Der Eigenkapitalgeber verfolgt das Ziel, seinen Anteil an der Finanzierung (MH 1 und evtl. Teile von MH 2) möglichst gering zu halten. Er möchte vom betriebswirtschaftlichen Hebeleffekt der Fremdfinanzierung (Leverage-Effekt) profitieren, der besagt, den Fremdfinanzierungsanteil in einem Unternehmen so lange zu erhöhen, wie die Gesamtkapitalrendite über der Fremdkapitalrendite liegt. Je geringer der Eigenkapitaleinsatz im Zeitpunkt der Investition, desto höher die Rendite auf das investierte Eigenkapital nach erfolgtem Exit. Beschränkt wird der Fremdfinanzierungsanteil jedoch durch die maximale Schuldendienstfähigkeit des Kreditnehmers (zur Berechnung s. u.). Der Eigenkapitalgeber hat i. d. R. aber kein Interesse daran, die Erwerbergesellschaft und die Zielgesellschaft über dieses Maß hinaus zu verschulden und ihre Liquiditätssituation und damit sein eigenes Eigenkapital zu gefährden.

Haftungsbeschränkung
Der Eigenkapitalgeber verfolgt das Ziel, die persönliche Haftung ebenfalls möglichst gering zu halten. Er wird versuchen, sein wirtschaftliches Risiko auf das investierte Eigenkapital zu beschränken und die Haftung auf das Akquisitionsobjekt zu begrenzen. Eine haftungsrechtliche Einbindung (Recourse) seiner Person über z. B. eine Garantie wird er versuchen auszuschließen. Der Eigenkapitalgeber wird daher in der Regel die Gründung einer Einzweckgesellschaft (engl. Single Purpose Vehicle, »SPV«) zwischen seiner Gesellschaft und dem Akquisitionsobjekt anstreben. Dieses SPV hält sämtliche erworbenen Anteile an dem Akquisitionsobjekt, tritt als Kreditnehmer für den Teil der Fremdfinanzierung auf, der zur Finanzierung des Kaufpreises dient, und haftet mit seinem Vermögen – in der Regel besteht dieses ausschließlich aus der Beteiligung an dem Akquisitionsobjekt – für die Fremdfinanzierung.

Flexibilität
Der Eigenkapitalgeber verfolgt das Ziel, die Finanzierung so zu strukturieren, dass sie ihm einen möglichst hohen Grad an Flexibilität bietet. Diese Flexibilität wird sich insbesondere auf die Gestaltung des Kreditvertrages beziehen. Im Einzelnen wird dies umfassen:

- Flexibilität bei der Inanspruchnahme des Kredites (Ziehungsperiode, Mindestbetrag, Währungsoption),
- Minimierung der Pflichten im Rahmen der Ziehungsvoraussetzungen (Conditions Precedent), Zusicherungen und Gewährleistungen (Representations and Warranties) sowie Covenants (inkl. Finanz-Covenants) und
- Minimierung der zu stellenden Kreditsicherheiten.

Kosten
Der Eigenkapitalgeber verfolgt schließlich das Ziel, die Kosten für die Bereitstellung der Fremdfinanzierung möglichst gering zu halten. Die Kosten setzen sich in der Regel aus einer Einmalprovision und einer laufenden Verzinsung zusammen.

12.2.2 Ziele des Fremdkapitalgebers

Der Fremdkapitalgeber verfolgt die nachfolgenden Ziele.

Niedriger Fremdfinanzierungsanteil
Der Fremdkapitalgeber verfolgt das Ziel, sein Kreditrisiko möglichst gering zu halten, indem er den Fremdfinanzierungsanteil an der Akquisitionsfinanzierung niedrig und den Eigenkapitalanteil hoch hält. Mit steigendem Fremdfinanzierungsanteil an der Akquisitionsfinanzierung steigt bei gegebener Laufzeit und gegebenem Zinssatz des Kredites der aufzubringende Schuldendienst des Kreditnehmers. Auch wenn der Fremdkapitalgeber das betriebswirtschaftliche Rational des Leverage-Effektes anerkennt, so wird er aus Risikogesichtspunkten versuchen, den Fremdfinanzierungsanteil an der Akquisitionsfinanzierung auf ein Maß zu beschränken, bei dem die Rückzahlung im Rahmen der vereinbarten Laufzeit ungefährdet erscheint.

Kreditsicherheiten
Der Fremdkapitalgeber verfolgt das Ziel, sein Kreditrisiko möglichst gering zu halten, indem er sowohl den Umfang an als auch die Zugriffsmöglichkeit auf Kreditsicherheiten versucht, zu maximieren. Dies bezieht sich sowohl auf das Akquisitionsobjekt als auch den Eigenkapitalgeber selbst.

Marktfähigkeit des Kredites
Der Fremdkapitalgeber verfolgt das Ziel, sein Kreditrisiko möglichst gering zu halten, indem er Risikodiversifikation über eine Konsortiallösung anstrebt. Die Fremdfinanzierung wird in der Regel im ersten Schritt von nur einer finanzierenden Bank (Underwriter)

allein oder mehreren Underwritern aufgebracht. Diese Bankengruppe verfolgt dann das Ziel, Teile der Fremdfinanzierung an andere Banken zu syndizieren, um den eigenen Anteil zu reduzieren. Um eine Syndizierbarkeit zu gewährleisten, muss sich der Underwriter bei Strukturierung der Akquisitionsfinanzierung in die Perspektive potenzieller Konsortialbanken begeben und auf die Vereinbarung marktüblicher Konditionen achten.

Rendite
Der Fremdkapitalgeber verfolgt das Ziel, über die Vereinnahmung der Einmalprovision bei Laufzeitbeginn und der laufenden Verzinsung über die gesamte Laufzeit eine risikoadäquate Verzinsung zu erzielen (i. d. R. gemessen an dem Risk-Adjusted-Return-on-Capital, RAROC).

Die Ziele der beiden Hauptparteien einer Akquisitionsfinanzierung (Eigenkapitalgeber und Fremdkapitalgeber) befinden sich fast ausschließlich in einem Konfliktverhältnis. Zielharmonie herrscht zwischen den beiden Parteien nur in dem Bestreben, die Erwerbergesellschaft und die Zielgesellschaft während der Kreditlaufzeit nicht durch eine zu hohe Verschuldung in ihrer Liquiditätssituation zu gefährden. Es obliegt den beiden Parteien, die Anteile von Eigenkapital und Fremdkapital an der Akquisitionsfinanzierung und die Umsetzung des Fremdkapitalanteils in ein Kreditvertragsverhältnis frei auszuhandeln.

12.3 Finanzierungsinstrumente

Welche Finanzierungsinstrumente stehen zur Verfügung? Nachfolgend werden sämtliche derzeit möglichen Nicht-Eigenkapital-Instrumente zur Darstellung der Mittelherkunft beschrieben:

Vorrangiges Darlehen (Senior Debt)
Die klassische Fremdkapitalart ist das vorrangige Darlehen, das im Insolvenzfall sämtlichen anderen nachfolgend dargestellten Kapitalien im Rang vorgeht.

Zweitrangige vorrangige Darlehen (Second Lien Debt)
Second Lien Debt geht im Insolvenzfall dem Senior Debt im Rang nach. In welcher Form dieser rechtliche Nachrang vertraglich definiert wird, ist den beteiligten Parteien zur freien Ausverhandlung überlassen. In der Regel bezieht sich der rechtliche Nachrang zumindest auf die Kreditlaufzeit *(länger)* und die Zugriffsmöglichkeit auf die bestellten Kreditsicherheiten im Verwertungsfall *(nachrangig)*. Nicht zu verwechseln ist die vertragliche Nachrangigkeit mit der strukturellen Nachrangigkeit, die immer dann vorliegt, wenn ein Darlehen (vorrangig oder nachrangig) an eine Gesellschaft vergeben wird, die einer anderen Gesellschaft vorgelagert ist (z. B. die Kreditvergabe an die Einzweckgesellschaft im Gegensatz zur direkten Kreditvergabe an die erworbene Gesellschaft).

Mezzanine-Kapital (Mezzanine Debt)
Treten Second Lien Debt und Mezzanine Debt parallel in einer Akquisitionsfinanzierung auf, so wird ebenso wie zwischen dem Senior Debt und dem Second Lien Debt auch hier eine rechtliche Nachrangigkeit gebildet. Die rechtliche Nachrangigkeit des Mezzanine Debt umfasst neben den oben erwähnten Strukturmerkmalen (Kreditlaufzeit und Zugriffsmöglichkeit auf die bestellten Kreditsicherheiten) meist auch den Anspruch auf Rückzahlung, Zinszahlung und die Ausübung von Stimmrechten im Konsortium der Nicht-Eigenkapitalgeber.

Das Mezzanine Debt wird in der Regel sowohl mit einem auszuzahlenden als auch mit einem zu kapitalisierenden Zins ausgestattet. Des Weiteren kann die Verzinsung des Mezzanine Debt um ein Optionsrecht auf einen bestimmten Kapitalanteil an dem Akquisitionsobjekt erweitert werden (Equity Kicker), das dem Mezzanine-Geber einen Anteil an dem Wertzuwachs des Unternehmens während oder nach Ablauf der Mezzanine-Laufzeit zusichert. Innerhalb des Mezzanine Debt kann eine unterschiedliche Rangigkeit in Senior Mezzanine Debt (vorrangiges Mezzanine Debt) und Junior Mezzanine Debt (nachrangiges Mezzanine Debt) strukturiert werden.

	Senior Debt	**Second Lien Debt**	**Mezzanine Debt**	**High Yield Bond Debt**	**Unitranche Debt**
Betrag	Keine	Stark abhängig von Marktsituation; minimal 20 Mio. €	Maximal 200 Mio. €; keine Beschränkung nach unten	Nach oben höher als bei Mezzanine; minimal 200 Mio. €	Keine Beschränkungen
Laufzeit	6–9 Jahre	8–10 Jahre	8–10 Jahre	5–8 Jahre	6–9 Jahre
Zinszahlung	Variabel; auszahlungswirksam	Variabel; auszahlungswirksam	Variabel; auszahlungswirksam + kapitalisiert	Fest oder variabel; auszahlungswirksam	Variabel; auszahlungswirksam + eventuell kapitalisierend
Equity Kicker	Nein	Nein	Möglich	Nein	Möglich
Rückzahlung	Amortisierend für Tranche mit kürzester Laufzeit; endfällig für alle anderen Tranchen	Endfällig in einem Betrag nach Senior Debt; wahlweise Vorfälligkeitsentschädigung in den ersten Laufzeitjahren	Endfällig in einem Betrag nach Senior Debt/Second Lien Debt; grundsätzlich Vorfälligkeitsentschädigung in den ersten Laufzeitjahren	Endfällig in einem Betrag nach Senior Debt/Second Lien Debt/Mezzanine Debt; Vorfälligkeitsentschädigung (make-whole premium) in den ersten Laufzeitjahren (non-call period)	Endfällig; Vorfälligkeitsentschädigung (make-whole premium) in den ersten Laufzeitjahren (non-call period)

	Senior Debt	Second Lien Debt	Mezzanine Debt	High Yield Bond Debt	Unitranche Debt
Rangigkeit	Vorrangig	Nachrangig zu Senior Debt, sowohl hinsichtlich Rückzahlung als auch Befriedigung im Insolvenzfall	Nachrangig zu Senior Debt/ Second Lien Debt, sowohl hinsichtlich Rückzahlung als auch Befriedigung im Insolvenzfall	Wie Mezzanine; zusätzlich grundsätzlich strukturell nachrangig	Vorrangig; nachrangig bei Befriedigung im Insolvenzfall gegenüber etwaiger Super Senior Tranchen
Sicherheiten	Ja, vorrangig	Ja, nachrangig zu Senior Debt	Ja, nachrangig zu Senior Debt/ Second Lien Debt	Nein	Ja, vorrangig
Covenants	Ja, vorrangig	Ja, nachrangig zu Senior Debt	Ja, nachrangig zu Senior Debt/ Second Lien Debt	Wie Mezzanine Debt; Test nur zu festgelegten Ereignissen	Ja
Rating	Grundsätzlich nicht	Grundsätzlich nicht	Grundsätzlich nicht	Grundsätzlich ja	Grundsätzlich nicht
Underwriting	Voll bei Zusage, daher volle Sicherheit über die endgültigen preislichen Konditionen	Voll bei Zusage, daher volle Sicherheit über die endgültigen preislichen Konditionen	Voll bei Zusage, daher volle Sicherheit über die endgültigen preislichen Konditionen	Grundsätzlich über eine Bridge-Finanzierung für 6–12 Monate vorfinanziert, daher keine Sicherheit über die endgültigen preislichen Konditionen	Voll bei Zusage, daher volle Sicherheit über die endgültigen preislichen Konditionen
Berichtspflichten	Geregelt im Kreditvertrag, daher nur beschränkt öffentlich	Geregelt im Kreditvertrag, daher nur beschränkt öffentlich	Geregelt im Kreditvertrag, daher nur beschränkt öffentlich	Öffentlich, aber weniger umfangreich als für Second Lien/Mezzanine Debt	Geregelt im Kreditvertrag, daher nur beschränkt öffentlich

Tab. 12.2: Idealtypische Eigenschaften von verschiedenen Fremdfinanzierungsarten

High Yield Anleihe (High Yield Bond Debt)

Die Begebung einer Anleihe setzt in der Regel die Kapitalmarktfähigkeit des Unternehmens voraus. Dies schließt in der Regel das Rating einer externen Ratingagentur ein. Dabei ist es unerheblich, ob die Anleihe rechtlich vorrangig oder nachrangig strukturiert wird. Im Fall der nachrangigen Strukturierung spricht man wegen der risikoadäquaten höheren Verzinsung von sogenannten High Yield Bonds. Wegen der Eilbedürftigkeit von Akquisitionsfinanzierungen und des in der Regel einen längeren Zeitraum umfassenden Ratingprozesses scheidet die Anleihe als zeitlich primäre Finanzierungsform bei Akquisitionsfinanzierungen aus. Nicht selten wird jedoch eine Zwischenfinanzierung (Bridge-Finanzierung) strukturiert, die durch die Begebung einer Anleihe innerhalb des ersten Laufzeitjahres abgelöst wird. Für die Ausgestaltung der rechtlichen Rangigkeit zwischen Anleihen im Verhältnis zu den anderen Kapitalien gilt das oben Gesagte.

Die Abbildung 12.1 enthält eine Übersicht über die Verteilung der verschiedenen Fremdkapitalien im Zeitablauf seit 2006.

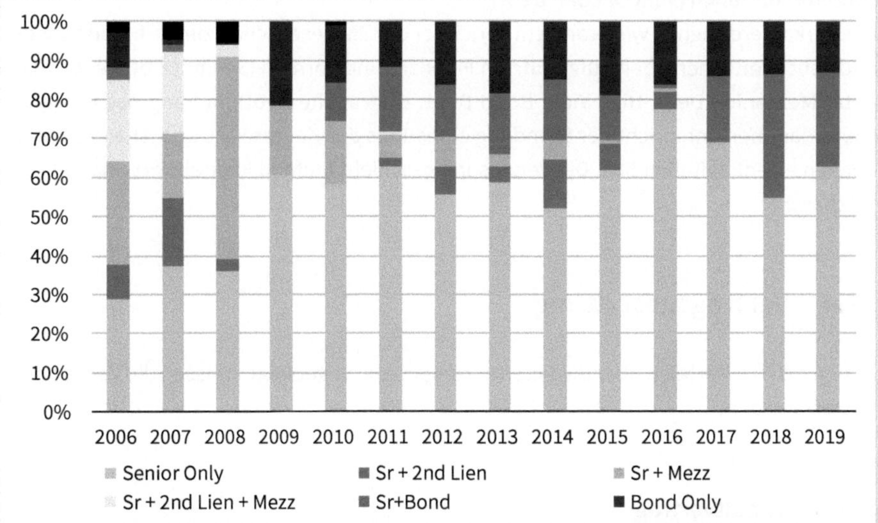

Abb. 12.1: Anteil der Fremdfinanzierungsarten im europäischen LBO-Finanzierungsmarkt 2006–2019
Quelle: Standard & Poor's, Leveraged Commentary & Data, European Leveraged Lending Review, Dezember 2019

Unitranche Debt

Ursprünglich wurde Unitranche Debt ausschließlich durch institutionelle Kreditfonds (Nicht-Banken) angeboten. Anfangs gab es nur eine Kredittranche als Laufzeitkredit (Term Loan) mit gemitteltem Zinssatz, welche klassischerweise auch nur von einem Kreditfonds bereitgestellt wurde. Ein etwaiges revolvierendes Darlehen zur Betriebsmittelfinanzierung (Revolving Credit Facility) galt als erlaubte Finanzverbindlichkeit im Kreditvertrag (Permitted Indebtedness/Loan), und es gab keine zusätzliche Gläubigervereinbarung. Auch die Herausgabe als Schuldverschreibung war nicht unüblich.

Mittlerweile gleicht eine Unitranche Finanzierung sehr stark der klassischen Senior Debt bzw. Senior Debt/Second Lien Debt-Finanzierung, und eine Gläubigervereinbarung regelt das Verhältnis der Kreditgeber untereinander. Während die unterschiedlichen Tranchen im Rang gleichgestellt sind, werden die zumeist von Banken gehaltene Revolving Credit Facility im Verwertungsfall vorrangig bedient (Super Senior-Position). Bei Beteiligungen von Banken an dem eigentlichen Term Loan wird hier ebenfalls auf eine vorrangige Besicherung im Verwertungsfall geachtet (First-out/Second-out-Strukturen). Vorteile für den Kreditnehmer ergeben sich – im Vergleich zur Senior Debt Finanzierung durch Banken – aus den schnelleren Entscheidungen, der höheren Flexibilität und dem höheren Risikoappetit der Kreditfonds. Nachteil ist u. a. eine deutlich höhere Zinslast als bei der klassischen Senior Debt Finanzierung durch Banken.

Verkäuferdarlehen (Vendor Loan Debt)
Das Verkäuferdarlehen wird von dem Verkäufer der Zielgesellschaft zur Verfügung gestellt und geht sämtlichen oben aufgeführten Finanzierungsformen (Senior Debt, Second Lien Debt, Mezzanine Debt, High Yield Bond Debt, Unitranche Debt) im Rang nach. Das Verkäuferdarlehen entspricht der Stundung eines Teils des Kaufpreises und ist aus Sicht der Banken eigenkapitalähnlich. Die Verzinsung geschieht laufend kapitalisiert und auf Festsatzbasis.

12.4 Vertragsgestaltung

Haben sich die Parteien über die Finanzierungsstruktur geeinigt, müssen die Verträge formuliert werden.

12.4.1 Kreditvertrag

Der Kreditvertrag regelt für die gesamte Laufzeit des Kredites das Rechtsverhältnis zwischen dem Kreditnehmer und dem Kreditgeber. Für die Erstellung des Kreditvertrages bedient sich der Kreditgeber in der Regel der Hilfe einer externen Anwaltskanzlei.

In dem Kreditvertrag werden eine Reihe von Vereinbarungen getroffen, die dem Kreditnehmer auferlegen, bestimmte Dinge im Zusammenhang mit dem Kredit und bei der Führung seines Unternehmens zu tun oder zu unterlassen. Kommt der Kreditnehmer diesen Vereinbarungen nicht nach, hat der Kreditgeber das Recht, die im Vertrag geregelten Rechtsfolgen in Anspruch zu nehmen. In der Regel wird der Kreditgeber

- die (weitere) Auszahlung des Kredites verweigern,
- einen Nachbesicherungsanspruch geltend machen oder gar
- den Kredit kündigen.

Nachfolgend werden einige der für Fremdfinanzierungen gebräuchlichsten Klauseln dargestellt, deren Aufnahme in den Kreditvertrag und dortige Ausgestaltung jedoch je nach Transaktion unterschiedlich sein können.

- *Ziehungsvoraussetzungen (Conditions Precedent).* Die Ziehungsvoraussetzungen machen die Verpflichtung des Kreditgebers zur Auszahlung des Kredites von Voraussetzungen abhängig. Die Erfüllung der Ziehungsvoraussetzungen ist vor jeder Ziehung nachzuweisen. Sie umfassen u. a. die Verpflichtung zur Vorlage von Dokumenten (z. B. Gründungsdokumente, aktueller Handelsregisterauszug und Nachweis der Zustimmung seitens der Geschäftsführung des Kreditnehmers zum Eintritt der Gesellschaft in den Kreditvertrag). Weiterhin wird der Kreditnehmer im Rahmen der Ziehungsvoraussetzungen verpflichtet, die Korrektheit bzw. die Erfüllung der nachfolgend dargestellten Zusicherungen und Gewährleistungen zu bestätigen.
- *Zusicherungen und Gewährleistungen (Representations, Warranties).* Die Zusicherungen und Gewährleistungen machen die Rechtswirksamkeit des Kreditvertrages – wie die Ziehungsvoraussetzungen – von Voraussetzungen abhängig. So hat der Kreditnehmer u. a. nachzuweisen, dass er von keinen gesetzlichen Bestimmungen weiß, die ihm den Eintritt in den Kreditvertrag untersagen. Des Weiteren darf ihm auch nicht bekannt sein, dass irgendein Bruch von gesetzlichen Bestimmungen im Rahmen seiner Geschäftstätigkeit vorliegt. Er hat ferner zu bestätigen, dass die Zahlungsverpflichtungen aus dem Kreditvertrag keinen Abzügen durch seine nationale Finanzverwaltung unterliegen. Wenn dies der Fall ist, treffen die nachfolgend aufgeführten Covenants entsprechende Vorkehrungen zum Vorteil des Kreditgebers.
- *Covenants.* Aufgrund ihrer Bedeutung werden die Covenants im nächsten Kapitel gesondert behandelt.

12.4.2 Covenants

Covenants sind Klauseln in den Kreditverträgen, die dem Kreditgeber das Recht geben, bei bestimmten Ereignissen bestimmte Aktionen zu ergreifen. Covenants gehören zu den wirkungsvollsten Instrumenten der Kreditgeber, auf die Kreditnehmer Einfluss zu nehmen. Man unterscheidet folgende Arten von Covenants:

- Positive Covenants, die Verpflichtung, bestimmte Dinge zu tun.
- Negative Covenants, die Verpflichtung, bestimmte Dinge zu unterlassen.

Die gebräuchlichsten Covenants, die in nahezu jedem Kreditvertrag verwendet werden, sind:

- *Pari-Passu-Klausel (Gleichrang-Klausel).* Der Kreditnehmer verpflichtet sich, dass die Rechte des Kreditgebers aus dem Kreditvertrag nicht den Rechten anderer Kreditgeber aus allen bestehenden und zukünftigen Kreditverhältnissen rechtlich im Rang nachgehen.

- *Negativklausel (Negative-Pledge-Klausel).* Der Kreditnehmer verpflichtet sich, allen Kreditgebern aus bestehenden und zukünftigen Kreditverhältnissen keinerlei Sicherheiten zu stellen.
- *Klausel zur Ausschüttung von Dividenden (Permitted-Payments-Klausel).* Der Kreditnehmer verpflichtet sich, Beschränkungen in seiner Entscheidungsfreiheit bei der Ausschüttung von Dividenden gegen sich gelten zu lassen.
- *Klausel zur Aufnahme weiterer Finanzverbindlichkeiten (Permitted-Indebtedness-Klausel).* Der Kreditnehmer verpflichtet sich, Beschränkungen in seiner Entscheidungsfreiheit bei der Aufnahme weiterer Finanzverbindlichkeiten gegen sich gelten zu lassen.
- *Klausel zur Investitionstätigkeit.* Der Kreditnehmer verpflichtet sich, Beschränkungen in seiner Entscheidungsfreiheit bei der Investitionstätigkeit gegen sich gelten zu lassen.
- *Klausel zur Veräußerbarkeit von Vermögensgegenständen (Asset-Disposal-Klausel).* Der Kreditnehmer verpflichtet sich, Beschränkungen in seiner Entscheidungsfreiheit bei der Veräußerung von Vermögensgegenständen gegen sich gelten zu lassen.
- *Klausel zur Beibehaltung des Unternehmensgegenstandes (Change-of-Business-Klausel).* Der Kreditnehmer verpflichtet sich, keine von den bei Vertragsabschluss betriebenen Kerngeschäftsfeldern abweichende Geschäftstätigkeit aufzunehmen.
- *Klausel zur Beibehaltung der Gesellschafterstruktur (Change-of-Ownership-Klausel).* Die Beteiligungshöhe – gemessen an dem Kapital- und/oder Stimmrechtsanteil – eines oder mehrerer Gesellschafter an dem Kreditnehmer darf ein bestimmtes Mindestniveau nicht unterschreiten. Zumeist bezieht sich die Eigentümer-Klausel auf die mehrheitliche Beteiligung der Eigenkapitalgeber an der Einzweckgesellschaft.
- *Klausel zur Bereitstellung von (Finanz-) Informationen (Information-Undertakings-Klausel).* Der Kreditnehmer verpflichtet sich, dem Kreditgeber zu festgelegten Terminen Informationen zu seiner wirtschaftlichen und finanziellen Lage zukommen zu lassen. Diese Informationspflicht bezieht sich auf monatliche betriebswirtschaftliche Auswertungen, Quartalsberichte und geprüfte Jahresabschlüsse. Des Weiteren verpflichtet sich der Kreditnehmer, den Kreditgeber rechtzeitig mit dem Geschäftsplan für das kommende Geschäftsjahr zu versorgen. Schließlich umfasst die Informationspflicht den Nachweis für die Einhaltung der nachfolgend beschriebenen Finanz-Covenants.
- *Klausel zu Finanz-Auflagen (Financial-Covenants-Klausel).* Financial Covenants beziehen sich auf die wirtschaftliche und finanzielle Situation des Kreditnehmers. Sie stellen Mindestanforderungen an betriebswirtschaftliche Kennzahlen, gemessen in absoluten oder in Verhältnisgrößen. Diese Kennzahlen beziehen sich zumeist auf die Beurteilung der Eigenkapitalausstattung, der Verschuldung, der Ertragslage und der Liquidität des Kreditnehmers. Der Kreditnehmer verpflichtet sich, festgelegte Zielwerte – in der Regel am Ende eines jeden Finanzquartals – einzuhalten bzw. zu erreichen. Dem Kreditgeber dienen diese Kennzahlen als Indikatoren zur Früherkennung

von Krisen in der betriebswirtschaftlichen Sphäre des Kreditnehmers. Der Kreditnehmer wiederum hat diese Kennzahlen als Zielgrößen zu verstehen, deren Nichteinhaltung sein Kreditverhältnis zu dem Kreditgeber gefährden kann. Nachfolgend einige der gebräuchlichsten Financial Covenants:

Financial Covenant	**Mindestwert (M), Höchstwert (H)**	**Definition**
Schuldendienstdeckungsgrad	M	$\frac{\text{Free Cashflow}}{\text{Schuldendienst}}$
Zinsdeckungsgrad	M	$\frac{\text{EBIT oder EBITDA}}{\text{(Netto –) Zinsaufwand}}$ Earnings before Interest and Taxes (EBIT); Earnings before Interest, Taxes, Depreciation and Amortisation (EBITDA)
Dynamischer Entschuldungsgrad oder Verschuldungsgrad	H	$\frac{\text{(Netto –)Finanzverbindlichkeiten}}{\text{EBITDA}}$
Eigenkapitalquote	M	$\frac{\text{Eigenkapital}}{\text{Bilanzsumme}}$

Tab. 12.3: Finanz-Convenants bei Akquisitionsfinanzierungen

Aufgrund ihrer betriebswirtschaftlichen Wichtigkeit liegt oft ein besonderes Augenmerk auf der Ausgestaltung des Kreditvertrags bezüglich der Finanz-Covenants. Gibt es drei oder vier Covenants, spricht man von einem vollständigen »Covenant Set«. Sollte es nur zwei oder sogar nur einen Covenant geben (meist Verschuldungsgrad), wird dies als »Covenant-loose«-Struktur bezeichnet. Bei einer Finanzierung ohne Finanz-Covenant oder einer Finanzierung, bei der der Covenant nur unter bestimmten Umständen getestet werden muss (Incurrence Covenant), spricht man von einer »Covenant-lite«-Struktur.

Die Ausgestaltung der Klauseln einer Finanzierung im Generellen und der Finanz-Covenants im Speziellen ist stark von der aktuellen Marktsituation sowie der jeweiligen Transaktion abhängig. Aufgrund der sehr kreditnehmerfreundlichen Marktlage in den vergangenen Jahren haben die weniger restriktiven Covenant-lite-Strukturen deutlich an Bedeutung gewonnen (siehe Abbildung 12.2).

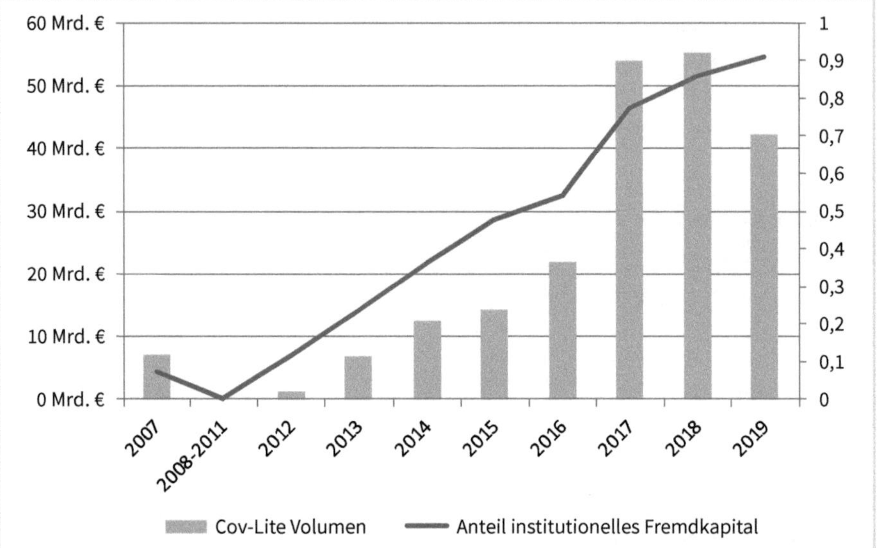

Abb. 12.2: Covenant-lite-Volumen in Europa 2007–2019
Quelle: Standard & Poor's, Leveraged Commentary & Data, European Leveraged Lending Review, Dezember 2019

Verzugsbezogene Klauseln

Verzug wird auch mit Event of Default gleichgesetzt. Die Verzugsgründe beschreiben Situationen, in denen der Kreditnehmer seinen Verpflichtungen aus dem Kreditvertrag nicht nachgekommen ist. Grundsätzlich liegt Verzug bei Nichteinhaltung der oben dargestellten Zusicherungen, Gewährleistungen und Covenants vor.

Zusätzlich werden in den Konsortialverträgen gewöhnlich die folgenden Verzugsgründe aufgenommen:

- *Material-Adverse-Change-Klausel*. Die wirtschaftliche und finanzielle Lage des Kreditnehmers darf sich nicht in einem solchen Ausmaß verschlechtern, dass seine Schuldendienstfähigkeit gefährdet ist.
- *Drittverzugsklausel* (*Cross-Default-Klausel*). Gerät der Kreditnehmer bei anderen Kreditverhältnissen in Leistungsverzug, so führt dies automatisch zu einem Verzugsgrund unter dem Kreditverhältnis mit dem Kreditgeber. Für die betragliche Höhe des Leistungsverzuges unter anderen Kreditverhältnissen wird in der Regel ein Mindestbetrag definiert.

12.4.3 Sicherheitenvertrag

Die vertragliche Dokumentation der Kreditsicherheiten geschieht in dem sogenannten Sicherheitenvertrag. In der Regel werden für Akquisitionsfinanzierungen seitens des Kreditnehmers vollumfängliche Sicherheiten in Form von

- (Grund-)Pfandrechten,
- Sicherungsübereignungen und
- Forderungsabtretungen

gestellt.

Besondere Probleme ergeben sich bei Einschaltung eines SPV: Bei einer Transaktionsstruktur unter Einschaltung eines SPV als Erwerbergesellschaft und Kreditnehmer haften dem Kreditgeber des SPV in der Regel lediglich die verpfändeten Gesellschaftsanteile an der Zielgesellschaft. Die Kreditgeber des SPV befinden sich damit im strukturellen Nachrang zu den Kreditgebern der Zielgesellschaft, denen für die Betriebsmittelfinanzierung auf Ebene der Zielgesellschaft darüber hinaus sämtliche Vermögenswerte der Zielgesellschaft in Form von (Grund-)Pfandrechten, Sicherungsübereignungen und Forderungsabtretungen eingeräumt werden. Um diesen strukturellen Nachrang zeitlich zu beschränken, sieht der Kreditvertrag – soweit (steuer-)rechtlich möglich – vor, die Zielgesellschaft auf das SPV anwachsen oder die beiden Gesellschaften miteinander verschmelzen zu lassen. Damit kann der strukturelle Nachrang in Bezug auf die Kreditsicherheiten beseitigt werden. Der Kreditgeber des SPV bekommt damit außerdem direkten Zugriff auf die liquiden Mittel der Zielgesellschaft: War er vorher auf Dividendenausschüttungen von der Zielgesellschaft an das SPV angewiesen, so wird der Schuldendienst nach Anwachsung bzw. Verschmelzung direkt von der Zielgesellschaft geleistet. Bei der Verlagerung des Kreditverhältnisses von dem übergeordneten SPV auf die untergeordnete Zielgesellschaft (oder die aus der Anwachsung oder der Verschmelzung hervorgehende Gesellschaft) spricht man von einem sogenannten Debt Push Down.

12.4.4 Konsortialvertrag

Entscheidet sich der Underwriter einer Akquisitionsfinanzierung, den Kredit am Markt zu syndizieren, geschieht die Dokumentation des Konsortialverhältnisses (1) unter den Konsorten sowie (2) zwischen den Konsorten einerseits und der Verwaltungsstelle des Konsortialkredites (Agent) andererseits in dem Konsortialvertrag.

12.4.5 Gläubigervereinbarung (Intercreditor Agreement)

Bestehen mehrere Fremdkapitalien (s. o.) parallel, so geschieht die Dokumentation des Rechtsverhältnisses zwischen den Parteien in der Gläubigervereinbarung.

Die Gläubigervereinbarung regelt hierbei nicht nur, in welcher Reihenfolge Verbindlichkeiten im Verwertungsfall der Sicherheiten zu bedienen sind, sondern auch, welche Rechte die einzelnen Parteien beim Zugriff auf die Sicherheiten bzw. den Kreditnehmer haben.

12.4.6 Kaufvertrag

Nur indirekt zur Vertragsdokumentation gehört der zwischen dem Verkäufer und dem Käufer abgeschlossene Kaufvertrag. Da der Kreditvertrag und der Sicherheitenvertrag aber an verschiedenen Stellen Bezug auf den Kaufvertrag nehmen, soll dieser hier mit erwähnt werden. Das Zusammenspiel der drei Vertragswerke liegt insbesondere in den von dem Verkäufer zu übernehmenden Zusicherungen und Gewährleistungen (*Representations and Warranties*), die sich auf rechtliche und wirtschaftliche Tatbestände aus dem Zeitraum vor Eigentumsübergang beziehen, begründet. So wird der Kreditvertrag beispielsweise vorsehen, dass der Verkäufer in dem Kaufvertrag zusichert, dass die Zielgesellschaft in der Vergangenheit sämtlichen umweltrechtlichen Pflichten nachgekommen ist. Hat der Käufer nach Eigentumsübergang für die Verletzung umweltrechtlicher Pflichten der Zielgesellschaft aufzukommen, die auf den Zeitraum vor Eigentumsübergang zurückgehen, hat der Verkäufer den finanziellen Schaden zu tragen. Der Sicherheitenvertrag wird in diesem Zusammenhang in der Regel bestimmen, dass dem Kreditgeber die entsprechenden Forderungen des Käufers gegenüber dem Verkäufer abgetreten werden.

12.5 Leveraged Lending Guidelines der Europäischen Zentralbank[2]

12.5.1 Anwendungsbereich

In Folge der Finanzmarktkrise wurden viele regulatorische Richtlinien geändert, verschärft bzw. neu eingeführt. Im Bereich der Akquisitionsfinanzierungen sind hier vor allem die im Mai 2017 durch die Europäische Zentralbank (EZB) veröffentlichten Leveraged Lending Guidelines (»EZB LL Guidelines«) zu nennen.

Durch das anhaltende Niedrigzinsumfeld bei gleichzeitig hoher verfügbarer Liquidität aufseiten der Investoren, sah sich die EZB verpflichtet, den immer kreditnehmerfreundlicheren Strukturen (hoher Leverage, Covenant-lite-Strukturen) mit einer Richtlinie entgegenzuwirken. Obwohl der Fokus hierbei auf Akquisitionsfinanzierungen liegt, sollen die Anforderungen gleichwohl auch bei Transaktionen Anwendung finden, die unter die

2 https://www.bankingsupervision.europa.eu/press/pr/date/2017/html/ssm.pr170516.en.html

folgende Definition von Leveraged Transactions fallen, nämlich alle Arten von Krediten und Kreditrisiken

1. wobei der Verschuldungsgrad, gemessen als Gesamtverbindlichkeiten im Verhältnis zum EBITDA nach Transaktionsabschluss 4.0x übersteigt;
2. wobei der Kreditnehmer im Besitz von einem oder mehreren Finanzinvestoren ist.

Gerade durch Punkt 1. werden wesentlich mehr Transaktionen abgegriffen, als dies zunächst scheint. Denn der Verschuldungsgrad ist in den EZB LL Guidelines deutlich strikter definiert als in der Praxis üblich. So wird bei den Finanzverbindlichkeiten eine eventuell vorhandene Kassenposition nicht als Abzugsposten berücksichtigt und auch ungezogene, aber zugesagte Darlehen, sowie nachrangige Verbindlichkeiten müssen mit eingerechnet werden. In der Praxis müssen somit gemäß EZB LL Guidelines z. B. die üblicherweise für die Betriebsmittelfinanzierung bereitgestellten revolvierenden Darlehen, etwaige zugesagte Akquisitionsfinanzierungslinien sowie nachrangige Gesellschafterdarlehen für die Berechnung des Leverage berücksichtigt werden. Der so errechnete Verschuldungsgrad kann dadurch deutlich über dem Verschuldungsgrad liegen, den die Banken für die Strukturierung und eventuelle Kapitalmarktplatzierung für Akquisitionsfinanzierungen zugrunde legen. Ebenso schreiben die EZB LL Guidelines vor, dass Korrekturposten im EBITDA begründet sein müssen und von einer unabhängigen Partei außerhalb der Vertriebseinheit der jeweiligen Bank zu prüfen sind.

Für den Anwendungsbereich der EZB LL Guidelines werden in verschiedenen Bereichen Anforderungen definiert, welche im Folgenden aufgeführt sind.

12.5.2 Risikoappetit und Governance

Die EZB erwartet von Kreditinstituten, dass für Leveraged Transactions gemäß der EZB LL Guidelines eine solide Governance-Struktur existiert. Hierbei werden folgende Dimensionen als Mindestanforderungen gesehen:

- Unabhängig von der Geschäftseinheit oder dem kommerziellen Fokus sollte das Senior Management sowie die Risikofunktion eine konsistente und integrierte Sicht auf alle Leveraged Transactions haben.
- Allen Leveraged Transactions, die Kredit-, Zeichnungs- (Underwriting-) oder Syndizierungsrisiko aufweisen, sollte ein Überprüfungs- und Genehmigungsprozess einer unabhängigen Risikofunktion vorausgehen.
- Sollte das Volumen an Leveraged Transactions nicht ausreichen, um eine getrennte Strukturierungs- und Handelsabteilung zu rechtfertigen, wird von den Kreditinstituten trotzdem erwartet, dass Compliance-Richtlinien einen Interessenkonflikt verhindern und nicht öffentliche Informationen vertraulich behandelt werden.

Zudem fordert die EZB, dass die Limite und die Strategie für Leveraged Transactions in den Kreditinstituten unter Einbindung aller involvierten Einheiten in den generellen Risikorichtlinien Berücksichtigung finden. Hierbei wird vom Senior Management erwartet, mindestens einmal pro Jahr die Limite zu definieren, zu überprüfen bzw. zu bestätigen. Etwaige Limiterhöhungen sollten angemessen begründet werden.

12.5.3 Syndizierungen

Kreditinstitute sollten für Syndizierungen von Leveraged Transactions klare Limite definieren, inkl. Sub-Limite sowohl für das Volumen als auch die Art der Transaktion. Hierbei sind verschiedene Punkte, die für eine Kreditrisikoeinschätzung von Bedeutung sind, zu berücksichtigen. Die Syndizierungseinheit sollte durch detaillierte Analysen die Preisfindung unterstützen und dies vor der Kreditzusage durch eine unabhängige Abteilung verifizieren. Jede Syndizierung einer Leveraged Transaction bedarf einer vorherigen Genehmigung. Die Aufnahmefähigkeit des Marktes für die Platzierung von Leveraged Transactions ist hierbei regelmäßig zu überprüfen und die Risikoeinheit in die Überwachung der Syndizierungsaktivitäten einzubinden. Um das Risiko einer zu geringen Investorennachfrage zu mitigieren, ist eine angemessene Diversifizierung der Anlegerkategorien anzustreben und regelmäßig zu prüfen. Interne Distributionskanäle (z. B. andere Einheiten mit gleicher Muttergesellschaft oder eine Handelseinheit) sind zu kennzeichnen und speziell zu überwachen. Hervorzuheben ist auch, dass gemäß EZB LL Guidelines sowohl die Syndizierung von Transaktionen als auch die Beteiligung an einer Transaktion mit einem hohen Verschuldungsgrad eine Ausnahme bleiben soll und in entsprechenden Prozessen im Kreditrisikomanagement zu berücksichtigen sind – gemeint sind hierbei Transaktionen mit einem Verschuldungsgrad > 6.0x gemäß oben beschriebener Definition.

Die EZB erwartet zudem von den Kreditinstituten, dass für den Fall einer sich hinziehenden oder nicht erfolgreichen Syndizierung Richtlinien etabliert sind, die den Umgang mit solchen Transaktionen in Bezug auf Haltestrategie, Buchungs- und Rechnungslegungspraktiken, aufsichtsrechtliche Klassifizierung und Kapitalanforderungen regeln.

12.5.4 Genehmigungsprozess und Monitoring

Die EZB erwartet, dass Kreditinstitute für alle Leveraged Transactions einen Kreditgenehmigungsprozess etabliert haben, der sicherstellt, dass die Transaktionen mit dem Risikoappetit des jeweiligen Instituts in Einklang gebracht werden. Bei einer neuen Transaktion, einer Refinanzierung oder signifikanten Anpassung eines bestehenden Engagements soll eine detaillierte Analyse der Vertriebseinheit, begleitet durch eine kritische Prüfung des unabhängigen Risikomanagements, durchgeführt werden. Neben einer generellen

Due Diligence Analyse (für Due Diligence siehe unten) werden folgende Punkte als Anforderung von der EZB genannt:

- Es muss sichergestellt werden, dass der Kreditnehmer den Verschuldungsgrad innerhalb eines adäquaten Zeitrahmens auf ein nachhaltiges Niveau reduziert. Amortisierung oder Rückzahlung von 50 % der Gesamtverschuldung über einen Zeitraum von fünf bis sieben Jahren wird hierbei als adäquate Rückzahlungskapazität definiert.
- Die Analyse sollte möglichst eine Unternehmensbewertung des Kreditnehmers beinhalten, die von einer unabhängigen Abteilung geprüft wird.
- Die Prozesse und Systeme innerhalb der Kreditinstitute sollten derart ausgestaltet sein, dass aus Kreditgebersicht schwache Elemente des Kreditvertrages (z. B. Abwesenheit von Covenants) identifiziert werden.

Des Weiteren besagen die EZB LL Guidelines, dass eine regelmäßige Kontrolle des Portfolios an Leveraged Transactions inkl. Überarbeitung der oben aufgeführten Analyse sicherzustellen ist. Hierbei sollten Kreditengagements mindestens einmal jährlich geprüft werden und ein besonderer Fokus ist auf die Schuldendienstfähigkeit des Kreditnehmers zu legen und ob es Anzeichen für finanzielle Schwierigkeiten gibt. Bei sich verschlechternden Engagements und notleidenden Krediten sind häufigere Analysen und Überprüfungen durchzuführen. Die Kreditinstitute müssen hierfür klare Prozesse etabliert haben, die einen möglichen Zahlungsausfall anzeigen und einen Umgang mit notleidenden Krediten im Einklang mit regulatorischen und buchhalterischen Auflagen erlaubt. Die Überwachung des Portfolios sollte mit einem Stresstestverfahren ergänzt werden, bei dem extreme, aber plausible Veränderungen von Risikoparametern simuliert werden.

Außerdem wird von Kreditinstituten erwartet, dass der Kreditnehmer auf seine Schuldendienstfähigkeit geprüft und ein Werthaltigkeitstest für das Engagement durchgeführt wird:

- bei einer materiellen Nicht-Einhaltung eines Finanz-Covenants oder Fortbestehen einer solchen Nicht-Einhaltung;
- bei einer Refinanzierung eines existierenden Kreditnehmers mit einem höheren Verschuldungsgrad als bei der ursprünglichen Transaktion;
- bei einer Refinanzierung mit einer endfälligen Struktur, die aufgrund von finanziellen Schwierigkeiten gewährt wurde;
- wenn erwartet wird, dass ein endfälliger Kredit nicht zu gegenwärtigen Marktkonditionen refinanziert werden kann;
- wenn es begründete Zweifel an der zukünftigen Cashflow-Generierung des Kreditnehmers gibt.

Des Weiteren fordern die EZB LL Guidelines, dass in regulären und umfangreichen Berichten das Senior Management über Marktentwicklungen und die Merkmale des eigenen Portfolios (Limitausnutzung, Profitabilität, Anteil an Problemkrediten etc.) zu informieren ist. Hierbei soll das Senior Management auch einen Überblick über die eigene Marktposition in

Leveraged Transactions in verschiedenen Regionen und Industrien erhalten. In einem separaten Abschnitt ist speziell auf die Marktpositionierung in Transaktionen mit schwachen Covenant-Merkmalen oder möglichen Covenant-Nicht-Einhaltungen einzugehen.

12.6 Analysen durch den Fremdkapitalgeber

12.6.1 Analyse vor Transaktionsabschluss

Ziel der Analyse ist die Berechnung der Höhe des Fremdkapitalanteils, bis zu welcher der Kapitaldienst während der Kreditlaufzeit und die Marktfähigkeit des Kredites gesichert erscheinen.

Üblich ist das Vorgehen in vier Schritten:

1. In der ersten Stufe legt das Akquisitionsobjekt seinen Businessplan vor (*Management Case*).
2. Der anschließende Due-Diligence-Prozess überprüft insbesondere die Plausibilität des Management Case vor der wettbewerblichen Situation des Akquisitionsobjektes.
3. Die Ergebnisse der Due Diligence werden auf Basis eines Finanzmodells in revidierten Fassungen des Businessplans abgebildet. Ziel ist die Ermittlung eines möglichst wahrscheinlichen Szenarios, das Grundlage für die Finanzierungsstruktur werden soll (*Financing Case*).
4. Aus dem Financing Case wird die endgültige Finanzierungsstruktur abgeleitet.

Businessplan (Management Case)

Der Businessplan liegt in der Regel unabhängig von dem anstehenden Verkauf des Unternehmens bereits vor und sollte mindestens die kommenden drei Geschäftsjahre umfassen. Idealerweise umfasst der Businessplan Daten zur Bilanz, zur Gewinn- und Verlustrechnung und zur Cashflow-Rechnung.

Due Diligence

Im Mittelpunkt der Analysetätigkeiten vor Transaktionsabschluss steht die sogenannte *Due Diligence*, die am ehesten mit dem Begriff der Unternehmensprüfung beschrieben werden kann. Eine Due Diligence im Vorfeld einer Kreditentscheidung ist im Rahmen der Kreditwürdigkeitsprüfung im Kreditgeschäft nicht außergewöhnlich. Außergewöhnlich sind hingegen der Umfang und der Detaillierungsgrad der Due Diligence bei Akquisitionsfinanzierungen. Grund dafür ist das grundsätzlich sehr viel höhere Kreditrisiko, das mit Akquisitionsfinanzierungen im Vergleich zu normalen Unternehmenskrediten einhergeht und seinen Ausdruck in einem überverhältnismäßig hohen Verschuldungsgrad nach Transaktionsabschluss findet. Due Diligence wird sowohl von den Fremdkapitalgebern selbst (interne Due Diligence) als auch von externen Dritten (externe Due Diligence) erstellt.

Die externe Due Diligence wird in der Regel von unabhängigen Dritten im Auftrag des Eigenkapitalgebers durchgeführt. Vorteil der externen Due Diligence ist u. a., dass ihre Ersteller Haftung für die Richtigkeit der Ergebnisse übernehmen, was dem Kreditgeber zusätzliche Sicherheit gewährt. Die Due Diligence bezieht sich auf die folgenden Teilsphären eines Unternehmens:

- Finanzsphäre,
- Marktsphäre,
- Rechtssphäre (inkl. Umwelt- und Versicherungsrecht) und
- Steuersphäre,

für die separate Berichte erstellt werden.

Neben der externen Due Diligence wird auch interne Due Diligence durchgeführt, die immer dann, wenn der Fremdkapitalgeber in der Vergangenheit bereits eine Hausbankfunktion zum Akquisitionsobjekt unterhalten hat, besondere Beachtung findet.

Ableitung des Financing Case auf Basis eines Finanzmodells

Sämtliche operativen Annahmen des Businessplans (Management Case) werden anschließend auf ihre Vereinbarkeit mit den Ergebnissen der Due Diligence überprüft und gegebenenfalls revidiert. Die EZB LL Guidelines sehen hierbei vor, dass zudem ein Stressszenario modelliert wird, welches konservativ genug ist, um auch unsystematische und idiosynkratrische Risiken zu berücksichtigen. Die Abbildung der revidierten Fassungen des Businessplans geschieht in der Regel in EDV-basierten Finanzmodellen, in denen die Bilanz, die Gewinn- und Verlustrechnung und die Cashflow-Rechnung integriert abgebildet werden. Im Mittelpunkt steht dabei die Ermittlung des Free-Cashflows, der für die Auszahlungen für Zinsverpflichtungen und Tilgungsverpflichtungen (liquiditätswirksamer Schuldendienst) unter der Akquisitionsfinanzierung zur Verfügung steht. Die Diskontierung dieses Free-Cashflows über die geplante Laufzeit der Akquisitionsfinanzierung ergibt die Schuldendienstkapazität bzw. die Verschuldungskapazität.

Aufbau der Cashflow-Rechnung		
1.		Jahresüberschuss/Jahresfehlbetrag
2.	+/–	Abschreibungen/Zuschreibungen auf Gegenstände des Anlagevermögens
3.	+/–	Zunahme/Abnahme der Rückstellungen
4.	+/–	Sonstige zahlungsunwirksame Aufwendungen/Erträge
5.	–/+	Gewinn/Verlust aus dem Abgang von Gegenständen des Anlagevermögens
6.	–/+	Zunahme/Abnahme der Vorräte, der Forderungen aus Lief. & Leist. sowie anderer Aktiva
7.	+/–	Zunahme/Abnahme der Verbindlichkeiten aus Lief. & Leist. sowie anderer Passiva
8.	=	Cashflow aus laufender Geschäftstätigkeit

Aufbau der Cashflow-Rechnung		
9.	+	Einzahlungen aus Abgängen von Gegenständen des Anlagevermögens
10.	–	Auszahlungen für Investitionen in das Anlagevermögen
11.	=	Cashflow aus der Investitionstätigkeit
12.	+	Einzahlungen aus Kapitalerhöhungen und Zuschüssen der Gesellschafter
13.	–	Auszahlungen an Gesellschafter (Dividenden, Kapitalrückzahlungen etc.)
14.	+	Einzahlungen aus der Begebung von Anleihen und aus der Aufnahme von (Finanz-) Krediten
15.	–	Auszahlungen für die Tilgung von Anleihen und (Finanz-)Krediten
16.	=	Cashflow aus der Finanzierungstätigkeit
17.		Zahlungswirksame Veränderungen des Finanzmittelbestands (Summe der Zeilen 8, 11 und 16)
18.	+/–	Wechselkursbedingte und sonstige Wertänderungen des Finanzmittelbestands
19.	+	Finanzmittelbestand am Anfang der Periode
20.	=	Finanzmittelbestand am Ende der Periode

Tab. 12.4: Aufbau der Cashflow-Rechnung

Finanzmodelle der Akquisitionsfinanzierung ähneln den Unternehmensbewertungsmodellen auf Basis der Discounted-Cashflow-Methode. Beide Modelle schenken den Aufwendungen und Erträgen der Gewinn- und Verlustrechnung weniger Beachtung und rücken dafür die liquiditätswirksamen Ein- und Auszahlungen in den Vordergrund.

Die so abgebildeten Szenarien für die Entwicklung der finanziellen Sphäre des Unternehmens bekommen Namen:

- Der *Management Case* steht für die Annahmen des Managements des Akquisitionsobjektes.
- Der *Worst Case* steht für die schlechteste,
- der *Best Case* für die bestmögliche Entwicklung des Unternehmens.
- Der *Financing Case* schließlich steht für das Szenario, das der potenzielle Kreditgeber als – meist konservative – Grundlage für die Herleitung der Finanzierungsstruktur wählt.

Definition der Finanzierungsstruktur

Ergebnis des Finanzmodells wird die Herleitung einer Finanzierungsstruktur sein, die es den Kreditnehmern der Akquisitionsfinanzierung ermöglicht, ihren Pflichten aus dem Kreditvertrag (insbesondere den Zins- und Tilgungsverpflichtungen) nachzukommen, und die es dem Fremdkapitalgeber erlaubt, Teile der Fremdfinanzierung im Rahmen einer Konsortiallösung am Markt zu syndizieren.

12.6.2 Analysen nach Transaktionsabschluss (Monitoring)

Die laufende Analyse des Kreditrisikos nach Transaktionsabschluss (Monitoring) ist für Akquisitionsfinanzierungen in der Regel unabdingbar. Grund dafür ist das grundsätzlich sehr viel höhere Kreditrisiko, das mit Akquisitionsfinanzierungen im Vergleich zu normalen Unternehmenskrediten einhergeht und seinen Ausdruck auch in den strengen Informationspflichten des Kreditnehmers während der Kreditlaufzeit findet.

Monatliche Berichtspflichten sind bei Akquisitionsfinanzierungen keine Seltenheit. Als Indikatoren für die Entwicklung des Kreditrisikos während der Kreditlaufzeit dienen Finanzkennzahlen. Für einige dieser Finanzkennzahlen (Finanz-Covenants; s. o.) werden Mindest- bzw. Höchstwerte festgelegt, die am Ende eines jeden Finanzquartals eingehalten sein müssen. Sowohl die Auswahl und die Definition dieser Finanz-Covenants als auch die Festlegung der Zielwerte geschehen transaktionsspezifisch.

PRAXISBEISPIEL

Nachfolgend wird ein Beispiel vorgestellt, das an eine tatsächlich abgeschlossene Transaktion angelehnt ist.

Ausgangssituation

Im Jahr 2019 übernimmt der Finanzinvestor Xylophon GmbH, Frankfurt am Main (»Xylophon«) zusammen mit der Roskilde Bremsen A/S, Dänemark (»Roskilde«) zu 100 % die Alpha Bremsen GmbH, Deutschland (»Alpha Bremsen«) von der Alpha AG, Deutschland (»Alpha«).

Akquisitionsanlass

Verkäufer (Alpha): Konzentration auf Kernkompetenzen im Vorfeld des anstehenden Börsengangs. Bremsen gehörten nicht mehr zu den Kernkompetenzen.

Käufer (Xylophon): Erwerb eines Unternehmens in Deutschland zur Schaffung einer Plattform für eine bereits identifizierte weitere Akquisition in Deutschland; mittelfristiger Exit.

Käufer (Roskilde): Erwerb eines Unternehmens in Deutschland zur Schaffung einer Plattform für eine bereits identifizierte weitere Akquisition in Deutschland. Marktführerschaft in Europa.

Transaktionsspezifische Ziele der beteiligten Parteien

Eigenkapitalgeber (Xylophon und Roskilde): geringstmöglicher Eigenkapitaleinsatz; so wenig wie möglich Haftung, insbesondere im Hinblick auf Ausschluss der rechtlichen Rückgriffsmöglichkeit auf das Vermögen der beiden Erwerber; Beschränkung der rechtlichen Rückgriffsmöglichkeit auf die Anteile an der Zielgesellschaft bzw. Vermögensgegenstände in der Zielgesellschaft; hohe Flexibilität, insbesondere im Hinblick auf Möglichkeit der vorzeitigen Ablösung eines Teiles der Akquisitionsfinanzierung durch eine langfristige Immobilienleasingfinanzierung; Inanspruchnahmemöglichkeit eines Teiles der Akquisitionsfinanzierung zur

Finanzierung der Umfirmierung der Zielgesellschaft (Anm.: Bestandteil des Kaufvertrages war die Verpflichtung der Alpha Bremsen zur Umfirmierung innerhalb von 2 Jahren, da Alpha wünschte, dass die Firma der Alpha Bremsen keine Beziehung mehr zur Alpha offenbart.); minimale Kosten.
Fremdkapitalgeber: maximale Sicherheit in Bezug auf Rückzahlungsfähigkeit; Marktfähigkeit des Kredites, da Konsortiallösung angestrebt wurde.

Ablauf der Finanzierung

Due Diligence: Die Erwerber hatten eine Reihe von Due Diligences bei externen Dritten in Auftrag gegeben, die der finanzierenden Bank zur Verfügung gestellt wurden. Die Ergebnisse der Due Diligence-Berichte waren nicht durchgehend positiv und wurden in der Strukturierung der Transaktion wie folgt berücksichtigt:

Typ der Due Diligence	Negativ-Ergebnis	Konsequenz für die Strukturierung der Transaktion
Finanzsphäre	Ausstehende Bonuszahlungen an das Management	Bildung entsprechender Rückstellungen in der Ausgliederungsbilanz der Zielgesellschaft und damit Berücksichtigung in den Verhandlungen über den (zu finanzierenden) Kaufpreis
	Ausstehende Abfindungszahlung an entlassenen Leiter einer ausländischen Tochtergesellschaft	Betrag wird von dem Verkäufer getragen
	Schlechtes Management-Informationssystem; unzureichende unterjährige Rechnungslegung	Kreditvertrag sieht (unter Einräumung einer Übergangsfrist) monatliche Informationspflichten als Informations-Covenant vor
	Substanzielle Bedeutung der Erzielung niedriger Einkaufspreise	Eine der Ziehungsvoraussetzungen unter dem Kreditvertrag sieht vor, dass Roskilde den Nachweis der von ihm in der Vergangenheit für die gleichen Produkte von den gleichen Herstellern ausgehandelten Preise zu erbringen hat (Nachweis erfolgte durch Vorlage von 1-Jahres-Einkaufsverträgen)
	Stark schwankendes Betriebsmittel-Finanzierungserfordernis zwischen 40 und 70 Mio. WE	Kreditstruktur sieht ausreichend hohe Finanzierungslinie für Betriebsmittel vor; eine der Ziehungsvoraussetzungen ist der Nachweis der neu ausgehandelten und verbesserten Zahlungsbedingungen mit dem Hauptlieferanten (Lieferantendarlehen)

Typ der Due Diligence	Negativ-Ergebnis	Konsequenz für die Strukturierung der Transaktion
Rechtssphäre	Gefahr der Verpflichtung zur Installation einer Umweltschutzvorrichtung im Rahmen der Kreditlaufzeit	Kaufvertrag wird vorsehen, dass eventuell in der Zukunft dafür entstehende Kosten von dem Verkäufer getragen werden.
Versicherungssphäre	Nachweis für betriebsübliche Versicherungen der ausländischen Tochtergesellschaften lag nicht vor.	Kaufvertrag wird vorsehen, dass sämtliche auf die Zeit vor Transaktionsabschluss entfallenen Schäden, die nicht versichert waren, vom Verkäufer getragen werden; Kreditvertrag wird vorsehen, dass Nachweis für betriebsübliche Versicherungen vorliegen muss.

Tab. 12.5: Konsequenz der Ergebnisse der Due Diligence für die Strukturierung der Transaktion

Financing-Case: Der von dem Management der Alpha Bremsen eingereichte Geschäftsplan (Management Case) wurde nach den Eindrücken aus der Due Diligence in seinen Annahmen revidiert, um so zu einem Financing Case zu gelangen. Für den Financing-Case ergaben sich in der Bilanz, der Gewinn- und Verlustrechnung und der Cashflow-Rechnung die folgenden Werte. Ebenfalls in die Übersicht aufgenommen sind die vier vereinbarten Finanz-Covenants mit ihren Zielwerten.

	2019	2020	2021	2022	2023	2024	2025	2026	2027
(1) Operative Sphäre									
Umsatz (Mio. WE)									
Management Case[1)]	651,9	658,5	665,0	671,7					
Financing-Case	645,5	650,3	655,2	660,1	660,1	660,1	660,1	660,1	660,1
EBITDA (Mio. WE)									
Management Case[1)]	39,0	47,5	59,9	59,9					
Financing-Case	34,0	38,3	42,4	47,2	48,5	48,5	48,5	48,5	48,5
EBIT (Mio. WE)									
Management Case[1)]	22,0	30,5	42,9	42,9					
Financing-Case	17,0	21,3	25,4	30,2	31,5	31,5	31,5	31,5	31,5

	2019	2020	2021	2022	2023	2024	2025	2026	2027
Free Cashflow (Mio. WE)									
Management Case[1]	10,0	21,4	21,8	24,3	24,3	21,3			
Financing-Case	13,0	20,2	17,6	20,0	21,1		21,0	20,6	20,2
(2) Schuldendienst[2]									
Netto-(Senior-) Zinsaufwand (Mio. WE)	(3,4)	(5,7)	(5,9)	(5.3)	(4,6)	(4,0)	(3,5)	(2,7)	(1,6)
Rückzahlung (netto) (Mio. WE)	3,2	13,8	(8,3)	(9,5)	(9,5)	(15,8)	(12,0)	(14,5)	(25,0)
(3) Kennzahlen[3]									
Schuldendienst-deckungsgrad									
Financial Covenant (Min.)	1,05	1,05	**1,05**	**1,05**	**1,05**	**1,05**	**1,05**	**1,05**	**1,05**
Management Case[1]	20,43	–2,81[4]	**1,49**	**1,59**	**1,45**	**1,05**	**1,35**	**1,20**	**0,76**
Financing Case	26,71	–2,62[4]	**1,21**	**1,31**					
Zinsdeckungs-grad									
Financial Covenant (Min.)	3,00	3,25	3,75	4,75	5,75	6,50	6,50	6,50	6,50
Management Case[1]	6,02	4,92	6,73	7,52	6,17	7,07	8,87	11,68	19,34
Financing Case	4,66	3,48	4,01	5,23					
Dyn. Entschul-dungsgrad									
Financial Covenant (Max.)	2,50	2,50	2,00	1,75	1,50	1,25	1,00	1,00	1,00
Management Case[1]	1,81	1,78	1,27	1,11	1,18	1,06	0,81	0,52	0,00
Financing Case	2,08	2,21	1,80	1,42					

	2019	2020	2021	2022	2023	2024	2025	2026	2027
Eigenkapital-quote									
Financial Covenant (Min.)	0,20	0,23	0,25	0,28	0,30	0,33	0,35	0,35	0,35
Management Case[1)]	0,26	0,26	0,30	0,34	0,35	0,39	0,43	0,47	0,53
Financing Case	0,25	0,25	0,28	0,31					
1) Der Businessplan umfasste den Zeitraum von 2019 bis 2022.									
2) Grundlage ist die auf Basis des Financing Case definierte Finanzierungsstruktur (s. u.). Die absoluten Werte für Netto-Zinsaufwand und Rückzahlung sind daher für Management Case und Financing Case identisch.									
3) Sämtliche hier aufgeführten Kennzahlen wurden gleichzeitig als Financial Covenants in den Kreditvertrag aufgenommen. Die Werte berücksichtigen sämtlich die Belastung aus dem Schuldendienst der Akquisitionsfinanzierung.									
4) Grund für den Negativwert ist, dass der Cash-Inflow aus Ziehungen unter der Tranche B in 2020 höher als der Cash-Outflow aus Zins- und Tilgungsdienst ist.									

Tab. 12.6: Vereinbarte Finanz-Covenants

Basierend auf den Ergebnissen des Financing-Case einigte sich die Bank mit dem Eigenkapitalgeber auf folgende Finanzierungsstruktur:

Finanzierungsstruktur			
Mittelverwendung	**Mio. WE**	**Mittelherkunft**	**Mio. WE**
Kaufpreis 100 % Anteile an der Alpha Bremsen	90,0	Eigenkapital (Xylophon; Roskilde; Management der Alpha Bremsen)	10,0
Vorzeitige Ablösung bestehender Finanzverbindlichkeiten der Alpha Bremsen	60,0	Gesellschafterdarlehen (Xylophon; Roskilde)	70,0
Transaktionskosten	7,5	Verkäuferdarlehen (Alpha)[1)]	10,0
Restrukturierungsaufwand	22,5	Akquisitionsdarlehen (Tranche A) (7 Jahre Laufzeit)[2)]	27,5
Umfirmierungsaufwand	10,0	Akquisitionsdarlehen (Tranche B) (7 Jahre Laufzeit)[2)]	22,5

Finanzierungsstruktur			
Mittelverwendung	**Mio. WE**	**Mittelherkunft**	**Mio. WE**
Betriebsmittelfinanzierung	60,0	Akquisitionsdarlehen (Tranche C) (8 Jahre Laufzeit)[2), 3)]	40,0
		Betriebsmittellinie (7 Jahre Laufzeit)[2)]	70,0
TOTAL	**250,0**	**TOTAL**	**250,0**

1) Im rechtlichen Nachrang zu den Akquisitionsdarlehen; wurde von der Alpha unter der Bedingung eingeräumt, dass mit diesen Finanzierungsmitteln die von ihr gewünschte Umfirmierung unter Wegfall des Ausdruckes »Alpha« finanziert werden sollte.

2) Die Höhe der Zinsmarge wurde dynamisch strukturiert, d. h. sie richtete sich nach der Entwicklung des Zinsdeckungsgrades und wurde vierteljährlich angepasst.

3) Wurde bezüglich des Rückzahlungsverlaufs analog einer Immobilienfinanzierung strukturiert. Hintergrund: Eine Vorabbewertung des Immobilienvermögens der Alpha Bremsen ergab, dass auf den ermittelten Wert eine langfristige Immobilienleasingfinanzierung (zur vorzeitigen Ablösung der Tranche C) in Höhe von 40 Mio. WE darstellbar wäre.

Tab. 12.7: Finanzierungsstruktur

Abschluss

Noch im gleichen Jahr übernimmt die Alpha Bremsen die Beta Bremsen GmbH, Deutschland (»Beta Bremsen«). Mit dieser Transaktion entsteht das größte Branchenunternehmen Europas mit einem Umsatzvolumen von über 1 Mrd. WE. Die Finanzierung der Akquisition der Beta Bremsen geschah durch die gleiche Bank, die im Anschluss die Syndizierung der Fremdfinanzierung vornahm. Ein Jahr nach Übernahme der Beta Bremsen wurde die Umfirmierung der Alpha Bremsen in einer aufwendigen Marketingkampagne bekannt gegeben. Die vorzeitige Ablösung der Tranche C durch die Immobilienfinanzierung in Höhe von 40 Mio. WE geschah im zweiten Laufzeitjahr.

Aufgaben zur Lernkontrolle

1. Nennen Sie typische Anlässe und Impulsgeber für Akquisitionen.
2. Stellen Sie die Ziele von Eigen- und Fremdkapitalgebern bei Akquisitionsfinanzierungen gegenüber.
3. Welche Finanzinstrumente stehen für die Akquisitionsfinanzierung zur Verfügung?
4. Welche Kennzahlen dienen dem Kreditgeber als Indikatoren zur Früherkennung betriebswirtschaftlicher Probleme des Kreditnehmers und wie gelangt der Kreditgeber an diese?
5. Erläutern Sie die vier Schritte zur Festlegung des Fremdkapitalanteils.

Literatur

Berens, W./Brauner, H. U./Strauch, J. (Hrsg.) (2013): Due Diligence bei Unternehmensakquisitionen, 7. Aufl., Stuttgart.

Capizzi, V. (2017): Leveraged Acquisitions: Technical and Financial Issues, in Caselli, S./Gatti, S. (Hrsg.) (2017): Structured Finance – Techniques, Products and Market, 2. Aufl., Cham, S. 95–125.

Diem, A. (2013): Akquisitionsfinanzierungen, München.

Engelhardt, C. (2017): Mergers & Acquisitions – Strategien, Abläufe und Begriffe im Unternehmenskauf, München.

Picot, G. (Hrsg.) (2012): Handbuch Mergers & Acquisitions, 5. Aufl., Stuttgart.

Reicheneder, T. (1992): Investment Banking, Wiesbaden.

13 Syndizierte Finanzierung[1]

LERNZIELE

- Sie können erklären, wie sich syndizierte Kredite von anderen Möglichkeiten der Fremdmittelbeschaffung unterscheiden.
- Sie können die verschiedenen Syndizierungsstrategien darlegen und an einem Fallbeispiel eine geeignete auswählen.
- Sie können den Markt und dessen Teilnehmer anhand geeigneter Kriterien beschreiben.
- Sie können den Ablauf eines syndizierten Kredites in Teilschritte zergliedern und diese erklären.
- Sie können die Aufgaben eines Agenten umreißen und dessen Rolle für das Gelingen einer Transaktion darlegen.
- Sie können an einem Fallbeispiel eine optimale Kombination von Provisionstypen zusammenstellen.
- Sie können den Preiszyklus von Konsortialkrediten erklären.

13.1 Einführung

13.1.1 Abgrenzung und Überblick

Definition

Der syndizierte Kredit ist ein Kredit, der von mindestens zwei Gläubigern einem Kreditnehmer zu einheitlichen Bedingungen für alle Teilnehmer zur Verfügung gestellt wird.

Syndizierte Kredite stellen eine Finanzierungsalternative für Unternehmen dar, die sich nicht über den Kapitalmarkt finanzieren wollen. Im Vergleich zu den eher standardisierten Möglichkeiten des Kapitalmarktes bietet der Konsortialkreditmarkt ein hohes Maß an Flexibilität. Seine einfache Nutzung, die große Liquidität und das breite Angebot an Nutzungsmöglichkeiten für Kreditnehmer mit verschiedenster Motivation und Bonität, machen den Konsortialkreditmarkt zum natürlichen Anlaufpunkt für eine ständig steigende Anzahl von Unternehmen, Institutionen und Einheiten der öffentlichen Hand.

Der syndizierte Kredit wird besonders bei großvolumigen Finanzierungsvorhaben wie Projekt-, Akquisitions- und Außenhandelsfinanzierungen eingesetzt. Darüber hinaus dient er als Liquiditätssicherungslinie und kann auch als Rücksicherung für die Begebung von Commercial-Paper-Emissionen verwandt werden. Gerade für mittelständische

1 Autoren: Reinhard Haas und Sandra Heller.

Unternehmen sind aber auch kleinere Finanzierungen für Anlage- und Umlaufvermögensinvestitionen oder auch Zwischenfinanzierungen möglich. Volumina liegen in der Regel zwischen 150 und 1.000 Mio. Euro, wenn der internationale Kreditmarkt anvisiert wird, lokal platzierte Konsortialkredite für den Mittelstand sieht man aber auch mit kleineren Volumen ab ca. 30 Mio. Euro. Die mit Abstand höchsten Volumina sehen wir bei global platzierten Akquisitionsfinanzierungen.

Info

Infolge der Corona-Pandemie und der daraus resultierenden einbrechenden Umsätze verschlechtert sich die Liquiditätsausstattung zahlreicher Unternehmen. Dies führt derzeit zu intensiven Bemühungen akute oder potenzielle Liquiditätsengpässe durch freie Finanzierungslinien, öffentliche Fördermittel sowie zusätzliche Finanzierungen zu kompensieren.
Unabhängig davon beobachten wir in letzter Zeit eine stärkere Fokussierung auf den adäquaten Einsatz risikogewichteter Aktiva (RWA) und damit verbunden erhöhte Ertragsanforderungen auf Bankenseite.

Der Ablauf einer Finanzierung

Die Kapitalgeber schließen sich zu einem Konsortium zusammen, das von einem Arrangeur (Sole-Lead) oder (meist) mehreren Arrangeuren (Joint-Lead), die auch Mandated Lead Arranger genannt werden, angeführt wird. Der Konsortialführer übernimmt die Koordination zwischen dem Konsortium und dem Kreditnehmer sowohl bei der Erstellung des Kreditvertrages als auch bei der Abwicklung des Konsortialkredits. Zudem agiert der Konsortialführer meistens auch als Bookrunner, der insbesondere das Kreditvolumen durch Syndizierung bei anderen, dem Arrangeur bekannten und an der Fazilität teilnahmewilligen Banken platziert und in Absprache mit dem Kreditnehmer die Zuteilung der Konsortialquoten festlegt. Das Syndikat ist somit die Gesamtheit der beteiligten Banken. Der Wettbewerb unter den arrangierenden Banken sowie die hohe Markttransparenz durch Veröffentlichung der (größeren) Transaktionen und deren Bedingungen garantieren marktgerechte Konditionen.

Tabelle 13.1 zeigt Vorteile eines syndizierten Kredites für Arrangeur und Kreditnehmer.

Vorteile eines syndizierten Kredites	
Vorteile für den Arrangeur	**Vorteile für den Kreditnehmer**
Signifikante Intensivierung der Kundenbeziehung mit dem Kreditnehmer	Erschließung neuer Finanzierungsquellen bzw. Aufbau von neuen Bankenbeziehungen
Reduzierung des Kreditrisikos durch Syndizierung	Vereinfachte Kommunikation mit den Kreditgebern über den Agenten
Erhöhung der Rentabilität des Kreditgeschäfts durch einen Hebeleffekt in Abhängigkeit vom Syndizierungserfolg	Einsparen von Kosten für Verwaltungs- sowie Zeitaufwand

Vorteile eines syndizierten Kredites	
Vorteile für den Arrangeur	**Vorteile für den Kreditnehmer**
Publizität (wenn gewünscht)	Flexibilität bezüglich Kreditvolumen, -art und Währung, sowie bei der Rückzahlung
Portfolio-Effekte: Streuung, Vermeidung von Konzentration	Individuell nach den Bedürfnissen des Kreditnehmers gestaltbarer Kreditvertrag
Bereitstellung eines nur geringen eigenen Kreditanteils	Publizität (wenn gewünscht)

Tab. 13.1: Vorteile eines syndizierten Kredites

13.1.2 Geschichte des internationalen syndizierten Kreditmarktes

Die gemeinschaftliche Finanzierung von Projekten durch mehrere Kapitalgeber reicht bis in die Anfänge der Geschichte der Zivilisation zurück. Konsortien entstanden dem Wunsch der Kapitalgeber entsprechend, das Risiko zu verteilen und für den Einzelnen zu mindern. Meist wurde allerdings Eigenkapital und nicht »Kredit« (Fremdkapital) gemeinschaftlich investiert. Für das Konsortialkreditgeschäft der deutschen Großbanken war das Jahr 1859 das Geburtsjahr. Bis dahin hatten sich nur kleine Privatbankiers zu Konsortien zusammengeschlossen. Weitere wichtige Schritte waren:

- *Boom mit Internationalisierung.* In den 70er Jahren des 20. Jahrhunderts erlebte der syndizierte Kredit einen Boom. Nach den Ölpreisschocks mussten die Einnahmen der Ölexportländer »recycelt« werden, wie man damals sagte. Ca. 70 % des Neufinanzierungsvolumens der internationalen Finanzmärkte wurden durch syndizierte Kredite abgewickelt. Kreditnehmer waren häufig Entwicklungsländer.
- *Entwicklungsländerkrise.* Die Schuldenkrise in den Entwicklungsländern ab 1982 war der Beginn einer starken Reduzierung dieser Finanzierungsart. In den frühen neunziger Jahren führten eine Reihe von Faktoren zu einer Stagnation und einem vorübergehenden Rückgang des Marktvolumens: Die Anzahl der Transaktionen für Unternehmens- und Akquisitionsfinanzierungen war rückläufig. Aber auch die Unsicherheit, die durch den Ausbruch des ersten Golfkriegs entstanden war, sowie erhöhte Verluste aus dem Kreditgeschäft im Allgemeinen und die Vorsicht mit Hinblick auf die 1993 eingeführten Kapitaladäquanzregeln der Bank für Internationalen Zahlungsausgleich in Basel (BIZ) spielten hierbei eine große Rolle.
- *Neubelebung.* Im weiteren Verlauf erholte sich der Konsortialkreditmarkt jedoch rasch, da sich die anfängliche Befürchtung einer Unterkapitalisierung im Bankenmarkt nicht bestätigte. Fusionswellen amerikanischer und europäischer Unternehmen und auch der erhöhte Finanzmittelbedarf der ehemaligen Ostblockländer verstärkten die Nachfrage nach syndizierten Krediten. Gleichzeitig nutzten Staaten der EU das Produkt als Liquiditätslinien. In den Jahren 1995–1997 gewannen Übernahmefinanzierungen an

Bedeutung, sowohl nach der Anzahl der Transaktionen als auch nach der Höhe der finanzierten Volumina.

- Die *Asienkrise 1997/1998* führte zu einer erneuten Wachstumsverlangsamung im Konsortialkreditmarkt, sowohl für Unternehmenskredite als auch im LBO/MBO-Markt. Der Boom in der Telekomindustrie, welcher ab 1999 auch die Zeit der Start-up-Unternehmungen im sogenannten Dot.Com (Internet)-Bereich hervorrief, brachte dem Konsortialkreditmarkt eine hohe Anzahl an kurzfristigen Brückenfinanzierungen (Bridge Finance), die zumeist durch Refinanzierungen aus dem Kapitalmarkt nach nur wenigen Monaten wieder abgelöst wurden. Letztendlich führte die Überhitzung der Kapitalmärkte im März 2001 zum Platzen der »Dot.Com Bubble« und damit zum Niedergang besonders der Technologiewerte an der Börse. Der Kreditkonsortialmarkt geriet in eine Phase der Stagnation.
- *11. September 2001.* Die Stagnationsphase wurde durch die im Gefolge der Terroranschläge am 11. September 2001 hervorgerufene Verunsicherung noch verstärkt. Die Liquiditätssicherung avancierte zum Leitmotiv für Konsortialkredite. Positiv zu dieser Entwicklung trug der Umstand bei, dass auch Banken nach der Restrukturierung ihrer Bilanzen und Neuausrichtung ihrer Kreditrichtlinien neues Kreditgeschäft zu akquirieren suchten. An dieser Stelle sei bemerkt, dass auch infolge des 11. Septembers der Konsortialkreditmarkt – anders als der Anleihemarkt – zu keinem Zeitpunkt geschlossen war.
- *Boom und Wettbewerbsdruck.* Erhebliche Konzessionen bei den Margen und Provisionen, aber auch die Lockerung zentraler Vertragselemente als Folge des zunehmenden Wettbewerbsdrucks unter den Banken in der folgenden Boomperiode erhöhte die Attraktivität des Konsortialkreditmarktes für die Kreditnehmer in den Folgejahren. Besonders für kleinere Unternehmen, die sich bis zu diesem Zeitpunkt noch traditionell bilateral im Kreise einiger Hausbanken finanziert hatten, führte diese veränderte Situation dazu, sich mit dem Konsortialkreditmarkt auseinanderzusetzen.
- *Große Akquisitionsfinanzierungen.* Eine weitere Folge des nachhaltig freundlichen Marktumfeldes für Konsortialkredite war die Rückkehr der großen Akquisitionsfinanzierungen in den Jahren 2004 bis Mitte 2007. So finanzierte zum Beispiel France Télécom 2004 ein Volumen von 30 Mrd. US-Dollar. Im Jahr 2007, in dem Deutschland einen Anteil von knapp 18 % am westeuropäischen Volumen hatte, erhielten HeidelCement, Conti und Porsche Konsortialkredite in jeweils zweistelliger Milliardenhöhe zur Finanzierung von Übernahmen.
- *Subprime- und Finanzkrise.* Der Boom wurde abrupt von der nächsten Krise abgelöst. Im Zuge der sogenannten Subprimekrise, die von Bonitätsproblemen bei Immobilienfinanzierungen in den USA zu Beginn des ersten Halbjahres 2007 ausgelöst wurde, kam es im Markt für die risikobehafteten LBO/MBO-Finanzierungen sowie die anderen Kapitalmarktprodukte wie etwa Anleihen, Schuldscheine und Medium-Term-Notes im Spätsommer 2007 zu Verwerfungen. Allerdings wurde erst durch den Zusammen-

bruch von Lehman Brothers im September 2008 auch in Europa eine Finanzkrise ausgelöst, die es in dieser Form seit 1929 nicht mehr gegeben hatte. Die Liquiditätskosten der Banken explodierten und führten auch im syndizierten Kreditmarkt zu einer sprunghaften Anhebung der Konditionen und Verschärfung der Strukturen. Wie schon im Nachgang zur Dot.Com Bubble 2001 kam es aber aufgrund der hohen Anpassungsfähigkeit der Strukturen von syndizierten Krediten zu keinem Zeitpunkt zum Erliegen des Konsortialkreditmarktes, während der Anleihemarkt nur im ersten Quartal 2009 wieder zugänglich war.

- *Welle von Refinanzierungen.* Bereits ab dem zweiten Halbjahr 2009 machten sich zwei Faktoren bemerkbar: Viele Banken litten nach der Finanzkrise unter einer verschlechterten Bonität, was deren Refinanzierung und damit auch die Kreditvergabekonditionen deutlich verteuerte. Basel III trug hierzu noch erschwerend bei, vor allem für die langfristige Kreditgewährung aufgrund erhöhter Eigenkapitalanforderungen. Dies führte bei Kredit suchenden Unternehmen zu dem Versuch, durch Kapitalerhöhungen an günstigere Finanzmittel zu gelangen.
- *Hohe Marktliquidität.* In der seit 2011 anhaltenden Aufschwungphase wird der Konsortialkreditmarkt maßgeblich durch frühe Refinanzierungen und die Rückkehr großvolumiger M&A-Transaktionen geprägt. Als Folge wiedergewonnener Bilanzstärke und hoher Liquidität im Markt stellen internationale Großbanken großvolumige Underwritings zu Verfügung. Die hohe Liquidität der Banken und ein intensiver Interbanken-Wettbewerb führen dazu, dass Unternehmen zu attraktiven Konditionen und Bedingungen Konsortialkredite aufnehmen können. Mit dem Wettbewerbsdruck werden immer weniger Sicherheiten verlangt, und eher schwächere Covenants eingesetzt.
- *Neue Krisenzeichen.* Aufgrund des sich 2019 allmählich abzeichnenden wirtschaftlichen Abschwungs und andauernder politischer Unsicherheiten (England, China, USA) wurde erwartet, dass der europäische Kreditmarkt die Endphase eines Kreditzyklus erreicht. Das führte zu höheren Finanzierungskosten, weil die Kreditgeber höhere Risikoaufschläge einpreisten.

13.1.3 Strukturveränderungen

Welche *Strukturveränderungen* sind offensichtlich geworden?

- *Sicherheit der Banken.* Durch Regulatorik wurde das Risiko des Finanzsektors verringert, was sich für die Kreditwirtschaft beispielsweise in Richtlinien für LBO-Kredite durch die Federal Reserve Bank in den USA, oder durch die EZB in Europa spiegelt.
- *Globale Kontrolle.* Die Regulatorik wurde auch eingesetzt, um eine Kontrolle der globalen Finanzströme zu ermöglichen. Ziel war es hierbei, der Korruption und Terrorismusfinanzierung entgegenzuwirken. Wesentlich erhöhte Anforderungen an Know-Your-Customer-Kontrollen oder das Anti-Geldwäschegesetz sind hierfür Beispiele.

- *US-Hegemonie.* Die USA haben ihrer Vision von Recht und Unrecht in der globalen Gemeinschaft durch Sanktionen gegen Länder, die sich Regeln widersetzen, durchzusetzen versucht. Die USA fordern die Einhaltung amerikanischer Regeln von allen Parteien, die in Amerika Geschäft machen wollen. Auch in den Verträgen syndizierter Kredite findet man regelmäßig entsprechende Regelungen zu den vorgenannten Punkten.
- *Nachhaltigkeit.* Eine weitere Entwicklung im Konsortiakreditmarkt ist der Einzug von Umwelt- und Sozialkriterien. Sogenannte »*Green Loans*« oder »*Sustainable Loans*« werden populärer. Der Kreditnehmer verpflichtet sich dabei zur Einhaltung bestimmter Standards im Sinne einer geringeren Umweltbelastung oder im Sinne einer Nachhaltigkeit. Noch dient die Markierung einer Finanzierung als »grün« oder »nachhaltig« eher zu Marketingzwecken für den Kreditnehmer. Sollten sich Banken aber selbst verpflichten, ihre Investitionskriterien entsprechend dieser Werte auszurichten – was nicht unwahrscheinlich ist – kann ein entsprechend starkes Wachstum erwartet werden, weil die Banken dann den grünen Einlagen entsprechende grüne Aktiva entgegensetzen *müssen.*
- *Neue Geldgeber.* In den letzten Jahren hat sich neben Banken als Kreditgeber an Unternehmen eine neue Gruppe von Geldgebern entwickelt, die erhebliche Liquidität in den Kreditmarkt geben. Es handelt sich um Fonds, welche Kredite als neue Assetklasse verwenden. Man nennt diese Kategorie auch »Direct Lender«, da die Mittelvergabe ohne das Mitwirken von Banken erfolgt. Vor allem im LBO-Markt machen diese »Schattenbanken« bereits einen signifikanten Teil des Kreditvolumens aus. Sie entziehen sich weitgehend staatlicher Regulierung und treten zu den Banken hierbei zunehmen in Konkurrenz. Bisher völlig ungetestet ist, wie stabil sich diese alternativen Kreditgeber in einer Phase der Liquiditätsknappheit erweisen.

13.1.4 Kreditgeber, Kreditnehmer und Verwendungszwecke

Kreditgeber für Konsortialkredite an Unternehmen sind fast ausnahmslos Banken. Bis 2005 galt Großbritannien als größter europäischer Markt für Konsortialkredite, bemessen sowohl nach Volumen als auch nach Anzahl der Transaktionen. Mit dem »Erwachen« des europäischen Mittelstandes holten die größten Volkswirtschaften des Kontinents (vor allem Deutschland und Frankreich) auf. Die regionale Verteilung der Kreditnehmer und Kreditgeber seit 2014 wird aus den Abbildungen 13.1 und 13.2 ersichtlich. Sowohl bei den Kapitalnehmern als auch bei den Kapitalgebern kamen die wichtigsten Adressen aus Frankreich, den USA, Großbritannien und Deutschland.

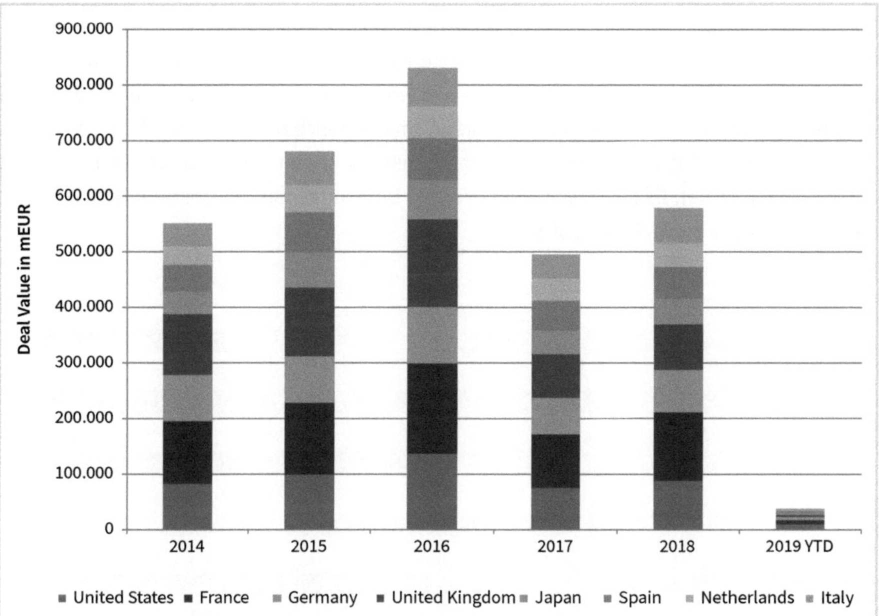

Abb. 13.1: Die Herkunft der wichtigsten Kapitalgeber in Westeuropa mit syndizierten Krediten von 2014 – 2018, Daten: Refinitiv

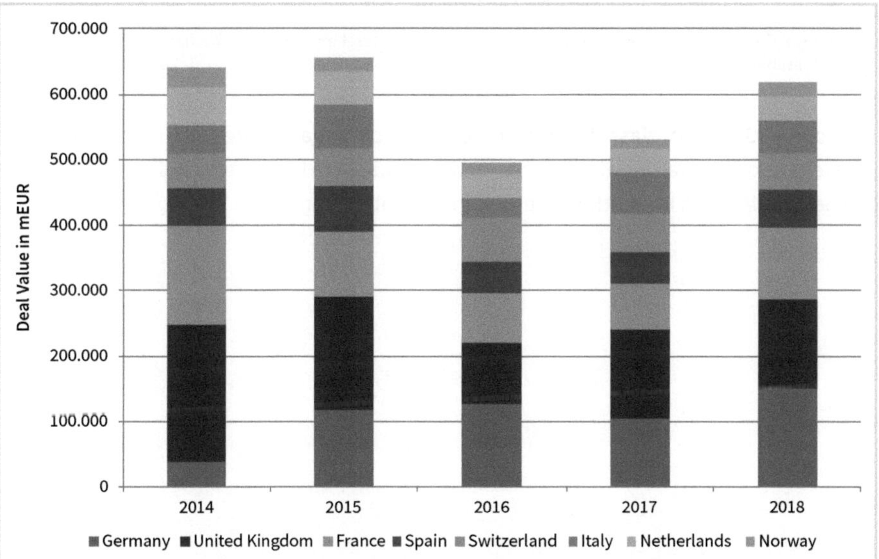

Abb. 13. 2: Die Herkunft der wichtigsten Kapitalnehmer im westeuropäischen Kreditgeschäft mit syndizierten Krediten, Daten: Refinitiv

Die Motive, syndizierte Kredite für die Unternehmensfinanzierung zu nutzen, sind vielfältig. Abbildung 13.3 zeigt, dass sich syndizierte Kredite offensichtlich für die unterschiedlichsten Zwecke eignen. Die Vielzahl an Verwendungsmöglichkeiten macht deutlich, warum das eigentlich transaktionsbezogene Investmentbanking in den letzten Jahren die Nähe zu eher klassischen Finanzierungsdienstleistungen – wie z. B. dem syndizierten Kredit – gesucht hat. Es gilt das Credo: »Wer ein Beratungsmandat bekommen will, muss auch seine Bilanz zu Verfügung stellen.«

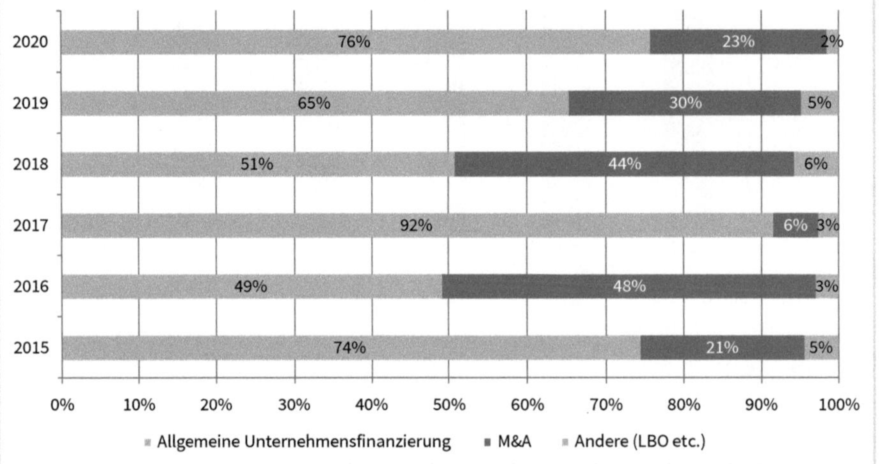

Abb. 13.3: Die wichtigsten Verwendungszwecke der Kreditmittel im westeuropäischen syndizierten Kreditgeschäft

Abbildung 13.4 zeigt, dass der größte Teil der Konsortialkredite für Unternehmen mit Laufzeiten von 3–5 Jahren abgeschlossen wurde. Längere Laufzeiten sind fast ausschließlich bei Sonder- und Projektfinanzierungen zu beobachten.

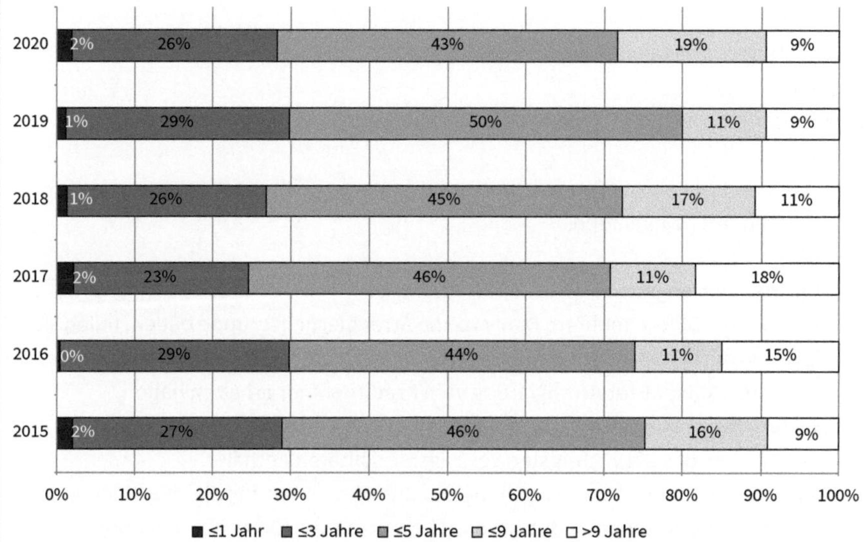

Abb. 13.4: Anteil an Konsortialkrediten für Unternehmen abhängig von den Laufzeiten

13.2 Banken und ihre Aufgaben als Finanzierungsmittler

13.2.1 Die Beteiligten

Banken treten im Geschäft mit syndizierten Krediten typischerweise in drei Funktionen auf. Sie sind:

- *Führungsbank/Mandated Lead Arranger* bis zum Abschluss des Kreditvertrages,
- *Underwriter* bis zum Abschluss des Kreditvertrages, und
- *Kreditgeber/Participant* nach Abschluss des Kreditvertrages.

Mandated Lead Arranger. Dies ist die durch die Transaktion führende Bank. Verantwortlich für die »Terms and Conditions« der Fazilität, fungiert sie als Mittler zwischen dem Kreditnehmer und den Konsortialbanken. Weltweit gibt es nur eine begrenzte Anzahl von Geschäfts- und Investmentbanken, die syndizierte Kredite in ihrer Gesamtheit strukturieren und während der gesamten Laufzeit verwalten können.

Das Bankensyndikat unterhalb der Mandated Lead Arranger wird in weitere Stufen unterteilt. Hierfür werden dann je nach Beteiligungshöhe Titel vergeben. Typische Nomenklatur mit der Rangfolge vom größeren zum kleineren Commitment:

1. Mandated Lead Arranger
2. Lead Arranger

3. Arranger
4. Co-Arranger
5. Lead Manager
6. Manager

Teilnehmende Banken werden üblicherweise durch die Führungsbank in Absprache mit dem Kreditnehmer eingeladen.

Aufgaben der Führungsbank:

- *Arrangierung:* Sofern mehrere Banken eine Arrangierungsgruppe bilden, teilen sie die folgenden Aufgaben untereinander auf. Grundsätzlich handelt es sich nur um die Banken, die das Mandat zur Arrangierung vom Kreditnehmer erhalten haben.
- *Strukturierung:* Erarbeitung einer Kreditstruktur, Erstellung und Verhandlung eines »Term Sheet«, das die wichtigsten Vertragsmodalitäten enthält.
- *Informationsmemorandum:* Erstellung von Informationen für die eingeladenen Banken auf Basis der Angaben des Kreditnehmers mit ausführlichen Angaben über den Kreditnehmer, den Kreditzweck und sonstige Kreditbedingungen. Oft gibt es auch nur eine Kurzform des Memorandums. In diesem Fall spricht man gewöhnlich von einem Informationspaket.
- *Dokumentation:* Erstellung und Verhandlung des Kreditvertrages. Wenn ein Konsortialkredit durch mehrere Führungsbanken arrangiert wird, benennt der Kreditnehmer eine unter ihnen als Dokumentationsagent.
- *Bookrunning:* Durchführung der Platzierung des Kredites. Erstellung der Liste der einzuladenden Banken (Buch), regelmäßiger Kontakt zu den eingeladenen Banken und Berichterstattung über den Verlauf der Syndizierung an Kreditnehmer; Entgegennahme von Zu- bzw. Absagen der Banken, Zuteilung der Beteiligungsquoten. Das aktive Bookrunning wird bei einer größeren Führungsgruppe von Banken meist um der Effizienz willen nur 1–3 dieser Banken anvertraut.
- *Signing:* Organisation und Ausrichtung der Vertragsunterzeichnung unter Teilnahme des Kreditnehmers und des Bankensyndikats, falls nicht eine Unterzeichnung durch Bevollmächtigung des Arrangeurs vereinbart wird.
- *Übernahme der Funktion der Verwaltungsstelle* (»Agent«) nach Unterzeichnung des Kreditvertrages; wesentlicher Ansprechpartner für Kreditnehmer während der Vertragslaufzeit.
- *Publizität:* Presseveröffentlichungen an Presseagenturen, Fachpublikationen, »Tombstone«.

Underwriter

Als Underwriter übernehmen die Banken – meist der Mandated Lead Arranger – falls erforderlich oder falls vom Kreditnehmer gewünscht, Garantien dafür, dass unabhängig vom Erfolg der Syndizierung dem Kreditnehmer der Kreditbetrag bereitgestellt wird. Es wird also der volle Kreditbetrag durch den oder die Underwriter garantiert (»unterschrieben«).

Die Notwendigkeit für ein Underwriting ergibt sich beispielsweise bei der Finanzierung von Unternehmensübernahmen. In dieser Situation muss der Kreditnehmer oft bereits vor erfolgter Syndizierung nachweisen können, dass er über den gesamten Kreditbetrag für den angestrebten Kauf verfügt. Hier stehen Führungsbanken dann mit dem Underwriting bereit und syndizieren nach erfolgtem Zuschlag an weitere Banken. Sie haben damit das Platzierungsrisiko für den Konsortialkredit übernommen.

13.2.2 Das Platzierungsrisiko

Es ist wichtig, sich zu vergegenwärtigen, dass der Schuldner ein bedeutendes Risiko eingeht, wenn er sich für einen syndizierten Kredit als Verschuldungsinstrument entscheidet: Ob ein Syndikat nämlich wirklich zustande kommt, hängt von vielen Gesprächen ab, die auch scheitern können. Scheitert die Syndikatsbildung, kann der Kredit nicht platziert werden.

Die Behandlung des Platzierungsrisikos ist im Grunde ein von der Syndizierungstechnik losgelöstes allgemeineres Problem. Es wird – genau wie im Wertpapiergeschäft – entweder durch Underwriting gelöst oder der Schuldner behält dieses Risiko selbst.

- *Underwriting.* Unter Underwriting wird die Übernahme des Platzierungsrisikos verstanden. Bevor das Syndikat zusammengestellt ist, garantiert der Mandated Lead Arranger die Auszahlung des gesamten Kreditbetrages (»Full Underwriting«) oder eines Teils davon (»Partial Underwriting«). Die »Underwriter« übernehmen fest vereinbarte Quoten der Kreditsumme mit der Absicht, ihre Quote durch eine spätere breite Syndizierung zu reduzieren. Das Risiko der Syndizierung liegt hier vollständig bei den »Underwritern«.
- *Best Efforts.* Eine Kreditsyndizierung auf der Basis »Best Efforts« bedeutet, dass der Mandated Lead Arranger nur einen Teil des Gesamtkreditbetrages übernehmen wird und die Differenz mit möglichst großem Erfolg bei den Partizipanten zu platzieren versucht. Eine Übernahmepflicht für den nicht platzierten Teil besteht nicht. Das Risiko, dass der geplante Kreditbetrag nicht in voller Höhe zustande kommt, liegt hier beim Kreditnehmer.

13.2.3 Syndizierung und Interessenlage der Banken

Syndizierte Kredite sind Teil des Kreditgeschäftes der Banken und damit von all den Vorteilen und Nachteilen normaler Kredite betroffen. Darüber hinaus bietet der syndizierte Kredit aber mit der Syndizierung eine Variante, die vielfältige Vorteile hat:

- *Risikoreduktion.* Der Arranger kann ein Kreditgeschäft in Angriff nehmen, für das er das Risiko nicht alleine übernehmen will. Durch Syndizierung im Primärmarkt gelingt ihm die Risikoentlastung.

- *Bilanzentlastung.* Kreditgeschäft ohne Niederschlag von Risikoaktiva in der eigenen Bilanz.
- *Rendite des Kreditgeschäftes.* Erhöhung der Rendite des Kreditgeschäfts durch Verringerung der Eigenkapitalbindung. Wenn Tranchen vom Arranger an die Syndikatsmitglieder abgegeben werden, verdient er Provisionen ohne nennenswert seine Bilanz zu belasten.
- *Hebeleffekt.* Steigerung der Rentabilität aus der Transaktion in Abhängigkeit vom Syndizierungserfolg. Der Hebeleffekt entsteht dadurch, dass der Kreditnehmer Einmalprovisionen auf den Gesamtbetrag bezahlt, nur ein Teilbetrag davon wird an andere Banken weitergegeben. Der Mandated Lead Arranger erhält einen Teil der Provision (in Relation zur eigenen endgültigen Kreditbeteiligung), berechnet auf das gesamte Kreditvolumen (siehe auch unten Fallbeispiel Solide AG).
- *Kreditportfoliosteuerung.* Der Mandated Lead Arranger kann sein Kreditportfolio steuern, indem er mehr oder weniger Tranchen selbst übernimmt oder indem er den Sekundärmarkt (siehe unten) in Anspruch nimmt.

13.2.4 Primärmarkt und Sekundärmarkt

Der Primärmarkt ist dadurch gekennzeichnet, dass Banken sich an einem Konsortialkredit während der Syndizierungsphase beteiligen können, wohingegen der Sekundärmarkt den Handel von Kreditbeteiligungen nach Abschluss der Syndizierung bezeichnet.

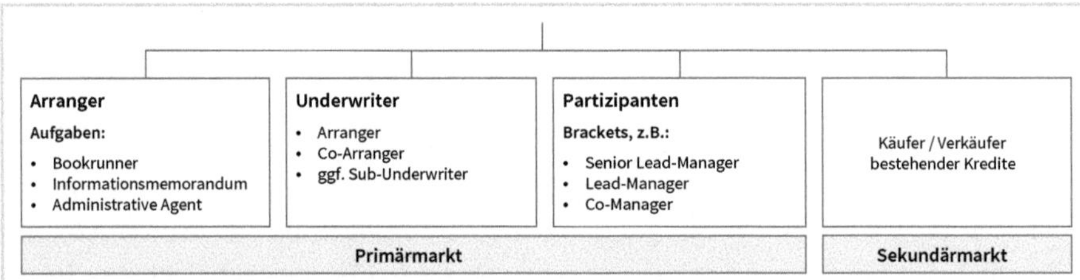

Abb. 13.5: Primär- und Sekundärmarkt

Plattformlösungen

Alternativ zu herkömmlichen Verfahren der Erstbeteiligung oder des Handels von Krediten, werden auch elektronische Plattformen verwendet, welche Konsortialbanken und Kreditnehmer verbinden.

An solchen Plattformen, die oft mit der Blockchain-Technologie ausgestattet werden, arbeiten sowohl neuartige Dienstleister, die bankenunabhängige Plattformen anbieten, wie auch Banken selbst. Einer der bekanntesten Verbünde aus Banken, die sich mit dem Thema beschäftigen, ist das Konsortium »R3«, welches an der Blockchain-Plattform Corda arbeitet, die einen offenen Quellcode hat.

Hauptverwendungszwecke von Plattformen sind die Agency Funktionen und die Verteilung von Informationen bei Schuldscheinemissionen.

Im Jahr 2019 waren Plattformen mit Blockchain-Technologie fast ausnahmslos in Testphasen. Sie verwenden die Blockchain nicht in ihrer Variante als Public Blockchain, sondern die sog. Private Blockchain. Darunter versteht man eine Datenbank, die mittels Distributed Ledger Technology (DLT) bei einer eher kleinen Gruppe von namentlich bekannten Transaktionsteilnehmern abgespeichert und kontrolliert wird. Aspekte, die einer schnellen und breiten Einführung der Technologie im Wege stehen, sind:
- Überlegungen zur Datensicherheit und
- Haftungsfragen, die für Banken von übergeordneter Bedeutung sind.

13.3 Phasen eines syndizierten Kredites

Die Entwicklung eines syndizierten Kredites vollzieht sich in drei Phasen:
- Origination,
- Structuring,
- Distribution,

wobei jede Phase unterschiedliche Erfahrungen von verschiedenen Gruppen erfordert. Unterschiedliche externe Stellen werden ebenfalls in den Prozess miteinbezogen.

Origination	Structuring	Distribution
Marketingphase: Kunden identifizieren, Marketingservice, Mandatssicherung, Angebot erarbeiten und unterbreiten, Kreditentscheidung vorbereiten und koordinieren.	Verhandlungsphase und Durchführung: »Terms and Conditions« im Detail verhandeln, Rechtsdokumente vorbereiten (meist über spezialisierte Anwaltskanzlei).	Platzierung der Transaktion: Informationsmemorandum für die Ansprache anderer Banken vorbereiten, Zielbanken einladen, Koordinierung der Syndizierung, Unterzeichnen des Vertrages.

Tab. 13.2: Phasen des syndizierten Kredites

13.3.1 Geldfluss und Rolle der Agenten

Während bei einem bilateralen Kredit nach Vertragsabschluss die Geldmittel- und Informationsflüsse direkt zwischen dem Kreditnehmer und der Bank stattfinden, fließen sie bei einem syndizierten Kredit über den Agenten (engl. »Agent«), der als Verwaltungs- und Zahlstelle fungiert.

- Beabsichtigt der Kreditnehmer eine Kreditziehung, dann fordert er die Mittel beim Agenten an.
- Dieser fordert seinerseits die Mittel bei den Syndikatsbanken entsprechend ihrer Quoten an.
- Bei Zinsfälligkeit, Kapitalfälligkeit oder vorzeitiger Rückzahlung des Kredits zahlt der Kreditnehmer Zinsen und Kapital an den Agenten.
- Dieser leitet die Zahlungen an die Partizipanten weiter.

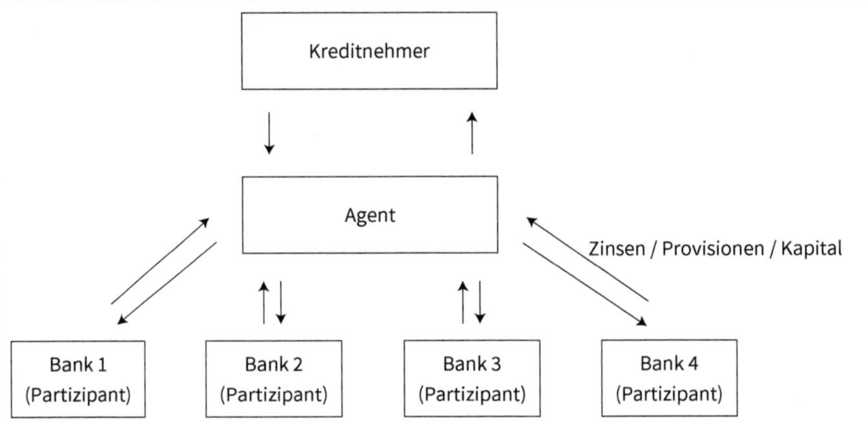

Abb. 13.6: Geldfluss: Kreditnehmer – Agent – Bank

Der Agent fungiert während der gesamten Laufzeit des syndizierten Kredites als Mittler für die Kommunikationen zwischen Kreditnehmer und Partizipanten. Seine Rechte und Pflichten sind im Konsortialkreditvertrag im Einzelnen geregelt.

13.3.2 Syndizierungsstrategien

Wie bildet man ein Syndikat? Wie bringt man eine Gruppe von Kapitalbesitzern zusammen, die bereit sind, gemeinsam Kredit zu geben? Es gibt folgende Strategien:

- Club-Deal,
- Breite Syndizierung,
- Mischform aus Club-Deal und breiter Syndizierung.

Club-Deal

Ein Club-Deal zeichnet sich dadurch aus, dass nur eine begrenzte Anzahl von Banken vom Arrangeur eingeladen wird, eine Quote zu übernehmen. Oft gibt es eine Beschränkung auf bestehende und künftige Hausbanken des Schuldners. Die Quoten der Banken sind grundsätzlich identisch. Dasselbe gilt für die Beteiligungsprovisionen.

Club-Deal	
Vorteile	**Nachteile**
Zeit- und kosteneffizient, da Kreditnehmer bei eingeladenen Banken bekannt.	Kreditlinien mit wichtigsten Hausbanken aufgrund vorhandener Kreditengagements bereits ausgeschöpft. Begrenztes Wachstum durch Kredit.
Konditionen für Kreditnehmer grundsätzlich günstiger als bei breiter Syndizierung.	Durch begrenzte Anzahl der Banken Gefahr, dass einheitliche Beteiligungsquoten pro Bank zu hoch sind.
Begrenztes Syndizierungsrisiko, wenn sich angesprochene Relationship-Banken am Kredit beteiligen.	Geringere Öffentlichkeitswirkung als bei breiter Syndizierung. Keine Erschließung neuer, internationaler Bankverbindungen.

Tab. 13.3: Vor- und Nachteile von Club-Deals

Die Syndizierung durch einen Club-Deal wird gewählt, wenn sich der Kreditnehmer der Unterstützung seiner bestehenden Hausbanken bei der Darstellung des gewünschten Kreditvolumens zu dem vorgegebenen Preis sicher sein kann. Die Verantwortung des Arrangeurs konzentriert sich hier auf die sach- und fachgerechte Koordination bei der Durchführung des Kredites bis zur Vertragsunterzeichnung. Club-Deals werden daher in der Regel auf der Basis »Best Efforts« syndiziert.

Breite Syndizierung

Hier erhält eine große Anzahl nationaler und internationaler Banken eine Einladung, an einem Syndikat mitzuwirken. Die Banken können zwischen verschiedenen Beteiligungsquoten wählen. Die Erstellung von umfassendem Informationsmaterial ist notwendig als Basis für die Kreditentscheidung der Banken, die mit dem Kreditnehmer nicht vertraut sind.

Breite Syndizierung	
Vorteile	**Nachteile**
Möglichkeit der Generierung großer Kreditbeträge, ohne bestehendes Kreditengagement der Hausbanken zu stark zu erhöhen.	Unsicherheit im Hinblick auf Syndizierungsergebnis wegen Ansprache neuer Banken.
Erschließung neuer, internationaler Bankverbindungen.	Zeitaufwendiger, da Informationsmaterial für neue Banken aufbereitet werden muss.
Hohe Publizitätswirkung, insbesondere bei Debüt-Transaktionen.	Konditionen für Kreditnehmer grundsätzlich ungünstiger als bei Club-Deal.
Banken als Portfolioinvestoren beteiligen sich am Kreditvolumen.	

Tab. 13.4: Vor- und Nachteile der »breiten« Syndizierung

Die breite Syndizierung ist darauf angelegt, dem Kreditnehmer neue Banken als Kreditgeber zu erschließen. Da der Syndizierungserfolg nicht im Vorhinein absehbar ist, kann der Kreditnehmer ein »Underwriting« des Kreditbetrages durch den Arranger verlangen. Die Syndizierung erfolgt grundsätzlich in mehreren Phasen, wobei in einer ersten Phase zunächst das Underwriting des Arrangeurs durch das Anbieten von Sub-Underwritings reduziert wird. Die Zahl der zu einem Sub-Underwriting eingeladenen Banken ist begrenzt und richtet sich nach der Höhe des gesuchten Kreditvolumens. In der zweiten Phase, der allgemeinen Syndizierung, wird eine große Anzahl von Banken eingeladen. Durch die Beteiligungszusagen dieser Banken sollen sich die Underwriting- bzw. Sub-Underwriting-Beträge auf die von diesen Banken geplanten endgültigen Kreditbeträge reduzieren.

13.3.3 Der »Toolkasten« – die Kreditarten

Jetzt befassen wir uns mit der Frage, in welcher Form die Kredite letztendlich gewährt werden. Bekanntlich gibt es eine Vielzahl verschiedener Kredittypen. Grundsätzlich kommen viele davon für den syndizierten Kredit infrage. Die gebräuchlichsten sind:

Revolvierende Kreditfazilität (Revolving Credit Facility)
Sie hat eine vergleichbare Struktur wie der inländische Kontokorrentkredit. Von diesem Rahmenkredit kann der Kreditnehmer während einer vorher vereinbarten Laufzeit Beträge bis zu einem Höchstbetrag beliebig in Anspruch nehmen, zurückzahlen und erneut in Anspruch nehmen. Der Kreditnehmer zahlt für den jeweils in Anspruch genommenen Betrag den vereinbarten Zinssatz, darüber hinaus aber auch auf den nicht ausgenutzten Anteil eine Bereitstellungsprovision.

Bereitstellungskredit (Standby-Facility bzw. Backup-Linie)
Dies ist eine Variation der »Revolving Credit Facility«. Es wird für eine bestimmte Laufzeit eine Kreditlinie eingeräumt, obwohl Kreditnehmer und -geber davon ausgehen, dass es nicht zu einer Inanspruchnahme kommt. Hintergrund ist die Liquiditätssicherung.

Ancillary Lines (Ergänzungslinie)
Eine weitere Ausgestaltung revolvierender Kreditfazilitäten ist die Einräumung eines Sublimits, das taggleich genutzt werden kann. Da der Konsortialkredit häufig das Hauptfinanzierungsinstrument eines Unternehmens ist und alle teilnehmenden Banken unter einem Vertragswerk vereint, kann der Bedarf entstehen, unter diesem Rahmen auch die täglichen Verfügungen bewerkstelligen zu können, z. B. für kleinere Avalstellungen, Akkreditive, Garantiestellungen und andere kurzfristige Liquiditäts- und Sicherungsbedürfnisse. Um aber nicht gegen die bei Konsortialkrediten üblichen Vorschriften hinsichtlich der limitierten Anzahl gleichzeitiger Inanspruchnahmen zu verstoßen, wird eine Ancillary Line als Sub Limit eingerichtet.

Barkredit (Term Loan Facility)
Dies ist eine weitverbreitete Kreditart bei syndizierten Krediten. Es ist ein Darlehen in einer bestimmten Höhe, das innerhalb einer bestimmten Frist gezogen werden muss oder verfällt. Die Tilgung erfolgt in Raten innerhalb einer vereinbarten Frist oder am Ende der Laufzeit in einem Betrag (»Bullet Repayment«).

Syndizierte Avalfazilität
Syndizierte Avalkredite (Letter of Credits) sind für eine Vielzahl von Unternehmen aus Branchen mit typischerweise hohem Bedarf an Avalen (z. B. Anzahlungs-, Vertragserfüllungs-, Gewährleistungs- und Mietavale) von Interesse. Bei der Gewährung eines Avals stellen die Kreditgeber dem Kreditnehmer keine liquiden Mittel, sondern lediglich ihre Kreditwürdigkeit zur Verfügung. Die Kreditgeber übernehmen durch die Stellung eines Avals im Auftrag des Kreditnehmers gegenüber einem Dritten (Begünstigten) die Haftung für eine bestimmte Geldsumme. Neben einer reinen syndizierten Avalfazilität kann eine Avallinie innerhalb eines syndizierten Kredits auch als eine eigenständige Tranche oder als ein Sub-Limit einer revolvierenden Fazilität strukturiert werden. Die unter der Linie begebenen Avale bzw. Garantien lassen sich grundsätzlich in »Commercial Guarantees« und »Financial Guarantees« einteilen, welche sich aufgrund ihres unterschiedlichen Risikoprofils u. a. in der entsprechenden Preisgestaltung unterscheiden. Als Vergütung wird im Unterschied zum traditionellen syndizierten Barkredit anstelle der Zinsmarge eine Avalprovision vereinbart, da den Banken aufgrund des von ihnen eingegangenen Risikos einer Eventualverbindlichkeit (Avale gelten als Eventualverbindlichkeiten und werden erst als echte Verbindlichkeit ausgewiesen, wenn eine Inanspruchnahme aus dem Aval erfolgt) bis zur Inanspruchnahme des Avals keine Refinanzierungskosten entstehen.

13.3.4 Das Pricing

Als Pricing bezeichnet man die Festlegung der Konditionen, zu denen ein Kreditnehmer einen syndizierten Kredit erhält. Die Pricing-Komponenten des syndizierten Kredites sind:

- der Basiszinssatz auf das Kreditvolumen,
- die Zinsmarge,
- die Bereitstellungsprovisionen,
- die Einmalprovisionen,
- laufende Provisionen,
- Kostenerstattungen.

Als Basiszinssatz werden meist EURIBOR oder LIBOR bzw. deren Nachfolgerzinssätze für die gewählte Zinsperiode verwendet. Der Zinssatz ist während der vereinbarten Zinsperiode fest. Grundsätzlich ist die gewählte Zinsperiode im Kreditvertrag festgelegt. Sie kann 1 Monat, 2 Monate, 3 Monate, 6 Monate oder mit Einzelfallgenehmigung der Kreditgeber längstens 12 Monate betragen. Die Zinsmarge wird für die gesamte Laufzeit des Kredites fest vereinbart. Sie orientiert sich an der Bonität des Kreditnehmers bei Krediteinräumung, den Markterwartungen der beteiligten Banken zum Zeitpunkt der Verhandlungen über die Finanzierung und der zugrunde liegenden Risikokapitalbindung der Banken. Eine Vereinbarung über eine Anpassung der Zinsmarge nach oben oder nach unten je nach veränderter Bonität des Kreditnehmers anhand messbarer Kriterien ist möglich (»Margengrid« gekoppelt an die Einhaltung bestimmter Finanzrelationen oder an das öffentliche Rating des Kreditnehmers).

Die Provisionen werden unterschieden in *Einmalprovisionen*, die in einer Summe nach Vertragsunterzeichnung oder mit der ersten Ziehung gezahlt werden, und in *Laufende Provisionen*, die in festgelegten Intervallen über die gesamte Laufzeit gezahlt werden.

Provisionstypen	
Management Fee	Zusammenfassende Bezeichnung aller Einmalprovisionen
Im Einzelnen:	
Arrangement Fee (Federführungsprovision)	Vergütung des Arrangeurs
Underwriting Fee (Übernahmeprovision)	Risikoprovision für Übernahme des Platzierungsrisikos
Participation Fee (Beteiligungsprovision)	Weiterzugeben an alle beteiligten Banken auf deren zugeteilte Endquote
Commitment Fee (Bereitstellungsprovision)	Berechnet p. a. auf den nicht in Anspruch genommenen Kreditbetrag, zahlbar vierteljährlich nachschüssig.
Utilisation Fee (Ziehungsprovision)	Berechnet auf den in Anspruch genommenen Betrag, zahlbar vierteljährlich nachschüssig, als zusätzliche Vergütung, wenn Ziehungen ein zuvor vereinbartes Niveau überschreiten.
Facility Fee (Kreditprovision)	Berechnet auf den zugesagten Kreditbetrag, zahlbar vierteljährlich nachschüssig.
Extension Fee (Verlängerungsprovision)	Berechnet einmalig bei Verlängerung der Kreditlaufzeit auf den Kreditbetrag, zahlbar bei Verlängerung.
Agency Fee (Verwaltungsprovision)	Vergütung für den Agenten, berechnet gemäß der Anzahl der beteiligten Banken, häufig als Pauschalbetrag, zahlbar jährlich im Voraus.
Kostenerstattung	Rechtsberatungskosten und sonstige Kosten des Mandated Lead Arrangers im Zuge der Durchführung der Transaktion.

Tab. 13.5: Einmalprovisionen und Laufende Provisionen

Nicht alle der genannten Provisionen kommen bei jedem Kredit zur Anwendung. Es gibt eine Vielzahl von Gestaltungsvarianten je nach Art und Verwendungszweck des Kredites.

Während die vorgenannten Preiselemente der Konsortialkredite immer die gleichen bleiben, so hängt die Höhe, vor allem der Zinselemente, aber auch der Risikovergütung, stark vom allgemeinen Kreditzyklus ab. Dieser Zyklus, der in Abbildung 13.7 aufgezeigt wird, wiederholt sich in unregelmäßigen Abständen immer wieder. Preistechnisch gesehen ergibt sich eine gewisse Wellenbewegung. Es ist Aufgabe der Konsortialführung, mit dem Kreditnehmer ein jeweils auf diesen Zyklus abgestimmtes Preisgefüge zu vereinbaren, das dann bei der Syndizierung im Markt den gewünschten Zuspruch der Investoren findet.

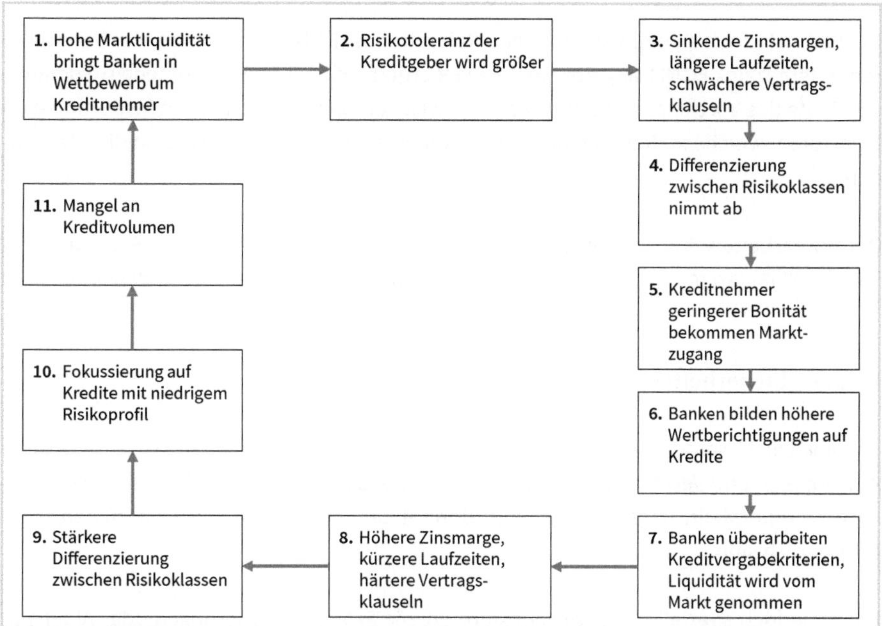

Abb. 13.7: Schematischer Verlauf des Preiszyklus von Konsortialkrediten

Reform der Benchmarkzinssätze

Die EU Benchmark Regulation (BMR) verlangt bis Ende 2019 IOSCO-konforme Referenzzinssätze. IOSCO ist die »International Organisation of Securities Commissions«, eine Vereinigung von 200 Aufsichtsbehörden (darunter auch BaFin). IOSCO hat acht Prinzipien für Referenzzinssätze festgelegt (Principles for Financial Benchmarks; siehe www.iosco.org). EURIBOR und LIBOR entsprechen in ihrer traditionellen Form nicht diesen Regeln. Die Bemühungen, den EURIBOR zu reformieren oder einen Ersatz für diesen bei Finanzierungen weitverbreiteten Referenzzins zu finden, verzögerten sich, weil der Bankenverband EMMI, der den EURIBOR managt, Schwierigkeiten hatte, die IOSCO-Regeln bei gegebenen Märkten einzuhalten. Es wird u. a. verlangt, dass sich Benchmarkzinssätze auf reale Transaktionen stützen. EMMI möchte EURIBOR auf unbesicherte Geldmarktgeschäfte stützen. Der Geldmarkt arbeitet seit der Subprimekrise aber überwiegend mit besicherten Transaktionen, sodass nicht genügend reale Transaktionen zusammenkommen, um einen Benchmarkzins berechnen zu können. Die EU hatte deshalb die Frist zur Reform des EURIBORs bis Ende 2021 verlängert.

Bzgl. LIBOR gilt, dass der GBP-LIBOR durch die Sterling Overnight Index Average Rate (SONIA) ersetzt wird. Der USD-LIBOR wird durch die Secured Overnight Finance Rate (SOFR) ersetzt.

Die EZB hat einen eigenen kurzfristigen Referenzzins (ESTER) entwickelt, der den früheren Referenzzins EONIA abgelöst hat. ESTER stützt sich auf abgeschlossene Geldmarktgeschäfte des Vortrages unter Banken und zwischen Banken und großen institutionellen Investoren, welche im Rahmen der EZB-Geldmarktstatistik jeden Abend an die EZB melden.

Der überarbeitete Konsortialkreditvertrag nach LMA-Standard sieht eine Standardregelung zum Ersatzreferenzzinssatz vor, falls der EURIBOR nicht länger verwandt werden darf.

13.3.5 Sicherheiten

Grundsätzlich werden beim syndizierten Kredit keine Sicherheiten wie Grundschulden, Abtretungen und Verpfändungen von Vermögensgegenständen und Rechten vereinbart. Es wird unterstellt, dass aufgrund der Bonität des Kreditnehmers Sicherheiten nicht erforderlich sind.

Sofern jedoch spezielle Finanzierungsformen wie Projektfinanzierungen oder Akquisitionsfinanzierungen mit hohem Leverage durch einen syndizierten Kredit dargestellt werden, sind umfangreiche Sicherheiten obligatorisch.

Eine besondere Rolle spielen bestimmte Finanzkennzahlen (Covenants) in den Kreditverträgen. Der Kreditnehmer verpflichtet sich hierbei zur Einhaltung bestimmter Ertrags- und Vermögenskennzahlen. Dabei werden Kennzahlen in Bezug auf

- Eigenkapitalausstattung,
- Verschuldung,
- Ertrag und Liquidität

ermittelt, die der Kreditnehmer während der Laufzeit des Kreditvertrages zu erfüllen hat. Financial Covenants dienen als Frühwarnindikatoren für wirtschaftliche Fehlentwicklungen und drohende Zahlungsunfähigkeit des Kreditnehmers. Im Falle der Nichteinhaltung besteht für die Kreditgeber ein Kündigungsgrund.

Bei klassischen Unternehmensfinanzierungen sind wichtige Kennzahlen, welche der Kreditnehmer einhalten muss:

- Leverage Ratio,
- Zinsdeckungsgrad und
- Eigenmittel-Ratio.

Je nach dem jeweiligen Wettbewerbsumfeld sind nicht in allen Verträgen Financial Covenants enthalten, und auch deren Grenzwerte und Ausgestaltung variieren mit

- der Branche,
- der Bonität der Kreditnehmer,
- dem konjunkturellen Umfeld.

Im Large Cap Bereich, bei guten Bonitäten und Konjunkturlagen sind Financial Covenants in den Kreditverträgen eher die Ausnahme. Bei schlechter Konjunktur ziehen die Bedingungen an und die Auflagen werden härter.

Case Study
Im untenstehenden Beispiel der Solide AG sehen wir aufgrund der guten Bonität, des externen Ratings von A3/A-, keine Financial Covenants vor.

13.3.6 Dokumentation

Grundsätzlich werden Kreditverträge jeweils individuell mit dem Kreditnehmer verhandelt. Der übliche Aufbau eines Konsortialkreditvertrages unterliegt in der Regel dem Aufbau einer grundsätzlich im Euromarkt etablierten Normierung der von der Loan Market Association (»LMA«) zur Verfügung gestellten Musterverträge. Ein typischer Konsortialkreditvertrag hat den unten beispielhaft vorgestellten Aufbau.

Konsortialkreditvertrag	
Section 1	Definitions and Interpretations
Section 2	The Facility, Purpose, Conditions of Utilisation
Section 3	Utilisation, Optional Currencies
Section 4	Repayment, Prepayment, Cancellation
Section 5	Costs of Utilisation: Calculation of Interest, Interest Periods, Absence of quotations, Market disruption, Break costs, Fees
Section 6	**Additional Payment Obligations: Tax Gross up and Indemnities, Increased Costs, Other Indemnities, Mitigation by the Lenders, Costs and Expenses**
Section 7	Guarantee and Indemnity

Konsortialkreditvertrag	
Section 8	Representations, Undertakings and Events of Default: Representations, Information Covenants, Financial Covenants, General Undertakings such as Negative Pledge, Disposal of Assets, Restrictions on Acquisitions and Mergers, Change of Business, Events of Default including Cross Default
Section 9	Change to Parties: Assignment or Transfer, Change to the Lenders, Change to the Borrower
Section 10	The Finance Parties: Role of the Agent and the Arranger
Section 11	Administration: Payment Mechanics, Set-Off, Notices, Calculations and Certificates, Partial Invalidity, Remedies and Waivers, Amendments and Waivers Counterparts
Section 12	Governing Law and Enforcement
Schedules	The Lenders, Requests, Mandatory Cost Formulae, Form of Transfer Certificate, Form of Compliance Certificate, Existing Security

Tab. 13.6: Beispielhafter Aufbau eines Kreditvertrages

In der Praxis unterscheidet sich die Regelungsdichte eines Kreditvertrages je nach Einzelfall erheblich. Insbesondere bei Akquisitionskrediten erreichen Kreditverträge nicht selten einen Umfang von über 200 Seiten.

PRAXISBEISPIEL

Kreditstruktur für Solide AG

Anhand des folgenden Beispiels soll verdeutlicht werden, welche Probleme bei Mandaten der syndizierten Finanzierung auftreten können.

Ausgangslage: Die Solide AG, zweitgrößtes Unternehmen in Europa für elektronische Bauelemente in der Mess- und Regeltechnik, will ihren Marktanteil in Europa und den USA noch erhöhen. Dazu hat sie verschiedene kleinere und mittlere Spezialfirmen in Frankreich, Italien und den USA erworben. Der Erwerb wurde durch eine Kapitalerhöhung finanziert. Für die gewachsene Gruppe will die Solide AG eine Betriebsmittellinie in Höhe von 300 Mio. EUR installieren. Bisher bestehen bilaterale »Bis-auf-weiteres-Linien« in Höhe von 280 Mio. EUR, davon 120 Mio. EUR bei der C-Bank, die ersetzt werden sollen. Solide AG zahlt ihren Banken bisher Zinsmargen von ca. 1,50 % p. a. Die C-Bank soll und möchte ein Finanzierungskonzept erarbeiten, das die Solide AG – hoffentlich – kauft.

Hinter den Kulissen. Dies ist die Situation – aber nur vordergründig. Hinter den Kulissen gibt es viele weitere Aspekte. Der Kreditbetrag von 300 Mio. EUR ist sowohl für eine bilaterale Zusammenarbeit als auch ein kleines Konsortium der aktuell bestehenden drei Hausbanken ungeeignet. Zusätzlich können die bestehenden bilateralen Kreditlinien bei den Hausbanken eine Erweiterung des Engagements begrenzen, wenn diese Kreditlinien auf Dauer von den Hausbanken als sehr hoch angesehen werden und durch die Banken nicht weiter aufgestockt werden können. Deshalb ist Solide AG aufgrund ihrer Expansionspläne und der betrachteten Finanzierung stark daran interessiert, ihr Bankennetz auszubauen, während der Mandated Lead Arranger, die C-Bank, daran interessiert ist, die bestehenden bilateralen Linien von 120 Mio. EUR zu reduzieren. Die Erweiterung des Bankenkreises wirft allerdings das Problem auf, dass alle am Syndikat teilnehmenden Banken erwarten, mit Solide AG eine aktive Geschäftsbeziehung aufbauen zu können. Der Bankenkreis kann nur erweitert werden, wenn die neue Geschäftsverbindung mit entsprechendem Cross-Selling-Potenzial neben dem syndizierten Kredit attraktiv gestaltet wird. Das Eigenkapital der Banken darf nicht zu stark durch die bankenaufsichtsrechtliche Hinterlegung belastet werden. Der Erfolg der Syndizierung ist jedoch nicht im Voraus bekannt. Die strategische Entscheidung und die gewählte Struktur (Anzahl der Arranger, Co-Arranger und Participants sowie deren Anteil am Gesamtvolumen) sind deshalb von großer Bedeutung. Da die Solide AG plant, ihren Marktanteil in einigen Ländern zu erhöhen, ist es von Vorteil, Participants aus diesen Ländern einzuladen, wobei deren Interesse nicht vorher sicher ist.

Finanzierungskonzept	
Kreditnehmer	Solide AG, Hannover, Garantie der Solide AG für den Fall der Aufnahme des Kredites durch eine Tochtergesellschaft; Bonität der Solide Gruppe: Kein offizielles Rating, C-Bank-internes Rating von 2,0 ergibt parallelisiert mit Moody's/S&P A3/A-.
Kreditzweck	Betriebsmittelfinanzierung
Betrag	300 Mio. EUR
Kreditart	Revolvierender Kredit
Arrangeur/Underwriter	C-Bank Aktiengesellschaft
Ziehungen	Revolvierende Inanspruchnahme während der gesamten Laufzeit in festgelegten Mindestbeträgen von 20 Mio. EUR und integralem Vielfachen von 10 Mio. EUR, Zinsperioden von 2, 3 oder 6 Monaten.
Währungen	Ziehungen können in verschiedenen Währungen erfolgen.
Laufzeit	5 Jahre
Zinssatz	EURIBOR/LIBOR für die jeweilige Ziehungsperiode zuzüglich Marge von 1,40 % p. a.
Commitment Fee	50 % der anwendbaren Zinsmarge, zahlbar auf den nicht gezogenen Kreditbetrag

Finanzierungskonzept	
Management Fee	0,45 % einmalig. Darin enthalten sind Arrangierungs- und Underwritingprovisionen sowie an die Konsortialbanken auszuzahlende Beteiligungsprovisionen.
Agency Fee	20.000 EUR p. a.
All-in Kosten* für Solide AG	EURIBOR/LIBOR + 1,49 % p. a. bei voller Inanspruchnahme (ohne Agency Fee und sonstige Kosten)
Sonstige Kosten	Der Kreditnehmer übernimmt alle Kosten in Verbindung mit der Erstellung der Vertragsdokumentation, der Erstellung des Informationsmemorandums, der Einladung der Banken sowie Kosten in Zusammenhang mit der Vertragsunterzeichnung und Publizität.
Syndizierungsstrategie	Bei dem Kreditvolumen von 300 Mio. EUR und den bestehenden drei engen Bankverbindungen ist eine Erweiterung des Bankenkreises ratsam. Zusätzlich zu den bestehenden Hausbanken sollen weitere nationale sowie internationale Banken eingeladen werden. Bevorzugt werden Banken in den Ländern, in denen die neue Solide Gruppe operativ ist. Diese Strategie greift die zunehmende Internationalisierung der Solide Gruppe auf und erschließt weitere Bankverbindungen für den erhöhten Kreditbedarf. Es bietet sich eine zweistufige Syndizierung an, in der die Hausbanken als Co-Arrangeure und weitere Banken in der allgemeinen Syndizierung eingeladen werden. Eine Überzeichnung in der Syndizierung soll zur Herabstufung der Beteiligungsquoten der Banken führen.
*Zur Ermittlung der All-in-Marge siehe Tabelle »Pricingmodell für Solide AG«.	

Tab. 13.7: Finanzierungskonzept der beratenden Bank

Überlegung

Nimmt die Solide AG den Finanzierungsvorschlag an, dann ergeben sich für sie folgende Vorteile:

- Aufbau neuer Bankbeziehungen durch das Konsortium, wobei bestehende Beziehungen nicht durch überhöhte Kreditlinien überstrapaziert werden;
- Verbesserung der Finanzierungsstruktur;
- Etablierung des Namens Solide AG am Kreditmarkt;
- Abwicklung des Kredites über einen Agenten anstelle mehrerer Ansprechpartner;
- Bereitstellung eines höheren Kreditvolumens und somit Möglichkeiten, das Vorhaben wirklich durchführen zu können;
- Einsparung von Kosten durch geringere All-in-Kosten (exkl. Sonstige Kosten) als bei bestehenden Krediten (1,50 % p. a.);
- bei Überzeichnung Möglichkeit der Aufnahme einer höheren Summe bei gleicher Marge.

Um das Risiko zu minimieren, sollen in einer zweistufigen Strategie mehrere Banken gewonnen werden. Die Hierarchie innerhalb des Konsortiums wird durch den Zeitpunkt der Einladung der Banken bestimmt. In der ersten Syndizierungsstufe werden größere Teile des Kredites angeboten, die höhere Einmalprovisionen, einen höheren Endbehalt und somit auch erhöhtes Risiko tragen. Der Endbehalt ist der Teil des Underwritingvolumens, den der jeweilige Underwriter nicht an Sub-Underwriter weitergibt/weitergeben kann und letztlich selbst übernimmt/übernehmen muss. Durch die Gewinnung weiterer Banken in der nächsten Stufe verkleinert sich das Risiko und der Endbehalt der Arranger und Co-Arranger.

Erste Syndizierungsstufe
Co-Arranger sollen einen Teil des vom Arranger geleisteten Underwritings übernehmen (»Sub-Underwriting«). Zwei Co-Arranger mit je 75 Mio. EUR Sub-Underwriting sollen gewonnen werden. Dadurch reduziert sich das primäre Underwriting des Arrangers auf 150 Mio. EUR. Die Co-Arranger erhalten die Underwritingprovision von 0,125 % auf das zugeteilte Underwriting und eine Beteiligungsprovision von 0,225 % auf den Endbehalt.

Zweite Syndizierungsstufe
In der allgemeinen Syndizierung werden Banken mit unterschiedlichen Beteiligungsquoten eingeladen (Participants). Es soll zwei Gruppen von Participants geben: Lead Manager mit 20 Mio. EUR übernommenem Kreditvolumen und einer Provision von 0,20 %, sowie Manager mit 10 Mio. EUR und 0,15 % Einmalprovision. Das ermöglicht auch »kleineren« Banken eine Teilnahme. Banken, die noch keine Geschäftsverbindung zur Solide AG haben, können hierdurch eine Beziehung etablieren. Kommt es zu einer Überzeichnung, so ist der endgültige Kreditbetrag zwischen Arranger und Solide AG abzustimmen. Die Endquoten der einzelnen Banken werden bei Aufstockung des Kreditbetrages durch die angestrebten Endquoten aller Banken bestimmt, oder im Fall der Beibehaltung des ursprünglichen Kreditbetrages pro-ratarisch entsprechend aller Banken aufgeteilt.

Strategieübersicht			
Ursprüngliches Underwriting	Anzahl der Banken	Underwriting pro Bank (Mio. EUR)	Gesamt-Underwriting (Mio. EUR)
Aranger	1	300	300
Co-Arranger	–	–	–
Participants	–	–	–
Insgesamt	1	–	300

Strategieübersicht			
1. Syndizierungsstufe	Anzahl der Banken	Underwriting pro Bank (Mio. EUR)	Gesamt-Underwriting (Mio. EUR)
Aranger	1	150	150
Co-Arranger	2	75	150
Participants	–	–	300
Insgesamt	3	–	300
2. Syndizierungsstufe	Anzahl der Banken	Angestrebter Endbehalt pro Bank (Mio. EUR)	Aufgebrachte Mittel (Mio. EUR)
Aranger	1	30	30
Co-Arranger	2	25	50
Participants	Ca. 11–22	10/20	220
Insgesamt	Ca. 14–25	–	300

Tab. 13.8: Strategieübersicht für Solide AG

Pricingmodell		
Position	**Einheit**	
Kreditbetrag	Mio. EUR	300
Laufzeit	Jahre	5,00
Marge	ø-Marge über EURIBOR in BP p. a.	140,00
Arrangement Fee	BP flat	10,00
Underwriting Fee	BP flat	12,50
Participation Fee	BP flat	22,50
Arrangierungsvolumen Mandated Lead Arranger	Arrangierungsanteil am Kreditbetrag, Mio. EUR	300,00
Total Underwriting	Underwriting ggü. Kreditnehmer, Mio. EUR	300,00

Pricingmodell		
Position	**Einheit**	
Underwriting Mandated Lead Arranger	Mio. EUR	300,00
Endbehalt Mandated Lead Arranger	angestrebt, Mio. EUR	30,00
Sub-Underwriting	Underwriting eines Sub-Underwriters, Mio. EUR	75,00
Endbehalt Sub-Underwriter	angestrebt, Mio. EUR	25,00
Ergebnis All-in-Marge (in BP p. a.)* Für Kreditnehmer: Für Mandated Lead Arranger: Für Participant: Für Sub-Underwriter: *Die Addition der Marge mit den auf die Laufzeit umgelegten Einmalprovisionen ergibt die All-in-Marge .	In Basispunkten. Angenommen wird ein Endbehalt von 30 Mio. EUR	149,00 177,00 144,00 152,00

Tab. 13.9: Pricingmodell für Solide AG

Die **finanziellen Anreize für den Arranger:** Bei Reduzierung des Endbehaltes steigt die All-in-Marge des Mandated Lead Arrangers aufgrund des Hebeleffektes. Der Hebeleffekt entsteht dadurch, dass der Kreditnehmer Einmalprovisionen auf den Gesamtbetrag (an den Arranger) bezahlt, wovon nur ein Teilbetrag an andere Banken weitergegeben wird. Je mehr der Endbehalt reduziert wird, desto größer ist die All-in-Marge des Mandated Lead Arrangers, da dieser seinen Teil der Provision berechnet auf das gesamte Kreditvolumen erhält. Dieser Hebeleffekt soll am folgenden Zahlenbeispiel demonstriert. (Der beschriebene Hebeleffekt wirkt sich – in geringerem Maße – auch für die eingeladenen Sub-Underwriter aus):

All-in-Marge Mandated Lead Arranger	bei Endbehalt in Mio. EUR	All-in-Marge (in BP p. a.)	Margenvorteil ggü. Participant (in %)
	50	**164,00**	**14**
	30	**177,00**	**239**
	25	**183,50**	**27**

Tab. 13.10: Hebeleffekt

Ergebnis der vorgeschlagenen Finanzierungsstruktur für den Mandated Arranger bei einem Endbehalt von 30 Mio. Euro:

Endbehalt Mandated Arranger	30 Mio. EUR	Vorher 120 Mio. EUR
Unmittelbarer Finanzieller Ertrag	1,77 % p. a. (all-in bei voller Inanspruchnahme) inkl. Einmalprovision* von 543 Tsd. €	1,50 % p. a. (bilateral)
Sonstiger Nutzen	Verbindung deutlich gefestigt Kompetenz als Federführer bewiesen	
*Die Einmalprovision wird umgelegt auf die Laufzeit des syndizierten Kredites.		

Tab. 13.11: Vorgeschlagene Finanzierungsstruktur

13.4 Erfolgskritische Faktoren und Controlling

Im Bereich **Origination** sind die wichtigsten Erfolgsfaktoren:

- Bestehende und ausbaufähige Kundenverbindungen zu haben als Basis für die Mandatierung als Arrangeur für syndizierte Kredite;
- Preisgestaltung unter Beachtung von Bonitäts- und Marktrisiko: »Fairer« Preis ist akzeptabel für Kunden, rentabel für Arrangeur (durch Vorkalkulation der Rendite), platzierbar am Markt durch Erzielung angestrebter endgültiger Kreditquote des Arrangeurs;
- Strukturgestaltung gemäß Kundenbedürfnissen und Marktakzeptanz.

Beim Absatz des syndizierten Kredites, also dem Bereich **Distribution**, ist der entscheidende Aspekt die richtige Einschätzung der Marktnachfrage unter Berücksichtigung der

- Strukturgestaltung (z. B. Kreditzweck, Kreditstruktur, Länderrisiko, Bonität),
- Preisgestaltung (Anlehnung an aktuelle Renditeerwartungen) und von
- Referenzgeschäften im Markt (aktuelle vergleichbare Transaktionen in Primär-und Sekundärmarkt sowie Bond-Markt).

Aus Controllingsicht findet eine Vorkontrolle mit der Preisgestaltung des Kredites bei Beachtung der risikogewichteten Renditeerfordernisse aus der Kundenverbindung unter Definition einer möglichst kapitalschonenden Syndizierungsstrategie statt.

Nach Ablauf der Syndizierung wird der Syndizierungserfolg anhand der erzielten Endquote kontrolliert und die erreichte All-in-Marge überprüft. Weiterhin finden eine laufende Kreditüberwachung (Branche, Bonität, Rating) und eine Nachkalkulation bzgl. der Renditeziele statt.

Aufgaben zur Lernkontrolle

1. Erläutern Sie die Unterschiede zwischen einem bilateralen und einem syndizierten Kredit (Vor- und Nachteile).
2. Machen Sie deutlich, warum die Bank an der Vergabe eines syndizierten Kredites interessiert ist.
3. Erklären Sie die wichtigsten Syndizierungsstrategien.
4. Nennen Sie die wichtigsten Kreditformen- und arten eines syndizierten Kredites.
5. Schildern Sie die einzelnen Schritte einer Kreditgewährung mittels syndizierten Kredites.
6. Erklären Sie den Preiszyklus von Konsortialkrediten.
7. Legen Sie die Verwendung von Covenants dar.

Literatur

Altunbas, Y./Gadanecz, B./Kara, A. (2006): Syndicated Loans: A Hybrid of Relationship Lending and Publicly Traded Debt, Basingstoke.

Altunbas, Y./Kara, A./Marqués-Ibáñez, D. (2009): Large Debt Financing: Syndicated Loans versus Corporate Bonds, European Central Bank – Working Paper Series 1028, ECB Frankfurt am Main.

Ayasse, L. (1997): Das Kreditkonsortialgeschäft: Eine transaktionskostenorientierte und empirische Untersuchung unter Berücksichtigung alternativer Übertragungstechniken, Frankfurt am Main.

Euroforum (2008): Konsortialkredite, Euroforum Verlag Düsseldorf.

Fight, A. (2004): Syndicated Lending, Oxford.

LMA (2019): Aktuelle Berichte über Marktentwicklungen syndizierter Kredite, Loan Market Association London (https://www.lma.eu.com).

Rhodes, T. (Hg.) (2009): Syndicated Lending: Practice and Documentation, 5. Aufl., London.

Trostdorf, S. (2007): Syndizierter Kredit, in: Knapps Enzyklopädisches Lexikon des Geld-, Bank- und Börsenwesens, Frankfurt am Main.

14 Projektfinanzierung[1]

LERNZIELE

- Sie können die Projektfinanzierung von anderen Finanzierungsformen unterscheiden.
- Sie können die unterschiedlichen Rollen von Investment- und Commercial Banks bei der Projektfinanzierung erläutern.
- Sie können Mandatstypen von Investmentbanken abgrenzen.
- Sie können die Bedeutung des Risikomanagements aus der Struktur der finanzierten Projekte ableiten und die organisatorischen, finanztechnischen und versicherungstechnischen Risikominderungsinstrumente skizzieren.
- Sie können die Zyklusabhängigkeit der Projektfinanzierung darlegen.

14.1 Abgrenzung

Als erste echte Projektfinanzierung – nach Vorläufern im Mittelalter – werden üblicherweise der Bau und die Finanzierung des Suezkanals 1858 und des Eiffelturms in Paris in den 1880er Jahren bezeichnet. Systematisch wird diese Finanzierungsform seit den 1970er Jahren von Unternehmen im Privatsektor für Investitionen in Minen, Pipelines und Ölfelder genutzt. In den 1990er Jahren haben Unternehmen begonnen, weitere Infrastrukturprojekte wie Mautstraßen, Energieversorgungsprojekte und Telekommunikationssysteme über Projektfinanzierungen zu realisieren. Projekte wie EuroDisney in Paris und der Eurotunnel haben in dieser Zeit zu einem hohen Bekanntheitsgrad von Projektfinanzierungen beigetragen. Seit den frühen 2000er Jahren kamen soziale Infrastrukturprojekte wie Schulen, Krankenhäuser und Gefängnisse hinzu, die häufig über Public Private Partnerships – PPPs – realisiert wurden.

Der Begriff Projektfinanzierung ist nicht selbsterklärend. Der Sachverhalt, dass ein »Projekt« finanziert wird, gilt auch für andere Kreditformen. Kennzeichnend für die Projektfinanzierung ist nicht das finanzierte Vorhaben als solches, sondern die überragende Rolle, die der aus dem Vorhaben resultierende Cashflow bei der Beurteilung der Kreditwürdigkeit spielt. Im Gegensatz zu anderen Kreditformen hängt bei der Projektfinanzierung die Rückführung des Kredits *allein* von den Einkünften des Projekts ab. Andere Möglichkeiten der Tilgung, etwa der Rückgriff auf außenstehende Bürgen oder auf andere Geldquellen des Kreditnehmers, gibt es im Regelfall nicht. Entscheidend ist der Geldfluss *aus* dem Projekt. Man bezeichnet die Projektfinanzierung daher auch als *Cashflow Based Lending*.

1 Autoren: Heinz J. Hockmann; Hans Schniewind wird für Beiträge zu den letzten Auflagen gedankt.

Definition

Projektfinanzierung ist der Oberbegriff für alle Kreditfinanzierungsformen, bei denen die Kreditwürdigkeitsprüfung durch einen oder mehrere Darlehensgeber und damit die Beurteilung der Rückführung des Kredites allein auf dem Cashflow des Projektes basiert.

Soll die Rückführung des Kredites nur durch die Cashflows des Projektes erfolgen, so muss die Projektgesellschaft rechtlich und wirtschaftlich von der Eigentümerseite (Sponsor) getrennt werden. Notwendig dafür ist ein juristischer und wirtschaftlicher Zaun, der um die Projektgesellschaft gezogen wird. In der Fachsprache wird dies auch als *Ring Fencing* bezeichnet. Die Geschäfte zwischen Projektgesellschaft, Sponsoren und anderen Beteiligten ereignen sich dann zu marktkonformen Bedingungen oder »at arm's length«. Das *Ring Fencing* steht einem Rückgriff auf die Eigentümer entgegen. Man spricht von »non recourse« oder, wenn ein begrenzter Rückgriff auf den Sponsor doch noch möglich ist, von »limited recourse«. Die Struktur einer Projektfinanzierung wird aus der Abbildung 14.1 ersichtlich.

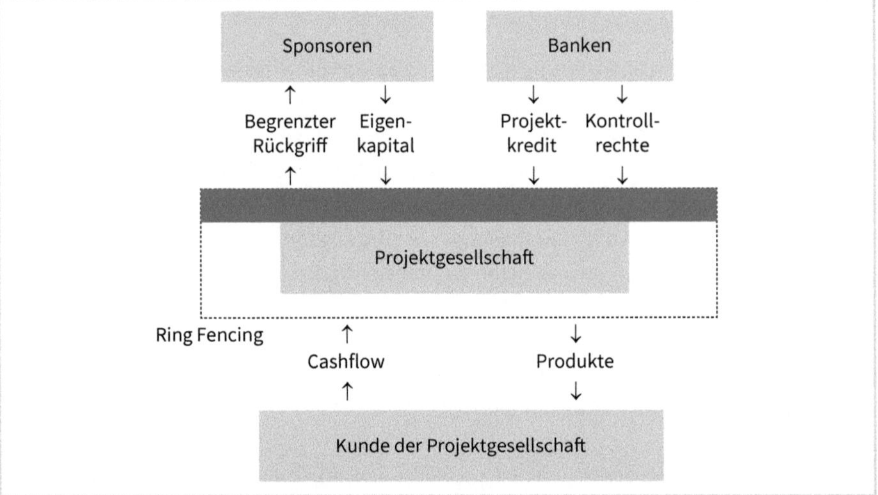

Abb. 14.1: Struktur der Projektfinanzierung

Da die Kreditgeber am Erfolg des Projekts hängen, führen sie eine Bonitätsprüfung durch, deren Intensität diejenige bei anderen Kreditformen erheblich übersteigt. Die Projektfinanzierung ist daher besonders arbeits- und betreuungsintensiv. Um nach Zusage des Darlehens das Risiko fortlaufend im Blick behalten zu können, stellen die Kreditgeber i. d. R. weitergehende Forderungen als bei anderen Kreditformen, nämlich:

- Umfassende Kontroll- und Mitspracherechte.
- Die Projektgesellschaft wird zu einer konservativen Liquiditätspolitik verpflichtet.
- Sie muss Reservekonten führen.
- Sie kann Gewinne an die Sponsoren nur dann ausschütten, wenn bestimmte Überdeckungsquoten eingehalten werden.

- Auch darf die Projektgesellschaft das anfangs vereinbarte Produktprogramm nicht ohne Weiteres verlassen.
- Sie wird verpflichtet, sich möglichst weitgehend gegen technische und wirtschaftliche Gefahren zu versichern.
- Die eingesetzte Technik darf nicht zu innovativ und unerprobt sein.

Insgesamt werden die Banken nur dann bereit sein, eine Projektfinanzierung zu gewähren, wenn das Projekt »konservativ« strukturiert ist. Es gibt viele gescheiterte Projekte, sodass die Vorsichtsmaßnahmen mehr als berechtigt sind.

14.1.1 Alternative Finanzierungsformen nach Bonitätsgrundlagen

Bei der Projektfinanzierung – in ihrer idealtypischen Form – verlassen sich die Kreditgeber ausschließlich auf die Cashflows, die durch das finanzierte Vorhaben im Laufe der Zeit erzeugt werden. Bei anderen Kreditformen ist die Bonitätsgrundlage breiter oder hat einen anderen Zeitaspekt. Alternative Finanzierungsformen sind:

- *Balance Sheet Based Lending (Bilanzkredit).* Der Kreditnehmer ist ein etabliertes, diversifiziertes Unternehmen. Banken stützen sich in ihrer Kreditwürdigkeitsanalyse primär auf die Bonität des Kreditnehmers. Der Verwendungszweck des Darlehens tritt umso stärker in den Hintergrund, je geringer der fragliche Kredit im Verhältnis zur Größe des Unternehmens ist.
- *Asset Based Lending (Objektkredit).* Hier stützt sich der Kredit auf den Wert eines verpfändeten Wirtschaftsgutes, besonders Gebäude, Schiffe oder Flugzeuge. Man könnte in derartigen Objekten zwar auch ein »Projekt« sehen, jedoch ist die zeitliche Dimension eine andere als bei der eigentlichen Projektfinanzierung. Die Laufzeit des Kredites ist vergleichsweise kurz. Seine Rückführung bzw. Refinanzierung ist abhängig vom Wiederverkaufswert des finanzierten Gutes, das abtrennbar und verkehrsfähig sein muss.

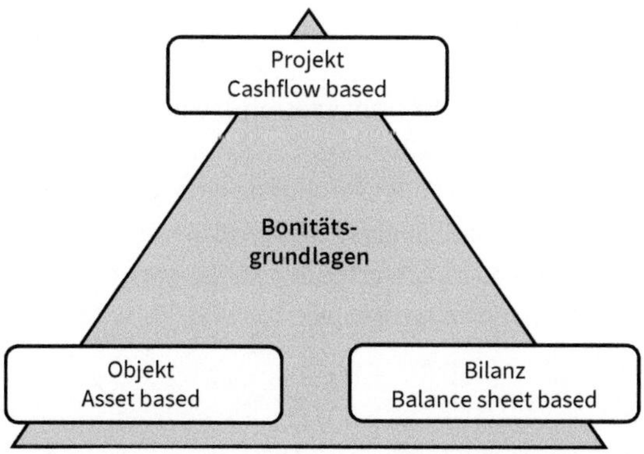

Abb. 14.2: Grundformen der Finanzierung nach der Art der Bonitätsgrundlage

14.1.2 Reale Projektfinanzierung als Mischform

Kredite mit einer einzigen Bonitätsgrundlage – Projekt, Bilanz und Objekt – sind Idealtypen. Solche Kredite markieren die Eckpunkte des Dreiecks in Abbildung 14.2, in dessen Innenraum die Kreditvergaben der Praxis liegen. Banken stützen ihre Kreditentscheidungen zumeist auf *mehrere* Bonitätsgrundlagen. Dies gilt gerade auch für die Projektfinanzierung, bei der neben den Cashflows in der Realität immer dort, wo es möglich ist, zusätzlich Aspekte des Objekt- und Bilanzkredites eine Rolle spielen. Beispielhaft sei erwähnt:

- *Pfandrechte* an einzelnen Objekten sollen bei Insolvenz der Projektgesellschaft den Schaden der Kapitalgeber begrenzen.
- *Bilanzen* spielen eine Rolle, wenn es um die Kreditwürdigkeit jener Parteien geht, die sich gegenüber der Projektgesellschaft verpflichten. Dies sind vor allem die Sponsoren oder auch der Staat als Auftraggeber eines Infrastrukturvorhabens.
- Die *Haftung* solcher Parteien kann derart weit gehen, dass die Grenzen zwischen Bilanz- und Projektkredit verschwimmen.

Insgesamt ist festzustellen, dass mancher Großkredit, der als Projektfinanzierung dargestellt wird, letztlich primär auf die Kreditwürdigkeit der Sponsoren oder des Staates abstellt. Ist das der Fall, spielen die vorgelegten Finanzzahlen eine große Rolle und das Finanzierungsgeschäft gerät in die Nähe eines Bilanzkredites.

14.2 Die Rolle des Investment und des Commercial Bankings

Die Projektfinanzierung ist eine Geschäftsart, bei der Dienstleistungen, die typisch für Investmentbanking sind, eine wichtige Rolle spielen, wenngleich der Bezug zu Wertpapieren zumeist fehlt. Bei der eigentlichen Finanzierung spielen dann die Commercial Banks eine große Rolle.

14.2.1 Investmentbanking

Im Rahmen eines Beratungsmandats analysieren Investmentbanken (oder die Investmentbank-Abteilungen von Universalbanken) das zu finanzierende Projekt und helfen bei der Entwicklung einer tragfähigen Finanzierungsstruktur, die von den späteren Kreditgebern akzeptiert werden kann (Bankability). Sie konstruieren zusammen mit den Sponsoren ein Cashflow-Modell, das die zu erwartenden Zahlungsströme darstellt und in dessen Rahmen verschiedene Szenarien durchgespielt werden, darunter einen »Base Case« und einen »Worst Case«.

Investmentbanken unterstützen die Sponsoren auch im anschließenden Syndizierungsprozess. Dabei verfassen sie ein Informationsmemorandum, welches die kreditinteressierten Banken über das Projekt aufklärt. Sie benötigen für diese Arbeit ein hoch und breit qualifiziertes Personal, da es bei solchen Memoranden auch um Sachverhalte geht, die außerhalb des üblichen Bankgeschäfts liegen.

Bei größeren Krediten vollzieht sich das Syndizierungsverfahren üblicherweise in mehreren Schritten.

- Die Einladung zur Teilnahme geht zunächst an einige wenige Kreditbanken, bei denen ein besonders starkes Finanzierungsinteresse vermutet wird.
- Diese Banken werden gebeten, den gesamten Kredit im Rahmen eines »Underwriting« zu übernehmen, d. h. das gesamte Kreditvolumen fest zuzusagen.
- Falls dies gelingt, wird der platzierte Kredit weiteren Banken angeboten, sodass sich der *Final Take* einer jeden Underwriting-Bank verkleinert.

Exkurs: Syndizierung und Marketing

Bei der Syndizierung kommt es auf das Marktgefühl der federführenden Investmentbank an. Nicht selten ist es auch das *Marketinggeschick*, das den Erfolg bringt. Jene Kreditgeber, die sich zu hohen Underwriting-Beträgen bereitfinden, erhalten als Gegenleistung werbewirksame Titel wie Lead-Arranger. Diese Bezeichnungen richten sich mehr nach der Höhe des zugesagten Kreditvolumens als nach der tatsächlichen Funktion. Kreditgeber, die weniger umfangreiche Tranchen übernehmen, erhalten Titel wie Co-Arranger. Banken, die sehr kleine Tranchen übernehmen, werden Participant genannt, was schon fast einen abqualifizierenden Unterton besitzt.

Auch während der Projektlaufzeit kann das Investmentbanking eine wichtige Rolle spielen. Über Derivatgeschäfte bieten Investmentbanken Schutz gegen ungünstige Preisentwicklungen. Dabei zielt dieses Angebot vor allem auf Preise ab, die auf Finanzmärkten gebildet werden, wie insbesondere Wechselkurse und Zinssätze. So kann z. B. die Projektgesellschaft ihre kreditvertragliche Verpflichtung zur Zinszahlung von einem variablen Satz in einen festen Satz umwandeln lassen. Aber auch für Rohstoffe und andere Handelswaren, für die es Derivatemärkte gibt, sind Preissicherungen möglich. Für das Investmentbanking stellen solche Geschäfte gute Ertragsquellen dar, weil sie wiederkehrend sind, zumeist hohe Volumina haben und eine eher geringe Preistransparenz aufweisen. Die anfängliche, eher knapp gepreiste Beratungstätigkeit, gerade wenn sie zur vollen Zufriedenheit der Sponsoren ausfällt, ebnet auf diese Weise den Weg zu späteren Geschäfts- und Ertragsmöglichkeiten.

14.2.2 Commercial Banking

Die Projektfinanzierung ist, was die eigentliche Finanzierungsfunktion anbelangt, eine Geschäftsart des Commercial Banking. Dies gilt auch für einige weitere begleitende Dienstleistungen wie die Verwaltung der Sicherheiten (Collateral Agency) und die Verteilung des Schuldendienstes auf die einzelnen Mitglieder des Kreditsyndikats (Payment Agency).

Die Rolle des Commercial Banking ist wichtig, weil Projektkredite sich für eine direkte Verbriefung und Platzierung am Kapitalmarkt kaum eignen. Gegen eine Platzierung am Kapitalmarkt spricht die Komplexität der Finanzierungsstrukturen. Wenig erfahrene Investoren würden sich mit den umfassenden Mitspracherechten, die bei Projektfinanzierungen üblich sind, schwertun. Auch haben Projektfinanzierungen eine erhebliche Einzelgröße, lassen sich also schlechter bündeln und risikomäßig streuen wie etwa Eigenheimfinanzierungen oder Kreditkartenforderungen. Folgerichtig sind es keineswegs Investmentbanken, sondern kommerzielle Banken und staatliche Kreditinstitute, die Projektfinanzierungen gewähren und dann auf ihrer Bilanz belassen. In Deutschland sind dies neben den Großbanken einige Landesbanken sowie die KfW-Bankengruppe.

14.2.3 Gegenläufige Interessen von Commercial- und Investmentbanking

Für eine Trennung der Finanzierung von der vorherigen Beratung spricht auch ein möglicher Interessenkonflikt. Denn die als Berater agierenden Investmentbanken sollten sich bemühen, zugunsten ihrer Auftraggeber niedrige Zinsmargen und eine geringe Sponsorenhaftung zu erreichen. Dies widerspricht aber meist den Interessen der Kreditgeber. Im jeweiligen Rollenspiel ist es daher sauberer, wenn jede Seite nur eine Aufgabe hat und sich auf diese Aufgabe konzentriert. Allerdings kann dieses Ordnungsprinzip ins Hintertreffen geraten. Denn aus Praktikabilitätsgründen suchen gerade in Deutschland Sponsoren von Anfang an nach beratenden Banken, die sich später auch an der Finanzierung beteiligen. Dabei werden Interessenkonflikte, die in den verschiedenen Projektphasen auftreten können, bewusst hingenommen.

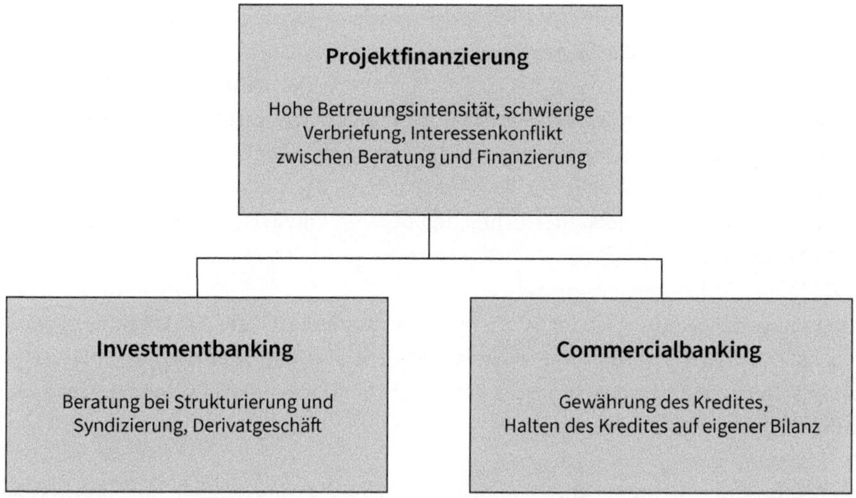

Abb. 14.3: Getrennte Rollen von Investment und Commercial Banks bei der Projektfinanzierung

14.3 Mandatstypen für Investmentbanken

Investmentbanken übernehmen Aufgaben bei Projektfinanzierungen in der Regel auf Basis einer Mandatierung. Der Ablauf der Mandatierung ist dabei ähnlich wie bei anderen Beratungsleistungen. Dabei können drei Arten von Mandaten unterschieden werden:

- Beratungsmandate,
- Arrangierungsmandate sowie
- Bestandsmanagementmandate.

14.3.1 Beratungsmandate

Die Rolle des finanziellen Beraters (Adviser), in der Regel ein international tätiges Institut, umfasst folgendes Leistungsspektrum:

- Überprüfung und Verifikation der Annahmen des Sponsors Case, Erfassung der projektspezifischen Anforderungen und Problemfelder, Einbringung von markt- und länderspezifischen Kenntnissen,
- Aufnahme der zur Verfügung stehenden Finanzierungs- und Zinssicherungselemente in die Projektplanung,

- Entwicklung eines projektspezifischen Finanzierungsmodells unter Einbindung der Finanzierungs- und Zinssicherungselemente mit dem Ziel der Kapitalkostenminimierung, Begleitung und Unterstützung des Sponsors bei Verhandlungen mit Dritten (z. B. öffentliche Verwaltung), Herstellung von Kontakten zur Umsetzung der Projektfinanzierung unter Einbindung ergänzender Finanzierungsmittel,
- Entwicklung eines Modells zur Verteilung der Risiken unter Einbindung der technischen, rechtlichen und steuerrechtlichen Berater, Entwicklung einer optimalen Risikoallokation.

In der Phase der Beratung ist der Sponsor der wichtigste Beteiligte. Ein Ergebnis der Beratung kann auch der Abbruch des Projektes sein. Zentrale Rolle des Advisors ist es, das Projekt aus den Annahmen des Sponsors Case in ein am Bankenmarkt umsetzbares Projekt zu überführen.

Das Ergebnis der Beratung ist ein umfassendes Finanzierungsmodell, das meistens aus den folgenden Teilen besteht:
- Cashflow-Modell,
- Entwurf für ein Term-Sheet,
- Entwurf für ein Information Memorandum sowie
- Kennzahlen.

Die Inhalte der vier Teile sind stark standardisiert. Dies dient einer Reduzierung des Prüfungsaufwandes der Banken, die im Anschluss an die Beratung mit der Arrangierung beauftragt werden sollen. Bei den zahlreichen Projekten im internationalen Projektfinanzierungsmarkt, die Banken angeboten werden, ist die Möglichkeit einer schnellen Reaktion auf Anfragen unabdingbar.

Cashflow-Modell
Neben der Beschreibung und der Ausgestaltung der Rahmendaten für die Projektfinanzierung kommt gerade bei dem Modelling, also der Erstellung des Cashflow-Modells, der Bank als Adviser die zentrale Rolle zu. Sie verfügt über das Know-how sowie die technischen Möglichkeiten, durch die Kombination von Finanzierungsinstrumenten ein optimal auf den Projekt-Cashflow abgestimmtes Finanzierungsmodell zu entwickeln.

Abbildung 14.4 zeigt – stark vereinfachend – den Abgleich der Finanzierungsinstrumente mit den Umsetzungsphasen eines Projektes:

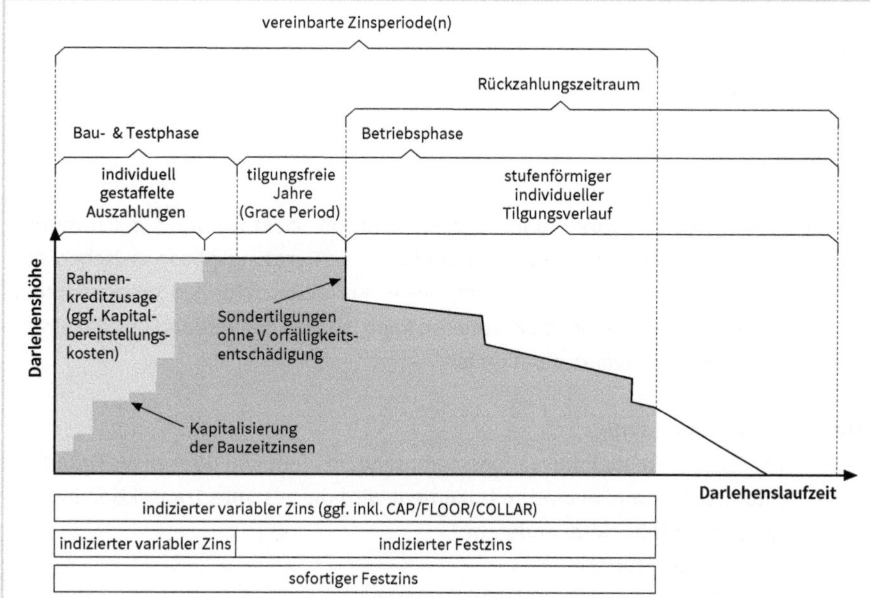

Abb. 14.4: Projektfinanzierung und Zahlungsströme

Term-Sheet

Im Term-Sheet werden die Rahmendaten und Konditionen der Kreditvergabe beschrieben. Diese Konditionen werden zwischen der Projektgesellschaft bzw. dem Sponsor und der federführenden Investmentbank (Arrangeur) vor der Arrangierung ausgehandelt. Der Arrangeur hat dabei sowohl seine eigenen Interessen, die Interessen der Projektgesellschaft bzw. des Sponsors als auch die Ansprüche des Kapitalmarktes zu beachten. Folgende Punkte könnte ein Term-Sheet beinhalten:

- Kreditnehmer,
- Sponsor,
- Arrangeur,
- kreditgebende Banken,
- Agent,
- Finanzierungszweck,
- Finanzierungsart,
- Kredithöhe,
- Auszahlung/Verfügbarkeitszeitraum,
- Anteil und Form der Eigenmittelerbringung,
- Zinsen,

- Marge,
- Provisionen,
- Fälligkeit,
- Covenants und
- Warranties.

Projekte mit einem nicht marktstandardgerechten Term-Sheet werden nur schwer platzierbar sein. Aus diesem Grunde muss bereits in der Beratungsphase zwischen dem Adviser und dem Sponsor definiert werden, welche Konditionen für den Sponsor optimal wären und welche er gerade noch akzeptieren kann, sodass der Verhandlungsspielraum bei der Auswahl des Arrangeurs definiert ist.

Informationsmemorandum

Das vom Arrangeur erstellte Informationsmemorandum dient den Banken als Grundlage für die Kreditentscheidung. In diesem Dokument wird die gesamte Transaktion im Kontext dargestellt. Es enthält unter anderem:

- ausführliche Erläuterungen,
- ergänzende Beschreibungen und Rahmendaten,
- eine vollständige Dokumentation inkl. einer Einschätzung des rechtlichen Rahmens (Legal Opinion),
- Kalkulationsunterlagen in Form von Ertrags- und Liquiditätsvorausschau,
- Planbilanzen,
- Sensitivitätsanalysen,
- technische Beschreibungen inkl. entsprechender Gutachten,

sodass das Projekt von den eingeladenen Banken analysiert und abschließend bewertet werden kann. Das Informationsmemorandum beinhaltet auch das Term-Sheet.

Auch dieses Dokument wird auf der Grundlage der durch den Adviser erfolgten Beratung und den dabei erarbeiteten Informationen und Strukturen erstellt. Bei der Auswahl des Arrangeurs sollten Sponsor und Adviser auch hinsichtlich des Informationsmemorandums klare Verhandlungsziele definiert bzw. einen entsprechenden Entwurf erstellt haben.

Kennzahlen

Die prognostizierte Wirtschaftlichkeit des Projektes stellt eines der wesentlichen Entscheidungskriterien für den Arrangeur bzw. die eingeladenen Banken dar. Daher gehören die im Informationsmemorandum enthaltenen Cashflow-Rechnungen bzw. entwickelten Szenarien für die angefragten Banken zu den wichtigsten Bestandteilen ihrer Kreditprüfung. Beurteilungskennziffern bei der Projektfinanzierung sind:

LLCR Loan Life Cover Ratio (Barwertüberdeckungsrelation): gibt zu Beginn jeder Periode den jeweiligen Barwert der zukünftigen Cashflows über die verbleibende Kreditlaufzeit dividiert durch den Barwert des noch ausstehenden Schuldendienstes an.

ADSCR Annual Debt Service Cover Ratio (jährliche Schuldendienstdeckungsrelation): drückt die Liquiditätssituation innerhalb der jeweiligen Periode aus, in dem der periodengerechte Cashflow ins Verhältnis zum periodengerechten Schuldendienst (Zins und Tilgung) gesetzt wird.

Die wirtschaftliche Robustheit des Projektes im Sinne der Fähigkeit, den Kapitaldienst jederzeit leisten zu können, wird an Kennzahlen (Ratios) gemessen. Die vorher genannten LLCR- und ADSCR-Ratios werden im Rahmen einer Projektfinanzierung am häufigsten verwendet.

Interpretation und Anwendung. Bilden die Kennzahlen einen Wert größer als 1, so sind Zins und Tilgung für die Fremdmittel planmäßig bedienbar. Durch die Festlegung von Mindestwerten bei LLCR und ADSCR kann die wirtschaftliche Robustheit eines Projektes erhöht werden. Werden die Mindestwerte unterschritten, greifen Sanktionsmaßnahmen bis hin zur außerordentlichen Kündigung der Projektkredite. Durch relativ hohe Werte können Ausfallrisiken reduziert werden, da dies ermöglicht, wirtschaftliche Fehlentwicklungen frühzeitig aufzudecken. Andererseits schränken sie die unternehmerische Freiheit der Projektgesellschaft ein und können ggf. auch permanent »Fehlalarm« auslösen. Bei der Festlegung der Covenants spielen daher nicht nur die Besicherungsinteressen der Bank, sondern auch die projektspezifischen Rahmendaten eine wesentliche Rolle.

Neben der reinen Betrachtung der Ratios gilt es auch sicherzustellen, dass der jeweilige Cashflow tatsächlich zur Bedienung des Fremdkapitaldienstes zur Verfügung steht. Durch die Festlegung der Rangfolge bei der Verteilung der Umsatzerlöse (Cashflow-Waterfall) wird diesem Aspekt Rechnung getragen.

Hier tritt der Interessenkonflikt zwischen Adviser und Sponsor einerseits und dem Arrangeur andererseits offen zutage: Denn während der Arrangeur tendenziell zu strengen Covenants und hohen Reservekonten neigen wird, wird der Sponsor – und mit ihm der Adviser – eher moderate Ausgestaltungen und somit höhere unternehmerische Freiheiten anstreben.

14.3.2 Arrangierungsmandate

Nach Erstellung eines Modells für die Projektfinanzierung durch den Adviser wird die Arrangierung der Projektfinanzierung auf der Grundlage des bestehenden Modells dargestellt. Diese Trennung ist erforderlich, weil:

- die Beratung keine Kreditzusage durch die beratende Bank umfasst, da bis zur Erstellung des Finanzierungsmodells ja auch keine Entscheidungsgrundlage existiert, und
- Projektfinanzierungen in der Regel Kreditvolumina beinhalten, die einzelne Banken alleine nicht tragen können und wollen.

Im angloamerikanisch geprägten Wirtschaftsraum wird zwischen der beratenden und der finanzierenden Funktion sehr streng unterschieden. Es gilt der Grundsatz: »Wer berät, finanziert nicht.« Durch diesen Grundsatz soll eine Interessenkollision, die mit der simultanen Wahrnehmung dieser Tätigkeiten potenziell einherginge, sowohl gegenüber dem Sponsor als auch gegenüber der Bank selbst vermieden werden.

Im europäischen Raum hat sich dagegen die Einbindung einer Bank als Adviser sowie anschließend als Arrangeur einer Finanzierungsleistung durchgesetzt. Teilweise bestehen die Sponsoren auf dieser Kombination, um so frühzeitig sicherzustellen, dass im Anschluss an die Beratung die Finanzierung auch wirklich zustande kommt. Dem Vorbehalt der Interessenkollision wird durch Markttransparenz Rechnung getragen.

Die Arrangierung erfolgt in Teilschritten:

- *Phase 1*
  - Due Diligence mit Einschaltung von Beratern,
  - Verhandlung des Term-Sheet mit dem Sponsor,
  - Festlegung der Cashflow-Szenarien und Erarbeitung des endgültigen Finanzierungsmodells,
- *Phase 2*
  - Erstellung des Informationsmemorandums,
- *Phase 3*
  - Herbeiführung einer Kreditentscheidung beim Arrangeur,
  - Aushandeln des Kreditvertrages,
  - Erstellung der Kreditdokumentation,
  - Einladung von Banken am Projektfinanzierungsmarkt auf Grundlage des Term-Sheets und des Informationsmemorandums,
  - Informationsveranstaltung für die eingeladenen Banken,
  - Information und damit Unterstützung der eingeladenen Banken bei ihrer Kreditentscheidung,
  - Syndizierung der Kredite am Projektfinanzierungsmarkt,
  - Kreditzusage für die benötigten Fremdmittel, Bürgschaften, Zinssicherungsinstrumente, Kreditversicherungen etc. (Commitment und Underwriting).

Ziel der Arrangierung ist eine möglichst breitgefächerte Syndizierung der benötigten Kreditmittel. Die Darstellbarkeit der Bankability ist das finanztechnische Ziel der Risiko- und Finanzierungsstrukturierung. Bankability liegt vor, wenn zu den folgenden Punkten Regelungen getroffen und Informationen bereitgestellt wurden, die von potenziellen Finanzkapitalgebern positiv aufgenommen werden. Besonders beachtet werden:

- Projektziel,
- Struktur der Zahlungsströme,
- Vertragswerk,
- Risikoallokation,
- Covenants sowie
- Gebühren und Margen.

Ist die Bankability hergestellt, werden nach den Kriterien

- benötigtes Kreditvolumen und
- Reziprozität

Banken »eingeladen«, d. h. aufgefordert, Kredittranchen zu erwerben. Die Ansprache kann auf folgenden Wegen stattfinden:

- Bei kleineren Projekten werden zwei bis drei Banken im Rahmen eines »*Club Deals*« angesprochen.
- Bei größeren Projekten wird eine größere Anzahl von Banken im Rahmen einer *breiten Syndizierung* in ein Konsortium zur Begleitung des Kredites eingeladen.

14.3.3 Bestandsmanagementmandate

Nach Valutierung der Kredittranchen bedarf es sowohl während der Bau- und Errichtungsphase als auch in der Betriebsphase einer kredittechnischen Verwaltung, Betreuung und Kontrolle des Projektablaufs.

- Verwaltung der Projektkonten,
- Kontrolle der Erfüllung der Auszahlungsvoraussetzungen,
- Projektcontrolling durch Überprüfung des Baufortschritts mit dem Projektplan,
- Aktualisierung des Planungsmodells,
- Kontrolle der Einhaltung der Covenants, insbesondere bzgl. der Liquiditätsreservekonten,
- Valutierung und Repartierung auf die Konsorten,
- Verwaltung der Kredite während der Errichtungs- und Betriebsphase,
- termingerechte Abwicklung von Zwischenfinanzierungstranchen und gegebenenfalls einzusetzenden variablen Finanzierungskomponenten/Zinssicherungsinstrumente,
- Überprüfung der termingerechten Vertragsabschlüsse,
- termingerechte Valutierung der Endfinanzierung inkl. Einbindung von Fördermitteldarlehen und verlorenen Zuschüssen.

Kommt es in der Betriebsphase zu Störungen, wird die Bankenseite zunächst durch den »Agent« vertreten. Ihm kommt somit eine zentrale Rolle bei der Beseitigung der Störung und der Neuausrichtung des Projektes zu. Diese zum Teil sehr aufwendige Tätigkeit bietet die Chance, erneut gestaltend tätig zu werden und im Erfolgsfalle sich sowohl bei den Konsorten als auch dem Sponsor für weitere Projekte zu empfehlen.

Obwohl die Übernahme der Agency durch den Arrangeur nicht zwingend ist, empfiehlt es sich, den Konsortialführer mit der Aufgabe des Agenten zu betrauen. In der Regel ergibt sich dann folgender Ablauf:

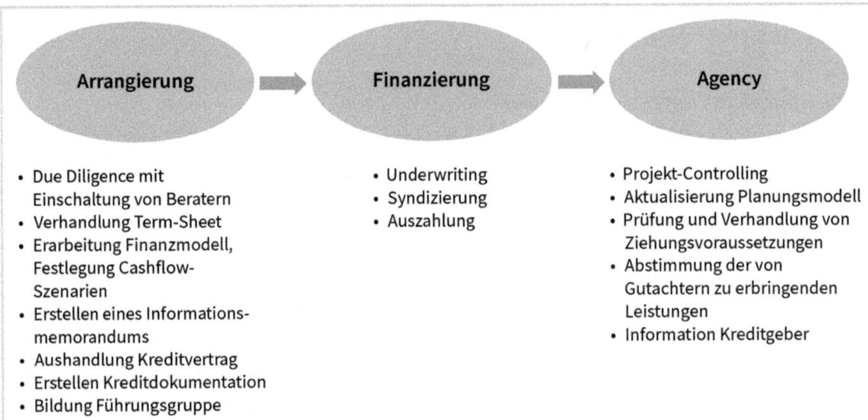

Abb. 14.5: Mandatstypen und Einzelaufgaben

14.4 Anwendungsbereiche

Wie oben diskutiert, geht es bei der Projektfinanzierung in der Regel um Vorhaben, die erprobten Industriestandards entsprechen und deren Wirtschaftlichkeit von außenstehenden Banken nachvollzogen werden kann. Typischerweise handelt es sich um Produktionsstätten, die nur ein Gut oder wenige Güter herstellen und die nur für einen bestimmten Zweck betrieben werden. In der Fachsprache werden Projektgesellschaften denn auch als Special Purpose Vehicles bezeichnet, wenngleich dieser Begriff auch in anderen Zusammenhängen genutzt wird. Folgerichtig kommen Projektfinanzierungen besonders in folgenden Bereichen zum Einsatz:

- Rohstoffvorhaben zur Gewinnung von Erzen, Öl und Gas,
- Kraftwerke mit sicheren Technologien,
- Telekommunikationsnetze,
- Papier-, Zement- und Stahlwerke.

Ungeeignet für Projektfinanzierungen sind Unternehmen mit komplexen oder stark innovativen Produktprogrammen (siehe auch die Fallstudie: Eurotunnel). Unpassend sind auch Projekte, deren Erfolg stark von schwer fassbaren Faktoren, wie der besonderen Qualität des Managements, abhängen. Dies ist beispielsweise bei Hotels der Fall.

PPP-Projekte. In den letzten Jahren entwickelte sich ein neues Anwendungsgebiet für Projektfinanzierungen. Es sind dies die sogenannten *PPP-Projekte*. Dabei handelt es sich um Vorhaben, die vormals in die alleinige Zuständigkeit des Staates fielen. Beispiele sind Straßen oder Immobilien, wie Schulen und Gefängnisse. Die hoheitlichen Aufgaben übernimmt nach wie vor der Staat. Für technische Funktionen, wie den Bau und die Wartung der Liegenschaften, sind dagegen private Gesellschaften verantwortlich. Diese Zusammenarbeit zwischen öffentlicher Hand und Privatwirtschaft wird als PPP bezeichnet, wobei die Abkürzung für »*Public Private Partnership*« steht. Wirtschaftlich fußen PPP-Projekte auf den wiederkehrenden Zahlungen des Staates an die kreditnehmende Projektgesellschaft, die die gesamten Bau- und Wartungskosten decken sollen. Diese Zahlungen erstrecken sich über eine langjährige Konzessionszeit und haben, außer dass sie von vertragsgemäßen Leistungen seitens der Projektgesellschaft abhängen, ein geringes Ausfallrisiko. Etwaige Marktrisiken werden oft vom Staat übernommen – z. B. bei Verkehrsvorhaben. Im Vergleich zu anderen Arten der Projektfinanzierung lassen sich PPP-Kredite relativ gut im Kapitalmarkt platzieren. Entsprechend größer sind die Geschäftsmöglichkeiten für das Investmentbanking.

14.5 Projektbeteiligte

Die Projektgesellschaft steht in Geschäftskontakt mit einer Vielzahl von Parteien. Die Fähigkeit und der Wille dieser Parteien, geschlossene Vereinbarungen einzuhalten, sind mitentscheidend für den Projekterfolg und damit Gegenstand der bankmäßigen Risikoanalyse. Die bedeutendsten Projektbeteiligten werden im Folgenden kurz erläutert.

Die Beziehungen der Teilnehmergruppen sind in der »Standardstruktur« einer Projektfinanzierung in Abbildung 14.6 graphisch dargestellt.

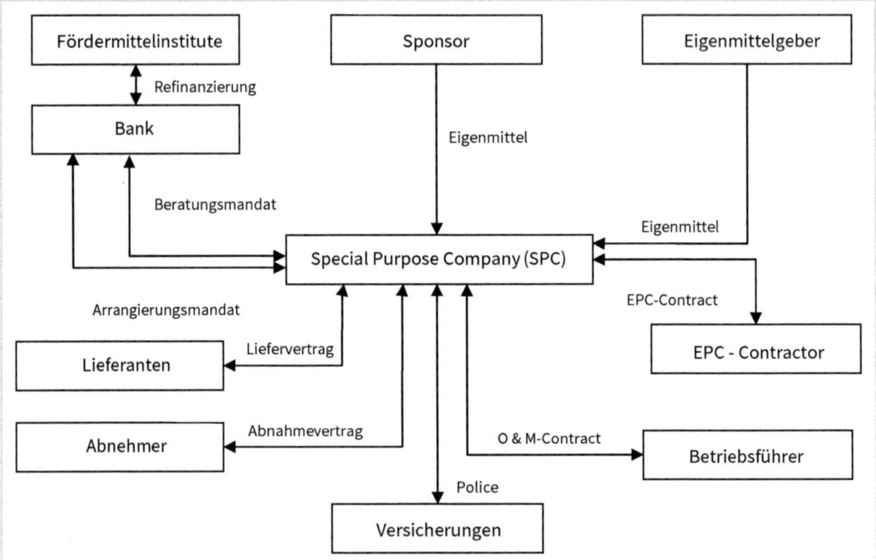

Abb. 14.6: Standardstruktur einer Projektfinanzierung nach Beteiligten

Sponsoren

Der Sponsor oder die Sponsoren gründen die Projektgesellschaft, zahlen das Eigenkapital ein und stehen danach mit einer begrenzten Rückhaftung zur Verfügung. Auch haben die Sponsoren als Eigentümer entscheidenden Einfluss auf das Management der Projektgesellschaft.

Die wirtschaftlichen Ziele, die die Sponsoren mit der Gründung der Projektgesellschaft verfolgen, sind branchenspezifisch unterschiedlich. Als Produzent von Anlagegütern z. B. wollen sie möglicherweise den Absatz ihrer angestammten Produkte befördern. So sind es bei Kraftwerkprojekten oftmals Turbinenhersteller, die sich als Sponsor betätigen. Oder als Rohstoffunternehmen interessieren sie sich für die Ausbeutung einer neuen Lagerstätte und gründen zu diesem Zweck eine Tochtergesellschaft. Schließlich sind bei PPP-Projekten die Sponsoren oftmals eigentlich branchenfremd, zum Beispiel Finanzdienstleister, die in Infrastrukturprojekte investieren und damit Gewinne erzielen wollen.

Aus Bankensicht wichtig sind nicht nur die finanziellen Ressourcen der Sponsoren, sondern auch deren Managementqualität sowie ihre langfristige Projekteinbindung. Die Kreditgeber werden darauf drängen, dass die Sponsoren die Projektgesellschaft über das anfänglich zugesagte Eigenkapital hinaus stützen. »Non-recourse«-Strukturen sind somit selten.

Bauunternehmen und Anlagelieferanten

Bei sogenannten Greenfield Projects schaffen Bauunternehmen und Anlagelieferanten erst die Voraussetzungen für den späteren Projekterfolg. Diese Unternehmen sollten aus

Sicht der Kreditgeber mit umfassenden Gewährleistungen eingebunden werden. Oftmals geschieht dies über sogenannte *EPC-Verträge*, wobei die Abkürzung für »Engineering, Procurement and Construction« steht. Diese Verträge sehen vor, dass die gesamte Projektfertigstellung zu einem festen Preis und zu einem festen Zeitpunkt erfolgen muss. Die Betriebsbereitschaft wird an das Erreichen genauer Leistungsparameter geknüpft. Vertragswidrige Verzögerungen oder Minderleistungen führen zu Pönalen, die zumindest teilweise den wirtschaftlichen Schaden der Projektgesellschaft ausgleichen. Falls das Bauunternehmen bzw. der Anlagenlieferant zu den Sponsoren zählt, ist besonders darauf zu achten, dass der EPC-Vertrag marktüblichen Konditionen entspricht, also »at arm's length« wie unter fremden Dritten verhandelt wurde. Anderenfalls bestünde die Gefahr einer lückenhaften Anspruchsgrundlage der Projektgesellschaft mit einem entsprechend höheren Risiko der Kreditgeber.

Lieferanten und Abnehmer

Aus Sicht der Kreditgeber sollte die Projektgesellschaft möglichst langfristige und detaillierte Verträge mit allen wichtigen Lieferanten und Abnehmern abschließen. Die Möglichkeiten eines derartigen Vorgehens hängen von den Gegebenheiten der jeweiligen Branche ab. Bisweilen kann die Projektgesellschaft Preis- und Mengenrisiken am Kapitalmarkt durch Termingeschäfte abfedern. Dies wäre ein Geschäft für das Investmentbanking (siehe Abschnitt 14.2).

Eine Branche, in der direkte Verträge mit beiden angrenzenden Gliedern der Wertschöpfungskette möglich sind, ist der Energiesektor. Feste Vereinbarungen über die langfristige Belieferung mit den Brennstoffen Kohle und Gas sind durchaus möglich, zumindest was Mengen und Qualitäten angeht. Und die Brennstoffkosten lassen sich bisweilen an die Stromkäufer weiterreichen. Dies ist der Fall bei sogenannten »Take-or-Pay«-Verträgen, bei denen die Kraftwerkgesellschaften feste Strommengen an öffentliche Energieversorgungsunternehmen verkaufen. Allerdings kommen solche für die Projektgesellschaften komfortablen Vertragslösungen inzwischen seltener vor. Häufiger sind sogenannte Merchant Power Plants, die den Verkauf des Stroms zu wechselnden Marktkonditionen vorsehen.

Betreiber

Nicht immer agiert die Projektgesellschaft als Betreiber des Projekts. In diesen Fällen ist eine separate Gesellschaft, oftmals eine Ingenieurfirma, eingeschaltet, die sich im Rahmen eines sogenannten »Operations and Maintenance Contract« verpflichtet, den ordentlichen Betrieb des Projekts sicherzustellen. Neben einer angemessenen Projekteinbindung über Bonus- und Malus-Systeme, ist zu prüfen, ob der Betreiber über hinreichende Human- und Finanzressourcen verfügt, um seinen Verpflichtungen nachhaltig nachzukommen.

Versicherungen

Versicherungen sind bei der Projektfinanzierung ein weiteres wichtiges Instrument zur Risikoeingrenzung. Üblicherweise drängen die Kreditgeber auf ein besonders umfassendes Versicherungspaket. Die Sponsoren werden als Reaktion auf das Sicherheitsstreben der Banken auch Kostenerwägungen geltend machen.

Bedeutend für die Überlebensfähigkeit des Projekts ist die Deckung des Risikos von Betriebsunterbrechungen, die durch höhere Gewalt verursacht werden und für die keine andere Projektpartei in Haftung genommen werden kann. Weitere Versicherungen, die bei internationalen Projektfinanzierungen, gerade solchen in Entwicklungs- und Schwellenländern, häufig vorkommen, sind staatliche Exportkreditversicherungen oder ECAs (»*Export Credit Agency*«). In Deutschland sind dies die sogenannten Hermesdeckungen. ECA-Deckungen bieten Schutz vor Nichtzahlung bei grenzüberschreitenden Transaktionen.

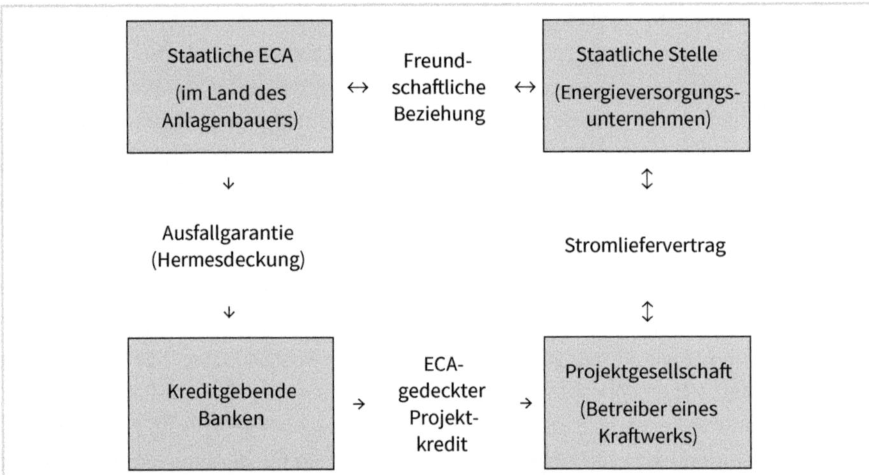

Abb. 14.7: Risikomindernde Wirkung von ECAs am Beispiel eines Kraftwerkprojekts

14.6 Risikomanagement

Angesichts der potenziellen Risiken, die ein Projekt gefährden, investieren Banken einen beträchtlichen Teil der Projektarbeit in das Risikomanagement. Es kommt darauf an,

- Risikoarten möglichst vollständig zu erfassen,
- Risiken mit den Projektbeteiligten einvernehmlich zu bewerten,
- Risiken auf die Beteiligten zu verteilen.

Insgesamt führt das Auf-sich-selbst-gestellt-sein der Projektgesellschaft, der Mangel an unterschiedlichen Einnahmequellen zu einem besonders aufwendigen Risikomanagement, das ein diversifiziertes Unternehmen eher nicht betreiben würde.

14.6.1 Vermeidung unnötiger Rechtsstreite

Das Ziel des Risikomanagements ist eine Projektstruktur, die im Falle von Störungen klare Entscheidungswege vorgibt und alle Projektbeteiligten motiviert, auch bei Problemen zum Wohle des Projektes beizutragen. In diesem Zusammenhang wird auch von einer Interessensgemeinschaft der Projektbeteiligten (*Community of Interest*) gesprochen. In diese Richtung wirken eine langfristige Kapitaleinbindung der Sponsoren, umfassende Malus- und Bonus-Regelungen für Betreiber, Lieferanten und Abnehmer und gegebenenfalls die Einbeziehung eines ECA oder anderer Stellen der öffentlichen Hand.

14.6.2 Optimale Risikoträger

Im Interesse des Projekterfolges sollten die verschiedenen Risiken am besten von jenen Parteien getragen werden, die imstande sind, die Risiken im Vorhinein zu erkennen und möglichst klein zu halten. Dies weist auf jene Parteien, die direkt am Projekt beteiligt sind. Der Grundsatz einer Risikoverteilung nach Steuerungsfähigkeit schränkt die Möglichkeiten eines »innovativen« und »flexiblen« Risikomanagements erheblich ein. Manch eine Risikoaufteilung, die kommerziell und rechtlich möglich ist, schafft falsche Anreize und führt zu unnötig hohen Gefahren. Dies gilt besonders für eine zu starke Risikoverlagerung auf Banken und Versicherungen. Diese Parteien sind zwar imstande, Risiken zu tragen. Aber sie verfügen selten über die Fähigkeiten, Projektrisiken bestmöglich einzuschätzen und zu beeinflussen. Aggressive Projektfinanzierungsstrukturen mit der Möglichkeit für Sponsoren, ihre neuen Unternehmungen außerhalb der eigenen Bilanz (*Off Balance Sheet*) durchzuführen, können einem risikoreichen Kapitaleinsatz Vorschub leisten.

Es muss aber darüber hinaus auch darauf geachtet werden, dass ein Beteiligter nicht mehr Risiken übernimmt als er – objektiv – tragen kann, damit es nicht durch seinen Ausfall zu einer Störung des gesamten Projektes kommt.

Exkurs: Risikoidentifizierung, -bewertung und -verteilung

Schritt 1: Das Erkennen der Risiken, denen ein Projekt ausgesetzt ist. Die eigentliche Schwierigkeit liegt darin, einen von allen Projektbeteiligten akzeptierten Risikokatalog aufzustellen. Aufgrund der unterschiedlichen Sichtweisen klaffen die Risikoeinschätzungen des Sponsors, des Technikers, des Anlagenbauers, der Finanzabteilung der Special Purpose Company (SPC), des Staates und die der Banken für ein und denselben Tatbestand manchmal weit auseinander. Für einen Projektfinanzierer liegt vielleicht das grundsätzliche Risiko eines Projektes in einem Umstand, der die Möglichkeit eines Verlustes zur Folge haben könnte, wohingegen der Sponsor sein grundsätzliches »Risiko« im Nichterreichen der angestrebten Rendite sieht, während für den Anlagebauer vielleicht der Verlust langfristiger Reputation das Hauptrisiko darstellt. Die Hauptrisikogruppen sind neben den finanziellen Risiken (Zinsänderungsrisiko, Währungsrisiko) und politischen Risiken (staatliche Einwirkungen, Enteignung, Länderbonität, Konvertierungs- und Transferrisiken) oder höhere Gewalt (Naturkatastrophen, Krieg) vor allem das Fertigstellungs- und Betriebsrisiko sowie die Marktrisiken.

Schritt 2: Der nächste Schritt besteht in der Bewertung der Risiken in ihrer Höhe und ihren Auswirkungen.

Schritt 3: Erst dann findet die Risikoverteilung statt, d. h. die Eingrenzung, Verteilung und Absicherung bzw. Vorsorge für die einzelnen Risikoarten. Der Grundgedanke einer Risikoverteilung ist, dass derjenige ein bestimmtes Risiko tragen soll, der es am besten beurteilen, kontrollieren und gestalten kann. Ihm obliegt es auch einzuschätzen, welcher Preis für die Übernahme dieses Risikos zu erwarten ist. Zu den potenziellen Risikoübernehmenden zählen selbstverständlich auch Projektaußenstehende, wie z. B. Versicherungen.

Schritt 4: Die Ergebnisse der Risikoverteilung werden in der Finanzstruktur und dem umfassenden Vertragswerk widergespiegelt.

Nimmt man die Risikoallokation/-verteilung als das zentrale Interesse der Projektbeteiligten bei der Projektfinanzierung an, so können infolge der oben dargestellten Schritte folgende Instrumente zur Optimierung der Risikoallokation/-verteilung identifiziert werden:

- **Organisatorisch**
  Über das Vertragswerk werden einzelne Risikopositionen entweder durch geeignete Maßnahmen vermieden oder auf die Projektbeteiligten verteilt, wobei sich die Übernahme an der jeweiligen Einflussmöglichkeit des Haftenden orientiert. Neben der Haftung für Schäden aus Nicht- oder Schlechterfüllung, Fahrlässigkeit etc. sehen die Verträge eine Pönalisierung bei Frist- oder Terminüberschreitungen vor, um eine termingerechte Umsetzung des Projektes sicherzustellen.
- **Finanztechnisch**
  Durch den Einsatz abgestimmter Zahlungsstrukturen sowie von Hedging-Instrumenten können Zinsänderungs-, Währungs- und Wiederanlagerisiken für die Finanzierung der SPC verteilt werden. Beispielhaft sind hier Swaps, Caps, Floors und Collars zu nennen. Derartige Absicherungsinstrumente können aber auch in der Betriebsphase z. B. zur Absicherung von Preisänderungsrisiken bei Rohstoffen oder dem Absatz der eigenen Produkte zur Anwendung kommen.

Zum Risikomanagement der Banken gehören neben den oben aufgeführten Beispielen auch weitere umfangreiche Regelungen, die als Auflagen, Zusicherungen, Abtretungen und Verpfändungen in den Verträgen festgelegt werden. Im Vordergrund steht das Ziel der Banken, dass wichtige auf das Projekt durchschlagende Entscheidungen nicht ohne ihre Zustimmung gefällt werden dürfen. Darüber hinaus ist die Einhaltung bestimmter Kennzahlen (Financial Covenants) zu beachten, wie das Verhältnis von Fremd- und Eigenkapital oder die Annual Debt Service Cover Ratio und die Loan Life Cover Ratio.

Werden Gesellschafterveränderungen in der SPC nicht grundsätzlich ausgeschlossen, müssen sich die wichtigsten Sponsoren verpflichten, eine Mindestbeteiligung an der SPC und an deren Geschäftsführung während der Kreditlaufzeit aufrechtzuerhalten. Das Eingehen neuer Verbindlichkeiten (Aufnahme neuer Kredite oder das Eingehen von Bürgschaften oder Garantien) gegenüber Dritten bedarf grundsätzlich der Zustimmung der Banken. Die Abtretung der Rechte der SPC aus den Projektverträgen (wie Schadensersatzansprüche) sichert den Banken den Zugriff auf diese Mittel.

- **Versicherungstechnisch**
  Risiken, die weder vertragstechnisch noch finanztechnisch verteilbar sind, werden, sofern von den Versicherern angeboten, durch Versicherungspolicen abgesichert.

14.7 Fallstudie: Eurotunnel

Der Bau des Eurotunnels war eines der größten und teuersten Projekte, die jemals im Wege der Projektfinanzierung realisiert wurden. Eine Vielzahl an Faktoren hat dabei zu den späteren Problemen dieses Projektes beigetragen. Angefangen wurde mit Fehleinschätzungen während der Errichtungsphase hinsichtlich der Kosten und der erzielbaren Erlöse. Hinzu kamen eine Projektfinanzierung vor Fertigstellung der eigentlichen Planung, eine sehr große Zahl beteiligter Banken bis hin zu der Tatsache, dass dieses Projekt zu einem Gegenstand von nationalem Stolz wurde und die rationalen Erwägungen durch Prestige und andere emotionale Faktoren überlagert wurden (s. Vilanova, 2006).

Nach dem ersten Versuch einer Vereinbarung zu einem Tunnel unter dem Kanal zwischen dem französischen Präsidenten Georges Pompidou und dem britischen Premierminister Edward Heath im Jahre 1973, die im folgenden Jahr nach dem Zusammenbruch der britischen Regierung beendet wurde, kam es 1982 zu einer britisch-französischen Studie, die den Bau einer Eisenbahnverbindung empfahl. Zwei französische und zwei britische Banken wurden schließlich 1984 beauftragt, einen Projektplan einschließlich einer Projektfinanzierung zu erarbeiten, die ausschließlich auf privatem Kapital basieren sollte. Die arrangierenden Banken bildeten dann mit einigen der größten Bauunternehmen in Großbritannien und Frankreich ein Konsortium in der Form einer Partnership (CTG-FM), aus der das Eurotunnel-System hervorgehen sollte.

Die CTG-FM bekam die Konzession zum Bau und Betrieb des Eurotunnel Systems für eine Laufzeit von 55 Jahren ab Unterzeichnung einschließlich der Freiheit, über die Gebührenstruktur und die Form des Betriebs des Eurotunnels zu entscheiden. Es gab frühzeitig Widerstände durch die Eigentümer der Fähren und Häfen, die in Konkurrenz zum Eurotunnel standen, sowie von Umweltschützern. Es wurde ein Preiskrieg zwischen Fähren und Eurotunnel vorhergesagt, der zu einer Unterschätzung der Kapitalkosten für das Eurotunnel System führen würde.

Die Grundstruktur des Projektes ist aus der Abbildung 14.8 ersichtlich.

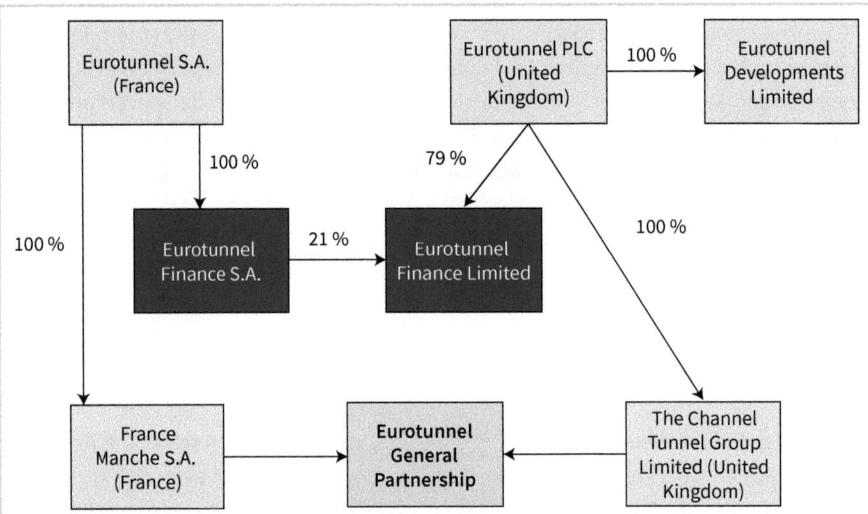

Abb. 14.8: Eigentümerstruktur des Eurotunnel-Projektes

Bereits hier lagen die ersten Probleme des Projektes. Die Sponsoren waren keine Unternehmen mit Erfahrung und Managementqualität, wie es sonst bei klassischen Projektfinanzierungen üblich ist. Problematisch erwies sich die Existenz mehrerer Sponsoren. Hinzu kamen weitere Corporate-Governance-Probleme durch die Einbindung der beiden Regierungen.

Die Bedeutung der Finanzierung wird anhand der erwarteten Kostenentwicklung für die Jahre bis zur Fertigstellung des Projektes sichtbar, bevor das Projekt einen eigenen Cashflow erwirtschaften kann.

	1986	1987	1988	1980	1990	1991	1992	1993	Total
Construction	14	168	504	575	671	507	300	22	2.761
Group Costs	37	103	81	74	70	66	73	61	565
Inflation	0	3	30	68	118	130	110	30	489
Net financing costs	8	49	29	95	160	245	327	111	1.024

	1986	1987	1988	1980	1990	1991	1992	1993	Total
Total expected costs	59	323	644	812	1.019	948	810	224	4.839
Alle Angaben in Millionen Pfund Sterling									

Tab. 14.1: Erwartete Kostenentwicklung des Eurotunnel-Projektes

British Rail und die französische SNCF sollten zur Hälfte der geplanten Erlöse beitragen. Die andere Hälfte sollte von Straßenfahrzeugen sowie von verbundenen Dienstleistungen wie Duty-Free-Verkäufen kommen. Erwartete Vorteile gegenüber herkömmlichen Transportmitteln wie fehlende Wetterabhängigkeit sowie umfangreiche Marketinganalysen trugen zu der folgenden optimistischen Planung bei. Es wurde von 30 Millionen Passagieren und 15 Millionen Tonnen Fracht im ersten Jahr der operativen Tätigkeit ausgegangen. Studien der Prognos AG kamen überdies zu dem Ergebnis, dass die Betreiber der konkurrierenden Fähren keine Möglichkeiten hätten, ihre Tarife zulasten des Eurotunnel Systems zu senken.

	1993	1994	1995	1996	1997	1998	1999
Total Turnover	488	762	835	908	986	1.072	1.158
Fixed Expenses	-53	-88	-92	-99	-107	-117	-126
Variable Expenses	-33	-57	-63	-69	-76	-89	-90
Total Operating Costs	-86	-145	-155	-168	-183	-206	-216
Depreciation	-103	-158	-159	-160	-183	-206	-216
Net Interest	-229	-351	-322	-307	-291	-277	-265
Profit before tax	70	108	199	273	350	422	508
Taxation	-7	-18	-38	-53	-69	-88	-198
Profit after tax	63	90	61	220	281	334	310
Transfer to reserves	-1	-2	-3	-4	-5	-6	-7

	1993	1994	1995	1996	1997	1998	1999
Profit available for distribution	62	88	158	217	277	328	303
Dividend per share	-	0,39	0,44	0,56	0,71	0,85	0,78
Alle Angaben in Millionen Pfund Sterling							

Tab. 14.2: Finanzplanung des Eurotunnel-Projektes

Die geplante Projektfinanzierung sah folgendermaßen aus:

Bereits vor der Festlegung der *»Arranging Banks«* erhielten die britische und die französische Regierung starke Bereitschaftserklärungen von 33 Banken zum Underwriting von Krediten in Höhe von 4,3 Milliarden GBP.

Nach der Gründung des Eurotunnel-Projektes im Januar 1986 stellten die Gründungsaktionäre Eigenkapital in Höhe von 50 Mio. GBP (»Equity Offering I«) bereit.

Die Arranging Banks waren dann bemüht, im Frühjahr 1986 den Kreis des Underwriting Syndicates auf 40 Banken mit einem Volumen von 5 Milliarden GBP zu erweitern.

Eurotunnel erwartete, weiteres Eigenkapital von 150–200 Millionen GBP durch ein »Equity Offering II« im Juni 1986 einzuwerben.

Die Arranging Banks würden dann den 5 Milliarden GBP Projektkredit syndizieren und in das Underwriting Agreement einsteigen. Ziehungen aus diesem Kredit waren nicht erlaubt, bevor nicht 1 Milliarde GBP Eigenkapital bereitstand. Ziel war hierbei eine vernünftige Risikoallokation zwischen Eigen- und Fremdkapital.

Eine dritte Eigenkapitalbeschaffung war geplant für die erste Hälfte im Jahre 1987 (»Equity Offering III«), die das gesamte Eigenkapital auf 1 Milliarde GBP bringen sollte.

Die Eigenkapitalbeschaffungen fanden dann im Januar 1986 (Equity Offering I: 47 GBP Millionen) und Oktober 1986 (Equity Offering II: 206 Millionen GBP) statt. Im November 1987 (nach einer Verschiebung im April 1987) wurde schließlich das Equity Offering III in Form eines IPOs umgesetzt, wobei es eine britische, eine französische und eine internationale Tranche gab. Es wurden dabei 770 Millionen GBP erlöst.

Die geplante Eröffnung im Mai 1993 musste aufgrund von Bauverzögerungen, Lieferschwierigkeiten für Ausrüstungsgegenstände und verzögerte Testverfahren auf Mai 1994 für den Frachtverkehr und November 1994 für den Personenverkehr verschoben werden. Die erwarteten Baukosten von 4,8 Milliarden GBP wurden mit 10,5 Milliarden GBP erheblich überschritten. Gleichzeitig reduzierten die Betreiber der Fähren ihre Gebühren, was auch zu Ertragseinbrüchen beim Eurotunnel-System führte. Die zusätzlichen Finanzierungsnotwendigkeiten für Eurotunnel und die reduzierten Erlöse führten zu einem Bruch bestimmter Covenants in den Kreditverträgen, sodass keine weiteren Kreditziehungen zugelassen wurden.

Im Jahr 1995 traten auch Fluggesellschaften mit attraktiven Angeboten auf der Route London-Paris auf den Plan, die Fährbetreiber verschärften den Preiskrieg, und es kam zusätzlich zu einem Streik der französischen Eisenbahner. Im September 1995 stellte das Eurotunnel-Projekt alle Zinszahlungen auf die Kredite in Höhe von 8 Milliarden GBP ein.

In der Folge kam es zu einer umfangreichen Restrukturierung der gesamten Finanzierung. Hierzu gehörte die Ausgabe weiterer Aktien sowie von Convertible Equity Notes. Weitere Kreditfinanzierungen durch Senior und Junior Debt rundeten diese Restrukturierung ab. All dies war die Basis für den Weiterbetrieb des Eurotunnels, bevor es in den 2000er Jahren zu neuen Problemen kam.

Die Gründe für das Scheitern dieser Projektfinanzierung sind vielfältig. Angefangen bei einer falschen Vertragsstruktur des Projektes, bevor es das Eurotunnel-Projekt überhaupt gab, bis zum Fehlen erfahrener und mächtiger Sponsoren. Hinzu kamen die Fehlschätzung der Kosten, die Kostenexplosion und eine große Zahl von Kreditgebern, deren Interessen es zu koordinieren galt. Zuletzt ist die fehlende Stärke der Aktionäre zu erwähnen, da die Aktien in der Breite an wenig erfahrene Aktionäre verkauft worden waren.

Aufgaben zur Lernkontrolle

1. Inwieweit ist die Projektfinanzierung eine Zwischenform von Commercial- und Investmentbanking?
2. Warum hat die Projektfinanzierung in der Praxis mehrere Bonitätsgrundlagen für die Gewährung der Finanzierung?
3. Warum ist die Projektfinanzierung bei Banken besonders arbeitsintensiv?
4. Wieso lassen sich Risiken innerhalb eines Projektes nicht ähnlich einem Nullsummenspiel verschieben?
5. Welche Beteiligten gibt es bei Projektfinanzierungen typischerweise und was sind deren Interessen?
6. Lesen Sie die Case Study »Eurotunnel« aufmerksam durch. Vergleichen Sie dann die Elemente der Projektfinanzierung bei diesem Projekt mit den idealtypischen aus dem Artikel und zeigen auf, wo es Abweichungen gegeben hat.

Literatur

Blattner, P./Böttcher, J. (2010): Projektfinanzierung, 2. Aufl., München.

Böttcher, J. (2009): Finanzierung von Erneuerbare-Energien-Vorhaben, München.

Dewar, J. R. (Hrsg.) (2011): International Project Finance: Law and Practice, Oxford.

Esty, B. (2014): An Overview of Project Finance and Infrastructure Finance – 2014 Update, HBS Case No. 214083, Harvard, MA

Fischer, J./Portisch, W. (2008): Projektfinanzierung, in: Portisch, W. (Hrsg.): Finanzierung im Unternehmenslebenszyklus, München, S. 177–198.

Gatti, S. (2018): Project Finance in Theory and Practice. Designing, Structuring, and Financing Private and Public Projects, 3rd ed., Waltham, MA and San Diego, CA.

Nevitt, P. K./Fabozzi, F. J. (2005): Project Financing, 7th ed., London.

Prautzsch, W.-A. (2007): Projektfinanzierung, in: Knapps Enzyklopädisches Lexikon des Geld-, Bank- und Börsenwesens, Frankfurt am Main.

Sorge, M. (2011): The Nature of Credit Risk in Project Finance, BIS Quarterly Review, December, Basel

Vilanova, L. (2006): Financial Distress, Lender Passivity and Project Finance: The Case of Eurotunnel, Lyon.

Weber, B./Staub-Bisang, M./Alfen, H. W. (2016): Infrastructure as an Asset Class. Investment Strategy, Sustainability, Project Finance and PPP, 2nd ed., Chichester

Yescombe, E. R. (2013): Principles of Project Finance, 2nd ed., Kidlington.

Herausgeber und Autoren

Jan Justus Brenger, M. Sc. Wissenschaftlicher Mitarbeiter am Lehrstuhl Finanz- und Bankbetriebslehre an der Technischen Universität Chemnitz. Studium an der Leuphana Universität Lüneburg im Bereich Betriebs- und Volkswirtschaftslehre (Bachelor) und an der Technischen Universität Chemnitz im Bereich Finance (Master). Forschungsinteressen: Investmentbanking, Risikomanagement, Rechnungslegung und Controlling.

Reinhard Haas, Global Head Syndicated Finance der Commerzbank mit Teams an fünf Standorten (Frankfurt, London, Paris, New York und Hong Kong). Die Syndicated Finance Gruppe ist das globale Center of Competence für die Finanzierung von Unternehmensakquisitionen durch Finanzinvestoren und für deren Portfoliounternehmen, insbesondere für Kredite oder High Yield Bonds (inkl. Brückenfinanzierungen). Darüber hinaus ist die Gruppe zuständig für Sub-Investment Grade High Yield Bonds (inkl. Brückenfinanzierungen) für Firmenkunden der Commerzbank. Davor Global Head of DCM Loans. Masters' Degree in International Relations des Institut d'Études Politiques de Paris (»Sciences-Po«).

Sandra Heller, Senior-Produktspezialistin im Bereich Syndicated Finance Loan Origination Midcaps der Commerzbank und für die Strukturierung von Konsortialfinanzierungen des deutschen Mittelstandes zuständig, davor Origination Large Caps. Studium der internationalen Betriebswirtschaftslehre in Frankfurt am Main mit einem Abschluss als Diplom-Betriebswirtin.

Heinz J. Hockmann, Prof. Dr. rer. oec. Senior Advisor bei Lovell Minnick Partners, LLC und Chairman von Silk Invest Ltd. Aufsichtsrat bei der Ökoworld AG, WWK Versicherungen und GET Capital AG. Diplom-Ökonom 1978 und Promotion 1984 an der Ruhr-Universität Bochum. Honorarprofessur für Banken und Finanzierung an der Justus-Liebig-Universität Gießen, 2017, Schwerpunkte: Commercial Banking, Investmentbanking und Asset Management.

Erik Holzmann, CFA. Abteilungsdirektor Corporate Finance bei der Deutschen Apotheker- und Ärztebank eG mit den Schwerpunkten Akquisitionsfinanzierungen, Konsortialfinanzierungen sowie 1st-out/2nd-out Unitranche Finanzierungen, zuvor verschiedene Positionen bei der Commerzbank AG, u. a. in den Bereichen Finance Treasury sowie Leveraged Finance, Studium der Internationalen Betriebswirtschaft (Dipl. Betriebswirt) an der Hochschule Furtwangen und California Polytechnic State University.

Tommy Jehmlich, Dr. rer. pol. Referent Strategisches Personalmanagement der Stadt Chemnitz. 2008 Bankkaufmann der Sparkasse Mittelsachsen. 2012 Diplomkaufmann an der TU Freiberg. Wissenschaftlicher Mitarbeiter am Lehrstuhl für Finanzwirtschaft und

Bankbetriebslehre der TU Chemnitz. 2018 Promotion über Kapitalmarkteffizienz und Effizienzverbesserungsinstrumente von Aktienmärkten.

Philipp Kurmann, Dr. rer. pol. Als Manager bei PwC spezialisiert auf die Beratung von Kunden im Asset & Wealth Management. Studium der Wirtschaftswissenschaften an der Justus-Liebig-Universität in Gießen (Dipl.-Kfm., 2009) und Economics an der University of Wisconsin-Milwaukee (M. A., 2007). Seine Promotion verfasste er u. a. über empirische Faktormodelle für Banken an der Justus-Liebig-Universität in Gießen (Dr. rer. pol., 2014).

Thomas Maurer, Dr. rer. pol. Wissenschaftlicher Mitarbeiter am Lehrstuhl für Finanzwirtschaft und Bankbetriebslehre der Technischen Universität Chemnitz. 1997–1998 High School, USA. 2007 Diplom-Kaufmann Technische Universität Chemnitz und Universität Verona. 2012–2013 Dozent Universität Valladolid. 2015 Promotion zum Thema »Erfolgsfaktoren von Genossenschaftsbanken – eine Analyse auf Basis von Jahresabschlüssen und regionalen Wirtschaftsdaten«.

Philipp Mohr, Dr. jur. (Hamburg), M. Phil (Cantab). Head of DACH Investment Banking bei William Blair International. Nach anwaltlicher Tätigkeit in Hamburg von 1998–2001 bei J. P. Morgan in London im Investmentbanking, Mergers & Acquisitions, ab 2001 bei Dresdner Kleinwort in Frankfurt; ab Übernahme Dresdner durch Commerzbank Global Head of M&A in Frankfurt bis Ende 2012. Eröffnung des deutschen Büros von William Blair in Frankfurt im Januar 2013, zunächst als Global Head of Industrials und Head of DACH Investment Banking. Spezialisiert auf die Beratung beim Kauf und Verkauf von Unternehmen.

Christian Rodde, Managing Director Commerzbank Aktiengesellschaft. Leiter der Financial Sponsor Coverage (Betreuung Private Equity Fonds) im Bereich Institutionals. Davor Restrukturierung von LBO-Finanzierungen (Europa), Origination Leveraged Finance (DACH) und Origination Corporate Loans (DACH und Nordics). 1995 Diplom-Kaufmann an der Universität Passau.

Rüdiger Theiselmann, Dr. jur., LL.M.oec., Bankbetriebswirt. Als Managing Partner bei Huckberg fokussiert auf strategisches Projektmanagement (u. a. Transformation, finanzielle Restrukturierung, M&A) für mittelständische Großunternehmen und kapitalmarktorientierte Konzerne. Von 2013 bis 2015 Rechtsanwalt und Executive Partner bei Wellensiek beratend in Krisensituationen. Von 2005 bis 2013 Commerzbank (Investmentbanking/Corporate Finance inkl. Restrukturierung; Vorstandsassistent). 1999 bis 2002 Deutsche Bank (Online Brokerage). Seit 2008 verschiedene Lehrtätigkeiten u. a. an der EBS Business School, Frankfurt School, Universität zu Köln.

Friedrich Thießen, Dr. rer. pol., Bankkaufmann, Diplom-Volkswirt. Venia Legendi (Habilitation) in Betriebswirtschaftslehre. Ord. Prof. für Finanzwirtschaft und Bankbetriebslehre an der TU Chemnitz. Mehr als 280 wissenschaftliche Beiträge zu Kapitalmarktfragen,

Unternehmensfinanzierung, Asset Management und Investmentbanking, Nachhaltigkeit sowie zu regionalökonomischen Themen. Vorstandsmitglied des Rhein-Main-Instituts für Regionalforschung, Darmstadt, und des ZKFM, Zentrum kommunales Finanzmanagement und Treasury. Gutachten für diverse Parteien und Organisationen.

Jan P. Weidner, Dipl. Volkswirt. Managing Director der Weidner Advisory GmbH, Senior Advisor Rothschild & Co., Senior Advisor Investmentkomittee Quadriga Capital. 34 Jahre Berufserfahrung Investmentbanking/Corporate Finance/M&A bei J. P. Morgan, BHF-Bank, Morgan Stanley, Leonardo & Co. und Blackstone. Adjunct Professor Lehrstuhl Bankwirtschaftslehre Goethe-Universität Frankfurt seit 2002. Ausgezeichnet mit dem Lehrpreis der Fakultät 2016/2017/2019 für Lehrtätigkeit Mergers & Acquisitions und Corporate Finance. 1983/1984 Akademisches Stipendium University of Wisconsin-Milwaukee. Dipl. Volkswirt 1985, Goethe-Universität Frankfurt.

Stichwortverzeichnis